질적연구에서

아동·청소년 면담 조사방법

Michelle O'Reilly · Nisha Dogra 공저

김동렬 역

Interviewing Children and Young People for Research

학지사

Interviewing Children and Young People for Research
by Michelle O'Reilly and Nisha Dogra

◆역자 서문◆

질적연구는 인문사회계열 연구에서 각광받는 연구방법으로서 연구 대상의 생각에 심층적으로 접근할 수 있는 열린 연구방법으로 해석할 수 있다. 과거에는 양적연구를 통해 연구가 주로 진행이 되었다면, 최근에는 양적연구의 한계점을 극복하기 위하여 질적연구가 동시적으로 혹은 단독으로 연구에 적용되고 있다. 이러한 특징의 질적연구를 효과적으로 수행하기 위해서는 질적연구 데이터를 수집하기 위한 다양한 데이터 수집 방법을 이해해야 한다. 특히 면담 조사방법은 여러 질적 데이터 수집 방법 중에서도 질적연구에서 가장 많이 활용되고 있으며 연구 대상의 내면의 이야기까지 끄집어낼 수 있다는 점에서 질적연구에서 필수적으로 다뤄지는 방법이다.

그러나 면담 조사방법에 관하여 탐구 유형과 분석 방법, 윤리적 접근 등 체계적으로 접근한 국내 서적은 찾기 힘들며, 그렇다 보니 일부 연구자들 중에는 면담 조사방법에 대해서 충분한 학습이 이루어지지 않은 상태에서 연구를 진행하는 경우가 있다. 따라서 질적연구를 수행하는 연구자들에게 체계화된 면담 조사방법에 대한 안내서가 필요하다는 점에서 이 책은 질적연구를 수행하는 연구자들에게 면담을 통한 질적연구의 방향을 제시하고 있다.

이 책은 연구 주제 선정, 연구 문제 개발, 연구 대상 표집 및 참여적 접근, 면담 진행 과정, 유의점, 자료 전사 방법, 자료 제시 방법, 연구 윤리 및 성찰 등 면담 조사방법에서 염두에 두어야 할 점들에 대해 집필자들의 경험을 바탕으로 세세히 제시하고 있어 면담 조사를 처음 접하는 연구자들도 쉽게 이해할 수 있도록 하고 있다. 무엇보다도 과제활동과 다양한 예시 자료를 통해 연구자들에게 실제적인 정보를 제공하고 있다.

특히 아동·청소년을 대상으로 한 면담에 관해서는 성인 대상보다는 연구자가 알아야 할 내용이 많다. 그러나 아동·청소년에 대한 면담 시 유의해야 할 점에 대한 정보는 부족한 상태이며, 그렇다 보니 성인을 대상으로 한 일반적 접근법을 사용하여 아동·청소년의 연구 대상으로서의 권리가 무시되는 경우가 종종 있다. 이러한 현 상황에서 이 책은 아동·청소년 면담 안내서로서의 그 역할을 충실히 수행할 것이다.

무엇보다도 일부 통용되지 않는 교육학적 용어를 우리말로 바꾸는 데 많은 어려움이 있었으나 이 책이 무사히 출판될 수 있도록 물심양면으로 도와주신 학지사 관계자분들께 깊은 감사 인사를 드린다.

대구교육대학교 연구실에서
역자 김동렬

◆ 저자 서문 ◆

면담은 질적인 자료수집의 가장 인기 있는 방식으로 생각되는데, 많은 연구자가 이것을 이용해 사람들의 삶에 관해서 조사한다. 많은(대다수는 아니지만) 질적 연구자들은 면담이 특정 현상에 관한 사람들의 의견과 경험과 감정을 이해하는 데 가치 있는 수단이라고 주장한다. 나아가 일부 질적 연구자들은 연구 참가자로부터 구조화된 정보를 얻는 데 면담 방식을 이용한다. 비판이 전혀 없는 것은 아니지만, 면담을 이용한 조사연구는 점차 증가하고 있다. 그것은 연구방법에 관한 학부 및 대학원 과정의 강의뿐만 아니라 다양한 분야(교육 · 사회복지 · 보건 · 의료 분야를 포함함)의 실무자 직업훈련 과정에서도 흔히 교육되고 있다.

이 책은 면담을 이용해서 아동 · 청소년에 관한 연구를 수행하는 전 과정을 독자 여러분이 두루 살피는 데 도움을 주기 위해 만들어진 것이다. 이 책은 여러분이 사용하기 쉬운 실용적 지침서다. 이 책은 아동 · 청소년에 관한 면담연구를 계획하고 수행하고 그 결과를 분석하는 학생, 실무자, 연구자, 학자에게 도움을 주기 위해 만들어졌다. 면담을 자료수집 방식으로서 연구하거나 아동 · 청소년 연구에 적용하는 것에 관한 문헌이 점점 더 많아지고 있기 때문에 이 책의 내용은 때맞춰 나온 것이라 할 수 있다. 그런데 아동 연구에 관한 일반적인 책과 면담에 관한 일반적인 책은 많지만 아동 · 청소년의 면담을 한 권에 모두 다룬 책은 현재까지 드물다.

정의

이 책에는 폭넓은 범위의 용어가 사용돼 있다. 일반적으로 우리는 이 책의 저자를 식별하기 위해서 모든 장에 걸쳐 '우리'라는 대명사를 사용하며, 이 책을 읽는 사람을 가리키기 위해서 '여러분'이라는 대명사를 사용한다. 이 책은 아동 · 청소년의 면담에 관한 것이기 때문에 우리는 그 집단을 가리키기 위해서 폭넓은 범위의 용어를 적절한 곳에서 다양하게 사용한다. 일반적으로 우리는 18세 미만의 연령에 속하는 인구집단을 가리킬 때 아동이라는 용어를 사용한다. 우리는 만 13세부터 19세까지의 사람을 가리킬 때 10대라는 용어를 사용하고, 좀 더 기술적으로 설명할 때는 청소년이라는 용어를 사용한다. 이 책 전체에 걸쳐 우리는 아동의 부모 및 후견인을 언급할 때 대개 '부모'라는 용어를 사용하는데, 그것은 아동에 대해 법적 책임을 지는 모든 성인(생물학적 부모, 양부모, 입양부모, 계부모, 지역사회 당국, 돌봄 제공자, 기타 법적 후견인을 포함함)을 통틀어 가리킨다.

이 책을 가장 잘 활용하는 방법

어떤 독자는 성인을 면담한 경험이 있을 수 있지만, 우리는 그와 다른 종류의 능력이 아동에 관한 연구에 필요하며, 이 책은 그것을 돕기 위한 것이라는 점을 강조한다. 또 어떤 독자는 아동과 함께 실무에 종사한 경험이 있지만, 연구를 수행하는 데 자신감이 부족할 수 있다. 다시 말하지만, 이 책은 그런 능력을 키워서 의사결정 과정의 중요한 문제를 다루는 데 도움을 주기 위해서 만들어졌다. 이 책 전체에 걸쳐 우리는 임상 경험과 지식뿐만 아니라 학술 경험과 지식을 모두 결합시켰다.

이 책은 아동 · 청소년 면담의 맥락을 전달하는 장부터 시작한다. 처음 몇 장에서는 연구설계를 위한 안내와 자료수집 방법의 가치를 중점적으로 소개한다. 아울러 면담자가 그 과정에서 내려야 하는 다양한 선택을 개략적으로 설명한다. 그 속에는 면담 형식의 선택과 현실적 고려 사항의 차원에서 요구되는 실제적인 의사결정의 내용이 포함된다. 계속해서 이 책에서는 일부 특수한 고려 사항(예: 참여적 방법의 적용과 그 가치와 그 한계)과 함께 면담의 구조와 형태를 살피는 일을 논의한다. 아동을 면담할 때 면담자는 윤리적 근거 속에서 활동하는 것이 꼭 필요한데, 이 책은 그것을 수행하는 방법에 관해서 도움이 되는 중요한 정보를 제공한다. 아울러 그 과정에서 관심이 필요한 특정한 아동 관련 요인과 연구자 관련 요인도 집중적으로 자세히 다룬다. 이 책의 마지막 절에서는 분석 방법, 성찰 및 성찰성의 과정을 주로 설명한다. 이 책을 통틀어 우리는 여러분이 자신의 학습 내용을 강화하고 성찰하는 데 도움이 되는 학습활동과 짧은 과제활동을 제시한다. 그 해답은 각각의 장이나 이 책의 끝부분에 제시돼 있다.

우리는 여러분이 이 책을 읽고 아동 면담에 관해서 폭넓은 관점을 개발할 것을 권한다. 또 우리는 여러분이 제시된 자료와 추천된 참고문헌을 확인할 것을 권한다. 이 책은 여러분이 추가 훈련이 필요한 영역을 확인하는 데 도움이 될 것이다. 우리는 여러분이 그렇게 하기 위한 기준점으로 이 책을 활용해서 자신의 능력 기반을 발전시키길 권한다. 흔히 책 한 권을 읽고 나면 여러 가지 의문이 생기는데, 그것은 질적연구를 발전시키는 데 도움이 되기 때문에 좋은 것이다. 여러분의 동료나 감독자나 기타 학술 자료와 씨름해서 그것을 좀 더 발전시키길 바란다.

◈ 약어 ◈

AMA=미국의학협회(American Medical Association)

BSc=이학사(Bachelor of Science)

CA=대화분석(Conversation Analysis)

CAMHS=아동 및 청소년 정신 건강 서비스(Child and Adolescent Mental Health Services)

DA=담화분석(Discourse Analysis)

DP=담론 심리학(Discursive Psychology)

DVD=디지털 목적성 디스크(Digital Versatile Disc)

IPA=해석 현상학적 분석(Interpretive Phenomenological Analysis)

IQ=지능지수(Intelligence Quotient)

IRA=아일랜드 공화국군(Irish Republican Army)

NSPCC=아동학대 방지를 위한 전국모임(National Society for the Prevention of Cruelty to Children)

SRA=사회연구협회(Social Research Association)

UK=영국(United Kingdom)

UN=유엔, 국제연합(United Nations)

UNCRC=유엔 아동 권리 협약(United Nations Convention of the Rights of the Child)

USA=미국(United States of America)

◆ 차례 ◆

연구에서 아동 · 청소년 면담의 중요성

학습 결과

이 장을 마치면 여러분은 다음의 내용을 수행할 수 있어야 한다.

- 면담의 구성요소를 정의할 수 있다.
- 성인 면담과 아동 면담의 차이를 평가할 수 있다.
- 아동의 연구 참여 권리를 기술할 수 있다.
- 아동–중심적 연구 방식의 필요성을 평가할 수 있다.
- 아동 왜 연구가 역사적으로 회피되었는지 알 수 있다.
- 연구 방법으로서의 '아동 · 청소년 면담'의 장점들을 비판적으로 평가할 수 있다.

서론

아동을 연구에 참여시키는 일은 꽤 현대적인 시도이며, 최근에 이르러 아동의 연구 참여 권리가 점점 인정되고 있다. 이로써 연구에 아동의 의견을 포함시키는 것을 권장하는 분위기가 더 강해지고 있다. 그러나 아동이 참여하는 연구를 생소해하는 연구자들은 이 작업을 꽤 부담스럽게 느낀다. 특히 아동 대상 면담이나 연구 경험이 적은 이들이 질적연구 면담을 해야 할 경우에 이는 더욱 그러하다. 연구의 일환으로 아동 · 청소년을 대상으로 면담하는 것은 여러 이유들(예: 역연령, 능력의 발달 단계 및 연구 목표들의 다양성)로 인해 힘든 일이다. 이 서론에서는 다양한 사안들을 간략히 다루며, 이 중 상당 부분은 이 책 후반부에서 깊이 탐구하고자 한다. 이 장에서는 아동 면담이 왜 중요한지의 이유를 제시하고, 사회에서의 아동의 위상, 아동-중심적 방식 및 아동의 권리에 대한 사안들을 아동 면담과 관련지어 알아보려 한다. 우리는 아동-중심적 연구의 개념 및 이런 연구에서 면담의 중요성을 간략히 언급할 것이다. 또한 아동-중심적 연구를 사회 속에서의 아동의 위상 그리고 '유엔 아동 권리 협약'과 관련지어 논의할 것이다. 그리고 아동 · 청소년 면담의 유용성을 증명하기 위해 이 방법의 장단점을 제시하면서 이 장을 마무리할 것이다.

면담 정의하기

대부분 사람들은 면담이 무엇인지는 직감적으로 알고 있으며, 상당수는 취업이나 시장 조사 같은 정황에서 면담한 적이 있을 것이다. 면담은 두 명 이상의 사람들 간의 대화로 볼 수 있으며, 한쪽(면담자)이 상대방(응답자)의 답변을 끌어내고자 질문들을 하는 것이다. 다음과 같은 많은 종류의 면담이 있다.

- 구직 혹은 취업 면담
- 뉴스 면담
- 시장 조사 면담
- 건강 검진 면담
- 정신과 혹은 임상적 진단 면담
- 경찰 심문 면담

- 토크쇼 면담
- 질적 혹은 양적 연구 면담

분명히, 이 책에서 중점을 둔 면담은 아동 면담을 중심으로 한 '면담 조사(research interview)'다. 그러나 모든 연구 프로젝트에서, 연구자는 우선 면담 진행 방식에 대한 자신의 지식을 숙고해야 한다. 면담을 하는 면담자는 응답자를 직접 대하고 주어진 답변들에 근거해 추가 질문을 묻기 때문에, 면담은 질문지 방식보다는 더 개인적인 특성을 가진다. 모든 종류의 면담의 일반적 틀은 면담자가 의제를 설정하고 질문을 하며, 응답자가 답변을 하는 것이다. 물론 이의 균형은 면담 맥락이나 목표에 따라 달라진다. [글상자 1-1]은 아동 면담이 무엇인지 설명해 주는 예다.

[글상자 1-1]

면담 조사의 예

이 예는 정신 건강 및 교육적 요구들을 가진 8~10세 아동을 대상으로 한 면담에서 뽑은 것이다.

면담자: 좋아. 그런데 네가 학교에 있을 때 기분이 어땠니?

아동: 음, 괜찮았지만 좀 화났어요.

면담자: 음, 그래. 네가 화났던 날 누군가에게 털어놨니?

아동: 저는 엄마에게 말하려고 했지만, 엄마가 눈치가 좋아 먼저 이야기를 꺼냈죠.

이 예를 보면 면담은 전통적 형식을 따르고 있다. 즉, 면담자는 아동에게 질문을 하고, 아동은 답변을 한다. 면담자는 아동의 답변에 따라 다음 질문을 던지면서 이전의 답변을 더 자세히 알아보려고 한다.

성인 면담과 아동 면담

역사적으로, 아동 · 청소년은 자신의 경험을 제대로 기억해 낼 수 있는 사회적 역량이 없다는 일반적 통념 때문에 아동과 그 가족을 면담하는 것은 대체로 피해 왔다(Fraser et al., 2014). 더욱이, 아동 면담이 지닌 잠재적 복잡성 때문에, 그리고 아동 · 청소년 면담과 관련된 필수 기술들이 부족하기에 어떤 연구자들은 불편함을 느낀다. 그러나 지난 몇 십 년에 걸쳐, 아동을 그 자체로 탐구할 가치가 있는 집단으로 보면서, 그들에 대한 관심이 증가했다. 처음에 아동 연구는 아동 발달 및 능력에 중점을 두어 이루어졌으나, 점차로 아동을 연구 대상으로 취급하는 것에 비판받았다.

오늘날 연구는, 아동을 연구 대상으로 취급하는 아동 연구를 강조한다. 그리고 이런 관점으로 인해 아동 · 청소년 면담이 점점 일반화되고 있다(O'Reilly et al., 2013a). 이는 부분적으로 아동과 아동기에 대한 변화하는 태도로 인해 발생했으며, 아동-중심적 태도와 권리의 향상에 기반을 둔다. 이런 연구의 목표는, 아동과 아동 환경에 영향을 줄 결정들에 아동의 의견을 포함시키는 데 있다.

아동의 권리

대부분 현대 사회에서, 아동의 권리를 존중하는 것은 기본적 태도다. 아동을 능동적인 결정자로 인식하는 것에 점점 강조를 두며, 이는 내셔널 보이스[National Voices](2015)의 최근 보고서에도 반영되었다. 특히, 아동 권리에 대한 이런 새로운 담화는, 모든 사회에 아직도 남아 있는 아동에 대한 기존의 온정주의(역주: 아동을 대등한 존재로 보지 않고 무조건 보호해야 할 존재로 봄)와 대조적이기에, '아동 권리의 실현'과 '아동을 위험으로부터 보호하는 것' 간에는 긴장이 유발된다. 이로 인해, 현실에서 '아동의 권리 및 목소리들'에 대한 논쟁들은 미묘하며, 조심스럽게 이의가 제기된다.

'아동의 권리' 개념은 최초로 제네바 아동 권리 협약에서 국제적으로 인정되었다. 그 당시는 이 협약은 국제연맹에 의해 채택되었다. 1989년, 유엔(UN) 아동 권리 협약이 채택되었고, 그 이후 이는 195개국에서 비준되었다(UN, 1989). 이 협약은 아동의 인생의 모든 측면을 다룬 54개 조항들로 구성되어 있으며, 전 세계 모든 아동이 누릴 수 있는 시민적 · 정치적 · 경제적 · 사회적 · 문화적 권리들이 제시되어 있다. 또한 이 협약에 따르면, 모든 아동이 자신의 권리를 누리려면 성인과 정부가 이에 협력해야 한다. 1989년, 두 국가를 제외한 전 세계 모든 정부는 유엔 아동 권리 협약(CRC 혹은 UNCRC)을 채택해서 모든 아동에게 동일한 권리를 약속했다. 협약은 아동에 대한 관점과 대하는 태도에 변화를 주었다. 다시 말해, 인간은 돌봄과 자비를 받아야 할 수동적 대상이 아닌 개별적 권리들을 가졌다고 보았다. 54개 조항 중 다음 4개 조항은 매우 중요한 일반 원리다.

- **비차별(2조)**: 이 협약은 아동의 민족, 성별, 종교, 언어, 능력, 그들의 생각이나 말, 가족 유형, 처한 환경과 상관없이 모든 아동에게 적용된다.
- **아동의 최선의 이익(3조)**: 아동의 최선의 이익이, 아동에게 영향을 끼치는 모든 결정과 행동에서 최우선 순위가 되어야 한다. 모든 성인은 아동에게 최선이 되는 것을 해야 하며, 그들의 결정이 아동에게 어떤 영향을 줄지 생각해야 한다. 아동의 최선의 이익에 무엇이 있는지 알아보려면 아동의 관점과 느낌을 고려해야 한다.
- **생명, 생존, 발달의 권리(6조)**: 아동은 생명권을 가지며, 정부는 아동이 생존하고 잠재력을 최대한 발달시키도록 모든 일을 다 해야 한다. 생명권과 생존권은 영양, 주거 및 건강관리 같은 기본적 욕구를 보장해 준다. 신체적 · 정서적 · 교육적 · 사회적 · 영적 발달은 협약의 여러 권리들의 목표다.
- **의견을 자유롭게 표현할 권리(12조)**: 모든 아동에게는 자신에게 영향을 줄 모든 문제

예를 들어... 시설 아동은 부모와 함께 사는 아동과 교육에 대한 동일한 권리를 가진다.

예를 들어... 입원 중인 아동에게는 생명을 구해 줄 치료가 필요하며, 아동은 치료 과정에 대해 상담받아야 한다.

예를 들어... 교육권, 정보 접근권, 생각의 자유 혹은 놀 권리

예를 들어... 모든 아동은 연구 참여 권리와 연구 주제에 대한 의견을 표현할 권리를 가진다. 이는 아동의 능력, 나이, 사회적 환경, 인종, 성별과는 상관없이 적용된다.

중요 사항: 연구자는 아동의 연구 프로젝트 참여 권리를 존중하고, 그들에게 자기 방식대로 참여하도록 허락해야 한다.

들에 대한 의견, 느낌, 바람을 표현할 권리가 있다. 그리고 성인은 그들의 의견을 고려하고 진지하게 취급해야 한다. 이 원리는 아동을 삶의 주체적 행위자로 인정하며, 아동기 내내 적용된다.

이 협약에서 연구자 측에서 중요한 조항은 12조인데, 이는 아동 · 청소년이 의사결정에 관여할 권리가 있으며, 그들의 의견이 존중받아야 한다는 내용을 담고 있으며, 13조는 아동은 자유롭게 표현할 권리를 가진다는 것이다.

우선 [글상자 1-2]의 과제활동을 수행해 보면서 아동 권리의 특성에 대해 생각해 보자.

[글상자 1-2]

아동의 권리에 대한 과제활동

우리가 논의한 4가지 중요한 권리들 외에, 아동이 어떠한 시민적 · 정치적 · 문화적, 사회적 · 경제적 권리를 가져야 한다고 생각하는가? 아동을 대상으로 한 면담-기반의 연구에서 아동의 이런 권리가 실현되도록 하는 데 있어 문제들은 무엇인가? 유니세프 웹사이트의 유엔 아동 권리 협약(UNCRC)을 참고해서 답하라.

연구에 참여 중인 아동이 가진 권리의 정확한 특성을 고려하기는 힘든데, 이유는 연구자는 '아동을 면담에 참여시키는 것'과 '아동이 어느 정도 면담을 주도하게끔 하는 것' 간을 균형 잡아야 하기 때문이다. 이로서 아동을 심리적 · 신체적 해에서 보호하고 최선의 이익을 증진시켜 주어야 한다. 역사적으로, 더 취약한 아동 집단은 보호가 필요했으므로 연구에서 배제되어 왔다. 그런 입장을 취해 왔기에, 그들의 의견은 무시되었고, 그들은 참여할 권리도 가질 수 없었다. 매우 취약하다고 여겨져서 역사적으로 배제되어 온 집단은 다음과 같다(이 중 어떤 집단은 타 집단보다 더 자주 연구 대상이 되어 왔음에 주의하라.).

- 신체장애나 만성 질환을 가진 아동
- 정신 건강 문제나 심한 정신병을 가진 아동(입원 상태)
- 말, 언어, 의사소통 문제를 가진 아동과 학습장애 아동
- 불치병을 가진 아동이나 만성 질환이나 불치병 부모를 돌보는 어린 아동
- 소수 민족 아동(난민이나 망명 신청자)
- 가난하거나 노숙자인 아동
- 국가의 돌봄을 받는 아동(위탁 아동이나 고아 혹은 입양 아동)
- 소년범이나 소년원에 수감된 청소년
- 학교에서 퇴학당한 아동 혹은 퇴학 위기 아동
- 집시 아동
- 10대 부모
- 범죄나 학대 피해 아동 혹은 가정 폭력 피해 아동

연구자는 이런 집단들을 대상으로 한 연구는 민감하게 진행하는 것이 중요함을 인식해야 한다. 따라서 특정 아동 집단을 차별하면 안 되고, 그들의 연구 참여나 참여 거부 결정을 존중해야 한다. 면담을 통해, 다양한 아동의 의견을 들을 수 있다. 아동이 의사 결정에서 부모나 후견인의 도움을 받을 수 있지만, 아동에게 면담 참여 여부를 고려할 권리가 주어져야 하는지는 논쟁의 소지가 있다.

아동-중심적 연구 방식들

아동을 대상으로 하는 연구 면담 및 아동을 연구에 참여시키는 것은 '아동-중심성'이라는 더 넓은 개념에 토대를 둔다. 현대 세계의 대부분의 실무 분야에서, 아동을 상대하는 이들은 주로 아동-중심적 연구 방식을 쓰며, 이는 연구자들에게도 해당된다. 문화권마다 상황이 다르기에 아동-중심적 연구 방식의 보편적인 정의는 없다. 그러나

중요 사항: 195개국이 유엔 아동 권리 협약을 채택하기로 한 것에서 알 수 있듯이, 전 세계적으로 아동-중심적 연구가 증가하고 있다. 이는 국내 및 국제 연구 모두 아동의 관점을 존중해야 함을 뜻한다.

이는 아동의 권리에 대한 더 광범위한 담화의 일부로 이해되어야 한다. 즉, 사회가 아동 권리를 인정하고 누릴 수 있도록 보장해 주려면, 기관이나 개인은 아동-중심적 연구 방식의 선택과 관련된 지침을 참고해야 한다(UNICEF, n.d.).

아동-중심적 연구 방식을 아동 면담의 토대로 삼기 힘든 이유는 많은 요인들에 영향받기 때문이다. 아동-중심적 면담의 기본 원칙은, (원하는 경우) 아동의 면담 참여 촉진의 측면에서 그리고 아동이 연구 및 면담 의제를 설정하도록 하는 측면에서, 아동이 자신에게 영향을 주는 모든 결정에 관여하도록 하는 데 있다. 아동의 최선의 이익은 주로 성인 관점에서 고려되는 것이 현실이기 때문에(Lansdown, 2000), 반드시 아동의 의견이 표현되고(Soderback et al., 2011), 존중되어야 한다(Flewitt, 2014). 연구 공동체가 아동-중심적 연구 방식으로 연구하고 싶어도, 성인 중심적인 면담이 되기 쉽기에 주의해야 한다. 아동-중심이 되려면, 연구자는 아동의 역할을 능동적으로 고려하고, 〈표 1-1〉의 조언들을 참고해야 한다.

〈표 1-1〉 아동-중심적 면담을 위한 조언들

조언	설명
숙고	연구자는 아동의 위상에 대한 관점들을 숙고해야 하는데, 이유는 이런 관점들은 연구자의 연구 방식과 행동이 아동-중심적이 되려면 어떻게 노력해야 하는지를 알려 주기 때문이다.
확인	아동의 참여 의지를 확인해야 한다.
정보 제공	연구자는 아동에게 해야 할 일을 알려 주고, 아동이 원하는 것도 알아야 한다.
초점 맞추기	아동에게 초점을 맞춘 면담을 해야 한다.
통제권	아동에게 면담 및 녹음기기에 대한 통제권을 어느 정도 허락해야 한다.
질문	아동이 연구자에게 질문할 수 있게끔 해야 한다.
언어	아동-친화적 언어를 사용해야 한다.

아동과 아동기에 대한 연구자의 입장

우선 아동이 사회에서 어떤 위상이었는지를 생각한 후, [글상자 1-3]의 과제활동을 수행하여 보라. 이 연습문제는, 여러분이 아동에 대해 어떤 생각을 갖는지, 그리고 이것이 면담 방식에 어떤 영향을 줄지를 생각해 보는 데 유용하다.

[글상자 1-3]

아동의 위상에 대한 과제활동

우선 여러분이 생각하는 사회 속에서의 아동의 위상에 대해 적어 보라.

- 아동에게 권리가 있다고 생각하는가?
- 이 권리에는 한계들이 있다고 생각하는가?
- 이동이 보호받아야 한다고 생각하는가?
- 아동이 순수하거나 환경에 영향을 받는다고 느끼는가?

몇 개의 의견들만 적어도 충분하다.

아동과 아동기에 대한 기본 개념들은 비특정적이고, 유아기와 성인기 사이의 다양한 역연령들(chronological years)과 발달상으로 관련 있다. 아동기는 자연적 구성체가 아닌 사회학적 구성체이며, 사회학적 구성체에 대한 우리의 이해는 시간에 따라 크게 변하고 있다. 이는 우리가 아동과 아동기에 대해 가진 모든 이해가 문화적 · 정치적 · 역사적으로 영향을 받았기 때문이며, 이에 따라 아동기를 역동적 과정으로 보는 것이 유용하다. 다시 말하면, 아동에 대한 관점과 이해 방식은, 사회의 관점들이 바뀜에 따라 변화될 것이다. 그럼에도, 아동에 대한 우리의 관점이 중요한 이유는, 우리 관점은 조직, 정치인, 정책 개발자, 사회에 의해 아동이 어떻게 다뤄지고, 우선적으로 취급되는지에 영향을 주기 때문이다. 더욱이, 이는 연구자와 다른 이해관계자들이 아동을 어떤

식으로 보고 다루는지에도 영향을 준다.

따라서 면담 프로젝트를 시작할 때는 신중히 계획하고, 적절한 주제를 고르며, 연구 문제를 만들고, 이론과의 관련성을 고려해야 한다. 특히 질적연구에서 연구 문제를 신중히 고려해야 하는 이유는, 프로젝트가 이를 토대로 삼기 때문이다(이 책의 2장 참고). 연구 문제는 연구자의 이론적 입장을 반영하고, 연구 방법 선택에 영향을 주기 때문에 중요하다. 이는 면담이 연구 문제를 다루기에 적합한 데이터 수집 도구인지의 여부를 결정할 것이다. 즉, 연구자는 자신의 인식론적 입장, 특히 자신의 아동에 대한 이론적 이해를 생각해 봐야 한다.

인식론은 연구 방법론을 다룬 책들에서 널리 논의된 개념으로서, 다른 곳에서 자주 등장하기에 여기서는 자세히 다루지 않겠다(O'Reilly and Kiyimba, 2015; Silverman, 2013). 그러나 이 부분은 연구자의 세계관이 연구자의 아동에 대한 관점 및 연구 방식에 어떤 영향을 주는가에 주목한다. 이는 연구자의 인식론적 입장, 즉 지식을 어떻게 알게 되었는지와 관련 있다. 이는 연구자와 연구자가 생산한 지식의 특성 간의 관계를 뜻한다. 다시 말해, 연구자가 아동을 바라보는 관점은, 아동의 삶에 대해 밝혀내는 방식에 영향을 줄 것이다. 따라서 연구자의 인식론적 입장은 프로젝트에 영향을 주며, 이에 따라 연구자는 면담 연구 초반에 아동 및 아동기에 대한 자신의 관점을 숙고해 봐야 한다.

역연령 및 발달 연령과 관련한 아동 및 아동기 개념들은 보편적이 아니며, 아동과 아동기 관련 요소들에 대한 정의는 사회의 변화하는 가치, 정의 및 기대에 따라 달라진다. 현대 서구 사회에서, 아동은 사회적 평등과 사회적 질서의 측면에서 고려되며, 연령에 따라 범주화된다. 이 장 초반에 언급하였듯이, 사회적 평등의 개념은 아동이 사회문화적 · 도덕적 권리를 가질 자격이 있다는 개념으로 이어진다. 따라서 아동은 사회 내 권리를 가진 집단에 속하며, 도덕적 배려를 받을 가치가 있다(Paul, 2007). 그러나 역으로, 아동은 여러 사회적 · 심리적 · 신체적 위험으로부터 보호받을 필요가 있으며, 권리-기반 체계에도 불구하고, 여전히 시민권 행사의 측면에서 제약을 받는다. 예를 들면, 대부분 서구 문화권에서 아동은 다음을 할 수 없다.

- 투표
- 운전
- 성관계
- 흡연
- 음주
- 결혼

이 활동들은 특정 연령까지 금지되며, 그 연령은 나라마다 다르다.

아동과 아동기에 대한 관점에서의 차이 그리고 아동 권리에 대한 논쟁은 연구 방식에 불가피하게 영향을 줄 것이다. 이 장 앞부분에서 말했듯이, 아동을 참여시키는 연구는 과거에는 피하는 경향이었으며, 새로운 개념들이 등장한 후에야 비로소 이런 식으로 아동 연구를 시작할 수 있었다. 그러나 이런 식의 연구에는 협력이 필요하며, 앞서 언급했듯이, 아동을 참여시키는 연구에 더욱 필요하다. 특히, '아동을 수동적 대상으로 보는 연구'에서 '아동을 능동적 주체로 참여시키는 연구'로의 이런 전환은 20세기 말로 가면서 시작되었는데, 이 시기에는 아동을 연구 설계에 포함시키고, 아동 삶의 중요한 사안들에 대해 아동과 이야기 나누며, 아동을 연구 계획에 더 직접적으로 참여시켰다. 그러나 이 시기에는 연구에 참여한 아동의 보호가 더 중요한 사안이 되었다. 이 시기에는 아동이 연구에서 어떻게 취급되어야 하는가에 대한 윤리적 규약과 엄격한 지침이 있었다(이 사안은 8장에서 논의한다).

따라서 연구자가 아동을 면담 연구에 참여시킬 때, 연구자는 아동과 아동기에 대한 자신의 관점을 숙고해야 하는데, 그 이유는 연구자의 관점은 아동 면담에 영향을 끼치기 때문이다. 연구자는 아동의 의견을 최대한 정확하게 표현하고, 내제된 권력 관계를 다루기 위해 아동의 문화를 잘 알아야 한다(Holt, 2004). 아동에 대한 다양한 관점이 있으며, 대표적으로 〈표 1-2〉에는 앨더슨[Alderson](2005)의 아동에 대한 개념들이 제시되어 있다.

〈표 1-2〉 아동과 아동기에 대한 관점들(Alderson, 2005)

1. 순수하고 보호가 필요한 존재
2. 문제를 일으킬 수 있기에 통제가 필요한 존재
3. 무지해서 교육이 필요한 존재
4. 한계가 많고 사회에서 거부된 피해자인 존재
5. 불우하거나 빈곤해서 자원이 필요한 존재
6. 잠재력이 많은 존재
7. 배제되었기에 특별한 기회가 필요한 존재

아동과 아동기에 대한 이런 다양한 입장들 때문에, 연구자가 아동에게 어떻게 접근해서 면담할 것인지의 측면에서 매우 복잡해진다. 이런 입장들로부터 아동 연구와 관련된 세 가지 다른 개념들이 등장했으며, 펀치Punch(2002)는 이를 다음처럼 기술했다.

- 아동 면담은 성인 면담과 동일한 방법 및 접근법을 사용해야 한다.
- 아동은 성인과 다르기에, 아동에게는 다른 면담 스타일과 방법이 필요하다.
- 아동은 성인과 비슷하지만, 다른 능력들을 가지기에, 성인에게 적용되는 일반적 전략들이 효과 있으려면 상당한 수정과 조정이 필요하다.

이를 더 깊이 생각하기 위해, [글상자 1-4]의 사례를 보자.

[글상자 1-4]

비네트- 아담Adam

아담은 교사가 되기 위해 훈련 중이며, 특히 공예를 잘한다. 그는 4~11세 아동을 가르칠 계획이 있다. 훈련 과정의 일부로, 아동을 대상으로 한 소규모의 연구 프로젝트를 해야 하기에, 그는 학교에서 6명의 5세 아동들을 대상으로 '공예 수업에 대한 그들의 의견'을 묻기로 했다. 그는 교육과정 및 공예 수업 방식은 아동의 의견들을 토대로 해야 된다고 생각한다. 따라서 그는 아동들의 의견이 자신의 교수법에 매우 중요할 것으로 본다.

• 아담은 아동과 아동기에 대한 어떤 입장을 가진 것 같은가?

아담이 아동에 대해 어떤 관점을 가졌는지를 적어 보라. 그는 아동은 보호받아야 한다는 온정주의적 관점을 가지는가, 아니면 권리-중심적 관점을 가지는가?

이 질문의 답은 이 책의 끝부분에 제시되어 있으며, 아동에 대한 아담의 몇 가지 관점을 제시하고 있다.

아동 · 청소년 면담의 장점

아동 · 청소년을 면담하면 분명히 많은 흥미로운 정보를 얻을 수 있다. 아동 · 청소년에 대한 데이터 수집 도구로 면담을 사용하는 것의 여러 장점들이 있다. 사실, 이런 식의 데이터 수집은 연구자들에게 매우 인기 있으며, 전 연령대 아동을 대상으로 한 면담 데이터를 보고한 문헌들이 증가하고 있다. 이런 문헌은 여러 분야들(건강, 교육, 사회 복지, 사회 정책)에서 그 중요성이 증명되었고, 우리가 아동과 아동기를 바라보는 관점에 영향을 끼치고 있다.

따라서 아동 · 청소년 면담이 왜 그리고 어떻게 유용한 데이터 수집 방법이 되는지를 고려해야 한다.

• 면담은 융통성 있는 데이터 수집 방법으로서, 다양한 유형의 면담이 있다. 연구자는 무슨 질문을 물을지, 어떤 순서로 물을지, 그리고 어떤 질문을 더 자세히 물을지를 결정할 수 있고, 각 아동에 맞게 질문 표현 방식을 바꿀 수 있다는 면에서 면담은 융통성을 가진다.

> **예를 들어...** 다양한 연령의 아동을 면담할 수 있다. 연구 의제나 주제가 동일해도, 각 아동의 발달 연령 및 역연령을 고려해서 질문 방식에 변화를 주어야 한다.

• 면담은 풍부하고 흥미로운 데이터를 제공한다. 면담으로

얻은 데이터는 깊이가 있으며, 양적 방식(질문지)보다는 더 자세한 탐구가 가능하다. 면담을 사용하면 관심 분야를 깊이 파고들 수 있으며, 아동이 자세히 답하도록 유도할 수 있다.

예를 들어... 질문지를 사용해서 아동에게 그들의 체중과 운동에 대해 물었다고 가정해 보자. 질문지가 1주일에 스포츠 활동을 몇 번하는지 물으면, 아동은 0번이라고 답할 수 있다. 그러나 면담 방식을 사용하면, 면담 도중 아동이 학교에서 스포츠 활동 중 심한 괴롭힘을 당했음을 우연히 알게 되어, 아동에게 스포츠를 삼가도록 하는 식으로 괴롭힘의 트라우마를 개선시켜 주는 조치를 취할 수도 있다. 또한 면담 중 아동이 스포츠를 하기 어렵게 만드는 특별한 장애를 가짐을 알아낼 수도 있다. 또한 어떤 아동은 주말마다 춤 강습을 받지만, 이를 운동이라 여기지 않아서 질문을 오해할 수도 있다. 그런 아동을 면담하면, 그렇게 답한 이유와 스포츠에 대해 어떤 생각을 가지는지 알아볼 수 있다. 질문지보다 면담으로 얻는 데이터가 내용이 더 풍부하다.

예를 들어... 연구자가 아동 · 청소년을 대상으로 가정 폭력을 당할 때의 느낌이나 경험을 면담하다 보면, 그들의 몸짓 언어나 고통에 더 민감해진다. 면담을 통해, 질문 내용을 다듬고, 그들이 너무 힘들다고 느낄 법한 질문에는 답하지 않게 배려하며, 그들에게 의견을 표현할 안전한 공간을 제공할 수 있다.

예를 들어... 아동과 친구와의 관계에 대해 면담하다 보면, 아동은 자신이 친구가 없고 외롭다는 사실을 털어놓을 수 있다. 이는 면담 계획안에서 고려하지 않았던 것이어도, 연구자가 아동과 돈독한 관계를 맺었다면, 아동이 불편해하지 않는 한 그 사안에 대해서 더 자세히 물을 수 있다.

- 면담 기법을 사용하면, 연구자는 아동을 직접적으로 연구에 관여시키고, 아동이 질문을 올바로 이해했는지가 점검 가능하다. 면담을 통해 아동과 관계를 맺을 수 있고, 아동이 면담 중에 제기한 흥미롭거나 중요한 사안을 추적 조사할 수 있다. 주제가 민감하거나 어렵다면 이는 더욱 해당된다.
- 아동 면담으로 더 민감한 사안과 주제를 탐구할 수 있는데, 이유는 면담이 이 사안들을 주의 깊게 다루는 분위기를 조성해 주기 때문이다. 면담자와 아동이 상호작용을 하다 보면, 면담자는 아동의 고통이나 분노와 관련된 언어적 · 비언어적 단서에 민감해질 수 있다.

면담 방법에 대한 비평

프로젝트를 위해 아동·청소년을 면담하기로 했어도, 이런 데이터 수집 방법이 지닌 한계를 알아야 한다. 제안서, 논문, 박사 논문이나 저널을 위한 면담 연구를 하는 경우, 면담을 선택한 이유 그리고 면담이 지닌 한계를 알아야 한다. 일반적으로 질적연구에서 면담은 자주 사용되며 인기도 많다.

> 면담-중심의 질적연구는, 응답자가 '있는 그대로의 사실을 말한다는 것' '자신의 경험에 대해 명백한 전문가라는 것' 그리고 '자신을 속속들이 알고 있다는 것'을 출발점으로 삼는다(Hollway and Jefferson, 2008: 298).

면담에는 여러 한계들이 있고, 이중 상당수는 여러분의 노력으로 극복되지만 나머지는 어쩔 수 없다. 우선 여러분은 다음을 통제할 수 있어야 한다.

- 어떤 아동은 면담을 공식적인 상황으로 느끼며, 특히 유아는 면담 참여를 불안해할 수 있다.

여러분은 응답자가 이런 문제를 극복하는 데 중요 역할을 해야 한다. 아동은 어떤 내용으로 면담이 진행될 것인지 그리고 자신에게 무엇이 기대되는지를 잘 알아야 한다. 또한 여러분은 응답자를 알아가고, 관계를 구축하는 데 시간을 써야 한다. 아동과 함께하는 시간 중 상당 부분은 서로를 알아가는 데 쓰여야 한다. 여러분은 아동에게 자신에 대해, 자신이 누구인지 그리고 고향은 어딘지를 말해 줄 수 있지만, 나이와 꼭 필요한 정보만을 알려 주기도 한다. 여러분은 아동에게 그들이 좋아하는 색상, 좋아하는 과목, 키우는 애완동물에 대해 간단한 질문을 할 수도 있다. 이런 과정은 아동의 마음을 더 편안하게 해 준다. 이 책 후반부에서 이 문제에 대해 다시 논의하겠다.

- 면담은 언어적 의사소통이 힘든 아동이나 유아에게는 적절한 탐구 방식이 아니다.

이는 부분적으로 여러분이 탐구하려는 주제 그리고 어떤 아동을 면담에 포함시킬지에 따라 달라진다. 의사소통 장애를 가진 아동이 한 명만 있다면, 면담을 그에 맞게 수정하면 된다. 모든 아동이 의사소통 장애를 가진다면, 텍스트-중심의 면담을 하거나 다른 방법을 사용해 볼 수 있다. 또한, 수화가 가능한 통역자가 필요할 수도 있다.

- 여러분이 아동과 대화한 경험이 거의 없거나 이런 훈련을 받은 적이 없는 경우가 있을 수 있다. 이 외에도, 여러분이 아동과의 경험이 있다고 해도, 면담 경험이나 이런 유형의 의사소통에 대한 경험은 없을 수 있다.

이런 경우, 한계를 극복하려면 계획이 필수이다. 최대한 편안하고 자연스럽게 면담하려면, 다양한 상황들에서 아동과 이야기해 보는 연습을 해야 한다. 우선, 아동과 함께 자원봉사를 하거나 자녀가 있는 친구와 만나는 방법이 있다. 자기도 모르게 성인용 어휘를 쓸 수 있기에, 면담 시에는 아동-친화적 어휘를 쓰도록 노력해야 한다.

- 어떤 아동은 자신의 경험을 공유하기를 주저하거나, 너무 부끄러워 털어놓기 힘들어할 수 있다.

여러분은 아동이 진심으로 면담을 원하는지 알아본 후, 원하지 않으면 그만두도록 배려해야 한다. 이를 다양한 방법으로 알아볼 수 있다. 예를 들면, 부모/후견인(그들이 아동을 제일 잘 알기 때문에)을 시켜 아동에게 물어보게 하거나, 아동에게 참여 의사를 직접 물어보거나, 표정을 통해 아동이 불편한지, 고통스러운지 혹은 답변을 주저하는지를 살펴보거나, 아동이 원하지 않으면 정기적으로 면담을 중단할 수 있게끔 배려해야 한다.

그러나 여러분이 아동이 면담 참여를 원함을 확인하면, 아동이 편안함을 느끼도록 해야 할 일들이 있다. 이는 이 책의 후반부에서 논의될 것이지만(6장 참조), 면담자는 아동이 더 편안해할 수 있도록 공예 작업을 하도록 배려하거나 장난감을 줄 수 있다. 또한 아동을 알아가는 데 시간을 쓰고, 더 자세히 알기 위해 다음 면담 스케줄을 재조정할 수도 있다.

물론, 면담은 능동적 전략들을 사용해도 없애기 힘든 근본적 한계들을 가진다. 이는 대체로 연구의 이론적 가정들과 관련 있다. 따라서 질적 면담이 주된 방법이 되어야 한다는 당연한 가정에 제기되는 이의들이 있다(Potter and Hepburn, 2005). (앞에서 언급한 것처럼) 면담을 통한 데이터 수집 방법은 연구자의 이론적 가정들과 일관적이어야 한다. 그러나 연구자들은 자신들의 데이터 수집 방법과 기본적인 이론 간의 관계를 명확히 알지 못할 때가 많기에, 이로서 면담은 일반적인 연구 도구로만 취급된다(Wimpenny and Gass, 2000).

다소 의심스럽지만, 결국 의제를 설정하고 대화를 주도하는 것은 연구자이기에(Brinkman and Kvale, 2005), 데이터를 얻어내는 데 있어 연구자의 역할을 고려해야 한다(Poter, 2002). 다시 말하면, 연구자는 면담을 주도하고 영향을 주어야 하며, 무엇을 물을지와 묻지 말아야 할지를 정해야 한다. 프로젝트를 진행하면서 이를 기억해야 하고, 묻게 될 질문들이 얻게 될 답변에 어떤 영향을 끼칠지를 생각해야 한다. 따라서 면담 방식은 다룰 질문, 연구자와 응답자 간의 관계의 특성, 그리고 질문 전달 방법들에 영향을 줄 것이다(O'Reilly and Kiyimba, 2015).

중요 사항: 면담은 데이터 수집을 위한 중립적 도구는 아님을 기억해야 한다. 오히려 면담은 능동적인 상호작용에 가깝다(Fontana and Frey, 2003).

요약

여러분은 이 장을 통해 아동·청소년 면담의 가치를 인정하게 되었을 것이다. 면담을 통해 연구자는 아동·청소년의 관심사, 의견, 관점, 경험 및 느낌을 탐구하게 되고, 이는 다시금 여러 다양한 분야에 영향을 줄 수 있다. 아동 면담을 생각할 때 고려해야 할 중요 사안들이 있다. 아동과 아동기에 대한 현대적 관점, 아동권리에 대한 논의, 아동-중심성 개념은 연구 구조 및 면담 진행 방식에 중요 영향을 끼친다. 이 장은 여러분이 자신의 의견과 입장에 대해 생각해 볼 만한 유용한 정보를 제공했다. 또한 면담이 지닌 장점과 한계에 대한 비판적 논의로 이 장을 마무리했다.

추천 문헌

일반적 질적연구

Ritchie, J., Lewis, J., McNaughton-Nicholls, C. and Ormston, R. (eds) (2014) *Qualitative Research Practice: A Guide for Social Science Students and Researchers*. London: Sage.

Silverman, D. (2013) *Doing Qualitative Research* (4th edn). London: Sage.

일반적 아동 연구

Clark, A., Flewitt, R., Hammersley, M. and Robb, M. (eds) (2014) *Understanding Research with Children and Young People*. London: Sage.

Greenstein, T. (2006). *Methods of Family Research*. London: Sage.

O'Reilly, M., Ronzoni, P. and Dogra, N. (2013) *Research with Children: Theory and Practice*. London: Sage.

면담

Flewitt, R. (2014) 'Interviews', in A. Clark, R. Flewitt, M. Hammersley and M. Robb (eds), *Understanding Research with Children and Young People*. London: Sage. pp. 136-153.

Potter, J. and Hepburn, A. (2005) 'Qualitative interviews in psychology: Problems and possibilities', *Qualitative Research in Psychology*, 2: 1-27.

연구 이론 이해

O'Reilly, M. and Kiyimba, N. (2015) *Advanced Qualitative Research: A Guide to Contemporary Theoretical Debates*. London: Sage.

Ravitch, S. and Riggan, M. (2012) *Reason and Rigor: How Conceptual Frameworks Guide Research*. California: Sage.

2

면담 조사방법의 설계

학습 결과

이 장을 마치면 여러분은 다음의 내용을 수행할 수 있어야 한다.

- 연구 일지 작성의 장점을 인식할 수 있다.
- 연구 문제와 면담 설계 간의 관계성을 인식할 수 있다.
- 면담 계획안에 대해 비판적으로 평가할 수 있다.
- 파일럿 면담의 유용성을 평가할 수 있다.
- 아동의 연령이 면담에 끼치는 영향을 평가할 수 있다.
- 전사 과정을 계획하고, 관련 문제들을 알아볼 수 있다.
- 면담 현장의 안전을 유지하는 데 필요한 조치들을 기술할 수 있다.

서론

이 장의 목표는 면담 연구 설계와 관련한 핵심 사안들을 다루는 것이다. 연구 면담 설계에는 여러 중요한 면들이 있으며, 우리는 이와 관련된 실용적 조언을 제시한다. 연구 일지 작성은 유용한 연구 검토 방식이며, 이 장에서는 이와 관련된 조언들을 제공한다. 면담 프로젝트의 목표와 목적의 성공적 달성을 위해서는 명확한 연구 문제를 만들어야 한다. 프로젝트의 토대가 될 중요한 연구 문제 외에 면담 성공 가능성을 최대화하기 위해서는 면담 질문들에 대한 분명한 계획안을 세워야 한다. 대부분의 연구 지침들은 이 계획안을 시험적으로 실행해 볼 것을 조언하며, 이를 위한 유용한 단계들과 왜 이것이 중요한지에 대한 근거를 제공한다. 이 장에서는 연구자가 모집한 아동 · 청소년의 연령이 면담 스타일, 내용, 진행 과정에 어떤 영향을 주는지를 고려하며, 다루고 싶은 연령에 적절한 사안들에 주목한다. 또한 수집된 데이터를 전사하는 것과 관련된 문제들, 그리고 이에 대한 계획을 세우는 방법을 살펴본다. 마지막으로, 면담 장소에 대한 논의와 집에서 아동을 면담하는 것의 장단점, 그리고 연구자의 안전에 대한 비판적 논의 및 면담 현장의 안전 유지를 위한 조언을 제시한다.

연구 일지 작성하기

연구 일지 작성은 질적 프로젝트에서 필수이지만, 혼합연구와 양적연구에도 유용하다. 일지를 매일 작성하면, 연구 중에 일어난 사건 · 결정 · 질문을 시간 순으로 볼 수 있다는 장점이 있다(Burgess, 1981). 물론 일지 작성에는 시간이 소요되지만, 기억에만 의존하기보다는 사고 과정, 결정, 숙고한 내용들을 추적하는 데 유용하다. 선호도에 따라 여러 다양한 연구 일지 작성법들이 있다. 컴퓨터나 노트북을 사용해 일지 파일을 만들거나, 디바이더 노트를 이용하거나, 기록 내용에 따라 색상별로 분류할 수도 있다. 혹은 하드 카피나 컴퓨터상에서 날짜들이 적혀 있는 달력 유형의 일지를 사용하면, 특정 날짜에 사건이나 결정들을 기록할 수 있다.

연구 프로젝트를 위해 왜 연구 일지를 써야 하는지에 대한 세 가지 주요 이유들이 있다. 오렐리와 파커O'Reilly & Parker(2014a)는 이를 다음처럼 설명한다. 〈표 2-1〉을 참고하라.

〈표 2-1〉 연구 일지의 용도(O'Reilly and Parker, 2014a)

용도	설명
정보의 기록	일지에 여러 정보들(권장된 참고문헌, 사건이나 모임의 날짜, 추후 약속 일자, 피험자에 대한 정보)이 기록될 수 있다.
숙고	특히 질적연구에서 연구자는 연구 과정 내내 숙고할 필요가 있다. 연구자는 데이터 수집 과정 중의 사건들에 대한 자신의 반응들을 숙고하고, 느낌과 생각을 적어야 한다.
결정의 기록	연구자는 프로젝트 내내 여러 결정을 내려야 한다. 상당수는 사소하지만, 중요도가 높은 결정도 있다. 그런 결정들이 어떻게 왜 내려졌는지를 보여 주는 결정 과정들을 일지에 쓰는 것은 유용하다.

연구 문제의 역할

연구 문제가 연구의 핵심 요소가 되는 이유는 연구 과정의 토대가 되기 때문이다. 즉, 아동과 청소년 면담은 연구 문제에 기반을 둔다. 물론 처음 떠올린 문제는 임시적이고 탐색적인 수준에 그치겠지만, 이는 연구 핵심을 밝혀 가는 데 있어 필수적 도구가 될 것이다(Agee, 2009).

좋은 연구 문제를 떠올리기란 힘든 일이기에, 연구 과정 중에 가능한 한 많은 이들과 상의할 것을 권장한다. 문제를 만드는 최선의 방법 중 하나는 떠오르는 아이디어들을 적어 놓고, 관심 있는 주제의 모든 측면을 고려하는 것이다. 예를 들어, [그림 2-1]은 '범죄에 대한 아동의 관점'에 관한 연구자의 다양한 아이디어들을 적은 브레인스토밍 맵이다.

> **중요 사항:** 잘못 설계된 연구 문제로 연구 중심과 방향을 잃을 가능성이 크다(Agee, 2009). 따라서 프로젝트의 설계 단계에서 분명하고 핵심적인 문제를 만드는 것이 중요하다.

브레인스토밍 맵을 대강 작성한 후, 각 아이디어들과 관련된 문제를 작성해야 한다. 문제들이 외관상 어이없거나 핵심에서 비껴간 듯해도, 일단 떠오르는 문제들은 모두 적어야 한다. 다음의 예를 보자(사실상, 이 작업을 3~4번까지는 아니어도 두 번은 해야 한다.).

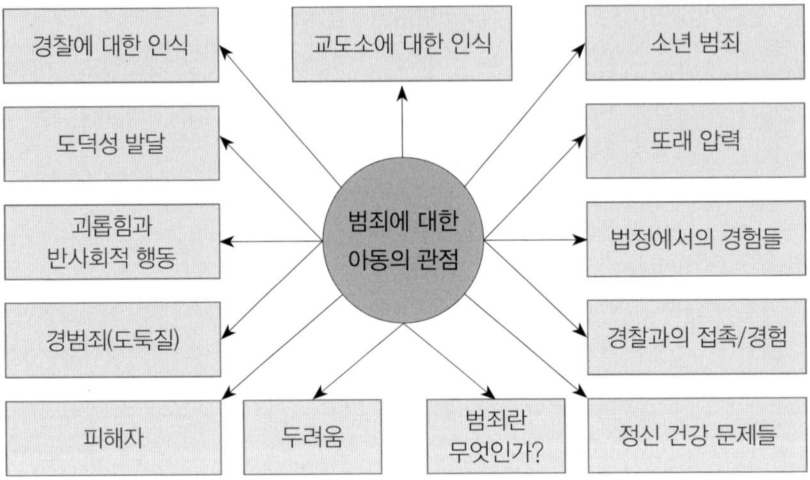

[그림 2-1] 브레인스토밍 맵

- 아동은 범죄를 무엇이라고 생각하는가?
- 아동은 범죄자를 어떻게 인식하는가?
- 아동은 범죄에 대해 어떤 두려움을 가지는가?
- 아동은 경찰에 대해 어떤 태도를 가지는가?
- 아동은 범죄 행동을 왜 두려워하는가?
- 소년범은 자신이 사법제도에 어떻게 취급받는다고 생각하는가?
- 아동 범죄 피해자들은 어디에 가서 도움을 청하는가?
- 소년범은 무슨 특성을 가지는가?

'범죄에 대한 아동의 관점' 같은 주제는 흥미롭지만 광범위하기에, 적절한 연구 문제가 되려면 정교화 과정이 필요하다. 떠오르는 문제들을 목록으로 작성한 후, 생각을 정리해야 하며, 이를 위한 유용한 방법으로 STEPS 모형이 있다(O'Reilly and Parker, 2014a). [그림 2-2]를 참고하라.

연구 문제 작성에서 이 모형이 유용한 이유는 문제의 '무슨' 측면들(탐구, 피험자, 주

구체성(Specific)	범위가 좁혀진 연구 분야	'어떻게'에 대한 기술들
적시성(Timely)	동시대적 프로젝트	
탐구(Enquiry)	어떤 종류의 문제인가?	'무엇'에 대한 기술들
피험자(Participants)	누가 연구 대상인가?	
주제(Subject)	관심 토픽	

[그림 2-2] STEP 모형(O'Reilly and Parker, 2014a: 61)

제)과 '어떻게' 측면들[구체성과 적시성(현대적 사안을 다루고 지식 격차를 메워 줌)]을 모두 다루기 때문이다. '어떻게' 부분들은 연구 문제의 일반적인 중요한 측면들이지만, '무슨' 측면들은 꽤 특정적이다.

이 단계에서 모형의 세부 사항들을 다루기에 앞서, 범위를 좁혀 나가면서 적절한 연구 문제를 만들어야 한다. [그림 2-1]과 앞서 제시한 짧은 문제 목록을 보면, 핵심을 찾기 힘들다. '범죄에 대한 아동의 관점'은 너무 일반적인 영역이며, 아동에게 범죄에 대한 생각을 면담하는 것은, 광범위한 프로젝트다. 여러분은 단계들을 적용하기 전에 답변 가능한 핵심 문제를 만들어 내야 한다. 그렇게 해야 여러분이 무엇에 진정 관심 있는지 생각해 보고, 주제(이 경우 '아동과 범죄')에 관한 문헌을 살펴보면서 범위를 좁혀 나갈 수 있다. 예를 들면, 다음과 같다.

- '아동'은 1세부터 18세까지의 사람을 뜻하는 광범위한 범주다. 이는 범위가 크기에 보다 구체적이 되어야 한다. 연구자는 특정 연령대(10대, 유아)에 관심 있는가? 범죄자에게 아니면 범죄 피해자에게 관심 있는가? 혹은 범죄 목격자에게 관심 있는가? 아동이라는 범주를 구체화하다 보면 무엇을 연구할지에 대한 감이 잡힌다.
- '범죄' 그 자체도 광범위하다. 사소한 경범죄부터 매우 심한 폭행과 살인까지 다양하다. 문헌을 참고하면서, 연구자는 특정 유형의 범죄들(반사회적 행동, 절도, 괴롭

힘)에 중점을 둘지 아니면 더 심각한 위험한 범죄들(폭행, 가정 폭력, 무장 강도)에 중점을 둘지를 결정할 수 있다.

목록에서 관련 문제들을 선택한 후, 이를 다듬어야 한다. 예를 들어, '사법제도에 대한 소년범의 의견들'을 주제로 삼겠다고 가정해 보자. 우리의 원래 문제 목록에도 이 주제와 관련된 문제들이 있다.

- 아동은 경찰에 대해 어떤 태도를 가지는가?
- 소년범들은 자신이 사법제도에 의해 어떤 취급을 받고 있다고 생각하는가?
- 소년범들은 무슨 특성들을 가지는가?

그런 다음 STEPS 모형을 이 문제들에 적용할 수 있다(물론, 더 긴 목록을 작성했으면 세 개 이상이 될 수 있다.). 오렐리와 파커(2014a)가 제시한 세 가지 핵심 요소들은 다음과 같다.

- 탐구
- 피험자
- 주제

오렐리와 파커에 따르면, 연구 문제의 탐구적 측면은 문제의 특성과 관련되며, 질적 연구에서 이는 문제를 구성하는 단어들(무엇, 왜, 어떻게)로 표현된다고 했다. 문제의 첫 단어는 '연구 문제'(역주: 연구 주제를 의문문 형식으로 만든 것)의 방향을 결정한다. 그래서 우리가 제시한 예에서, '무엇'과 '어떻게' 라는 단어들은 문제 방향 및 어떤 종류의 문제인지를 보여 준다. 따라서 이 세 문제 모두 탐구적 요소를 가지고 있다.

두 번째 요소는 '피험자'로서, 이는 연구하려는 표본이나 모집단을 뜻한다. 오렐리와 파커는 연구 문제 내 표본의 인구학적 특성들을 표시하는 것은 유용하다고 했다. 그래서 앞의 첫 번째 문제에서는 피험자는 '아동'으로, 두 번째와 세 번째 문제에서는 '소년범'으로 기술되고 있다.

STEPS 모형에 따른 세 번째로 중요한 요소는 주제, 즉 연구하려는 토픽이다. 여기서 비교적 구체성을 갖는 것이 유용하다. 첫 번째 문제에서는 일반적 주제가 경찰이며, 더 구체적으로는 '경찰에 대한 아동의 태도'다. 두 번째 문제에서 주제는 사법제도이며, 더 구체적으로는 '소년범은 자신이 사법제도에서 어떻게 취급된다고 느끼는지'에 대한 것이다. 마지막으로 세 번째 문제의 주제는 소년범의 특성들이다.

이 세 가지 핵심 요소들을 포함시킨 것에 만족했다면, 그다음에는 STEPS 모형의 첫 번째 두 요소들을 만족시키기 위해 연구 문제에 대한 더 광범위한 개념화가 필요하다. 즉, 연구 문제는 연구를 통해 답을 얻을 정도로 충분히 구체적이어야 하며, 오늘날의 사안을 다루고 지식 격차를 메울 수 있도록 적시성을 가져야 한다. 이제 우리의 각 문제를 살펴본 후, 이런 두 측면에 대해 더 자세히 검토할 것이다.

• 경찰에 대한 아동의 태도는 어떤가?

이 문제에는 세 가지 주요 요소들이 있으나, 구체성과 적시성이 결여되어 있다. 앞서 언급했듯이, '아동'이라는 일반적 범주는 다소 막연하며, '경찰에 대한 1~18세 아동과 청소년의 태도'를 탐구할 필요성의 타당한 근거는 없는 듯하다. 다시 말하건대, 연구자는 이런 결정을 위해 문헌을 참조해야 하지만, 지식 격차에 대해서도 생각해야 한다. 우리의 지식에서 격차가 있는지 그리고 적시성이 있는지 알아보려면 우선 문헌을 살펴보면서 '경찰에 대한 아동의 태도'에 관한 기존의 지식들을 살펴봐야 한다. 그러나 이 작업 후에도 연구 문제가 구체성을 띠려면 더 다듬어져야 한다.

• 소년범들은 자신이 사법제도에 의해 어떤 취급을 받고 있다고 생각하는가?

다시 말하건대, 이 문제는 세 가지 핵심 요소를 가진다. 그리고 이 경우, 첫 번째 문제보다는 구체적이다. '소년범'이라는 한정된 표본이 있으며, 조사 중인 주제는 '사법제도'로서 꽤 구체적이다. 이로써 면담 연구의 범위가 좁혀진다. 물론, 소년범의 연령 범위에 대해서는 더 구체적이 되어야 한다. 표면적으로는 적시성을 가지는데, 왜냐하면 소년범들의 취약함과 이들에 대한 접근이 어려웠기 때문에 역사적으로 지금만큼 큰 주목을 받은 적이 없기 때문이다. 다시 말하면, 문헌 참조를 통해 지식 격차를 메우고 적시성을 갖추어야 한다.

• 소년범들은 무슨 특성을 가지는가?

이 문제에도 세 가지 핵심 요소는 있지만, 다소 폐쇄적이면서 막연한 문제다. '특성'이 무슨 의미인지 불분명하며, 이 집단의 인구학적 측면의 목록을 제공해야만 하는 근거는 없는 듯하다. 이 집단의 일반적인 인구학적 특성에 대한 기존 지식을 알려면 문헌을 참고해야 하지만, 이 문제에는 구체성과 적시성은 부족하다.

중요 사항: 좋은 연구 문제를 생각해 내는 데 걸릴 시간을 과소평가하면 안 된다(White, 2009). 좋은 문제를 만드는 데는 오래 걸리며, 며칠이나 몇 주에 걸쳐 재검토해야 한다.

연구 문제는 오랜 시간에 걸쳐 다듬어 가야 된다는 사실을 기억해야 한다. 5분 안에 연구 문제를 만들 수 있다거나 그것을 재고할 필요가 없다고 생각하지 마라. 연구자의 관심사 및 문헌을 고려해서 문제를 만들어 가야 하며, 여러 번 검토해야 한다. 명확한 연구 문제를 토대로 목표 지향적으로 문헌 검토를 해 나갈 수 있으며, 이를 통해 다시 연구 문제에 변화들을 줄 수 있다(Andrews, 2003). 결국, 연구 문제와 주제가 독창적이 되려면 문헌의 도움을 받아야 한다(Kinmond, 2012). 연구 프로젝트를 위한 일반 문제와 관련된 하위 문제들을 작성할 필요가 있다. 중요한 문제는 연구 설계와 데이터 수집의 방향성을 제공하지만, 연구 과정 중에 더 구체적인 하위 문제들을 작성하게 해 주며, 이런 하위 문제들은 더 큰 수준의 발견으로 이어지고, 필요한 데이터 종류에 대해 지침을 준다(Agee, 2009). 그래서 질적 연구에서는, 프로젝트를 이끌 하나의 광범위한 연구 문제가 있어야 하지만, 이런 광범위한 문제에 속하는 두세 가지의 관련된 하위 문제들이 필요할 수 있다. 이제, [글상자 2-1]의 과제활동을 수행하여 보라.

[글상자 2-1]

STEPS 모형에 대한 과제활동

연구 문제를 작성한 후, 이것이 STEPS의 요건들을 충족하는지 알아보라. 연구 문제를 만들 준비가 안 되었다면, 우선 한 가지 문제를 떠올린 후 그것이 STEPS에 적합한지를 살펴보라. 이번 기회를 빌어 연구 문제들의 작성에 대해 연습해 보라.

면담 계획안 작성

> **중요 사항:** 면담 질문들에는 프로젝트의 목표와 목적이 반영되며, 이에 토대를 두어 연구 문제를 다루어야 한다. 연구 문제와 면담 질문은 서로 다른 목표를 가진 별개의 것이므로 혼동해서는 안 된다.

면담 성공을 위한 중요 부분으로 면담 계획안 작성이 있다. 일반적으로, 대부분 유형의 면담의 경우, 계획안의 융통성이 중요하다. 의제에 너무 많은 질문을 넣지 말아야 하는 이유는 면담이 어느 정도는 피험자에 의해 주도되고, 면담자도 대화의 자연스러운 흐름을 따라가야 하기 때문이다. 면담자가 물어볼 질문 유형을 결정하려면 면담 목표부터 이해해야 한다.

질문은 개방형 질문이나 폐쇄형 질문으로 해야 한다(이에 대해서는 나중에 논의하겠다.). 그러나 추상적 질문을 해서는 안 된다. 개방형 질문을 할 수 있지만, 여러분이 면담 대상자의 답변에 관심 있음을 알아채지 못하게 해야 한다. 다시 말하면, 여러분의 몸짓 언어나 어조가 아동을 위한 질문의 맥락을 형성하며, 아동이 질문을 듣는 방식은 여러분이 질문을 묻는 방식만큼 중요하다.

폐쇄형 질문 사용하기

물론 양적 면담은 폐쇄형 질문을 많이 사용하지만, 질적 면담을 하는 면담자는 폐쇄형 질문을 피하는 경향이 있다. 그러나 아동 · 청소년을 면담할 때, 폐쇄형 질문은 사실상 유용하다. 아동 면담에서 폐쇄형 질문은 프로젝트의 더 광범위한 목표들의 기반이 되는 필수 정보를 끌어내는 데 유용하다. 폐쇄형 질문은 '예/아니요'나 사실을 답해야 하는 질문이다. 예를 들면 다음과 같은 질문이다.

- 수영을 좋아하나요?
- 무슨 색상을 좋아하나요?

예를 들어... '10대의 소셜 미디어 사용'에 관한 연구에서, 여러분은 "페이스북 계정이 있는가?"라고 물은 후에 개방형 질문들(어떤 식으로 페이스북을 사용하는가? 혹은 페이스북에 남긴 댓글 중 대표적 예를 말해 달라.)을 물을 수 있다.

예를 들어... '정신병에 대한 10대의 인식'에 관한 연구에서, "주변에 우울증을 앓은 이가 있는가?"라고 물을 수 있다. 면담의 이 시점에서, 여러분은 다른 영역들을 알아본 후, 이 질문의 답으로 되돌아와 더 자세히 물을 수 있다(예: "너는 사촌이 작년에 우울증을 앓았다고 했다. 그들이 이를 위해 받은 치료에 대해 알려 달라.").

중요 사항: 폐쇄형 질문을 너무 많이 쓰지 않도록 하고, 면담 중에 질문들의 순서를 수정하거나 바꾸어야만 하는 경우도 있음을 기억해야 한다. 그리고 다른 아동들을 위해 이중 일부의 문장 형태를 바꿀 필요도 있다.

일반적으로, 폐쇄형 질문은 짧은 혹은 한 단어로 된 답만 요구한다. 이에 따라 이런 종류의 질문은 응답자의 답변들에 제한을 줄 수 있다. 그러나 폐쇄형 질문이라고 해서 피험자가 예/아니요 답변만 하고, 부가적 설명을 하지 않는 것은 아니다(Roulston, 2010). 어떤 아동, 특히 유아는 면담을 힘들어할 수 있으며, 그들을 편안하게 해 주려면 시간이 소요된다. 여러 짧은 폐쇄형 질문들(좋아하는 색상, 현재 키우는 애완동물 수, 즐기는 활동)은 아동의 관심을 불러일으킬 수 있다. 더욱이, 이전의 개방형 질문들에 대한 아동의 답변을 더 자세히 알아보기 위해 폐쇄형 질문을 물을 수도 있다. 더 중요한 것은 폐쇄형 질문들을 통해 탐구해야 할 주제가 드러나며, 이는 다음 질문이나 추후 면담에서 더욱 다듬어진다.

개방형 질문 사용하기

폐쇄형 질문들도 면담에서 나름의 가치를 가지지만, 연구 문제에 대한 관련 사안들을 탐구하려면 여러 개방형 질문들이 필요하다. 개방형 질문은 응답자가 특정 사안에 대해 터놓고 이야기하게끔 하는 질문이다. 개방형 질문은 응답자의 시야를 넓혀 준다.

개방형 질문들을 통해 피험자는 자신만의 언어로 답변을 구성하여 주제에 대해 이야기할 수 있다. 이 질문들은 연구 목표를 달성하고, 연구 문제를 다루는 데 중요하다. 개방형 질문을 쓰면 더 긴 대답이 나오며, 여러분은 응답자가 답한 내용에 토대를 두고 질문할 수 있다. 예를 들면 다음과 같다.

- 왜 그렇게 했는가?
- 그것으로 인해 어떤 기분을 느꼈는가?
- 지난번 수영장에 갔을 때 무슨 일이 일어났는가?
- 어떤 친구들이 너의 숙제를 도와주는가?

아동 면담을 할 때, 개방형 질문들을 통해 응답자들은 자신에게 익숙한 토픽들을 꺼내거나 담화 방식들을 쓸 수 있다(Eder and Fingerson, 2001). 개방형 질문은 서사적이거나 비구조적으로 아동을 면담할 때 성공적으로 활용될 수 있다. 전통적인 질의-응답 형식의 면담을 줄이기 위해, 여러분은 개방형 질문들을 통해 아동이 자신의 견해, 이야기를 말하거나 느낌을 표현하게끔 할 수 있다. 다음은 개방형 질문의 예다.

- 학교생활이 어땠는지 말해 줄래?
- 언제 슬펐는지 한 예를 말해 줄래?

촉진질문과 문구의 사용, 끄덕임, 아동의 답변 유도만 적절히 해도 효율적으로 면담할 수 있다. 단순히 아동에게 자신의 삶의 이야기, 특별한 경험을 말해 보게 하고, 아동이 이야기하는 동안 여러분은 아동과 천천히 관계 형성을 해 나갈 수 있다.

일반적으로 면담자는 면담 대상자가 자유롭게 말하도록 개방형 질문으로 시작할 것이 권장된다. 면담이 진행되면서, 면담자는 명확하게 알기 위해 혹은 더 자세히 알기 위해 폐쇄형 질문을 물어볼 수 있다(DiCicco-Bloom and Crabtree, 2006). 이는 점차적으로 이루어져야 하지만, 논의 중인 주제, 면담의 구조성 여부 그리고 구체적 정보의 필요성 여부에 따라 달라진다.

모스와 필드Morse & Field(1995)에 따르면, 면담자와 면담 대상자 간에 적절한 교감이 형성되면, 비구조적 면담에서 "_____에 대해 말해 달라." 같은 간단한 문장만으로도 면담 대상자는 자신의 이야기를 자유로이 털어놓을 수 있다고 했다. 그러나 이는 어떤 응답자들, 특히 아동에게는 더 힘든 일이다. 따라서 아동을 면담하는 연구자는 아동이 주제에 더 몰두할 수 있도록 상당수의 폐쇄형 질문과 직접적 질문을 미리 준비해야 한다(Irwin and Johnson, 2005). 어윈과 존슨Irwin & Johnson은 특정 아동의 요구에 걸맞은 대안적인 면담을 준비하고, 연구 주제를 중심으로 대화를 촉진해 나가야 한다고 했다.

실용적 조언

여러분은 면담 계획안을 가장 잘 세울 방법에 대해 실용적으로 생각해야 한다. 필요하면 더 노련한 연구자들에게 두려워말고 도움을 청해야 한다. 면담 계획안을 세울 때 다음 요인들을 고려해야 한다.

1. 문헌 활용이 바람직하다. 방법론에 관한 문헌, 아동 전문 연구자, 그리고 출판된 프로젝트 연구 결과물이 많음을 기억하라. 이런 유형의 문헌은 중요하다. 이것들은 연구 중인 주제들에 대한 감을 얻는 데, 그리고 이 연구 분야에 대한 개념적·이론적 지식을 얻는 데 유용하게 쓰일 수 있다(Kvale and Brinkman, 2009). 이것들은 질문 계획안에서 다루어야 할 일반적 분야들을 생각해 보는 데 기여한다.
2. 면담 계획안을 짜기 전, 연구에서 다룰 핵심 사안들을 생각해 보고, 이에 대한 계획을 세워야 한다. 연구 문제와 관련지어 관심 분야들을 광범위하게 생각하고 개념화해야 한다. 그런 다음, 이런 연구 의제들을 중심으로 면담 질문들을 작성해야 한다.
3. 여러분은 연구팀이나 감독관 혹은 동료들과 함께 자신이 만든 질문에 대해 논의해야 한다. 계획안에 있는 질문들에 대해 비판적 논의를 해 보면 더 창의적으로 질

문을 만들어 갈 수 있다(Gaskell, 2000).

4. 여러분은 주변 아동에게 조언을 구해야 한다. 연구 대상과 비슷한 연령대나 표본의 아동들에게 접근 가능하다면, 질문 목록을 세울 때 그들의 도움을 받아야 한다. 그들은 여러분의 질문에 대해 독특하고 중요한 식견을 제공해 줄 것이다(이 과정에서 적용되는 윤리적 문제들은 유념해야 한다.).
5. 계획안을 간결하게 짜야 한다. 면담 당일에는, 응답자의 보고에 따라 여러분은 유

분야 1: 또래 관계

1. 네 친구들에 대해 말해 줄래?
   촉진질문: 너의 가장 친한 친구에 대해서 말해 줄래?
   촉진질문: 학교 쉬는 시간에는 무엇을 하기를 좋아하니?
2. 친구들과 무슨 일 때문에 사이가 나빠졌니?
   너는 무슨 일을 했길래 친구들과 (가능하면 이름을 말한다.) 사이가 나빠졌니?

분야 2: 괴롭힘과 또래와의 갈등 알아보기

3. 괴롭힘을 무엇이라고 생각하니?
   촉진질문: TV에서 본 괴롭힘의 예를 말해 줄래?
   촉진질문: 친구와의 다툼과 괴롭힘 간의 차이는 무엇이라고 생각하니?
   주) 아동에게 괴롭힘을 그려 보게 할 수 있다.

분야 3. 괴롭힘의 유형들

4. 소셜 미디어의 사용에 대해 말해 줄래?
   촉진질문: 트위터/유튜브를 사용하니?
   촉진질문: 트위터에서 모욕적인 메시지를 받은 적이 있니?
5. 사이버 폭력에 대해 어떻게 생각하니?
   촉진질문: 너나 친구들이 문자 메시지나 페이스북에서 저속한 메시지를 받아 본 경험이 있는지 말해 줄래?

분야 4. 괴롭힘 경험

6. 최근 언제 괴롭힘을 당했니?
   촉진질문: 한 예를 말해 줄래?
7. 괴롭힘에 어떻게 대처했니?
8. 괴롭힘에 대해 누구에게 말했니?

[그림 2-3] 면담 계획안 예시

연하면서 적응적인 태도를 가져야 한다. 여러분은 응답자의 답변에 따라 질문들에 변화를 주거나, 원래와는 다른 순서로 물어보거나, 새 질문을 하거나, 질문을 생략할 수 있다. 질문 목록은 약 1페이지여야 하며, 연구 의제가 반영된 제목들을 중심으로 구성되어야 한다(Gaskell, 2000).

중요 사항: 계획안은 단순한 지침일 뿐 일일이 따라야 할 대본은 아님을 기억해야 한다(Gaskell, 2000).

면담 계획안을 위한 주요 양식은 없지만 너무 길어서도 안 되고, 연구 문제가 담겨 있어야 하며, 문헌 내용에 토대를 두고, 연구자가 파악해 온 핵심 사안들을 중심으로 구성되어야 한다. 질문은 단지 지침일 뿐이며, 아동의 답변에 근거한 질문들도 해야 한다. 그리고 계획안의 질문들 간의 순서를 바꾸거나, 아동의 의문 제기를 통해 미처 생각해 보지 못했던 부분들을 더 자세히 알고자 새 질문을 할 수도 있다. [그림 2-3]에는 면담 계획안 지침이 제시되어 있다. 이는 계획안이 어떤 모습을 갖추어야 하는지의 대표적 예이며, '괴롭힘에 대한 아동의 인식'이라는 주제에 근거하고 있다.

파일럿 면담*

데이터 수집 전에 이미 짜놓은 면담 계획안을 시험적으로 실시하는 이유는 피드백을 얻고 질문들을 다듬기 위해서다. 파일럿 연구를 하지 않으면, 연구를 다듬지 못해 연구의 질과 연구 결과가 영향받을 가능성이 크기 때문이다(Sampson, 2004). 윤리적 사안들을 위해서도 파일럿 연구를 하는 것이 유용하다(이 장 후반부에서 살펴본다.).

예를 들어... 녹음 장비를 검사한 후, 소리 질이 나쁘거나 녹음 장치가 응답자로부터 너무 멀리 떨어져 있으면 외부 마이크가 필요할 것이다.

- 파일럿 면담이 지닌 여러 장점들이 있다.

* 역주: 면담 질문들을 사전에 시험적으로 물어보기

여러분은 자신이 준비한 모든 것들을 시험해 볼 수 있다. 질문들의 목표를 검증해 보고 피험자가 이해할 만한 수준으로 질문이 구성되었는지 체크해 볼 수 있다. 또한 녹음 장비도 검사해 볼 수 있다.

여러분은 윤리적 과정을 체크할 수 있다. 이 기간 동안 여러분은 연구 참여 동의 과정을 살펴보고, 표본 기준에 적합한, 아동이 핵심적인 윤리적 원리를 제대로 이해하는지를 점검해야 한다.

면담 기술들과 데이터 수집 가능성을 검토할 수 있다. 파일럿 면담을 통해, 여러분은 자신의 면담 스타일과 기술을 점검하고, 질문 및 질문의 적절성 여부를 체크하며, 면담 향상을 위한 유용한 피드백을 얻게 된다. 또한 아동이 면담에 참여할 의향이 있는지와 이유 그리고 도중에 발생한 장애물이나 문제들은 없는지 체크할 수 있다(van Teijlingen et al., 2001).

예를 들어... 여러분이 프로젝트가 무엇인지를 설명할 때 쓰는 용어가 너무 복잡하면 파일럿 연구에 참여 중인 아동은 해당 용어를 이해하지 못할 수 있다. 이런 경우 그들의 의견을 토대로 기존 단어를 수정해야 한다.

예를 들어... 파일럿 면담을 하면서, 여러분은 자신이 편안하게 질문을 못하거나 아동의 처음 답변을 더 알아볼 생각 없이 다음 질문으로 바로 넘어가는 경우가 있음을 깨달을 수 있다. 녹음된 내용을 숙고하고 파일럿 면담 피험자들에게 질문을 묻다 보면, 여러분의 면담 기법들이 향상될 것이다.

중요 사항: 파일럿 연구는 시간 · 깊이 · 강도 면에서 다양하며, 이런 요인들은 파일럿 연구 목표에 따라 달라진다. 최초 파일럿 연구에서 큰 문제들이 발생한 경우, 두 번째 파일럿 연구를 해야 할 수도 있다.

응답자의 연령을 고려하기

분명히 응답자의 연령은 면담 형식, 진행 방향, 스타일에 영향을 끼친다. 아동의 능력을 섣불리 가정하지 말고 면담에 영향을 줄 다른 요인들(예: 학습장애, 정신장애, 언어장애)도 알아야 하지만, 연령의 영향력도 광범위하게 인식할 필요가 있다(이는 9장에서 다시 다룰 것이다.).

4세 이하 유아

4세 이하 유아를 대상으로 한 면담은 드문 일이다. 그러나 그들 대부분은 어휘력 및 성인과의 의사소통에 있어 어느 정도 경험을 가지는 것이 불가능한 것만은 아니다. 4세 이하 유아는 면담 능력이 부족하고, 문법 · 의미 · 구문 같은 문제들로 인해 유아의 말에서 믿을 만한 의미를 알아채기 힘들 수 있다(Cameron, 2005). 또한 그들은 연구 중인 주제의 개념을 제대로 인식하지 못할 수 있다. 일반적으로 이 연령 집단과 이야기하려면 노련해야 하고 복잡한 사안들에 민감해야 한다. 특히 이런 어린 유아는 취약한 집단으로, 면담 촉진을 위해 부모를 참여하게 하는 것이 유익할 수 있다.

여러분이 그런 어린 나이의 유아를 면담을 할 예정이면, 간단한 질문들을 준비해야 한다. 〈표 2-2〉에 제시된 다양한 면담 조언들을 염두에 두어야 한다.

〈표 2-2〉 유아(4세 이하) 면담을 위한 실용적 조언

조언	설명
친숙성	유아에게 친숙할 것 같은 것들을 언급해야 한다. 예를 들면, 유아가 좋아할 만한 TV 캐릭터, 이야기책, 장난감, 활동 등을 언급하면서 자연스럽게 질문을 해야 한다(질문 전에 부모에게 물어봐야 한다.).
그림 사용	대화 촉진을 위해 그림을 사용할 수 있다. 특정 대상의 사진이나 인터넷에서 뽑은 컬러풀한 그림을 사용해서 대화를 촉진할 수 있다.
짧은 시간	면담은 짧게 해야 한다. 유아가 지치거나 지루해할 수 있으니 필요한 핵심 정보만 얻어야 한다. 적절한 면담 시간대를 선택해야 한다. 낮잠 시간이나 식사 시간에 해서는 안 된다. 필요한 경우, 원하는 데이터를 얻기 위해 한 번 이상의 면담을 해야 될 수도 있다.
부모의 도움	부모에게 면담에 참여해서 도와달라고 할 수도 있다. 부모는 유아에 대해 더 자세한 답변을 줄 수 있을 것이며, 효율적으로 질문하는 법도 알고 있을 것이다. 이 부분은 이 책 후반부에서 다룰 것이다.

5~11세 아동

중요 사항: 이 연령대 아동은 성인이 듣고 싶은 답변을 하는 경향이 있기에, 신중하면서도 유도하거나 판단하지 않는 질문을 물어봐야 한다.

이 연령대 아동을 대상으로 한 면담은 더 흔하지만, 자체적으로 여러 문제들이 있다. 이 연령대 아동의 면담 계획 시 다양한 사안들을 고려해야 한다. 아동의 관심사, 가치관, 경험, 일상을 고려한 면담 방법을 사용하고, 권력 문제에도 유의해야 한다. 이 연령대 아동은 성인의 지시를 받는 것에 익숙함을 기억해야 한다. 이들은 통제권 행사나 '아니요' 하는 것에 덜 익숙하다. 그러나 면담에서는 아동에게 어느 정도 통제권을 주고, 질문 방식과 시점의 측면에서 융통성을 가지는 것이 좋다. 그리고 아동에게 면담을 주도하게끔 하고 자신의 이야기를 털어놓게 하는 것이 유용하다(O'Reilly et al., 2013a).

〈표 2-3〉은 이 연령대 아동을 면담할 때 고려할 실용적 조언들이다.

〈표 2-3〉 5~11세 아동 면담을 위한 실용적 조언

요인	설명
아동의 어휘	여러분은 아동이 쓰는 어휘에 익숙해야 하며, 이를 위해 이 연령 아동과 시간을 보내면서 아동들끼리의 혹은 성인과의 의사소통 방식을 파악해야 한다. 그러나 어떤 어휘들은 맥락과 관계 있음을 기억해야 한다.
격려	아동에게 다양한 주제에 대한 많은 질문들(연구와 관련성이 적어도 됨)을 하게끔 격려한다.
조언 수집	아동에게 적절한 수준의 질문을 물으려면, 교사 · 부모 · 아동 지도사들의 조언을 구해야 한다.
관계 형성	아동을 더 잘 알려면 상당한 시간을 함께 보내야 한다(면담 당일보다는 면담 전에 시간을 보내는 것이 바람직하다.).
의사소통 스타일	더 어린 아동(5세)에 비해 더 나이든 아동(11세)은 다른 식으로 의사소통하고, 다른 관심사를 가지며, 다른 능력을 가짐에 주의해야 한다. 다양한 연령의 아동을 면담한다면 그들에 맞게 면담 스타일을 바꾸어야 한다.

개성 고려	아동은 개인이고, 어떤 아동은 타 아동보다 편안히 면담하며, 개성도 각기 다름을 기억해야 한다. 융통성을 갖고 다양한 주제들로 대화하도록 한다. 이 연령대 아동이 현재 관심을 가지는 것이 무엇인지 알아야 한다(아동은 이를 좋아하지는 않아도 의견을 가질 수는 있다.).
참여 방법	다양한 참여 방법들의 활용을 고려해야 한다(6장에서 논의한다.).

12~18세 청소년

청소년 면담에서 사용하는 기법들은 유아 면담 때와는 분명 달라야 한다. 청소년은 질문과 면담 목표를 더 잘 이해할 수 있다. 그러나 청소년은 신체적 발달, 변화하는 사회적 관계 및 학업적 측면에서 더 큰 스트레스를 받는다. 면담 연구에 청소년을 참여시키기가 어려운 이유는, 그들은 면담을 해야겠다는 동기부여가 적으며, 마음을 터놓기 힘들어하거나, 보복이나 판단에 대한 두려움을 가질 수 있기 때문이다. 동영상, 소셜 미디어, 사진 같은 다양한 참여 방법들로 면담을 촉진할 수 있지만, 청소년은 면담에 직접 참여할 때 더 뿌듯해한다는 사실을 기억해야 한다.

[글상자 2-2]는 다양한 참여 방법들을 사용한 연구의 예를 제시한다.

[글상자 2-2]

참여 방법들에 대한 연구 사례

사만다 펀치Samantha Punch(2002)가 실시한 청소년과 그들의 복지를 탐구한 연구에는 '다양한 참여 방법들'에 대한 내용이 들어 있다. 이 연구는 집단 및 개별 면담을 통해 '문제, 대처 전략, 도움 추구 행동에 대한 청소년의 인식'을 조사했다. 이를 위해, 저자는 다양한 과제-기반의 활동들[스파이더 다이어그램, 차트, 학습 자료들(동영상, 자주 쓰는 표현들), 새로운 혁신적 기법(시크릿 박스)]을 사용했다. 펀치는 참여 방법들이 청소년의 면담 참여를 촉진하며, 관심을 끌고, 민감한 주제들에 대한 논의를 유도한다고 했다. 이 외에도 이런 방법들은 연구자와 피험자 간의 불평등한 권력 관계를 줄이는 데 기여했다.

(적어도 서구에서) 대부분 청소년은 소셜 네트워킹, 컴퓨터 기술, 인터넷, 컴퓨터 게임을 항상 접할 수 있는 시대에서 살기에, 면담 설계 시 이것들을 유용하게 사용할 수 있다. 4장에서 언급된 것과 같이, 인터넷을 사용해서 면담하는 것을 생각해 볼 수 있다. 청소년을 대상으로 면담할 때 생각해 볼 중요 사안들이 있으며, 〈표 2-4〉는 몇 가지 실용적 조언을 제시한다.

〈표 2-4〉 청소년 면담을 위한 실용적 조언

조언	설명
권력 관계 고려하기	청소년 면담에도 권력 문제는 여전히 있다. 따라서 데이터 수집 전에 그들을 알아 볼 시간이 필요하다. 여러분은 그들의 답변에 영향을 줄 위험이 있기에, 개방형 질문을 하고, 그들이 면담 의제를 최대한 주도하게끔 유도해야 한다. 또한 청소년에 대한 신뢰의 의미로, 녹음 장치에 대한 통제권도 부여해야 한다. 여러분은 면담 진행 전에 연구에서 여러분의 역할, 정체성, 연구의 이유, 그리고 청소년으로부터 무엇을 얻고자 하는지를 분명히 알아야 한다.
분위기	청소년을 전문가처럼 대하고, 여러분은 그들로부터 무언가를 배우고자 하는 분위기를 조성하도록 한다.
긴장 풀어 주기	유아와 마찬가지로, 청소년도 처벌이나 당혹감에 대한 두려움으로 질문에 답하는 데 긴장할 수 있다. 여러분은 그들과 시간을 보내면서 데이터의 비밀은 보장됨을 확신시켜 주어야 한다.
청소년 수준에 맞춰 말하기	청소년을 성인처럼 대하거나 여러분이 마치 10대처럼 행동하고 싶은 유혹이 들 수 있겠지만 이는 권장되지 않는다. 청소년 수준에 맞춰 대화하되, 그들을 존중하면서 있는 그대로를 인정해야 한다. 청소년은 여러분이 솔직하지 못한 모습을 보이면 쉽게 알아챈다.
타인의 동석	주변에 부모나 교사가 없을 때, 청소년은 여러분에게 속내를 털어놓을 가능성이 크다. 따라서 여러분은 그들에게 프라이버시를 보장해 주어야 한다. 물론, 청소년이 면담 중에 누군가와 함께 있기를 요청하면(부모 대신 친구나 사회복지사) 그들의 의견을 수용하도록 한다.
관계 형성	부끄러움을 타는 청소년은 여러분과 친근한 관계를 맺는 데 시간이 걸리기에, 여러분은 그들을 편안하게 해 주고, 안심시켜 주며 더 많은 시간을 주어야 한다. 청소년의 답변 속도에 맞춰 질문하고, 다음 질문으로 넘어가기 전에 그들이 자신의 답변을 생각할 여유를 주어야 한다.

비밀 보장	어떤 부모는 여러분으로부터 10대 자녀가 면담에서 무슨 말을 했는지 알려 주지 않겠다는 말을 들으면 당혹해한다. 여러분은 청소년의 비밀을 보장해 주는 동시에 부모도 안심시켜야 한다. 부모에게 안전 관련 문제라면 알려 줄 것이지만 나머지는 비밀에 부칠 것임을 말해야 한다.
문화	청소년은 자신만의 담화 스타일과 또래 문화를 가짐을 알아야 한다(Eder and Fingerson, 2001). 그리고 여러분은 이에 대해 잘 알 필요가 있다.

전사

면담 전사는 데이터 수집 후에 하지만, 여기서 이를 다루려는 이유는 데이터 전사는 그렇게 간단하지 않으며, 계획을 세워서 해야 하기 때문이다. 전통적으로 전사는 단순히 기술적인 작업으로 보이지만, 전사본에는 연구 목표들이 반영된다(Ochs, 1979). 이제 전사는 능동적 과정이고, 이론적 · 선택적 · 해석적 · 표상적인 것으로 여겨진다(Davidson, 2009).

우선, 면담을 직접 전사할지 아니면 전문적인 전사자에 맡길지를 결정해야 한다. 다음은 직접 전사의 장점들이다.

- 전사하면서 데이터를 더 잘 알게 된다.
- 전사 중에 오류나 문제를 발견할 수 있다.
- 전사가 연구 과정의 일부인 연구 방법들도 있다.
- 직접 전사하면, 전사자라면 놓칠 법한 조용하게 말한 내용이나 웅얼거린 단어들을 쉽게 파악할 수 있다.
- 전사는 학습 과정을 촉진하며, 교사 자격증을 얻는 중이라면 이런 작업이 더욱 의미 있다.

다음은 전문 전사자에게 맡길 때의 장점들이다.

- 시간 절약이 된다. 기한이 짧을 때는 이런 점이 더욱 중요하다.
- 전사자가 응답자가 말한 내용을 그대로 적으면, 추후 연구자는 자신의 요구에 맞게 다듬을 수 있다.
- 연구자는 (전사보다) 프로젝트의 더 중요한 측면들(예: 분석)에 중점을 둘 수 있다.

그러나 여러분은 자신이 원하는 것을 얻으려면 전사자에게 분명한 지침들을 제공해야 한다. 전사자는 전사본에서 여러분이 원하는 것, 대화의 순서 교대 방식, 포함해야 할 세부 사항들에 대해 제대로 이해하고 있어야 한다. 더욱이, 민감하거나 불편할 수 있는 데이터의 경우, 여러분은 전사자에게 이를 알려 주거나, 지원 수단을 제공해야 한다. 이런 민감한 자료를 전사하는 것은 녹음 내용을 반복해서 들어야 할 전사자에게 불편감을 줄 수 있다(Wilkes et al., 2014; Kiyimba and O'Reilly, in press a and b). 전사에는 데이터의 반복적 경청이 필요하며, 피험자의 목소리를 듣는 것은 감정적 반응을 불러일으킬 수 있다(Shopes, 2013).

여러분이 직접 전사하는 경우, 어느 정도의 세부 내용까지 전사본에 넣을지를 생각해야 한다. 말하는 이를 어떻게 표기할 것인지(숫자로, 이름으로, 역할로), 재채기 · 기침 · 웃음을 포함시킬지, 침묵의 시간을 표기할 것인지, 비언어적 몸짓을 어떻게 포함시킬지를 정해야 한다. 이런 결정 중 상당수는 면담에서 사용하는 방법과 관련 있다.

아동의 말과 전사

아동의 언어는 발달 중이므로 성인과는 다른 식으로 말하는 경향이 있다. 이 부분은 전사본에서 고려되어야 한다. 물론, 아동의 연령은 아동의 어휘력 수준, 그리고 자신을 말로 표현하는 능력에 큰 영향을 끼칠 것이다. 속어, 욕, 악센트를 모두 기록하거나 단어들을 발음대로만 기록할지를 결정해야 한다(정확한 'brother' 대신 'brover' 로 표기). [글상자 2-3]은 입양아동 면담에서 뽑은 전사의 두 가지 예를 제시하고 있다.

[글상자 2-3]

전사 예시(역주: 아동의 말이라 앞뒤가 안 맞음)

정리된 전사본

면담자: 정말이니?

아동: 네 그리고 아빠는 … 우리가 좀 더 일찍 왔더라면 당신이 그 기차를 탈 수 있었을 텐데요. 그러나 괜찮아요. 그들은 그 아이들을 다음번 기차에 태워 보냈고, 그런데 우리는 놓쳤기 때문에 기분이 이상했어요.

아동의 발음대로 전사함

면담자: 정말이니?

아동: 네 그리고 아빠는 … 우리가 좀 더 일찍 왔더라면 당신이 그 기차를 탈 수 있었을 텐데요. 그러나 괜찮아요. 그들은 그 아이들을 다음번 기차에 태워 보냈고, (기침한다) 그런데 우리는 놓쳤기 때문에 기분이 이상했어요.

아동이 말할 때 목소리와 어조가 갑작스럽게 변하는 경우가 많기에, 아동의 말을 전사하는 것은 힘들다(Davidson, 2009; Hamo et al., 2004). 면담 중에 아동이 단어 대신 소음을 내는 경우들이 있는데, 이 소리들에 대한 정통적인 표기법은 없기에 전사가 어렵다. 물론, 그것들은 '능동적 소음'으로 볼 수 있다(O'Reilly, 2005). 더욱이, 어떤 아동은 의사소통과 언어 장애를 가지거나 말더듬이 있어 표현하기 힘들어할 수 있다.

다시 말하지만, 전사에서 권력 관계가 문제로 대두될 수 있다. 연구자는 아동의 말보다 성인 화자의 말에 중점을 두면서 무심코 성인을 더 우선시할 수 있다(Ochs, 1979). 여러분은 전사본에서 아동의 의견을 표현할 방법을 정해야 한다. 비언어적 측면들을 포함한 경우, 아동이 곁눈질하거나, 어깨를 으쓱하거나, 얼굴을 가리거나, 주제에 변화를 주는 식으로 질문에 답하거나 자신의 의견을 표현했음을 알게 된다. 이런 표시들은 아동이 선회했음을 알려 주기에 중요한 분석 자료가 된다.

장소 선정과 현장 안전 유지하기

면담 계획 시 면담할 장소를 고려해야 한다. 면담을 표본을 모집한 기관[학교나 보건기관(클리닉, 병원, 호스피스)]이나 지역사회(마을회관, 스카우트 연맹 회관, 문화센터)에서 할 수 있다. 또한, 아동의 집에서 면담할 수도 있다.

특정 기관에서 면담을 실시하기로 했다면, 여러분은 신중히 계획을 세운 후 피험자도 해당 장소에 동의하는지 알아봐야 한다. 여러분은 방해 요인이 없는, 면담이 가능한 조용한 방을 준비해야 한다. 예를 들어, 직원실은 쉬는 시간에 교사가 사용해야 하므로 면담 장소로 부적합하다.

외부인이 프라이버시 보호의 필요성을 알 수 있도록 방문에 표지판을 걸어놔야 한다. 또한 아동이 어디를 편안해할지에 대해서도 생각해야 한다. 아동에게는 금지 구역인 학교의 직원실에서 연구자와 편안하게 대화할 수 있겠는가?

> **중요 사항:** 학교는 조용한 때도 있지만 대체로 분주한 장소다. 조용함을 보장하기 어렵기에, 안전한 주제가 아닌 민감한 주제를 다루는 면담이라면 학교는 다소 부적절하다.

만일 연구자가 지역사회에서 면담을 하기로 했다고 해도, 유사한 문제들에 직면한다. 안전을 위해 공공건물에서 하는 것이 좋으나, 기밀성을 위해 프라이버시는 보장되어야 한다. 수치심을 불러일으킬 수 있는 것(예: 성병)에 대한 면담을 한다면, 10대는 타인이 왜 그곳에 있는지 이유를 아는 경우 면담하기를 불편해할 것이다. 다시 말하건대, 조용하면서 방해 요인이 적은 장소를 골라야 한다.

만일 아동의 집에서 면담하는 것이 바람직하다고 생각되어도 이로 인해 발생 가능한 문제들도 생각해야 한다. 집에 가족이 있으면 소란스러울 수 있으며, 집에서 사적이고 조용한 장소를 확보하도록 그들과 사전에 협상해야 한다. 가족 구성원은 모든 방에 드나들 수 있고, 연구자는 애완동물을 치우거나 TV를 끄거나 가구를 재배치할 권한을 가지고 있지 않기에 양측이 협상하기는 어렵다(Bushin, 2007; MacDonald, 2008). 아동의 침실에서 할 수도 있지만, 아동이 침실에 대한 통제권을 가졌다고 가정하면 안 된다(Punch, 2007). 또한, 아동의 장소를 침해하면 불편함을 느낄 수 있다. 더욱이, 침실은 아동이 면담이 끝난 후 쉬어야 할 안식이다. 특히 면담이 감정적이거나 고통을 주는 것이라면 이는 더욱 해당된다. 면담 전에 부모와 상의하고 사전에 프라이버시에 대한 문제를 제기하는 것이 바람직하다.

연구자의 신체적 안전

예를 들어... 밤늦게 기차를 타고 돌아가는 것, 낯선 이의 집에 혼자 가는 것, 약물 복용이나 가정 폭력 같은 주제를 연구하는 것은 위험할 수 있다. 그래서 면담 장소 혹은 주제의 특성은 신변 안전에 위험을 줄 수도 있다.

여러분은 야외에서 데이터 수집 시 안전을 잊기 쉬우며, 특히 아동을 대상으로 할 때 잠재적 위험을 간과하기 쉽다. 따라서 사전에 위험 평가를 하고 잠재적 위험은 없는지 생각해야 한다. 흔하지는 않아도 면담 현장에서 신체적 폭력(Bloor et al., 2007) 혹은 위협(Parker and O'Reilly, 2013)이 일어나는 경우가 있다. 신체적 위험은 감정적 위험보다는 덜 흔하지만, 예방이 중요하다. 병원에서 면담을 한다면 분명한 신체적 위험들(전염병 감염 위험)이 있다. 그러나 이 외의 다른 문제들도 있을 수 있다.

〈표 2-5〉는 연구자의 신체적 안전을 위한 조언이다.

〈표 2-5〉 신체적 안전을 위한 권고

조언	권고
파일럿 연구하기	파일럿 연구를 통해, 사전에 위험들을 신중히 생각해 볼 수 있다(Sampson, 2004).
안전 훈련 실시	여러분은 위협적이거나 문제적인 상황 대처에 관한 훈련을 해야 한다[Social Research Association(SRA), 2005].
장소 변경에 대한 대비	다루기 어려운 위험 요소로 인해 불편하다고 생각되는 장소인 경우, 좀 더 공적인 장소에서 응답자를 만나도록 한다(Faulkner, 2004).
안전 규약 준수	면담이 실시될 기관에는 숙지하고 준수할 안전 규약이 있다(Parker and O'Reilly, 2013).

주변 지역 사전 답사	인근 지역이 범죄가 자주 일어난다면 사전 조사를 해야 하고, 잠재적 위험을 평가한 후 장소의 안전성을 결정해야 한다(Paterson et al., 1999).
장소에 내재된 위험을 평가하기	어떤 곳은 다른 곳보다 더 위험하다. 예를 들면, 교도소나 소년범 수용 시설은 적대적 분위기일 수 있다(Liebling, 1999).
동료 연구자와 함께 하기	피험자에게 동료 연구자들은 관찰 및 장비 정리에 도움을 주려고 온 것임을 알려야 한다(SRA, 2005).
지인에게 자신의 위치 알리기	여러분은 지인에게 면담 장소 주소와 연락 가능한 시간대를 알려 주어야 한다.

연구자의 감정적 안전

신체적 위험에만 신경 쓴 나머지 면담하는 아동·청소년이 느낄 법한 감정적 영향은 간과하기 쉽다. 어떤 연구 분야는 다른 분야보다 감정적으로 더 민감하기에, 면담 도중과 이후에 감정적 거리를 두기 어려울 수 있다. 어떤 감정은 단지 불편만 주지만, 또 어떤 감정은 정신적 상처를 주거나 오래 지속되며(Hubbard et al., 2001), 추후 면담에도 영향을 준다.

또한 여러분은 트라우마를 일으킬 수 있는 내용들을 듣다 보면 탈진할 수도 있음을 알아야 한다(Coles and Mudlay, 2010). 〈표 2-6〉은 감정적 안전을 유지하게끔 해 주는 실용적 조언들이다.

예를 들어... 민감성이 덜하다고 생각되는 주제(건강 식단에 대한 아동의 태도)에 대해 아동을 면담했는데, 어떤 아동이 식이장애로 사망한 누나가 있어 당혹해한다면, 예상치 못한(가능성도 적은) 일이 될 것이다. 이런 일이 발생하면 아동을 면담하는 일이 다소 꺼려지며, 당황스럽고 스트레스를 주는 상황이 발생할 것을 우려해 다른 아동과 다른 주제들에 대해 면담할 때도 긴장할 수 있다.

〈표 2-6〉 감정적 안전을 위한 권고

조언	권고
대비하기	어떤 주제는 분명히 민감하고 감정적 반응을 불러일으킬 위험도 있다. 따라서 여러분은 이에 대비하고 계획을 세워야 한다. 면담 후에 발생할 일을 대비해 지원체계를 구축해야 한다.

감정 인정하기	감정 발생은 자연스러운 것이기에 굳이 떨쳐내면 안 된다. 스트레스 및 고통을 다스리는 법에 대한 훈련을 받아야 한다(Johnson and Macleod-Clark, 2003). 그러나 여러분은 자신의 감정을 아동에게 전가해서는 안 된다.
제2 연구자의 도움받기	1대1 관계의 부담감을 줄이기 위해 옆에서 조용하게 있어 줄 제2의 면담자를 두는 것이 유용하다(Brannen, 1998). 동료에게 여러분의 감정적 반응들을 털어놓는 것도 좋다.
글로 적기	연구 일지를 사용해 생각과 느낌을 적어야 하는 이유는 글로 표출하면 감정이 정화되기 때문이다.
휴식 취하기	여러분은 피험자가 면담 중 감정이 극대화되면, 잠시 휴식을 취하는 것이 좋다(Hubbard et al., 2001).

따라서 생각해 볼 여러 중요한 부분들이 있으며, 오렐리와 파커(2013)는 질적인 현장 연구를 위한 핵심적인 권고들을 다음과 같이 제시했다.

- 연구자 안전에 대한 인식: 연구자는 자신들의 경험을 나누고, 현장에서의 잠재적 위험에 대해 파악해 둘 것이 권장된다.
- 훈련의 필요성: 연구 기관(예: 대학교)은 연구자 및 관리자를 위한 위험 대비 훈련을 적극적으로 개발하고 제공할 것이 권장된다.
- 투명한 위험 평가의 시행: 연구자는 감독자/관리자와 상의하여 데이터 수집 전에 공식적인 위험 평가를 실시할 것이 권장되며, 이때 사회연구협회(SRA) 지침들은 유용하다.
- 보고를 위한 공간의 확보: 연구팀은 면담 내용 보고를 위한 공간을 마련하여 연구자가 자신이 겪은 감정적 및 기타 경험들에 대해 터놓을 수 있게 해야 한다. 팀 접근법은 오렐리와 파커가 주장한 것이다.

여기서는 연구자의 안전 및 면담 현장 및 분석 과정 중의 안전 유지의 중요성을 다루었다. 이 절에서 아동의 안전을 실제적으로 언급하지 않은 이유는 아동 안전은 다차원적 영역이고 구체적으로는 윤리 및 보호와 관련 있으므로 이 책 후반부의 윤리에 대한 장이나 7장에서 다룰 것이기 때문이다.

요약

이 장에서는 면담 연구 설계 시에 고려할 다양한 중요한 사안(예: 연구 일지의 장점)을 다루었다. 이제 여러분은 면담 계획안 설계 및 검증뿐 아니라 연구 문제 작성법에 대해 분명히 이해했을 것이고, 파일럿 면담의 유용성을 평가할 수 있을 것이다. 이 장을 통해, 여러분은 면담할 아동의 역연령과 발달 연령 그리고 연령이 데이터 수집 방향이나 스타일에 어떤 영향을 줄지를 생각해야 한다. 또한, 면담 전사와 관련된 실용적 조언들 및 관련된 실질적 문제들도 다루었다. 전사는 신중히 계획하는 것이 중요하다. 이 장은 안전 유지에 대한 조언으로 마무리하였으며, 이에 대해 더 자세히 읽어 볼 것을 권장한다.

추천 문헌

전사

Davidson, C. (2009) 'Transcription: Imperatives for research', *International Journal of Qualitative Research*, 8(2): 35-52.

장소와 안정성

Bloor, M., Fincham, B. and Sampson, H. (2010) 'Unprepared for the worst: Risks of harm for qualitative researchers', *Methodological Innovations*, 5(1): 45-55.

MacDnald, K. (2008) 'Dealing with chaos and complexity: The reality of interviewing children and families in their own homes', *Journal of Clinical Nursing*, 17(23): 3123-3130.

Parker, N. and O'Reilly, M. (2013) '"We are alone in the house": A case study addressing researcher safety and risk', *Qualitative Research in Psychology*, DOI: 10.1080/14780887.2011.64726.

Social Research Association (2005) *Staying Safe: A Code of Practice for the Safety of Social Researchers*, Available at: www.the-sra.org.uk (accessed 18 October 2014).

프로젝트 계획하기

Fraser, S., Fiewitt, R. and Hammersley, M. (2014) 'What is research with children and to-ng people', in A. Clark, R. Flewitt, M. Hammersley and M. Robb (eds), *Understanding with Children and Young People*. London: Sage. pp. 34-50.

O'Reilly, M., Ronzoni, P. and Dogra, N. (2013) *Research with Children: Theory and Practice*. Lcndon: Sage.

연구 문제의 개발

O'Reilly, M. and Parker, N. (2014) *Doing Mental Health Research with Children and descents: A Guide to Qualitative Methods*. London: Sage.

White, P. (2009) *Developing Research Questions: A Guide for Social Scientists*. Basingstoke, Hampshire: Palgrave MacMillan.

면담의 다양한 유형

학습 결과

이 장을 마치면 여러분은 다음의 내용을 수행할 수 있어야 한다.

- 면담의 다양한 방식들(구조적 · 반구조적 · 비구조적 면담)을 비교하고 대조할 수 있다.
- 아동 · 청소년을 대상으로 한 면담의 문제들을 인식할 수 있다.
- 아동 · 청소년을 대상으로 한 다양한 면담 방식들을 비판적으로 평가할 수 있다.
- 민족지학, 페미니즘, 현상학, 내러티브 혹은 자연발생적 데이터에 근거한 면담 같은 다양한 면담 방식들을 평가할 수 있다.

서론

면담은 질적연구에서 가장 인기 있는 데이터 수집 방법이다. 피험자를 효과적으로 면담하려면 특별한 기술들이 필요하기에, 경험이 적은 이들에게는 어려울 수 있다. 이 장에서는 아동 면담이 왜 인기 있는 탐구 방식인지를 살펴본다. 이 장에서는 아동을 대상으로 사용할 만한 다양한 면담 방식을 소개한다. 우선 대표적인 세 가지 면담 방식

(예: 구조적 · 반구조적 · 비구조적 면담)을 소개하려 한다. 아동 · 청소년을 대상으로 이런 방식을 사용하는 것이 지닌 장점과 한계를 기술한다. 또한 기존의 방식이 아닌 대안적인 면담 방식들도 소개한다(예: 민족지학적 면담, 페미니스트 면담, 현상학적 면담, 내러티브 면담, 자연발생적 면담). 그리고 아동 연구에서 면담이 유용하게 쓰일 수 있는 측면들을 제시한다.

면담 방식들

중요 사항: 선택한 면담 방식에는 연구 질문, 프로젝트의 목표와 목적이 반영되어야 한다. 그리고 면담에서 무엇을 얻고자 하는지에 따라 면담 방식이 결정된다.

여러분은 자신이 하려는 프로젝트에 어떤 면담 방식이 가장 적합할지를 결정해야 한다. 〈표 3-1〉은 네 가지 방식의 면담을 제시하고 있다. 그러나 이런 다양한 면담 방식들 간의 차이는 생각보다 더 복잡하며, 여러분은 서로 다른 질적 관점을 가지기 때문에 동일한 용어라도 다르게 이해한다. 그러나 이런 다양한 방식들은 면담-중심 연구를 진행 시에 유용한 휴리스틱(heuristic)이 된다(역주: 휴리스틱은 어떤 사안 또는 상황에 대해 엄밀한 분석에 의하기보다 제한된 정보만으로 즉흥적 · 직관적으로 판단 및 선택하는 의사결정 방식을 의미한다. 일종의 기준점을 뜻한다.).

〈표 3-1〉 면담 방식들

면담 방식	설명
구조적 면담	이 방식은 양적 연구에서 사용되며, 사전에 정해진 질문들만 물어본다.
반구조적 면담	이는 연구자가 질문들을 미리 준비해야 하는 질적 기법이지만, 피험자가 면담 방향을 주도하는 것이 융통적으로 허락된다.
비구조적 면담	이는 연구자가 면담의 토대가 될 몇 가지 질문을 준비해야 하는 질적 기법이지만, 이런 유형은 주제를 중심으로 진행되어 가는 대화와 비슷하다.

자연발생적 면담	이것들은 자연적인 상황에서 이루어지는 면담이며, 연구 목표를 위한 것은 아니지만, 추후에 연구 의제를 다루는 데 사용될 수 있다.

구조적 면담

질적 프로젝트에서 구조적 면담을 사용할 가능성이 적은 이유는, 구조적 면담은 양적인 특성을 가지며, 주로 질문지의 대안으로 사용되기 때문이다. 이는 양적 기준(신뢰도와 타당도)은 면담 설계와 관련 있으며, 질문들은 모든 피험자에게 동일한 순서로 같은 식으로 물어봐야만 함을 의미한다. 예를 들면, 다음의 세 가지 질문들을 생각해 보자.

1. 무슨 음식을 좋아하는가?
2. 과일을 좋아하는가?
3. 하루에 과일을 얼마나 먹는가?

아동에게 이 세 질문을 동일한 순서대로 물어야 한다. 만일 아동이 2번 질문을 듣고 과일을 좋아하지 않는다고 답한 경우, 3번 질문이 필요 없다고 생각되어도 일단 물어야 한다.

어려운 질문을 연구자가 아동에게 직접적으로 설명해 줄 수 있다는 면에서, 구조적 면담은 질문지보다 장점을 가진다. 또한 응답률을 높이는 방법의 일환으로 질문지보다는 구조적 면담이 더 선호된다. 질문지의 응답률은 편차가 크지만, 일반적으로 낮다는 것은 알려진 사실이다. 특히 질문지가 길수록 이는 더욱 그러하다(Roszkowski and Bean, 1990). 아동의 경우 이 문제가 더 심각해지는데, 왜냐하면 보호자(부모)가 아동(특히 유아)의 질문지 작성에 도움을 주기에 너무 바쁠 수 있기 때문이다. 구조적 면담을 실시하면, 부모와 사전에 면담 약속을 할 수 있기에 면담이 이루어질 가능성이 높아진다(부모에게 미리 알림장을 보낼 필요성은 있다.) (O'Reilly et al., 2013a).

반구조적 면담

아마도 반구조적 면담은 가장 흔한 면담 기법으로서, 질적 연구자들이 주로 선호한다. 반구조적 면담을 하면 연구자는 질문 방식이나 순서에 융통적으로 변화를 줄 수 있다. 이로써 연구자는 면담 중의 아동의 말을 경청할 수 있으며, 이런 답변들을 토대로 질문을 수정하거나 변화를 주거나 혹은 아동의 개인 경험과 관련된 새 질문을 물을 수 있다. [글상자 3-1]은 반구조적인 면담의 예시를 제시한다.

[글상자 3-1] 반구조적 면담 예시

최근 연구에서, 우리는 8~10세 아동을 대상으로 교육적 및 정신 건강적 문제들에 대한 그들의 경험들에 대해 면담했다. 이런 면담의 일환으로, 우리는 '아동 및 청소년이 정신 건강 서비스(CAMHS)를 받는 것에 대한 그들의 의견과 경험들'에 관심 있었다. 우리는 아동에게 질문을 하면서 마음을 열도록 유도한 결과, 면담 직전까지 아동이 꽤 긴장했음을 확인했다. 그러나 그들은 곧 안정되면서 이런 배려에 감사했다. 질문의 두 가지 예시를 보자.

예시 1

조사자: 너는 좀 두려웠니?

아동: (고개를 끄덕임)

조사자: 무엇 때문에 두려웠는지 기억할 수 있나?

아동: 우리가 무엇을 하게 될지 모르기 때문에 두려웠어요.

한 유용한 기법은 아동의 말을 그대로 반복하는 것이다. 여기서 조사자는 아동이 면담에 대한 걱정으로 두려웠다는 내용을 들었고, 이를 고개 끄덕임으로 재차 확인했다. 이유를 알고 싶을 때 조사자는 "왜 두려웠니?"라고 물어볼 수도 있었지만, '왜'라는 질문은 취조적 · 심문적이기에, 아동이 스스로 말하도록 부드럽게 유도하는 방법이 사용되었고, 이로서 아동이 두려워하는 이유를 알아낼 수 있었다.

예시 2

조사자: 내가 순회하면서 너희에게 말을 거는 이유는, 변화를 주면 면담 분위기가 나아질 수

있을지 알아보기 위함이란다.
아동: 음, 대기하는 동안 할 일이 있으면 좋겠는데요.
조사자: 무엇을 하기를 좋아하니?
아동: 책 읽기요.

이 예에서, 조사자는 아동에게 면담 분위기 조성을 했고, 아동에게 좋은 분위기 조성을 위한 제안을 제시할 기회를 주었다. 이런 개방적 분위기 때문에 아동은 제안을 할 수 있었다. 대기실에서 무엇을 했으면 좋겠냐는 질문에 대해 아동은 (이들은 교육적 및 정신 건강 문제들을 겪었으므로) 짧게 답할 가능성이 크기에, 더 자세히 답변하게끔 격려해야 한다.

Bone, C., O'Reilly, M., Karmin, K. and Vostanis, P. (2015). *'They're not witches...': Young children and their parents' perceptions and experiences of Child and Adolescent Mental Health Services. Child: Care, Health and Development, 41*(3): 450–458.

> **중요 사항:** 면담 내내 연구자는 피험자 관점에서 세계를 인식하려고 노력해야 한다.

반구조적 면담이 아동·청소년을 대상으로 사용할 만한 유용한 기법이 되는 이유는 이런 면담으로 여러분이 면담 계획안을 세울 때 차마 생각하지 못했던 사안과 견해를 더 자세히 탐구할 수 있게 하기 때문이다. 아동은 여러분의 연구 문제와 관련된 새로운 개념이나 사안을 제시할 수 있기 때문에, 여러분은 추후 면담에서 물어볼 새 질문을 추가할 수 있다. 더욱이, 면담의 반구조적인 특성으로 인해, 기존 질문을 여러분 앞에 있는 피험자에 맞게 수정하고, 개인의 요구에 따라 면담을 맞춤화할 수 있다 (Flewitt, 2014).

비구조적 면담

비구조적 면담은 반구조적 면담과 여러 면에서 유사하다. 예를 들어, 비구조적 면담에서 사용된 질문은 개방형 질문이며, 피험자가 특정 주제나 사안에 대해 털어놓도록 설계되어 있다. 그러나 비구조적 면담에서는 피험자에게 면담 방향과 내용에 대해 상당한 통제권이 부여된다. 물론 연구자가 면담을 이끄는 데 능동적 역할을 맡고 있기는 하다(Corbin and Norse, 2003). 이는 특히 아동·청소년을 대상으로 할 때 유용한데, 왜냐하면 그들은 자신에게 중요하다고 생각되는 문제들에 대해 상담받고 싶어 하며, 연구자가 연구 의제와 관련된 내용뿐 아니라 자신의 의견들을 경청해 주기를 바라기 때문이다(Stafford et al., 2003). 비구조적 면담은 그런 기회들을 제공해 준다.

예를 들어... 알스트롬 증후군은 아동에게서 발생되는 희귀한 유전적 장애다. 이 증후군에 대한 상당수의 문헌이 있으나, 질적연구는 적다. 따라서 이 장애를 겪는 아동의 의견을 얻기 위해, 그들을 대상으로 비구조적 면담을 할 수 있다(물론 모집이나 다른 문제들로 힘들 수 있다.). 비구조적인 면담이라도 연구 초점은 필요하고, 연구 문제를 다루어야 하며, 특정 측면(외상성 경험, 학교, 혹은 가족 지원에 대한 느낌)을 중심으로 질문을 하고 아동이 자유롭게 답하도록 격려해야 한다.

여러분은 아동을 대상으로 한 비구조적 면담의 가치를 고려해야 한다. 아동에게 면담 진행 방향에 대한 통제권을 부여할 수 있지만, 나이가 매우 어린 유아라면 이런 권한 행사를 힘들어할 수 있다. 다시 말하건대, 여러분은 면담 목표와 목적을 고려하고, 참여 아동에게 통제권을 넘겨주어 자신이 무엇을 얻고 싶은지를 생각해야 한다(이는 나중에 더 자세히 고려할 것들이다.). 어떤 면에서 비구조적 면담은 대화와 비슷하지만, 대화는 상호 관심사를 반영하는 반면 면담은 그렇지 않다는 면에서 둘은 차이가 있다(Kvale, 2008; Flewitt, 2014). 특히 비구조적 면담은 질문들이 연구 의제에 제한받지 않기 때문에 주제, 사건 혹은 조건에 대해 거의 알려진 것이 없을 때 유용하다.

우리는 [글상자 3-2]를 수행해 보기를 제안한다.

[글상자 3-2]

면담 방식들에 대한 과제활동

여기서는 세 가지 주요 면담 방식들을 소개했다. 대안적 방식들을 논의하기 앞서, 차이들을 생각해 보고, 어느 것이 여러분의 연구에 적합한지 그리고 이유를 생각해 보라. 여러분이 선택한 면담 전략은 여러분이 세운 연구 문제와 관련 있어야 한다. 여러분이 질적 연구자라면, 연구 일지를 쓰고, 생각들을 적어야 한다.

면담 방식 선택하기

구조적 · 반구조적 · 비구조적 면담은 여전히 유용하고 중요한 휴리스틱을 제공하지만, 이 외의 다양한 면담 방식들도 있다. 시간이 흐르면서 여러 면담 방식들이 개발되었으며, 대체로는 특정 관점의 철학, 이론 및 기본 가정에 본질적으로 연계되어 있다. 이것들 상당수는 반구조적 혹은 비구조적 유형들을 쓰지만, 완전히 다른 형태의 방식도 있다. 여러분은 자신이 사용하려는 면담 방식에 대한 명백한 근거를 가져야 하고, 이는 연구 문제와 프로젝트 목표와 관련 있어야 한다. 연구 설계, 연구 문제, 방법, 데이터 수집 방법과 분석 간에는 일관성이 있어야 한다(O'Reilly and Kiyimba, 2015).

다음은 자주 쓰이는 면담 유형들이다.

- 민족지학적 면담
- 페미니스트 면담
- 현상학적 면담
- 내러티브 면담
- 자연발생적 면담

이러한 방식 각각은 아동 · 청소년 대상으로 면담할 때 자주 쓰이며, 지금까지 논의된 세 범주의 전통적인 휴리스틱을 넘어서고, 특정 관점에 연계되어 있다.

민족지학적 면담

아동은 각기 다양한 문화, 민족성, 사회적 배경을 가진 서로 이질적인 집단임을 기억해야 한다. 특히 민족지학은 이런 문화를 기술하고자 하며, 이를 위해 연구자는 광범위한 현장조사를 하게 된다. 따라서 민족지학적 관점에서 아동의 세계를 이해하려는 연구자는 주로 데이터 수집에 관여한다. 이 경우 면담이 흔히 사용되는데, 이유는 민족지학적 면담이 연구자의 연구 목표와 목적에 일관되기 때문이다. 민족지학적 면담은 질적 면담이고, 주로 현장에서 면담을 진행하는 문화인류학에 토대를 둔다(Heyl, 2001). 민족지학적 면담을 하는 조사자는 문화와 상징적 의미에 강조를 두며, 철저히 응답자의 관점에서 면담을 설계해서 응답자가 자신의 문화권에서 일어난 사건에 부여한 의미를 탐구하고자 한다(Roulston, 2010).

어떤 면에서, 민족지학적 면담은 친근한 대화와 비슷하다. 물론 이 과정도 특정한 연구 의제를 중심으로 이루어져야 한다(Spradley, 1980). 민족지학적 면담을 통해 연구자는 피험자가 자신의 언어로 자신의 문화권에 대해 기술한 이야기들을 얻어야 한다. 이때 해당 문화권 구성원들이 사용하는 용어들의 설명과 정의도 함께 알아봐야 한다(Roulston, 2010). 따라서 민족지학적 면담은 다른 유형의 면담과는 차이가 나는데, 왜냐하면 이런 면담은 면담 피험자가 질문뿐 아니라 어떤 경우에는 연구 초점에도 영향력을 행사할 수 있도록 해 주기 때문이다(Heyl, 2001). 따라서 중요한 것은 민족지학적 면담은 실용적인 면에서 장점들을 가진다는 것이다.

[글상자 3-3]은 민족지학적 면담의 예를 제시한다.

[글상자 3-3]

민족지학적 면담을 사용한 연구 사례

웨스트비[Westby](1990)에 따르면, 민족지학적 면담 결과들은 가족과 아동을 위한 문화적으로 적절한 중재를 개발하는 데 유용한 정보를 제공해 준다. 그의 주장에 따르면, 전문가는 민족지학적 면담 결과들을 토대로 적합한 질문을 물어서 가족이 아동의 요구를 충족하게끔 도울 수 있다. 이것이 가능한 이유는, 민족지학적 연구자는 이 가족의 삶의 문화적 측면들을 고려하기 때문이다. 물론 해석은 연구자 자신의 관점에 따라 달라질 수는 있다.

페미니스트 면담

얼핏 보면 페미니스트 면담이 아동 · 청소년과 관련 있다고 보기 어려울 수 있다. 그러나 10대 소녀를 면담하기로 했다면, 페미니스트 관점은 이 어린 여성에게 매우 적합하다. 둘째, 아동 · 청소년은 소수집단으로 볼 수 있기에, 페미니스트 면담 원리를 연구에 적용시킬 수 있다. 이런 두 가지 이유들로, 페미니스트 면담을 간단히 소개하겠다.

페미니스트 면담은 1970년대/1980년대에 생겨난 면담 기법이다. 이 시기는 연구자들이 페미니스트 관점에 기반한 개방형 면담을 사용하기 시작했을 때다. 페미니스트들의 주장에 따르면, 더 윤리적인 연구 결과를 얻기 위해 피험자에게 권한을 주는 방향으로 연구해야 하고, 특히 페미니스트 면담의 목표는 여성 연구자와 피험자 간 평등한 관계를 증진시키는 데 있다(Bhavani, 1988; Roulston, 2010). 이는 페미니스트 면담을 사용하는 조사자는 주로 개방형 질문을 하며, 각 피험자를 한 번 이상 면담하는 이유다(Roulston, 2010).

> **예를 들어...** 여러분이 '비만과 괴롭힘에 대한 10대 소녀의 경험들'에 관심 있다고 하자. 여러분은 데이터 수집 기법으로서 페미니스트 면담 방식을 선택할 수 있다. 이로써 10대 소녀들이 연구 의제와 질문들에 영향을 끼치고, 그들의 관점에서 해당 경험을 털어놓을 수 있다.

페미니즘에 기반한 조사자는 응답자와의 관계에 크게 주의를 기울인다. 특히 조사자는 자신과 응답자 사이에 작동되는 권력의 역학관계에 주의하며 응답자에게 권한을 부여할 방법들을 찾아본다. 이것이 어떻게 아동 · 청소년 대상의 연구에서 중요한지는 알아채기 쉬운데, 왜냐하면 조사자는 이 과정에서 아동에게 권한을 부여하는 방법들을 찾으려하기 때문이다. 면담의 숙고적인 면들이 이런 권한을 강화한다고 주장되는데, 왜냐하면 조사자는 응답자와 상호작용하면서 권력 관계로 인한 영향을 살피기 때문이다(Del Busso, 2007). 따라서 페미니스트 면담을 할 때, 조사자는 여성이 일상에서 쓰는 용어나 범주를 사용해야 하며, 여성이 자신의 이야기와 경험을 어떻게 구성하는지를 경청해야 한다(DeVault, 1990). 그러나 '여성'이라는 이질성에 대한 여러 가정들을 할 수 있는데, 이유는 여성은 여러 측면들로 구성되며, 성별은 그중 한 측면일 뿐이기 때문이다.

현상학적 면담

연구자는 응답자의 생생한 경험들에 대한 데이터와, 인간 경험의 자세하고 깊이 있는 서술을 얻고자 할 때 현상학적 면담을 사용하는 경향이 있다(Adams and van Manen, 2008). 분명히, 이런 유형의 면담은 현상학의 전통에 기반을 두며, 이런 관점은 연구의 특성, 응답자와의 상호작용 방식 및 추후분석 방법의 토대가 된다. 여러분은 소규모의 표본을 얻고, 아동이 어떤 현상이나 사건을 어떻게 경험했는지 깊이 있게 탐구하고자 할 때 그들을 대상으로 현상학적 면담을 사용하기로 할 수 있다. 중요한 것은, 현상학적 면담은 숙고적이고 개방적인 방식이며, 여기서 사용된 질문들은 피험자 경험에 대한 자세한 정보를 얻는 방향으로 고안된 것들이다(Roulston, 2010). 탐침 질문들("나에게 예를 말해 줄래?"), 인정 표시("음." "맞아.") 그리고 격려("계속하렴.")는 아동이 더 자유롭게 이야기하도록 촉진한다.

예를 들어... ("어떤 치료를 받았니?" 대신) "네가 받은 암치료법에 대해 말해 줄래?"

예를 들어... ("학교생활은 어떠니?" 대신) "학교생활에 대해 이야기해 줄래?"

예를 들어... ("자폐증 진단에 대해 어떻게 느끼니?" 대신) "자폐증은 너에게 어떤 의미니?"

전통적인 현상학 관점은, 조사자가 응답자가 경험하는 세상 그대로를 인식할 수 있도록 조사자가 세상에 대해 가진 선입견과 가정은 일단 배제해야 한다고 본다(Bevan, 2014). 이는 아동 · 청소년을 면담할 때, 조사자는 약간 거리를 두고 아동과 아동기에 대한 모든 가정을 유보해야 함을 뜻한다. 이는 응답자가 자기 주도적으로 답하게끔 매우 일반적인 개방형 질문으로 면담을 시작하고, 조사자가 추후 질문들에서도 응답자가 쓴 단어들(보통 1~2개 단어들)을 계속 사용하면서 쉽게 구현될 수 있다(Roulston, 2010).

내러티브 면담: 질의응답 형태를 넘어선 방법

또 다른 대안적인 면담 방식은 내러티브 면담으로서, 이는 구조적 · 반구조적 · 비구조적인 형태를 띠는 전통적인 질의응답 형식을 넘어선다. 기본적으로 내러티브 면담은 응답자가 자신의 삶에서 일어난 사건에 대해 말하게 하는 것으로, 아동이 이런 면담을 하면 자신에게 일어난 일에 관해 이야기한다. 질의 응답식 면담은 조사자가 직접 주제와 토픽을 고르고, 질문들을 열거하며, 조사자의 언어로 질문을 구성하는 식으로 구조화되어 있지만, 내러티브 면담에서는 깊이 있는 내용이 오고가고 비구조적이기에 질의 응답 형태를 벗어난다. 따라서 내러티브 면담을 하려면, 바우어[Bauer](1996)가 말한 다음의 네 가지 행동을 해야 한다.

1. 개시: 첫 토픽은 내러티브 면담을 위한 분위기 조성용으로, 시각적 보조 도구가 사용될 수 있다.
2. 내러티브의 진행: 조사자는 응답자를 방해하지 않으면서 비언어적 격려만 해 준다.
3. 질문: 질문을 확장시켜 갈 수 있다(예: "그때 무슨 일이 일어났니?"). 그러나 의견을 묻는 질문을 하거나 주장을 하게 해서는 안 된다.
4. 가벼운 대화: 일반적인 잡담으로 면담을 마무리 짓는다.

전통적인 면담 형식은 성인-중심적이며, 아동-친화적으로 한다고 해도, 성인이 쓰는 어휘들이 주로 사용된다. 사실 전통적 면담에서, 조사자는 자신이나 응답자는 사용되는 단어들에 대해 같은 의미를 떠올리며, 질문의 취지를 제대로 이해할 것이라고 쉽게 가정해 버린다. 그러나 현실적으로 반드시 그렇지는 않다(Hollway and Jefferson, 2008).

예를 들어... 조사자는 아동이 무슨 CD를 듣고 싶어 하는지 물을 수 있으나, 아동은 단지 MP3 파일 음악만 들을 수 있다.

예를 들어... 조사자는 '명랑하게 행동(act gaily)'하는 것이 무엇인지 물어도, 아동은 이 단어가 감정이 아닌 성적 선호를 의미한다고 생각할 수 있다(역주: 발음이 같아서 생긴 현상).

반면, 내러티브 면담에서는 정해진 구조가 없으며, 일상적 단어들을 사용해서 사건을 서술한다(Bauer, 1996). 홀웨이와 제퍼슨[Hollway & Jefferson](2008: 307)은 "내러티브 면담으로 지표성(indexicality)을 얻을 수 있다. 즉, 실제 일어난 사건에 대한 개인의 서술들을 얻을 수 있다."고 했다. 분명 이는 유용한 아동 면담 방식이다. 사실, 아동은 어릴 때부터 주로 부모-자녀 상호작용 중에 스토리텔링 기술을 발달시켜 간다(Irwin and Johnson, 2005).

자연발생적 면담: 연구자–중심 면담을 초월

또 다른 면담 유형은 자연발생적 면담으로, 이는 연구자들이 사용을 고려하지도 않고 방법 관련 교재에서도 간과될 때가 많다. 그럼에도, 이는 아동・청소년에게서 데이터를 얻는 유용한 방법이며, 연구자–중심적 면담과는 대조된다. 〈표 3–2〉에 간단하게 설명되어 있다.

자연발생적 데이터는 연구 초점과 상관없이 자연스럽게 발생하는 대화나 상호작용적 사건으로 볼 수 있다. 이는 시대를 막론하고 혹은 어떤 이유로든 연구자가 직접 기록할 수 없는 상황에서 발생할 법한 일들이다(Potter, 1996, 1997). 예를 들어, 사회복지사가 아동의 학대 경험에 대해 면담할 때, 혹은 다큐멘터리에서 아동에게 어떤 주제에 대해 물어볼 때, 데이터는 자연스럽게 발생한다.

예를 들어... 경찰의 아동 증인 면담을 통해 자연발생적 데이터를 얻을 수 있으며, 이런 식의 면담은 연구 목표와 무관하게 매일 이루어진다. 이의 좋은 예는 존슨[Johnson](2002)의 대화 분석 프로젝트인데, 존슨은 영국 경찰관들이 실제로 했던 성인과 아동 대상의 면담 내용들을 기록했다. 존슨은 이런 면담에서 사용된 질문들을 탐구하고, 오고간 대화 속에 숨겨 있는 주제를 살펴보았다. 물론, 자연발생적 면담을 기록할 때, 맥락, 주제, 피험자 연령 때문에 민감하면서도 중요한 윤리적 고려 사항들이 제기된다(8장에서 논의한다).

〈표 3–2〉 연구자–중심 면담과 자연발생적 면담의 차이점

연구자–중심 면담	자연발생적 면담
연구자–중심 면담은 구조적・반구조적・비구조적 형태를 띤다. 일대일의 개별 면담 혹은 아동・청소년 집단 면담식으로 이루어진다. 이런 유형의 면담은 연구 질문을 다루려는 목표를 가지고 조사자가 주도하며, 질문들도 조사자가 만든다.	자연발생적 면담은 조사자가 주도하지 않는 형태다. 따라서 이는 꽤 구조적이거나 비구조적일 수 있으며, 이는 조사자와 면담 목표에 따라 달라진다. 자연발생적 면담은 자연스럽게 발생하는 것으로, 조사자의 개입은 없고 연구 목표에 한정되지 않는다.

> **중요 사항:** 결국, 여러분이 연구자-중심 면담을 사용할지 아니면 자연발생적 면담을 사용할지의 선택은 연구 문제의 특성에 따라 달라진다.

자연발생적 면담은 연구자-중심의 면담과 대조적이며, 후자는 연구자가 연구 질문들을 다루려고 '의도적으로 설정된' 면담이다. 그래서 앞에서 언급한 프로젝트의 측면에서, 존슨이 연구자-중심 프로젝트를 했다고 가정하면, 그는 경찰이나 아동 증인에게 직접 그들의 면담 경험을 묻거나 떠올려 보라고 했을 것이다. 자연발생적 면담으로는 다양한 데이터 수집이 가능하다. 그러나 연구자의 선택은 당면 사안을 어떻게 연구할 것인지에 따라, 그리고 연구 문제의 특성에 따라 달라진다.

[글상자 3-4]를 보면서 이를 더 자세히 생각해 보자.

[글상자 3-4]

비네트- 알리시아Alicia

알리시아는 수사과학 석사 학위를 위해 공부 중으로, 훈련 과정의 일부로 연구 프로젝트를 진행해야 한다. 그녀는 '형사 사법제도에 대한 피해자의 관점'에 관심이 있다. 그녀는 범죄 피해자를 면담하는 것은 연구 문제(10대 범죄 피해자들은 사법제도를 어떻게 생각하는가?)를 다루기 위한 가장 적절한 데이터 수집 방법이라고 생각했다. 그녀가 10대들을 표본으로 삼은 이유는 이것이 표본 모집 가능성을 높여 줄 것이라고 생각했기 때문이다.

- 알리시아 연구는 어떤 면담 방식이 가장 적합한가?

이에 대한 답과 근거를 연구 일지에 적어 본다.

모범 답안은 이 책의 끝부분에 있다.

[글상자 3-5]를 통해 면담 유형에 대해 더 많이 생각해 볼 수 있다.

[글상자 3-5]

면담의 장점과 한계들에 대한 과제활동

이 장에서는 다양한 면담 유형을 제시하였다. 앞의 세 장의 내용에 근거해서, 다양한 면담 유형들의 장점과 한계들의 목록을 작성해 보자. 아동 · 청소년 면담과 관련지어 이 작업을 하도록 한다.

요약

이 장에서는 다양한 면담 방식들(구조적 · 반구조적 · 비구조적 면담)을 제시하며 연구 목표와 목적에 적합한 면담 방식을 선택하는 것이 중요함을 알려 주었다. 또한 다양한 대안적인 면담 방식들(민족지학적, 페미니스트, 현상학적, 내러티브 및 자연발생적 면담)도 소개하였다. 여러분은 연구 문제, 프로젝트 목표 및 조사자의 이론적 관점에 적합한 면담 방식을 선택해야 한다.

추천 문헌

면담의 다양한 유형

Bevan, M. (2014) 'A method of phenomenological interviewing', *Qualitative Health Research*, 24(1): 136-144.

Del Busso, L. (2007) 'Embodying feminist politics in the research interview: Material bodies and reflectivity', *Feminism and Psychology*, 17(3): 309-315.

면담 수행하기

Flewitt, R. (2014) 'Interviews', in A. Clark, R. Flewitt, M. Hammersley and M. Robb (eds), *Understanding Research with Children and Young People*. London: Sage. pp. 136-153.

Roulston, K. (2010) *Reflective Interviewing: A Guide to Theory and Practice*. London: Sage.

면담 수행을 위한 다양한 방식: 대면, 전화, 온라인

학습 결과

이 장을 마치면 여러분은 다음의 내용을 수행할 수 있어야 한다.

- 대면면담, 전화면담, 컴퓨터 매개 면담, 이메일 면담, 인스턴트 메신저, 스카이프를 포함한 아동·청소년들을 대상으로 한 면담 수행에서 활용될 수 있는 다양한 방식들을 구별할 수 있다.
- 이러한 다양한 면담 방식들을 수행함에 있어서 난점들을 살펴볼 수 있다.
- 이러한 다양한 면담 방식들이 갖는 장점과 제한점들을 비판적으로 평가할 수 있다.
- 면담 녹화기록의 가장 적절한 방법을 인식할 수 있다.

서론

데이터 수집을 위해 여러분이 내려야 할 중요한 결정 중 한 가지는 여러분이 참여자 집단을 대상으로 어떻게 면담을 수행할 것인지에 대한 것이다. 오늘날에는 아동·청소년을 대상으로 면담을 수행할 수 있는 여러 방식이 있다. 우선, 우리는 대중적이고 전통적인 개별 대면면담의 방법론에 대해 논의할 것이며, 이 방법론의 기대가치를 고려해 볼 것이다. 하지만 정보원(resources)이 줄어들고 새로운 기술이 부상함에 따라, 일부 연구자들은 이제 데이터 수집에 있어 대안적인 방식을 사용하곤 한다. 이 장에서는 아동·청소년을 대상으로 한 전화 면담의 장점과 제한점, 그리고 그로 인해 직면하게 되는 문제점을 부분적으로 탐구할 것이다. 이에 더해, 아동·청소년은 디지털 시대에 살고 있어 대부분 정기적으로 인터넷에 대한 접근성을 지니고 있으므로 휴대폰 기술이 가져온 진보를 활용할 수 있다. 이 장에서는 면담 수행에 있어 이 새로운 방식들을 일부 소개하며, 그와 관련된 핵심적인 장점과 제한점들에 대한 개괄을 제시하고, 그것들을 녹화기록하는 방식의 선택에 있어 필요한 핵심적인 결정들에 대해 이야기하고자 한다.

이를 진행하기에 앞서, [글상자 4-1]의 과제활동을 수행하여 보라.

[글상자 4-1]

면담 선호도에 대한 과제활동

이 장을 읽기에 앞서, 아동 면담에서 여러분이 선호하는 방식에 대해 몇 줄 적어 보라. 해당 방식을 선호하는 이유에 대해 세 가지 이유를 생각해 보라.

대면면담

중요 사항: 작은 교실의 면담 상황에서 앉은 자세로 있는 것이 전통적이기는 하지만, 대면면담이 어떤 공간에서든 수행될 수 있으며, 아동이 편하게 느끼는 것이 중요함을 상기하라.

전통적으로 연구자들은 아동을 대상으로 한 면담을 대면 형태로 수행하여 왔다. 이러한 대면면담은 시공간적인 동시 소통이라는 특징을 지닌다. 여기에서, 면담자와 참여자는 대화를 나누기에 편하고 조용한 방에 들어가 앉는다. 이런 형식에서는 연구자가 아동에게 특정한 주제나 문제에 대해 질문을 하기 위해 개인적인 공간을 찾고자 준비할 것이며, 면담이 진행되는 동안 아동과 함께할 것이다. 이런 식으로, 면담자는 각 질문에 대한 아동의 반응과 비언어적인 행동을 모니터링할 수 있다(그리고 아마도 녹화기록으로 그것을 포착할 수 있을 것이다.). 면담자는 또한 면담에서 발생할 수 있는 여러 다양한 필요들에 대응할 수 있는데, 아동을 직접적으로 관찰할 수 있기 때문이다. 연구자는 대면면담을 놀면서 수행하거나 야외 공간에서도 수행할 수 있음을 알아야 한다(Irwin and Johnson, 2005). 그 결정은 탐구되는 주제에 따라 좌우될 것이며, 면담 장소는 아동에게 매우 중요하므로 아동과 연구자 사이에서 공동으로 결정 내려질 수도 있지만, 무엇보다도 면담의 목적에 부합해야 할 필요가 있다. 여러분은 면담이 어디에서 수행되어야 할지를 아동에게 물어볼 수 있다. 하지만 아동을 보호하기 위해 어느 정도의 프라이버시 보호가 필요함을 기억하라. 그리고 아동이 스트레스를 받을 경우 어떻게 해야 할 것인지 생각해 보아야 하며, 녹화기록의 기술적인 측면들 또한 고려해야 한다(예: 배경 잡음). 또한, 여러분 자신의 안전에 대한 보호와 위험 요소에 대해 초반에 우리가 조언한 것을 상기하라.

아동 · 청소년을 대상으로 한 대면면담의 장점

참여자를 면대면으로 면담하는 것이 이는 설사 부분적으로는 실행 가능한 대안의 제한성에 의한 것이라 하더라도, 오랫동안 선호되어 온 접근법이며, 또한 대면면담이 갖는 장점들로 인한 것이기도 하다. 대면면담의 장점들 중에는 아동에게 특별히 더 적절한 것들이 있는데, 이는 다음과 같다.

• 연구자는 아동의 최적 관심을 보호하고 피해나 손상으로부터 막을 책임이 있다. 이는 아동면담의 윤리에 대해 고려하는 8장에서 심화하여 논의하겠지만, 대면면담을 수행하는 것은 이러한 보호를 용이하게 한다.

예를 들어... 보호를 위해서는 친밀한 관계를 형성하는 것이 필요한데, 이는 어느 정도의 시간을 할애해야 한다. 대면면담을 수행함으로써 면담을 시작하기에 앞서 참여자와 담소를 나눌 기회를 가질 수 있다(Irwin and Johnson, 2005). 이는 신뢰를 쌓을 수 있으며 아동으로 하여금 편안함을 느낄 수 있도록 도울 것이다. 예를 들어, 면담하는 날 전이나 면담 시작 전에 아동의 학교, 형제자매, 반려동물, 취미 등에 대해 이야기를 나누며 어느 정도의 시간을 같이 보내는 것이 도움이 될 것이다.

- 어떤 반감이나 잠재적인 스트레스의 암시나 신호를 확인하기에 더 수월하며, 지속적인 모니터링과 비언어적 단서를 통해 면담자는 아동의 필요에 대응할 수 있다.

예를 들어... 아동 · 청소년은 자신이 면담을 중지하고 싶어 하는 것을 면담자에게 알리는 것을 특히 더 어려워할 수 있으며, 그들이 스스로 중지할 권리를 가졌음에도 불구하고 면담을 속행할 수도 있다. 하지만 참여자와 면대면으로 있을 경우 연구자는 아동이 시계를 확인하거나 하품을 하거나 산만한 모습을 보이거나 얼굴을 일그러뜨리거나 문을 바라보거나 또는 전반적으로 불편해 보이는 등의 비언어적 표현을 관찰할 수 있다. 그러면 면담 진행자는 아동에게 면담을 중지하거나 연구에 참여 중단을 원하는지 물어볼 수 있다.

- 면담 진행자 앞에 아동을 앉게 하는 것은 면담의 목적 확립에 있어 명확성을 보증할 수 있다. 문헌에서의 주장에 따르면, 아동이 면담 조사의 목적을 완벽히 이해하지 못할 수도 있으며, 참여자와 시간을 같이 보냄으로써(면담 미팅 전에 두세 번의 만남) 연구와 관련된 설명을 할 수 있도록 아동과 친밀한 관계를 형성시킬 수 있다 (Irwin and Johnson, 2005).

예를 들어... 아동의 수학이나 미술 수업을 도우며 아동과 교실에서 시간을 같이 보낼 경우, 면담에 참여하기 전에 그들과 교감을 쌓을 수 있을 것이고, 이는 친밀한 관계를 형성시킬 것이다. 또는, 청소년클럽, 스포츠 동호회, 북클럽 등에서 아동 · 청소년과 시간을 같이 보낼 수 있다. 이는 그 아동의 의사소통 양상을 알 수 있도록 도울 것이며, 잠재적인 장벽을 허물고 신뢰를 쌓고, 궁극적으로는 연구 목적을 설명하고, 그들이 그것을 이해했는지 정확히 알 수 있도록 할 것이다.

- 아동과 면대면으로 관계하는 것은 어쩌면 있을 수도 있는 권력 구조를 감소시킬 수 있다. 아동과 같은 높이로 앉고, 녹화 도구에 어느 정도의 통제력을 아동에게 줌으로써, 그리고 아동을 전문가의 자리에 위치하게 함으로써 이 효과를 얻을 수 있다.

중요 사항: 여러분과 여러분의 연구 참여자들 사이에 존재하는 권력 구조를 고려해 보는 것이 매우 중요하다. 흔히, 사회에서는 아동이 성인보다 낮은 지위에 있는 것으로 취급되며 일반적으로 권력을 지니지 못함을 몇몇 연구자들은 인지하지 못한다(Eder and Fingerson, 2001).

예를 들어... 권력이라는 문제에 있어, 여러분은 면담에서 상당한 유연성을 발휘하여 아동에게 대화 방식을 설정함에 있어 더 많은 자기 견해를 표현하도록 허용하고 그들이 스토리텔링을 통해 자신의 내러티브에 대한 책임과 통제권을 지니도록 유도할 수 있다(Mauthner, 1997). 하지만 여러분은 그들에게 주는 선택권이 그들의 연령에 적절하며 버겁지 않도록 해야 할 것이다. 또한 그들이 감당하지 못하는 책임을 주는 것은 아닌지 확인해야 한다. 전반적으로, 여러분은 연구자의 권력을 축소하기 위해 아동에게 기록에 대한 통제권을 어느 정도 주거나 그들에게 자신의 권리를 되새겨 주고, 그들이 괜찮은지 확인하고, 그들의 높낮이에 맞게 앉히고, 그들이 여러분에게 질문을 할 수 있도록 허용하는 등 실질적인 단계를 거치는 것이 중요하다.

- 대면면담을 수행하는 것은 아동으로 하여금 (아동이 그림을 완성시킬 수 있도록 여러분이 옆에서 도우며 그림 그리는 것을 지켜보는 것과 같이) 참여적 기법에 능동적으로 관여하도록 더 넓은 가능성을 제공해 준다. 나아가, 아동이 활동을 수행하는 동안 지속적인 대화가 유도될 수 있다(6장 참조).

예를 들어... 어휘가 발달되지 않은 유아를 면담할 경우, 여러분은 그들과 같이 앉아 연구 주제와 관련된 그림을 그리는 것을 도울 수 있다. 유아가 그림을 그리는 중에 여러분은 색상, 형태, 디자인 등에 대한 그들의 선택에 대해 질문할 수 있으며, 그림으로써 여러분의 면담에 유용한 정보를 획득할 수 있다.

아동 · 청소년을 대상으로 한 대면면담의 제한점

비록 대면면담이 선호되는 면담 방식이지만, 특히 낮은 연령대의 집단에 있어서는 이 방식의 사용에 몇몇 제한점과 난점들이 있다. 여러분이 이 잠재적인 어려움을 숙지하고, 이 모든 것이 여러분의 통제하에 있지는 않음을 인정하면서, 여러분의 표본집단에서 아동을 어떻게 면담할 것인지의 결정을 내릴 때 이를 고려에 넣는 것이 매우 중요하다. 몇 가지 핵심 문제점들을 요약하면 다음과 같다.

• 대면면담을 수행하는 것은 비용이 많이 들 수 있다. 가장 일반적으로, 여러분은 참여자에게 편한 위치까지 이동해야 할 것이며, 이는 교통비를 발생시킨다(그리고 어떤 경우에는 숙박비도 발생할 수 있다.). 물론, 여러분의 참여자가 여러분을 만나기 위해 이동할 수도 있겠으나, 이상적으로는 그들이 이동함으로써 발생하게 되는 모든 비용을 부담해야 한다. 만약 여러분에게 이러한 예산이 없을 경우 이는 큰 문제가 되는데, 여러분의 참여자가 그러한 비용으로 인한 불편/불이익을 감내하리라 기대해서는 안 되기 때문이다. 기금이 부족할 경우, 가능하다면 지역 참여자들을 모집하여 이동 요금을 감소시켜라.

예를 들어... 다른 지역에 있는 아동 · 청소년을 대상으로 면담을 수행하고자 할 때, 여러분은 이들에게 접근하기 위해 상당한 시간과 정보 자원을 할애해야 할 것이다. 여러분에게 그럴 만큼의 예산과 여유 시간이 없다면, 지역 내에 거주하는 아동을 면담하는 것으로 연구 범위를 제한시켜야 할 것이다.

• 대면면담 방식을 여러분의 데이터 수집 방법론으로 선택함으로써, 여러분은 자신의 지역에 물리적으로 접근할 수 없는 아동을 포함할 기회를 제한한다. 물론, 이는 여러분의 연구에 필요하지 않을 수 있겠지만, 보다 포괄적인 표본이 적합할 경우 이 방법론은 불필요하게 제한적일 수 있다.

예를 들어... 프로젝트의 목적은 알코올에 대한 10대들의 태도를 탐구하는 것일 수 있다. 여러분은 알코올 섭취에 대한 문화적 차이가 존재함을 인식하고 있으며, 따라서 여러 다른 국가의 10대들을 포함하는 표본을 모집하는 것이 유용하다고 느낄 수 있다. 만약 이동을 할 수 있는 예산이 여러분에게 없다면, 대면면담 방식을 사용하는 것은 비용적 부담이 클 수 있다.

• 모든 아동 · 청소년이 잘 모르는 사람과 말하는 것을 편하게 여기는 것은 아니며, 어떤 사람에게 있어서 언어적 소통은 가능하지 않거나 바람직하지 않다. 아동은 점차 더 전통적인 방법론보다는 소셜미디어나 디지털 커뮤니케이션에 친숙해할 수 있다. 면담을 시작하기 이전에 이들과 시간을 같이 보냄으로써 친밀한 관계와 신뢰를 형성하는 것이 가능하긴 하지만, 이는 시간 소모적이며 프로젝트 비용에도

부담이 갈 것이다. 그들 또한 이 과정이 지나치게 부담스럽다고 여길 수도 있으므로, 상당한 압박이 될 수 있다.

예를 들어... 어떤 아동은 다른 아동보다 더 사회적으로 서투르고 부끄러움을 많이 탈 수 있으며, 면담자와 관계를 맺기를 원하지 않을 수 있다. 이는 그들이 자신의 관점을 표출하기 싫어하거나 연구에 참여하기 싫어함을 의미하지 않는다. 단지, 그들의 경우 보다 적절한 데이터 수집 방법론이 필요할 것이다. 이는 여러분이 만약 10대 임신문제, 집단 따돌림 또는 범죄 행위와 같이 이야기하기 어려운 주제에 대해 연구하고 있다면 더욱 그러할 것이다.

- 아동은 여러분을 앞에 두고 마음을 바꾸어 연구에서 하차하기로 마음먹기 어려워할 수 있다.

예를 들어... 아동은 원할 경우 면담을 중단하고 연구에서 빠질 권리가 있다. 하지만 사회적 관습, 보복에 대한 두려움 그리고 권위자에 대한 일반적인 존중이 그들로 하여금 자신의 의향을 표현하는 것을 막을 수 있다. 면대면으로 직접 만날 때에 이것은 면담을 끝까지 완료해야 한다는 생각에 잠재적으로 부가적인 부담감을 지울 수 있는데, 물리적으로 직면해 있는 사람으로부터 관계를 철회하는 것이 더 어렵기 때문이다. 하지만 또 다른 한편, 앞서 언급한 것과 같이 면담자는 이 불편한 감정의 암시를 파악할 수 있다.

- 신체장애를 가진 아동은 일정 시간 이상 앉아서 이야기하는 것을 불편해할 수 있다. 나아가, 정신건강에 제한적인 조건을 지닌 아동은 그 조건의 특성상 여러분과 면대면으로 앉아 이야기하는 것을 무척 어려워할 수 있다.

예를 들어... 강박장애를 가진 아동은 방의 청결함에 강박적으로 정신이 사로잡힐 수도 있으며, 모르는 사람과 마주 앉아 있는 것에 불안함을 느낄 수 있다. 이에 더해, 자폐 스펙트럼 장애를 지닌 아동은 면대면 의사소통과 사회적 신호를 크게 어려워하는 반면, 사회적 관습에 대해서는 신경을 덜 쓸 수도 있다.

중요 사항: 여러분의 참여자들 각각이 지닐 수 있는 필요 사항들을 인지하는 것이 중요한데, 그럼으로써 각 필요 사항에 부합하여 전략을 준비하고 면담 스타일이나 기법을 상황에 맞게 사용할 수 있기 때문이다(Wilson and Powell, 2001).

전화면담

성인을 면담할 때 전화를 사용하는 것은 보다 일반적인 것이 되었는데, 이 면담 방식은 쉽게 녹음 가능하며 이동해야 할 필요나 그에 따른 비용을 절감할 수 있기 때문이다. 나아가, 대면면담과 전화면담에 대한 비교연구에 따르면, 응답의 질이나 양에 있어 둘 사이에 별다른 차이가 없다(Sturges and Hanrahan, 2004). 전화면담은 공간의 측면에서 동시발생적(synchronous in terms of place)이며 보다 포괄적인 참여자 표본에 접근하기에 유용한 방법이 될 수 있다(Opdenakker, 2006). 전화면담을 쓸 것인지 대면면담을 수행할 것인지 결정할 때에 여러분은 자신의 작업에 필요한 요건들, 여러분이 필요로 하는 응답의 심도(Shuy, 2001), 그리고 연구 문제가 무엇을 다루고자 하는지 등을 고려에 넣어야 한다. 비록 아동을 대상으로 한 전화면담 연구는 수적으로 더 적지만, 대부분의 아동(특히 고학년)은 이 양식에 더 친숙하며, 대다수는 자기 소유의 휴대폰을 지니고 있다. 하지만 여러분의 아동 참여자가 전화통화를 불편해하지 않을 것이라 단정 짓지 않는 것이 중요하며, 여러분은 면담을 수행하기에 앞서 이 부분을 확인해야 할 것이다.

아동 · 청소년을 대상으로 한 전화면담의 장점

아동 · 청소년 참여자를 대상으로 전화면담 방식을 사용하는 것에는 몇 가지 장점들이 있으며, 다음과 같이 요약할 수 있다.

- 전화면담의 사용은 여러분 자신의 스케줄은 물론, 부모의 바쁜 스케줄을 관리할 수 있다는 장점을 지닌다(Holt, 2010).

예를 들어... 부모는 학교로 자녀를 데리러 가서 특별 교육 활동이나 취미 활동 장소에 데려다주고, 그 와중에 자기 일을 하고 집안일을 하고 친지 방문을 하는 등 매우 바쁠 것이다. 여러분의 면담은 그들에게 우선순위일 수 없으며, 심지어 그들은 여러분과 면담 스케줄을 잡았다는 것을 잊어버릴 수도 있다. 그들이 잊어버리거나 다른 일을 하느라 바쁜 와중에 여러분이 그들 집 앞에 도착하는 것보다는 전화 통화를 하는 것이 방해가 덜 될 것이다.

- 전화를 사용하는 것이 이동해야 할 필요를 줄인다.

예를 들어... 이동해야 할 필요가 없기 때문에, 여러분은 자신의 연구 기관에서 먼 지역에 거주하는 아동에게도 전화 한 통화로 접근할 수 있다. 하지만 국제 통화는 상당히 큰 비용이 들 수 있으며, 여러분은 계획을 세울 때 이를 고려에 넣어야 할 것이다. 비록 그것이 비행기를 타고 외국을 방문하는 것보다는 저렴하지만 말이다.

- 전화면담은 면대면으로 소통하기를 꺼리는 응답자에게 접근할 수 있는 기회를 준다(Tausig and Freeman, 1988). 전화면담은 어느 정도의 익명성을 보장해 주는데, 면담자와 응답자 사이에 일정 거리를 만들어 주며, 이것이 참여에 따른 불안감을 감소시킬 수 있다(Sturges and Hanrahan, 2004).

예를 들어... 아동은 여러분을 직접 만나는 것을 특히 더 불안해 할 수 있으며, 전화통화를 통해 그들의 불안감을 감소시킬 수 있다. 하지만, 이는 친밀한 관계와 신뢰감의 형성을 저해할 수 있으며, 여전히 모르는 사람과 이야기하는 것에 대해 불안감을 느낄 수 있다.

- 전화면담 동안 면담자는 참여자를 방해하지 않고서 현장기록을 행할 수 있다(Sturges and Hanrahan, 2004).

예를 들어... 아동은 쉽게 산만해지며, 만약 여러분이 면대면으로 이야기를 나누는 중간에 그들 앞에서 현장기록을 쓸 경우 그들은 여러분이 무엇을 쓰는지 묻거나 여러분의 필기 내용에 무언가 더하려고 할 수도 있다. 이는 면담 과정을 방해할 것이다. 그럼에도 불구하고, 아동에게 이를 허용하는 것은 권위의 격차를 감소시킬 수도 있다. 이러한 가능성은 전화면담에서는 응답자가 여러분의 필기를 보지 못하기 때문에 없는 반면, 여러분의 기록 행위는 면담 과정을 침해하지 않을 것이다.

아동 · 청소년을 대상으로 한 전화면담의 제한점

전화면담이 대면면담과 관련된 제한점들을 일부 극복할 수 있는 반면, 이 방식을 사용하는 것에는 또 다른 문제점들이 있으며, 특히 아동 · 청소년을 대상으로 사용할 때에 그러하다. 다시 말하지만, 이 문제들 중 일부는 여러분의 통제권 밖에 있을 수 있다.

- 비언어적 소통은 전형적으로 전화통화에서는 불가능하다(Holt, 2010).

예를 들어... 아동은 고개 끄덕이기, 미소나 웃음 짓기, 어깨 으쓱하기 등과 같은 비언어적 의사소통을 많이 사용한다. 이는 전화면담에서는 포착할 수 없게 되는데, 비언어적 표현은 상호 소통이나 면담의 흐름에 있어 매우 중요할 수 있다.

- 여러분의 응답자에게 전화통화로 접근하는 것은 그들이 전화를 소지하고 있다는 것을 전제로 하며(Sturges and Hanrahan, 2004), 대화가 노출되지 않고 개인적으로 접근할 수 있는 기회를 필요로 한다.

예를 들어... 아동 · 청소년이 지선이든 무선(휴대폰)이든 전화를 소지하고 있다고 단정하기 쉽지만, 모든 가족이 전화기를 소지한 것은 아니다. 이는 빈곤지역이나 제한된 자원을 지닌 가정의 경우 더욱 그러하다. 전화가 있다고 하더라도 아동은 개인적인 대화를 위해 사용하지 못할 수 있다.

- 전화면담은 좋은 면담 분위기를 형성하기에는 기회가 제한되어 있다(Opdenakker, 2006).

예를 들어... 양질의 면담은 면담자와 응답자 사이의 관계에 크게 의존하며, 아동으로부터 받는 응답/반응의 정도에 따라 좌우된다. 면담의 전반적인 분위기는 적절한 조명, 온기, 편안한 의자, 간식이나 음료수, 웃음 그리고 신체적 대면과 같은 측면의 대면면담을 통해 조성될 수 있는데, 이는 전화를 통해서는 성취하기 어렵다.

컴퓨터 매개 면담

다수의 젊은 층 사람들(특히 사춘기 아동)은 소셜 네트워킹 계정을 가지고 있으며, 인스턴트 메신저(카톡, msn)를 사용하며, 이메일 주소를 갖고 있고, 문자를 정기적으로 보내며, 스카이프에 친숙하다. 어린 아동은 나이로 인해 이 소통양식 일부에 대한 접근성이 덜하지만, 컴퓨터 소통과 컴퓨터 매개의 소통에 익숙한 사람들이 많다. 인터넷의 부상은 개인이 지리적 제약과 상관없이 상호 소통할 수 있는 능력을 증폭시켰다(Hinduja and Patchin, 2008). 실제로, 인터넷을 통한 소통은 많은 젊은이들의 생활에서 중요한 부분이 되었으며, (적어도 서구에서는) 대다수의 아동이 학교와 집에서 인터넷을 사용할 수 있고, 흔히 인터넷에 대해 부모보다 더 잘 알고 있다. 특히, 미국의 한 보고에 따르면, 14~17세의 사람들 중 82%가, 그리고 12~13세의 사람들 중 55%가 소셜 네트워킹 홈페이지를 가지고 있다(Lenhart et al., 2005).

예를 들어... 인터넷의 대중성에도 불구하고, 어느 정도의 불균등성이 여전히 있으며, 컴퓨터 매개 면담 방식을 도구로 사용할 것인지 결정을 할 때에 여러분의 표본 아동들의 인구통계(demographics)에 대해 생각해 보는 것이 중요하다.

인터넷의 대중성과 접근성이 증가함에 따라 연구자들은 아동·청소년을 대상으로 한 면담에서 새로운 방식들을 사용할 수 있게 되었다. 디지털 기술의 발달과 함께, 저연령군 사람들이 이 기술에 점차 더 익숙해지면서, 아동을 새롭고 신기한 면담 방식에 참여하도록 할 수 있는 독특한 가능성이 연구자들에게 제시되었다. 특히, 아동·청소년을 대상으로 한 컴퓨터 매개 면담은 문자/텍스트 기반이거나 언어/구두 대화(verbal) 형태일 수 있다. 그리고 그것은 동시발생적일 수도, 비동기적(비동시적)일 수도 있다(Mann and Stewart, 2000). 동시적 면담은 면담자와 응답자가 동일한 시간에 텍스트를 사용하든 대화를 사용하든 인터넷을 사용하고 있어야 한다. 한편, 비동기적 면담은 면담자와 응답자가 동일한 시간에 컴퓨터 앞에 앉아 있어야 할 필요가 없다. 따라서 컴퓨터 매개의 면담은 어떤 형태를 취하든, 전반적인 장점들을 지니며, 또한 전반적인 난점을 지니고 있다. 이에 대해서는 다음에 소개할 것이다. 그에 앞서, [글상자 4-2]의 과제활동에 주의를 기울여 보라.

[글상자 4–2]

컴퓨터 매개 면담의 장단점에 대한 과제활동

컴퓨터 매개 면담의 장단점에 대해 읽기 전에, 아동 · 청소년을 대상으로 이러한 방식을 사용하는 것의 장점과 제한점에 대한 여러분의 생각을 적어 보라. 그런 다음, 여러분의 생각을 다음의 목록과 비교해 보라.

컴퓨터 매개 면담의 전반적인 장점

아동 · 청소년을 대상으로 한 컴퓨터 매개 면담의 여러 다른 유형들을 구체적으로 살펴보기 전에, 먼저 이 방법론을 여러분의 데이터 수집 도구로 사용함에 있어서 전반적인 장점과 문제점들로 여러분의 주의를 끌고자 한다. 이 장단점들은 대부분의 모든 유형들에 해당되며, 따라서 이 면담 방식의 핵심적인 장점은 다음과 같이 요약될 수 있다.

- 이 유형의 데이터 수집 방법론은 이 방식이 아니라면 제외되었을 특정한 응답자 집단이 연구 표본에 포함될 수 있는 기회를 제공한다(Ison, 2009).

예를 들어... 어떤 참여자 집단은 전통적인 대면면담을 통해서 소통하는 것을 어려워할 수 있으며, 이 집단은 따라서 연구에서 실제 수량이나 정도보다 적게 표시된다. 하지만 컴퓨터를 사용하여 이들의 참여와 포함을 유도할 수 있다(Hinchcliffe and Gavin, 2009). 아동, 그리고 심지어 성인도 장애를 가진 경우 인터넷을 사회적 상호작용의 유용한 방식으로 인식할 수 있다(Ison, 2009).

- 컴퓨터 매개 면담은 저렴하고 편리한 방식으로 참여자들의 관점과 견해를 밝히기 때문에 제한된 자원에 대한 보다 효율적인 활용이 될 수 있다(Gunter, 2002).

예를 들어... 여러분이 아동 · 청소년과 텔레비전 시청에 대해 면담하길 원하지만, 석사과정 프로젝트의 일환으로 이 작업을 수행하는 학생인 여러분에게 예산이 없다고 가정하자. 여러분은 컴퓨터 매개의 방식을 사용할 수 있으며, 그럼으로써 여러분은 여러분이나 응답자들에게 금전적인 비용의 발생 없이 다양한 지역의 아동들을 많이 포함할 수 있다.

- 질적 면담과 관련하여 비용이 많이 드는 부분 중 하나는 전사다. 전사는 시간 집약적이며, 따라서 비용이 많이 들 수 있다. 하지만 모든 텍스트 기반의 컴퓨터 매개 면담은 이 모든 전사의 필요를 요하지 않는다.

예를 들어... 만약 여러분이 이메일을 면담 형식으로 사용할 경우, 응답자는 자신의 응답을 타자로 치기 때문에 여러분이 전사를 하거나 기록을 해야 할 필요가 줄어든다.

연구에서 사용된 컴퓨터 매개 면담에 대한 예시로서 [글상자 4-3]을 참조하라.

[글상자 4-3]

컴퓨터 매개 면담을 사용한 연구 사례

최근의 연구조사에서 바렛[Barratt](2012)은 17~32세의 젊은이들을 대상으로 컴퓨터 매개의 인스턴트 메신저 면담을 수행하였다. 연구의 목적은 취약한 젊은이들(마약 복용자)을 온라인으로 면담할 수 있는 가능성을 평가하기 위함이었다. 바렛은 면담 응답자들을 마약 복용을 스스로 보고한 837명의 호주인들, 즉 더 큰 표본으로부터 선정하였고, 총 29개의 면담을 수행하였다. 그들은 이러한 특성의 면담 길이가 1시간에서 2.26시간까지일 수 있음을 발견하였으며, 이것이 긴 시간임에도 불구하고 참여자들은 참여를 단념하지 않았다. 바렛은 몇 가지 난점들에 대해 보고했는데, 여기에는 흡연을 위한 휴식이나 응답자의 집에 친구가 직접 오거나 온라인상으로 말을 거는 등의 중단 사례들이 포함된다. 오직 두 명의 응답자만이 인스턴트 메신저에서 로그아웃하였다. 바렛은 이 형태의 면담이 젊은이들을 면담하기에 매우 유용한 도구가 될 수 있다고 결론지었다.

Barratt, M. (2012) 'The efficacy of interviewing young drug through online chat', *Drug and Alcohol Review*, 31: 566-572.

컴퓨터 매개 면담의 전반적인 제한점

컴퓨터 매개의 소통이 갖는 본질적 특성으로 인해 이 매체를 아동·청소년 면담의 도구로 사용하는 것에 몇 가지 어려움이 발생하며, 여러분은 이들 중 몇 가지는 노력하여 방지할 수 있지만, 또 다른 몇 가지는 통제할 수 없는 것들이다. 예를 들면 다음과 같다.

- 컴퓨터가 고장 나거나 정전 등으로 인해 흐름이 중단될 수 있고, 인터넷 연결의 접속 손실이 면담을 종료시킬 수도 있다(Jowet et al., 2011).

예를 들어... 여러분이 인스턴트 메신저를 사용하여 어떤 응답자의 삶에서 매우 민감한 문제에 대해 그를 면담하고 있다고 가정하자. 정신 건강 문제, 학대 경험, 집단 따돌림이나 괴롭힘의 피해를 당했던 일들 등, 그가 그 문제에 대해 이야기하는 것은 상당히 어려운 일일 수 있다. 그들이 감정적으로 변하기 시작하는 중요한 순간에(이모티콘이나 이모지 그림문자의 사용과 어조 스타일 등을 통해), 여러분이나 그들의 컴퓨터가 고장나거나 인터넷 연결이 끊겨 그 응답자를 다시 연결할 수 없게 된다. 이는 매우 큰 문제인데, 여러분의 젊은 응답자를 아무런 심리적 지지 없이 괴로운 상태에 놓아둔 채로 종료된 것이기 때문이다.

- 많은 컴퓨터 매개 면담의 형태들은 의사소통의 시각적 단서를 사용할 수 없으며, 이는 전달되는 의미를 왜곡시킬 수 있다(Hinchcliffe and Gavin, 2009).

예를 들어... 이메일, 문자 메시지 또는 인스턴트 메신저를 사용할 경우, 빈정거림이나 유머 등의 미묘한 표현 형태들은 텍스트로는 전달되기 어렵다. 의사소통에서 오해나 오역의 위험이 더 크다.

- 온라인 소통은 특유의 준언어(paralanguage; 역주: 몸짓, 표정 등의 전달 행위) 형태를 지니며, 여기에는 다양한 범위의 인터넷 약어[예: lol='크게 웃다(laugh out loud)'를 의미하지만, '사랑 가득히(lots of love)'를 뜻할 수도 있다)], 이모티콘 및 이모지(웃는 얼굴 ☺)의 사용, 또는 신체 행위를 나타내기 위한 별표의 사용(예: *grin*웃음)이 포함되며, 이것들은 감정을 전달할 수 있다(Jowett et al., 2011).

예를 들어... 여러분은 적절히 반응하기 위해서 이러한 인터넷 언어의 사용에 익숙해야 한다. 하지만 이 언어만으로는 여러분의 특정한 질문 한 줄에 여러분의 응답자가 실제로 불쾌한지 기분이 좋은지 확실히 알기가 어렵다(Jowett et al., 2011). 그들이 슬픈 표정의 이모티콘(☹)을 사용할 때, 면담을 하는 지금 슬프다는 것이 아니라 그 사건 당시에 자신이 슬펐음을 나타낼 수 있다.

• 어떤 참여자는 자신이 텍스트를 통해 스스로를 어떻게 분명히 표현할 수 있는지에 대해 걱정을 할 수 있으며, 문법이나 철자가 틀리지 않도록 조심스러울 것이다(Hinchcliffe and Gavin, 2009).

예를 들어... 아동 · 청소년은 학교에서와 같이 자신의 철자와 문법이 평가를 받는 환경에 지속적으로 놓여 있으므로, 텍스트 기반의 면담에서 자신을 표현하는 방식에 대해 항상 의식할 것이다.

• 참여자가 면담으로부터 거리감을 느낄 수 있으며, 기계적이라고 느낄 위험도 있다.

예를 들어... 아동은 면담 도중 산만해지고 텍스트 대화의 초점으로부터 벗어날 수 있다. 또는 그들은 그것이 '현실적'이지 않게 느껴져서 일반적인 경우보다 더 많이 스스로를 드러낼 수도 있다.

컴퓨터를 사용하여 아동을 면담할 때 여러 다양한 방식이 있으며, 각각 구체적인 장점과 단점들을 지닌다. 우리는 다음에서 보다 일반적인 컴퓨터 매개 면담 유형에 대해 논의한다.

이메일 면담

이메일 면담은 대면면담과 어느 정도 유사한 점이 있지만, 컴퓨터를 통해서 이루어지며, 보다 장기간의 응대를 통해 집단이 아닌 한 명의 응답자를 상대로 사용된다. 많은 아동 · 청소년이 자기 고유의 계정을 통해서건 부모의 계정을 통해서건 이메일을 사

중요 사항: 아동이 여러분에게 답하기 위해 타인의 계정을 사용할 경우 면담의 사생활 보호와 익명성은 문제가 될 수 있다.

용할 수 있다.

이메일 면담에 대한 문헌조사는 늘어나는 추세이지만, 젊은층에 대한 사용의 효과성과 가치에 대한 논의는 상당히 제한적이다. 그럼에도 불구하고, 성인을 대상으로 한 이메일 면담과 관련해서는 전반적으로 유용한 조언이 있으며, 여러분이 이 방법론을 사용하고자 한다면 아동·청소년의 경우로 수정하여 적용할 수 있다. 우리는 이것을 〈표 4-1〉에 제시하였다.

다시 말하지만, 어느 컴퓨터 매개 면담과 같이, 이메일 면담을 젊은층에 사용하는 것의 장단점을 고루 살펴보는 것이 매우 중요하며, 우리는 장단점 중 몇 가지를 다음과 같이 제시한다.

〈표 4-1〉 이메일 면담을 수행하기 위한 실질적인 조언들

조언	설명
동시적인 면담을 진행하라.	시간대에 관계없이 한 명 이상의 참여자를 대상으로 하나 이상의 이메일 면담을 수행하고 있을 수 있다(Hunt and Machale, 2007).
지시 안내문을 포함하라.	초반의 이메일 소통에 어느 정도의 지시문과 시간적인 프레임/길이에 대한 안내문을 포함시켜야 할 필요가 있다(Meho, 2006).
유연성을 지녀라.	응답자의 이야기를 포착할 수 있도록 여러분의 이메일 면담 전략을 충분히 유연하게 만들 것을 잊지 말아라(Hamilton and Bowers, 2006).
시간적인 제약을 걸어라.	전통적인 대면면담과는 달리, 질문과 응답을 주고받는 이메일 소통이 며칠 또는 몇 주 걸릴 수 있다는 점을 기억하라(Hunt and Machale, 2007).
이해했는지 확인하라.	참여자가 여러분의 질문을 제대로 이해했는지 확인할 필요가 있다(Berger and Paul, 2011).
적절히 대응, 응답하라.	여러분은 응답을 정기적으로 확인을 해야 하며, 신속하고 적절하게 답해야 한다(Meho, 2006).
너무 많은 질문은 삼가라.	각 질문의 가치를 축소시킬 수 있으므로 하나의 이메일에 너무 많은 질문을 던지지 말라(Burns, 2010).

아동 · 청소년을 대상으로 한 이메일 면담의 장점

젊은층을 대상으로 한 면담에서 이메일을 활용하는 것은 여러 장점을 지닌다.

- 이메일의 사용은 여러분의 참여자들에게 학교 시간표, 취미, 숙제나 과제 등 자신의 다른 일정들 사이에 여러분의 질문에 답할 시간을 끼워 넣을 수 있는 유연성을 제공한다(Ison, 2009).

예를 들어... 참여자에게 이메일을 통해 여러분의 질문에 응답하도록 요청함으로써, 그들은 자신의 생활 속에 이 활동을 위한 시간을 찾을 수 있으며, 자신의 답에 대해 생각해 볼 동안 답장을 미룰 수도 있다. 따라서 만약 중요한 시험이 곧 있을 경우 그들은 공부를 끝마칠 때까지, 또는 시험을 마칠 때까지 응답을 미룰 수 있는 선택권이 있다.

- 면담에 이메일을 사용한다는 것은 여러분이 감사기록 시스템을 갖게 된다는 것이고, 이는 여러분에게 면담 과정 전반적으로 깊이 숙고할 만한 질문들을 만들 수 있는 기회를 제공할 것이다. 여러분은 그 응답들을 활용하여 흥미롭고 중요한 부분에 대해 탐구할 수 있도록 도울 것이다(Hamilton and Bowers, 2006).

예를 들어... 기존에 여러분에게 보내진 이메일들을 쭉 읽어 볼 수 있으므로, 여러분은 문제들에 대해 숙고할 시간을 가질 수 있다. 이는 여러분이 이전에 생각하지 못했던 추가적인 질문들을 던질 수 있음을 의미한다.

- 이메일의 사용을 통해 참여자는 응답하기 전에 더 자세히 생각해 볼 수 있으며, 자신의 속도에 맞춰 타자를 칠 수 있다(Ison, 2009). 이는 보다 민감한 주제의 경우 특히 더 유용하다(Cook, 2011).

예를 들어... 어떤 아동은 타자 치는 속도가 매우 느릴 수 있으며, 따라서 인스턴트 메신저와 같은 다른 방식의 경우 신속한 응답에 대한 부담을 느낄 수 있다. 이메일을 사용할 경우, 그들은 여유를 가지고 글을 쓰고 이메일을 저장하며 여러분에게 답장을 보내기 전에 자신의 응답을 숙고해 볼 수 있다. 이는 그들이 지치지 않고(장애를 지닌 경우 특히나 중요한 점이다.) 자신이 말하고자 하는 바를 전반적으로 한 번 더 생각해 볼 수 있음을 의미한다.

- 이메일이 비동시적이기 때문에, 면담 참여자는 여러분과 다른 시간대에 있을 수 있다(James and Bushner, 2006).

> **예를 들어...** 여러분의 시간대에서 상당히 먼 곳에 거주하는 여러 다른 나라의 아동에 대한 접근성을 실질적으로, 그리고 윤리적으로 획득한 경우, 여러분과 여러분의 참여자가 잠들지 않은 동일 시간대를 찾는 것보다는 이메일을 사용하여 소통하는 것이 보다 수월할 것이다.

아동 · 청소년을 대상으로 한 이메일 면담의 제한점

이메일을 사용하는 것이 명확한 장점이 있는 반면, 몇 가지 제한점과 난점 또한 존재하며, 여러분이 이 점들을 인지하는 것이 중요하다. 일부 난점들은 여러분의 노력에 따라 극복할 수 있지만, 몇몇 제한점들은 이 방법론에 내제된 문제들이다.

- 참여자와 이메일을 통해 친밀한 관계를 형성하는 것은 매우 어려우며, 이메일을 통해서는 면담자가 자신이 '듣고 있음'을 나타내 보이기 위해서 다른 방법들을 필요로 한다(Hamilton and Bowers, 2006).

> **예를 들어...** 친밀한 관계와 신뢰감을 형성하는 것은 아동 · 청소년을 면담할 때에 매우 중요하며, 이는 상당수 몸짓 언어, 표정의 관찰 그리고 개인적으로 같이 보낸 시간 등을 통해 얻을 수 있다. 이메일을 통해서는 이 가능성이 많이 줄어들며, 여러분이 이 방식으로 관계를 형성하기에는 긴 시간이 필요할 것이다.

- 이메일 면담에서는 참여를 어렵게 하는 장벽이 존재하며, 특히 참여자가 제한적인 문식력을 지니며 읽거나 타자를 치지 못할 경우, 또는 컴퓨터 사용 능력이 없을 경우 더욱 그러하다(Fleitas, 1998).

> **예를 들어...** 비록 일부 어린 아동은 컴퓨터, 태블릿 PC, e-독자 그리고 인터넷을 어릴 때부터 접해 왔겠지만, 이것을 당연하게 단정해서는 안 된다. 여러 연령대의 일부 아동은 디지털 기술을 접할 수 없거나 제한적으로만 접했을 수 있다(비록 그 수가 급속도로 증가하고 있긴 하더라도 말이다.).

• 이메일 면담은 장기적인 시간에 걸쳐 진행될 수 있기 때문에, 참여자의 열의나 관심이 줄어들 수도 있다는 위험 요소가 있다(Hunt and McHale, 2007).

예를 들어... 아동은 주의집중 지속 시간이 전형적으로 짧으며, 쉽게 산만해질 수 있다. 그들은 여러분과 이메일을 주고받는 상황에 있다는 것조차 잊을 수 있고, 정기적으로 이메일을 확인하지 않거나 연구에 대한 관심을 잃을 수도 있다.

• 이메일이 의도한 참여자에 의해 쓰이지 않을 수 있는 위험도 항상 존재한다(Ison, 2009).

예를 들어... 단순히 이메일이 여러분의 어린 참여자의 이메일 계정에서 발송한 것이라고 해서 그들이 썼다는 보장은 없다. 그의 친구들 중 한 명이 썼을 수도 있거나(여러분의 참여자가 알거나 알지 못하는 사이에) 부모가 아동을 대신하여 답을 만들어 줄 수도 있다.

인스턴트 메신저 면담

친구들과의 소통 수단으로서 인스턴트 메신저가 젊은층 간에 갖는 대중성을 고려할 때, 이 수단 또한 연구자에게 면담 방법론으로 엄청난 잠재 가능성을 지닐 것이다. 인스턴트 메신저 소프트웨어는 양쪽 대화 주체가 메시지를 쓰고 읽을 수 있도록 대화창을 보여 준다. 사용할 수 있는 인스턴트 메신저에는 다양한 형태들이 있다.

모든 인스턴트 메신저 소프트웨어의 경우, 채팅이 동시발생적이기 때문에 면담자와 참여자는 모두 동일 시간대에 존재해야 하며, 대화는 온라인에서 텍스트의 형식으로 이루어진다. 유용하게도, 대부분의 인스턴트 메신저 형식

예를 들어... 스카이프는 메신저 기능이 있으며([그림 4-1] 참조), 페이스북과 같은 다수의 소셜 네트워킹 사이트들 또한 마찬가지다.

중요 사항: 인스턴트 메신저 소프트웨어에는 여러 버전들이 많이 존재함을 상기하라. 아동 참여자에게 자신의 면담을 위해 어떤 소프트웨어를 선호하는지 고를 수 있도록 하는 것이 유용할 것이다.

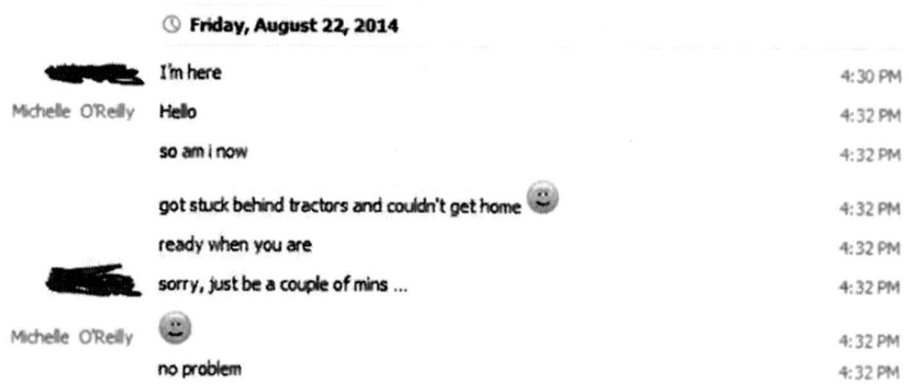

[그림 4-1] 인스턴트 메신저 대화창(Skype)

은 대화 상대자가 메시지를 쓰고 있다는 것을 상대에게 알려 주기 때문에 상대방이 여전히 대화창에 대기 중임을 알 수 있다. 인스턴트 메신저를 면담에 활용하는 것은 어떤 연령대이든 비교적 새로운 방식이며, 이 분야는 아직 문헌조사에서 연구 발전 중이다. 그럼에도 불구하고, 면담 방법론으로써 이것이 특히 아동 · 청소년을 대상으로 어떤 장점과 제한점을 지니는지를 밝히는 주장들이 존재하기는 한다.

아동 · 청소년을 대상으로 한 인스턴트 메신저 면담의 장점

데이터 수집 과정에서 면담자를 보조하기 위해 인스턴트 메신저 소프트웨어를 활용할 수 있는 방법은 여러 가지다.

- 대면면담과 마찬가지로, 이 면담 형식은 실시간으로 진행되며, 이메일과 같은 다른 텍스트 기반의 방법론과 비교할 때 대화와 유사한 점이 많다(Flynn, 2004).

예를 들어... 텍스트 기반의 면담에서 이 동시 발생적 접근법은 참여를 유도할 수 있는 장점을 지닌다. 하지만 아동은 여전히 지루해하거나 산만해질 수 있으며, 여러분에게 답을 하지 않게 될 수도 있다. 시각적인 단서의 결여는 아동이 왜 답하기를 멈추었는지, 또는 대화에 다시 복귀할 것인지를 여러분이 알기 어렵도록 만든다.

- 인스턴트 메신저를 사용하는 것은 젊은층 사이에서 대중적이며, 그들은 이 형식에 친숙하다.

예를 들어... 여러분의 목표 표본집단이 젊은 세대이므로, 그들에게 익숙한 도구들을 사용하는 것이 유용할 것이다. 이는 그들로 하여금 보다 편안한 상태에서 면담을 진행하게 만드는 장점이 있다.

- 대부분의 인스턴트 메신저 소프트웨어는 자동 저장이 설정되어 있으며, 이는 컴퓨터 고장이 나거나 인터넷 접속이 손실되었을 때를 대비해 매우 유용할 것이다 (Fontes and O'Mahony, 2008).

예를 들어... 메시지를 45분간 주고받으며 아동 참여자와의 면담을 거의 마쳐 갈 때쯤 컴퓨터 전원이 나가거나 고장이 났다고 상상해 보라. 인터넷 연결은 끊기고 대화창은 없어진다. 두 시간의 노력 끝에 소프트웨어가 다시 켜지고 돌아가기 시작한다. 여러분의 참여자는 이 시점에서 포기하고 인터넷을 떠났을 수 있다. 하지만 적어도 여러분은 저장 기능을 통해 저장된 면담 내용을 구해 낼 수 있을 것이다.

- 대면면담에서보다 참여자가 느끼는 부담감이 더 적을 것이다.

예를 들어... 질적 면담을 수행하기 위해 인스턴트 메신저 소프트웨어를 이용한 연구조사에서 응답자들은 이 매체를 사용하면서 대면면담에서보다 부담감이 덜했다고 보고했다. 이는 자기 집의 안락함 가운데에서 면담을 수행했으며, 그들은 자신이 원할 경우 중지할 수 있다고 느꼈기 때문이다(Fontes and O'Mahony, 2008)

아동 · 청소년을 대상으로 한 인스턴트 메신저 면담의 제한점

다른 방법론들과 마찬가지로, 젊은층으로부터의 데이터 수집에 이 형식을 사용하는 것에는 몇 가지 제한점들이 있다.

- 인스턴트 메신저 면담은 대면면담보다 더 오래 걸리는 경향이 있으며, 여러분의 참여자가 타자 치는 속도가 느릴 경우 특히 더 그러할 것이다.

예를 들어... 아동 · 청소년 참여자는 자신의 답을 타자로 쳐야 하는 물리적 필요로 인해 자신의 응답을 간추려서 짧게 말할 수도 있으므로, 여러분은 그들에게 자세히 설명하도록 적극적으로 유도해야 할 필요가 있다. 지루함을 피하거나 집중도가 떨어지는 것을 막기 위해 면담을 두세 부분에 걸쳐 수행해야 할 필요도 있을 것이다(Opdenakker, 2006).

- 대부분의 면담 접근법들은 면담자가 면담을 수행하는 와중에 현장 기록을 할 것을 필요로 한다. 이는 텍스트 대화창에 계속해서 질문을 던져야 하기 때문에 이 방법론에서는 쉽게 간과될 수도 있다.

예를 들어... 두 개의 글을 동시에 써야 하는 것은 상당히 어려운 일이며, 그 결과로 여러분의 기록은 질이 떨어질 수도 있다.

- 인스턴트 메신저의 사용에서는 참여자가 여러분의 질문에 즉흥적인 응답을 짧게 하게 될 수도 있으며, 그들은 자신의 답을 자체 검열할 수도 있다.

예를 들어... 아동 · 청소년은 자신의 반응/응답을 '누그러뜨려' 말할 수 있으며, 중요하지만 민감한 세부 내용을 말하지 않거나, 일반적으로는 면담에 유용할 수 있는 대답을 '자체 검열'하면서 하지 않을 수도 있다. 대면면담에서도 이 검열이 일어날 수 있지만, 각 응답해야 하는 시간적인 압박으로 인해, 그리고 대화를 유도할 수 있는 시각적 · 사회적 단서들로 인해 검열의 가능성이 줄어들 수 있다.

- 인스턴트 메신저에서 면담을 종결짓는 것은 더 어려운 사안일 수 있으며, 면담자와 응답자 모두에게 갑작스러운 것으로 느껴질 가능성이 있다(Opdenakker, 2006).

예를 들어... 일반적인 면대면 대화에서는 상호소통을 종결짓는 것에 어느 정도의 시간이 소요되고, 예의의 관습을 따르며, 이것의 대부분은 비언어적으로 이루어진다. 텍스트에서는 이를 통제하기가 더 어려운데, 상대의 반응을 측정할 수 있는 비언어적 단서가 없기 때문이다.

스카이프 면담

모든 컴퓨터 매개 면담이 텍스트 기반이어야 할 필요는 없는데, 스카이프와 같은 특정 기술들은 양쪽 대화자가 분리된 지역에 있는 와중에도 대면면담의 장점을 용이하게 하기 때문이다. 스카이프는 국내 전화와 국제 전화의 비용을 절감할 수 있는 유용한 형식이며, 동시적 비디오 채팅을 가능케 한다(Bertrand and Bourdeau, 2010). 이는 면접 연구의 대부분의 장점을 가능케 하며, 부가적으로 높은 비용 효율이라는 장점도 더한다. 나아가, 스카이프에서는 영상 통화를 기록하는 것이 가능하며, 이는 분석을 용이하게 한다. 따라서 여타 컴퓨터 매개 면담과 마찬가지로 스카이프를 아동·청소년 대상으로 면담에 활용하는 것은 매우 구체적인 장점과 제한점들을 지닌다.

아동·청소년을 대상으로 한 스카이프 면담의 장점

스카이프를 이용해 아동을 면담하는 것은 대면면담의 장점 중 다수를 취하면서도, 컴퓨터 매개 면담의 맥락에서 얻을 수 있는 특유의 장점도 갖는다. 이를 요약하면 다음과 같다.

- 여러분의 면담이 갖는 대화와 비언어적 측면 모두를 기록할 수 있는 소프트웨어가 있다.

예를 들어... 대면면담의 가장 주된 장점이 분석을 위해서, 그리고 스트레스나 반감에 대한 표시를 포착하기 위해서 여러분이 아동 참여자의 신체언어를 모니터링할 수 있는 점이라고 할 때, 비언어적 언어를 (동의에 따라) 영상 녹화할 수 있다는 것은 시각적 보조와 함께 여러 가능성을 가져다 줄 것이다. 이는 특히 데이터를 분석할 때 유용한데, 고개 끄덕임과 고개 젓기가 중요한 반응이 될 수 있기 때문이다.

- 아동이 여러분의 얼굴을 볼 수 있으며 여러분에게 실시간으로 반응할 수 있기 때

문에 어느 정도의 친밀한 관계를 형성하는 것이 가능할 것이다.

예를 들어... 앞서 설명했듯이, 친밀한 관계를 형성하는 것은 아동을 보호하기 위해서도, 면담의 질을 위해서도 필요하며, 따라서 여러분이 여러분의 참여자와 스카이프에서 관계를 맺기 위해 어느 정도의 시간을 소요하는 것이 중요하다. 이 방식이 비용 효율이 높기 때문에, 대면면담에서와 같이 면담을 시작하기에 앞서 아동과 스카이프에서 두세 번의 일상 대화를 갖는 것이 가능하다.

아동 · 청소년을 대상으로 한 스카이프 면담의 제한점

우리는 스카이프 면담 방식이 대면면담과 여러 점에서 유사한 반면, 그 둘은 사실 매우 다른 방식임을 여러분에게 일깨워 주고 싶다. 여전히 여러분과 어린 참여자 사이에는 엄청난 물리적 거리가 존재한다. 따라서 이로부터 비롯될 수 있는 몇 가지 제한점들에 대해 고려해 보는 것이 필요하다.

- 스카이프에서는 시선을 맞추는 것이 어려운데, 이것이 웹캠을 정면으로 응시해야 가능한 것인데 이 행위가 불편할 수도 있기 때문이다(Bertrand and Bourdeau, 2010).

예를 들어... 여러분은 웹캠의 설치 위치를 고려해 보아야 한다. 그것은 상대방이 여러분의 얼굴을 제대로 볼 수 있도록, 너무 높거나 낮은 곳에 있지 않아야 한다. 또한, 웹캠을 정면으로 응시하는 것은 그것의 위치 때문에도 불편하겠지만, 그 안에 작은 불빛이 있기 때문에 불편하기도 할 것이다.

- 모든 아동이 컴퓨터 스크린에 대고 이야기하는 것을 편하게 느끼지는 않을 것이다. 특히, 그들이 텍스트 기반의 소통에 더 익숙할 경우 더욱 그러하다(O'Reilly and Parker, 2014a).

예를 들어... 모든 아동이 스카이프(또는 유사 프로그램)를 사용해 본 경험이 있는 것은 아니며, 이러한 방식으로 면담을 진행하는 것이 생소할 수 있다.

- 이 상호소통에서는 시각적 · 대인 관계적 측면의 손실이 있을 수 있는데(Evans et al., 2008), 특히 화면 시그널상에 1~2초의 지연이 있을 경우 그러할 것이다.

예를 들어... 때때로 인터넷 연결 상태가 안 좋을 경우, 시그널의 교환에 지연이 발생하여 대화의 흐름이 깨질 수 있다. 이는 면담을 특히 더 어렵게 만들 것이다. 나아가, 여러분과 아동 사이의 물리적 거리로 인해 면대면 상호 소통에서의 미세한 세부 요소들이 손실될 수 있다.

이 시점에서 [글상자 4-4]의 비네트(Vignettes; 역주: 특정한 상황 등을 설명해 주는 짧은 글이나 이미지)를 살펴보는 것이 유용할 것이다.

[글상자 4-4]

비네트 – 맨짓Manjit

맨짓은 사회학 박사과정을 밟고 있으며, 빈곤한 가정의 아동에 대한 포괄적인 사회문제에 관심이 있다. 그녀는 프로젝트 초반에 있으며, 자신의 연구를 설계하고 있다. 그녀는 전반적으로 거시 사회 구성주의적[1] 관점을 취하고 있으며, 빈곤한 생활경험에 대해 6~11세의 어린 아동들을 면담하기로 결정했다. 하지만 그녀는 여전히 자국(인도)의 아동들을 면담할 것인지, 그녀가 박사과정을 밟고 있는 곳(영국)의 아동들을 면담할 것인지를 결정해야 한다. 나아가, 그녀는 이 면담들을 어떻게 수행할 것인지에 대해서도 결정해야 한다.

- 맨짓이 인도의 아동들을 면담하기로 결정할 경우 직면할 난점에는 어떤 것이 있겠는가?
- 이 면담을 컴퓨터 매개 면담 방식을 사용하여 수행할 때에 적절한 방식은 무엇이겠는가?

이에 대한 가능한 답은 이 책의 끝부분에 제시한 답을 참조하라.

1) 거시 사회 구성주의란, 지식이 상호작용을 통해 생산되며 우리의 모든 구성이 권력 관계와 결부된다는 관점을 말한다(Burr, 2003). 이는 미시 사회 구성주의와는 서로 다른데, 미시 사회 구성주의는 지식이 고정된 것이 아니라 일상생활을 통해 공동으로 구성된다고 주장하며 특정 상황에 놓인 상호작용(situated interaction)과 지역 문화에 초점을 두고 있다(Gubrium and Holstein, 2008). 전체적인 개괄을 위해서는 오렐리와 키임바O'Reilly & Kiyimba(2015)를 참조하라.

녹화기록 장치 선정하기

결정해야 할 중요한 사안 중 하나는 여러분의 면담을 녹음 혹은 녹화할지의 여부다. 우리는 디지털 시대에 살고 있으며, 서구의 아동·청소년은 녹화기록 장치에 익숙하다. 디지털 기술의 발달은 여러분의 면담을 포착하는 방식에 여러 선택권이 있음을 의미한다. 만약 여러분이 질적 연구를 수행하고자 한다면, 단순히 현장기록에 의존하지 않고 녹화를 하는 것이 필요할 것이다. 여러분의 면담을 녹화함으로써 여러분은 반영구적인 기록을 지니게 되며, 자료수집을 한 후 오래 지나서도 여러분은 이 기록을 참조할 수 있다. 이에 더해, 디지털 기록 장치를 이용함으로써 여러분은 음향과 이미지를 편집하고 숨기고 조정할 수 있으며, 이는 여러분의 연구를 발표할 때 매우 유용할 것이다.

> **중요 사항**: 음향의 질이 좋아야 한다는 것을 상기하여, 기록 도구의 질을 고려해 보고 마이크로폰의 상태를 확인하는 것을 잊지 말아야 하며, 면담 시 녹화기록 도구를 어디에 위치시킬 것인지에 대해 생각해 보라.

아동·청소년을 대상으로 한 면담을 녹음할 때 오디오 장치를 사용하는 것은 명확한 장점을 지닌다.

- 현대의 도구 장치들은 크기가 작고 눈에 띄지 않기 때문에 오디오는 참여자에게 덜 거슬릴 것이다.
- 오디오 장치는 비용 면에서도 효율적이다.
- 오디오 기록은 여러분에게 면담에서 말해진 모든 것에 대한 반영구적인 기록을 제공해 줄 것이다.

물론, 오디오 기록을 사용하는 것에는 제한점도 존재한다.

- 면담에서 중요한 비언어적 몸짓을 포착하는 것이 불가능하다. 예를 들어, 아동은 흔히 언어적으로 답을 표현하지 않고 고개 끄덕임이나 고개 젓기를 통해 '예/아니

요'를 표시한다.

- 다중 대화의 경우 누가 말을 하고 있는지 확인하기가 어려우며, 따라서 집단 면담(단체 면담)을 수행하고 있다면 이는 문제가 될 수 있는데, 특히 둘 이상의 아동이 동시에 이야기할 때 그러하다.

비디오를 사용해 면담을 기록하기로 결정할 수도 있는데, 이 방식이 면담의 청각적인 측면뿐 아니라 시각적인 측면까지도 포착할 수 있기 때문이다. 이 방식을 이용한 기록은 몇 가지 장점을 지닌다.

- 비디오를 사용하여 기록함으로써 여러분은 아동의 언어적 응답뿐 아니라 비언어적 반응도 포착할 수 있다.
- 집단 면담을 수행하고 있을 경우, 비디오는 주된 상호작용 외에 발생하는 각 구성원들 사이의 미세한 상호작용을 살펴볼 수 있게 한다.
- 아동은 비디오카메라(또는 스마트폰) 앞에 서는 것에 상당히 익숙한 경향이 있으며, 따라서 카메라의 존재에 그다지 지나치게 영향을 받지 않을 것이다.

물론, 여러분의 면담을 비디오로 기록하는 것에는 몇 가지 단점도 존재한다.

- 화질이 좋은 비디오 기록 장치는 오디오 장치라는 다른 선택지에 비해 비용이 더 드는 경향이 있고, 설치하는 것이 더 어려울 수 있다.
- 비디오의 사용은 추가적으로 윤리적 민감성의 문제를 제기할 것이며, 여러분은 프로젝트를 기획하면서 이에 대해 고려해 보아야 할 것이다.
- 만약 여러분이 집단 면담을 수행하고 있다면 화면상의 모든 아동을 완전히 포착하기 위해서 하나 이상의 도구 장치를 필요로 할 것이다.
- 비디오에 대한 친숙함에도 불구하고, 일부 아동은 그 앞에서 불편해할 수 있으며, 이 기록 방식으로 인해 면담에 덜 참여하거나 동의하기를 거부할 수도 있다.

여기에서 잠시 멈추어 여러분 자신의 연구에 대해 생각해 볼 필요가 있다. 이에 대한 과제활동으로 [글상자 4-5]를 참조하라.

[글상자 4-5]

오디오냐 vs. 비디오냐

면담 연구를 기획하다가 어느 한 시점에서 여러분은 여러분의 선택에 대한 근거를 찾아야만 할 것이다. 면담을 기록하기 위해 오디오를 사용할 것인지 비디오를 사용할 것인지에 대해 지금 결정을 내리고 그 이유에 대한 설명을 적어 보라.

여러분의 면담을 어떻게 기록할 것인지 결정하고 나면, 여러분은 그 기록 장치를 구입할 것인지 대여할 것인지에 대해서 결정해야 할 것이다. 디지털 도구 장치에는 여러 종류가 있으며, 대부분의 새로운 장치들은 저장 용량이 클 것이며 파일은 손쉽게 컴퓨터로 전송이 가능할 것이다(Paulus et al., 2013). 전형적으로, 대부분의 장치들은 마이크로폰이 내장되어 있지만, 여러분은 이것이 여러분의 필요에 적절한 것인지를 확인해야 할 것이다. 어떤 마이크로폰은 소음 방지 기능을 지니며, 배경 잡음을 걸러 낼 것이다. 이는 여러분이 어디에서 면담을 수행하는지에 따라 매우 유용할 수 있다. 일부 모바일 스마트폰들은 기록 장치가 내장되어 있어 연구 도구로 충분히 사용가능한데, 특히 어떤 기종은 매우 훌륭한 비디오 화질을 지니고 있기 때문에 더욱 적절할 것이다(Paulus et al., 2013). 여러분은 저장 용량, 배터리 수명 그리고 여러분이 데이터 자료를 어떻게 보호할 것인지에 대해서도 고려해야 한다. 여러분은 휴대폰에서 컴퓨터로 파일을 가능한 한 빨리 전송해야 하며, 파일이 온전히 전송된 것을 확인하고 나면 원본을 삭제해야 할 것이다.

아동 · 청소년을 녹화기록하는 것의 실질적인 문제

비록 많은 아동이 현대 기술에 익숙하다 하더라도, 모든 아동이 컴퓨터에 대한 접근성을 지니고 있다고 단정지어서는 안 되며, 모든 아동이 카메라 앞에 서는 것에 익숙하다고 여기거나 이 매체를 어려워하지 않는다고 간주해서는 안 된다. 연구를 위해 아동을 녹화기록하는 것은 그들을 긴장하게 만들 수 있으며, 그들은 이를 여러분에게 반드시 이야기하지 않을 수 있다(Grant and Luxford, 2009). 하지만 그들이 편히 느끼도록 여러분이 도울 수 있는 방법이 몇 가지 있다. 보토프[Bottorff](1994)는 이를 위해 네 가지 유용한 방법들을 제시한다.

1. 기록 장치를 두는 위치를 면밀히 선택하라. 특히 비디오의 경우, 너무 눈에 띄지 않게 하라.
2. 참여자에게 여러분이 그 기록을 보호할 것이며, 그들의 비밀보장을 확실히 할 것임을 상기시켜라.
3. 여러분이 기록 장치를 사용해야 하는 타당하고 명확한 근거를 설명하라.
4. 참여자에게 데이터 수집의 과정에 대한 상세한 정보를 제시하고, 그것들을 어떻게 녹화/녹음 기록할 것인지에 대해 설명하라.

아동과의 면담을 기록할 때 직면할 수 있는 몇 가지 난점들이 있다.

• 아동은 기록 장치를 앞에 두고 여러분과 이야기하는 것이 부끄러울 수 있다.

아동에게 기록 장치의 존재에 익숙해질 수 있는 시간을 어느 정도 주는 것이 중요하다. 그들이 그것을 손에 쥐고 버튼을 눌러 볼 수 있도록 허용하라. 그들에게 여러분이 장난스러운 표정을 짓거나 마이크로폰에 대고 이야기하는 것을 녹화/녹음할 수 있도록 기회를 주어라. 중요한 것은, 아동에게 면담 도중 어느 때라도 기록 장치의 작동을 중단하고 휴식 시간을 갖도록 요청할 수 있음을 재확인시켜 주어야 한다는 것이다(Bottorff, 1994: O'Reilly et al., 2011).

• 아동은 자신이 카메라에 어떻게 비춰질지(또는 녹음기에서 어떻게 들릴지)에 대해

걱정할 수도 있다(Grant and Luxford, 2009).

10대 아동은 특히 자신의 외양에 대해 또는 자신을 어떻게 표현하는지에 많이 신경 쓸 수 있다. 그들에게 녹음기/녹화기의 존재에 대해 충분히 미리 알리고 자신의 외양에 대해 준비하고 생각할 수 있는 시간을 주는 것이 중요하다. 여러분은 옷을 골라야 하는 부담감을 덜어 주기 위해 그들에게 교복을 입을 것을 제안해도 좋다. 걱정이 될 경우, 면담 전에 가능하다면 그들의 부모와 상의하라.

- 기록 장치의 존재가 기존의 권력 관계를 복잡하게 만들 수 있다(Sparrman, 2005).

면담에서 여러분과 참여자 사이의 비대칭적 관계를 줄이기 위해 가능한 한 많은 단계를 거쳐야 할 것이다. 아동에게 기록 도구에 어느 정도의 통제권을 주는 것이 중요하며, 그들에게 중지 버튼을 눌러 보도록 제안하라. 리모컨이 있다면, 이는 탁자 위에 두는 것이 유용할 것이며, 여러분과 아동 모두 이 멈춤 버튼을 누를 수 있는 선택권이 있음을 명시하는 것이 좋다.

요약

이 장을 통해 여러분은 이제 아동 · 청소년 면담을 수행할 때 다양한 방식이 있다는 것을 알 수 있을 것이다. 우리는 대면면담이 여전히 가장 일반적이고 전형적인 면담 형태임에도 불구하고, 전화나 컴퓨터 매개의 소통을 이용하여 비용 절약이 되는 다른 대안이 가능하다는 것을 제시하였다. 우리는 각각의 유형들이 모두 장단점이 있으며, 젊은층을 면담할 때 특히 윤리적이고 사생활 보호적인 문제들이 발생할 수 있으므로 민감한 주제들에 대해 면담할 때 이를 면밀히 고려해야 함을 강조하였다. 우리는 또한 녹화/녹음 기록 장치를 선정하는 것에 대해서도 논의하였다.

추천 문헌

인터넷 및 컴퓨터 중재 면담

Hamillton, R. and Bowers, B. (2006) 'Internet recruitment and e-mail interviews in qualitative studies', *Qualitative Health Research*, 16(6): 821-835.

Jowett. A., Peel, E. and Shaw, R. (2011) 'Online interviewing in psychology: Reflections on the process', *Qualitative Research in Psychology*, 8: 354-369.

전화면담

Holt, A. (2010) 'Using telephones for narrative interviewing: A research note', *Qualitative research*, 10: 113-121.

일반적인 디지털 도구 및 인터넷

Mann. C. and Stewart, F. (2000) *Internet Communication and Qualitative Research: A handbook for Researching Online*. London: Sage.

Paulus, T., Lester, J.N. and Dempster, P. (2013) *Digital Tools for Qualitative* Research. London: Sage.

면담 계획하기: 중요 결정 및 실제적 사안

학습 결과

이 장을 마치면 여러분은 다음의 내용을 수행할 수 있어야 한다.

- 면담이 진행되는 동안 부모가 함께해야 할 것인지 여부를 판단할 수 있다.
- 가족 면담의 모든 장점을 검토할 수 있다.
- 집단 면담을 포커스 그룹과 구별할 수 있다.
- 단일면담과 다중면담 사이에서 결정을 내릴 수 있다.
- 아동을 대상으로 한 면담 연구들의 다양한 표본추출 문제들을 평가할 수 있다.
- 여러 모집 방법론과 정보 통제자의 역할을 비판적으로 검토할 수 있다.
- 기획 단계에서 아동을 이해 당사자(결정자)로 포함시키는 것의 유용성을 비판적으로 검토할 수 있다.
- 아동을 공동 연구자로 포함시키는 것의 잠재 가능성을 비판적으로 검토할 수 있다.

서론

면담을 기획할 때, 여러분에게 가능한 모든 선택지를 고려해 보는 것이 중요하다. 이 단계에서 우리는 여러분에게 여러 다른 면담 유형들을 소개하였다. 하지만 아동·청소년을 면담하는 것은 부가적인 문제를 제기하며, 이 장에서는 여러분이 내려야 할 핵심적인 결정들의 일부를 소개하고자 한다. 그러한 고려들 중 하나는 아동을 아동의 부모/보호자의 참석하에 면담할 것인지, 그리고 성인이 면담에서 어느 정도로 능동적으로 참여할 수 있게끔 할 것인지에 대한 결정이다. 연구 주제와 질문에 따라 여러분은 아동 가족의 전 구성원에 대한 가족 면담을 수행할 것을 선택할 수 있다. 집단 면담은 또한 여러분이 몇몇 아동들을 같이 면담하기로 결정할 수 있으므로 데이터 수집에서 유용한 도구가 될 수 있으며, 이 장에서 우리는 집단 면담을 포커스 그룹과 구별한다. 여러분이 내려야 할 중요한 결정은 한 아동당 몇 개의 면담을 수행할 것인지 여부이며, 이는 모집의 문제와 정보 통제자(보호자)와의 소통의 문제들과도 연결된다. 이 장에서는 이러한 결정들을 어떻게 내릴 것인지에 대한 가이드를 제공하며, 소통을 위한 실질적인 조언들을 제시한다. 이 기획 단계에서는 이해 당사자 집단과 상의하는 것이 유용할 수 있는데, 이는 아동을 포함시킬 수 있다. 그럼으로써 프로젝트를 위한 계획과 여러분의 결정에 정보를 더할 수 있다. 이해 당사자 또는 아동을 공동 연구자로 포함시키는 것의 장점 또한 이 장에서 중요하게 검토할 것이다.

부모/보호자의 면담 참석

아동·청소년과의 면담을 기획할 때 여러분이 고려해 보아야 할 중요한 문제 중 하나는 성인의 참석을 허용할 것인지의 여부다. 나아가, 여러분은 부모의 역할이 무엇일지 고려해야 할 것이며, 그에 따라 면담실 안에 그들이 어디에 위치할 것인지도 생각해야 한다(예: 부모는 면담에 관여하는 것인가 아니면 단순히 관찰자 역할을 하는가?). 부모의 존재는 데이터의 무결성에 영향을 미칠 가능성이 있는데, 부모 또는 보호자(이하 부모로 통칭)가 아동의 반응을 주도할 수 있기 때문이다. 하지만 다른 한편, 그들은 아동의 이야기를 부연 설명하며 깊이감과 풍부함을 더함으로써 아동의 반응에 발판 역할을 할 수 있다(Irwin and Johnson, 2005). 부모의 존재를 면담 동안 허용할 것인지에 대한 결정은 몇 가지 요인들에 의해 영향을 받을 것이며, 〈표 5-1〉은 이를 요약하여 제시한다.

〈표 5-1〉 면담 도중 부모의 참석에 대한 결정에 영향을 미치는 요인들

요인	설명
아동의 연령	연령이 낮은 아동은 면담실에 친숙한 사람의 존재에 의해 안정을 취할 수 있다.
아동의 선호도	아동은 면담 중에 부모와 함께하기를 원할 수 있다.
주제의 특성	부모의 존재는 특정한 문제들에 대한 응답을 축소시킬 수 있다. 그들은 누군가 가까운 지인 앞에서 특정 정보를 밝히고 싶지 않아 할 수 있다. 예를 들어, 그들은 어머니의 존재 앞에서 성관계를 했음을 밝히기 꺼려 할 것이다.
아동의 정서적 취약성	신체적 또는 정신적 문제를 가지거나 트라우마적인 과거 경험이 있는 어떤 아동은 누군가 친숙한 사람이 함께하는 것을 선호할 수 있다.
의사소통 문제	어떤 아동은 너무 어려서 어휘력이 모자라거나 소통상의 문제가 있을 수 있으며, 이로 인해 자신을 표현하는 것이 어려울 수 있다. 예를 들어, 자폐장애가 있는 아동은 구어 능력이나 의사소통의 사회적인 관습이 모자랄 수 있다.
연구자의 역할	부적절한 행위에 대한 의심과 비난을 받을 수 있다는 두려움으로 인해, 연구자가 독실에 아동과 단둘이 있는 것이 불편할 수 있다(이는 남성 연구자의 경우, 또는 학대와 관계된 연구 주제의 경우 더욱 그러할 것이다.).
부모의 희망	어떤 부모는 자녀를 면담하는 데에 대한 동의 조건으로 자신의 참석을 요구할 수 있다. 이는 아동이 부모의 참석을 바라지 않을 경우 마찰을 빚을 수 있다.

여러분의 면담 자료의 질은 여러분과 아동 참여자 사이의 상호작용을 어떻게 제대로 관리하느냐에 따라 좌우됨을 잊지 말아야 하며(Danby et al., 2011), 따라서 여러분은 아동이 안정감을 느끼고 편하게 면담에 응할 수 있도록 적절한 행동을 취해야 할 것이

예를 들어... 여러분은 학교 수업이나 스포츠클럽 또는 음악 레슨의 특별 강사로 지원할 수 있다.

다. 아동과 친밀한 관계를 형성하는 것이 유용할 수 있으며, 앞서 언급한 것과 같이 이는 면담 사전에 몇 번의 방문을 통해 이루어질 수 있다. 비록 우리가 이것들을 이미 언급했지만, 친밀한 관계를 형성할 수 있는 실질적인 몇 가지 방법들을 여기에서 상기시켜 보자.

- 연구를 시작하기에 앞서 그들에게 친숙한 환경에서 아동과 어느 정도의 시간을 함께 보내라.
- 아동과 아동의 부모와 함께 같이 시간을 보내라.

예를 들어... 아동을 보다 잘 알 수 있도록 그들의 집이나 공원 또는 다른 안전한 환경 속에서 같이 시간을 보낼 수 있다. 이는 후에 아동을 면담할 때 도움이 될 수 있을 만한 질문들을 부모에게 물어볼 수 있는 기회를 줄 것이다.

- 면담 초기에(또는 여러 번 방문을 할 수 있게 된다면 면담 사전에) 아동에게 그들의 생활에 대해 몇 가지 간단한 질문을 던져라.

예를 들어... 몇 살인지, 주말에는 무엇을 하길 좋아하는지, 또는 반려동물이 있다면 그에 대한 것들을 물어봐도 좋다. 말하자면, 그들이 여러분에게 답하는 것에 익숙해질 수 있도록 일반적인 질문들을 던져라.

예를 들어... 그들에게 잠깐 동안 면담 진행자가 될 수 있는 여유를 주어 그 역할을 경험할 수 있도록 하라.

- 아동이 여러분에게 몇 가지 질문을 던질 수 있도록 하며, 그 질문들에 성실하게 답하도록 하라.
- 너무 깔끔하거나 말쑥해 보이지 않는, 편한 복장을 입도록 노력하라.

예를 들어... 정장은 피하도록 하라. 이것이 여러분을 교사와 같은 권위적인 인물로 비치게 할 것이며, 어떤 경우에는 이것이 불리할 수 있다.

• 면담 동안 아동과 같은 높이에 앉아라.

예를 들어... 방바닥에 쿠션이나 푹신한 의자에 앉을 수 있다.

• 초반에 사진, 그림 또는 영상과 같은 시각적 보조물을 사용하여 그들로 하여금 입을 열게 하라. 그들이 무엇을 좋아하는지에 대해 그들의 부모로부터 정보를 얻는 것이 유용할 것이다.

예를 들어... 부모가 아동이 강아지를 좋아한다고 일러 주었을 경우, 대화를 시작하기 위해 강아지 관련 사진이나 영상을 준비해 갈 수 있다.

• 아동이 여러분에게 쉽게 말을 할 수 있도록 면담 사전에 어떤 과제를 함께 하며 시간을 보낼 수 있다.

예를 들어... 두 사람 모두 명찰을 만들어 색연필이나 반짝이를 이용해 꾸밀 수 있다. 물론, 아동의 연령에 따라 이 과제는 달라질 것이다.

하지만 친밀한 관계를 형성하는 것은 시간이 많이 소요될 수 있으며, 한 번의 만남으로 충분할 것 같지 않다. 특히, 아동은 잘 모르는 성인을 조심스러워하는 경향이 있기 때문에 더욱 그러하다(Deatrick and Ledlie, 2000). 만약 여러분의 참여자가 면담 동안에 긴장해 있거나 불안해한다면, 그들로부터 좋은 결과를 이끌어내지 못할 가능성이 크다. 이 불안을 극복하기 위한 몇 가지 전략들이 있지만, 그저 여러분과 이야기를 나누는 동안 아동이 친숙한 성인과 함께 있는 것을 선호할 수도 있다. 그리고 많은 주제들에 있어서 이는 데이터를 손상시키지는 않을 것이다. 나아가, 아동은 자신을 표현하기 위한 언어적 표현에서 도움이 필요할 수 있는데, 아동이 흔히 단서와 도움을 위해 성인에게 의지하며, 부모가 이를 수행하기에 가장 적합하기 때문이다(Irwin and Johnson, 2005). 궁극적으로, 아동에게 선택권을 주는 것은 윤리적으로 모범 사례이며, 여러분은 이것이 면담에 어떤 영향을 줄 것인지에 대해 생각해 보아야 한다. 이에 대한 연구사례는 [글상자 5-1]을 참조하라.

[글상자 5-1]

아동에게 선택권을 준 연구 사례

우리는 최근에 8~10세의 아동들 11명에 대한 면담을 포함한 연구 조사를 수행하였다. 이들은 교육적 어려움과 정신 건강상의 문제를 겪고 있었다. 연구 목적은 학교와 전문 정신 건강 업체 사이의 다중 기관 소통 및 협력에 대한 문제를 탐구하기 위함이었다. 원래의 계획은 아동을 가정에서 단독으로 면담하는 것이었다. 하지만 첫 번째 면담에서 면담자는 아동이 자신의 부모가 방 안에 함께 있기를 원함을 명확히 알 수 있었고, 선택권이 주어지자, 어머니가 함께 하기를 선택하였다. 연구팀은 모든 참여자에게 이 선택권을 주는 것이 좋은 윤리적 실천이라고 결론지었으며, 확실히 11명 중 9명의 아동이 부모 중 한 명이 함께할 것을 선택하였다. 이 프로젝트에 대한 세부 내용은 오렐리 등(2013b)을 참조하라.

- 이것이 연구에 어떤 영향을 미쳤다고 여기는가?

여러분의 연구 일지에 이 연구팀이 직면했을 몇 가지 문제들을 적어 보라.

O'Reilly, M., Vostanis, P., Taylor, H., Day, C., Street, C. and Wolpert, M. (2013). Service user perspectives of multi-agency working: A qualitative study with parents and children with educational and mental health difficulties. *Child and Adolescent Mental Health*, 18(4): 202-209.

흥미롭게도, 부모의 참석하에 면담을 하는 것은 면담의 흐름, 내용 또는 양식에 대한 명시적인 영향은 적었다. 9건의 면담 중 7건에서 부모는 전체 면담 내내 발언이 거의 없었으며, 아동에게 안도감을 주기 위해 아동 옆에 앉아 있기는 했지만 아동의 반응에는 어떠한 능동적 기여도 하지 않았고, 심지어 아동이 자신을 표현하기 위해 힘겨워하고 있을 때에도 그러했다. 한 사례에서 아동이 몹시 불안해했고 부모는 가끔 면담 도중 그 불안에 대해 설명을 하고 아동의 대답을 돕기 위한 언급을 했다. 그러나 아주 적게 개입했다. 하지만 한 면담에서는 부모가 많은 질문들에 능동적으로 기여하였으며, 이 면담 양식은 아동 한 명을 대상으로 한 것보다는 공동 면담에 더 가까운 형태를 띠게 되었다.

그럼에도 불구하고, 아동의 정신 건강상의 어려움이라는 특성을 고려할 때 이 면담들은 모두 부모의 참석으로부터 안정감의 효과를 얻었으며, 친밀한 관계를 형성하고 아동이 면담에 응하도록 유도했으며, 면담이 어려움 없이 진행되는 것을 보장했다. 이로 인해, 면담자는 각 아동을 대상으로 상당히 긴 면담을 수행할 수 있었으며, 일정대로 편성되었던 모든 질문을 던질 수 있었고, '접근이 어려운' 아동 표본들로부터 적정한 답을 알아낼 수 있었다. 따라서 부모의 참석은 아동의 면담에서 긍정적인 측면으로 작용했다. 하지만, 비록 이 맥락에서는 그럴 가능성이 희박하지만, 아동이 만약 부모와 함께 있지 않았다면 우리에게 했을 어떤 대답을 주저하진 않았는지 확신할 수는 없다. 그럼에도, 전반적인 장점이 잠재적인 단점들보다 확실히 더 많은 것으로 보인다.

가족 면담

아동을 면담하는 것에 대한 대안으로서(그리고 아동과 부모를 따로 면담하는 것에 대한 대안으로), 가족 면담을 수행하는 것이 있다. 이는 여러분이 모든(또는 최대한 많은) 가족 구성원들을 한 자리에서 면담하는 것을 의미하며, 이를 통해 가족의 모든 구성원들의 관점을 알 수 있도록 할 것이며, 존재할 수 있는 어떤 갈등이나 마찰을 포착할 수도 있다. 전통적으로, 연구자들은 가족 전체를 대표하는 한 명의 가족 구성원에 대한 면담 방식을 사용해 왔는데(Uphold and Strickland, 1993), 가족은 단순히 한 단위의 개인을 뜻하지 않으며, 그들 개별 구성원들의 총합 그 이상을 의미한다(Astedt-Kurki et al., 2001). 만약 여러분이 가족 면담을 수행하기로 선택했다면, 무엇이 가족을 구성하는지에 대한 명확한 작업적 정의를 갖는 것이 중요할 것이다. 이는 그 자체로 매우 문제가 될 수 있는데, 가족에 대한 명확한 정의를 찾는 것이 어렵기 때문이다. 가족에 대한 상이한 정의들이 많이 존재하며, 문헌상으로도 여러 다양한 시도들이 수행되었다. 우리는 [글상자 5-2]를 살펴보고 이 절을 진행하기에 앞서 가족에 대한 정의를 생각해 볼 것을 권한다.

예를 들어... 가족은 생물학적으로 또는 합법적으로 관계되었으며, 부동산(재산)을 공유하고 구성원들의 안전과 사회화에 대한 문제들을 담당하고 집단의 부양을 위해 노동을 분담하는 사회적 단위로 정의되어 왔다(Daly, 2007).

[글상자 5-2]

가족에 대한 과제활동

여러분의 연구에서 가족 면담을 수행할 것이라면, 가족에 대한 정의를 갖는 것이 매우 중요할 것이다. 가족이란 무엇인가에 대한 자신만의 정의를 적어 볼 시간을 가져라. 이는 문헌상의 내용을 토대로 이루어져야 하며, 따라서 이 시점에서는 정의상의 차이를 살펴보기 위해 여러 학문 분야들을 조사하는 것이 유용할 것이다. 우리는 발달연구학, 사회학, 인류학 그리고 심리학 문헌들을 살펴볼 것을 권한다.

만약 가족 단위를 같은 자리에서 면담하기로 결정할 경우, 그 가족은 여러분의 정보제공자가 될 것이며, 이는 개인, 관계 그리고 전체 가족의 행위를 반영하는 데이터를 제공해 줄 것이다. 전체 가족에 초점을 맞춤으로써 공유된 가족 경험과 그 경험에 부과된 의미를 발견할 수 있을 것이다. 가족을 같은 자리에서 면담하는 것의 장점을 다음과 같이 살펴볼 수 있다.

- 가족 면담 방식의 사용은 열린 환경 속에서 여러 관점을 볼 수 있도록 하며, 이런 식으로 가족 구성원은 다른 구성원들의 관점들에 대해 인식하게 된다.
- 가족 면담은 연구 주제의 중요한 의미를 구성할 수 있는 기회를 제공해 주며, 이는 그들의 생활을 보다 정확히 반영할 수 있다.
- 가족 면담 중에 해당 가족은 자신에게 기대되는 역할을 수행할 수 있으며, 이는 여러분의 연구 문제에 따라 가족역학을 탐구할 수 있는 기회를 제공해 준다. 예를 들어, 아버지나 어머니는 가족을 대신해 이야기할 수 있으며, 가족 내 다른 구성원이 다른 관점을 가지거나 부가적으로 덧붙일 말이 있다는 것을 인식하지 못할 수도 있다. 이는 여러분에게 가족의 역학 구조를 관찰할 수 있는 기회를 줄 것이다.

가족을 같은 자리에서 면담하는 것이 면담자에게 몇 가지 구체적인 난점을 제기할 수 있음을 상기해야 하며, 이것들을 면밀히 관리해야 한다.

- 여러분이 개별 가족 구성원의 사생활을 존중하는 것이 중요하며, 일부 구성원은 다른 구성원들과는 달리, 그만이 알 수 있는 특정한 정보나 내용이 있을 수 있음을 기억하라(Dale and Altschuler, 2006).
- 가족을 면담할 때, 여러분은 아동이 능동적인 역할을 맡을 수 있도록 해 주어야 할 것이다. 아동은 가족 면담에 참여할 수 있는 능력 면에서 차이가 날 수 있으며, 그들은 일반적으로 성인과 동일선상에서 이야기를 하지 않기 때문이다(Astedt-Kurki et al., 2001).
- 누군가가 희생양이 되거나, 가족 간의 의견 불일치 그리고 마찰과 갈등이 발생할 수 있는 가능성이 있다. 면담자는 의견 불일치를 인지하고 존중해야 하며, 가능할 경우 주제를 전환함으로써 긴장을 완화시키는 등의 행동을 취할 수 있지만, 이는 연구 문제에 따라 좌우될 것이다(Donalek, 2009). 면담자가 의견 불일치에서 어느 한쪽을 옹호하거나 편 가르기를 하지 않는 것이 중요하다(Eggenberger and Nelms, 2007). 때때로 상황은 "열기가 과도해지는 것 같은데, 잠시 쉬는 것이 좋을까요?"라는 등의 제안을 함으로써 정리될 수도 있다.
- 면담의 신뢰도는 가족 구성원이 자신의 생각과 감정을 얼마나 다른 구성원들 앞에서 표현하고자 하는지에 따라 좌우될 것이다. 하지만 그들은 가정생활에 대해 긍정적인 이미지를 심어 주고 싶어 할 수도 있다(Astedt-Kurki et al., 2001).
- 가족을 면담하는 것은 상당한 능숙도가 필요한데, 면담 과정을 진행하는 일과 더불어, 면담자는 모든 목소리가 발언권을 가질 수 있도록 여러 다른 요구에 대응해야 하기 때문이다.
- 가족 면담에서는 안전 보호의 문제가 잠재적으로 있을 수 있다. 어떤 부모는 아동과 부모 간의 적절한 경계선(관계)에 대해 제한적인 이해도를 보일 수 있으며, 아동 앞에서 논의하기에 부적절한 화제들로 뛰어들거나, 아동에 대해 매우 부정적일 수도 있다. 이는 가족치료요법과 같은 여타의 가족치료 분야에서도 발생한다(O'Reilly and Parker,

예를 들어... 만약 아동의 지병이 가족에게 미치는 영향에 대해 연구하고 있다면, 아동은 노출이 되었거나 비난을 받는 느낌을 받을 수도 있다.

2014b; Parker and O'Reilly, 2012). 이러한 상황에서는 면담을 중지하거나 중단하는 것이 필요할 수도 있다.

- 실질적으로, 면담자는 어느 한 명의 가족 구성원이 대화를 지배하지 않도록 관리하고 모든 참여자를 참여시키기 위해 다양한 기술과 전략을 지녀야 한다.
- 면담을 수행하는 와중에 현장기록을 하며 현장에서 다른 어떤 일이 일어나는지 관찰을 하는 것이 어려울 수 있다. 연구자로서 여러분은 이야기를 하는 사람을 바라보느라 10대 청소년이 (불만이나 부정을 표현하는) 눈을 위로 굴리는 것을 알아채지 못할 수도 있다. 이것이 여러분의 연구에서 얼마나 큰 관련성을 지니는지는 여러분의 연구 주제에 따라 좌우된다.
- 다수의 구성원들이 논의된 내용을 들을 수 있으며, 다른 가족 구성원들의 동의 없이 그에 대해 이야기할 수 있으므로 비밀보장을 보호하거나 유지하는 것이 어려울 수 있다. 비밀보장의 중요성을 강조하고 그 경계(제한선)을 형성해 주는 것이 중요할 것이다.

[글상자 5-3]의 가족 면담 예시 사례를 참조하라.

[글상자 5-3]

가족 연구의 예시 사례

가족 전체를 대상으로 면담을 수행하는 것은 매우 복합적이고 어려운 시도일 수 있지만, 그것이 수행될 경우 아동과 그 아동이 가족 내에서 차지하는 위치에 대해 매우 흥미롭고 풍부한 정보를 얻을 수 있을 것이다. 가족 연구에 대한 하나의 모범적인 예시는 에겐버거와 넬름스 Eggenberger & Nelms(2007)에 의해 수행되었다. 연구에서 그들은 가족 면담을 수행하여 위독한 가족 구성원의 입원 치료에 대한 정보를 가족들로부터 도출해 낼 수 있었다. 현상학적 연구틀을 사용하여 그들은 11개의 가족 면담을 6개월 동안 수행하였는데, 이는 총 41명의 개인들로 구성되었으며 이 중 5명은 13~18세, 2명은 21~22세였다. 그들은 반구조화된 면담을 오디오 녹음을 하였고, 이들의 진행 시간은 60~90분이었다. 저자들의 보고에 따르면, 연구에 포함된 가족들은 연구를 부담스러워하지 않고 자신들의 이야기를 기꺼이 말하고자 하였다. 가족들은 서로 모여서 자신의 경험을 설명하고 감정이나 생각에 대해 이야기를 하는 것이 매우 유용할 것이라고 느꼈으며, 자신의 관점을 표현하는 것을 좋아했다. 저자들은 연구에서 청소년에 대해 특별한 관심을 두었고, 젊은 사람들이 면담에서 능동적인 역할을 하고 싶어 함을 발견하였다. 그들은 자신의 관점을 솔직하게 표현하고 성인 가족 구성원들을 안심시키곤 했으며, 그 경험에 의해 지나치게 스트레스받는 것 같지 않아 보였다. 연구 내 청소년들은 연구자에게 면담에 참여할 수 있는 기회를 준 것에 대해 고마움을 표현했으며, 건설적인 대화가 갖는 이로움을 발견하였다.

- 대개 성인은 연구에 아동 · 청소년을 포함시키는 것이 가질 수 있는 위해(distressing) 요소를 걱정하는데, 특히 연구 주제가 민감할 때에 그러하다. 에겐버거와 넬름스의 연구를 두고 볼 때, 이에 대한 여러분의 견해는 어떠한가?

집단 면담과 포커스 그룹

집단 면담과 포커스 그룹 사이에는 물론 다수의 유사점들이 있으며, 아동을 대상으로 한 면담 과정은 청소년을 대상으로 한 것과 공통적인 부분이 많다. 흔히 연구자들과 교재들은 집단 면담과 포커스 그룹을 동일한 것을 가리키는 것으로 간주하는데, 사실 포커스 그룹이 집단 면담의 한 유형이기 때문에 틀린 것은 아니다. 하지만 약간의 차이가 있다. 포커스 그룹은 상대적으로 비구조적인 경향이 있는 반면(비록 조정자에 의해 안내되기는 하지만), 집단 면담은 연구 의제와 스케줄상의 면담 질문 목록에 의해 지도되곤 한다. 여러 점에서 이는 반구조적 면담과 비구조적 면담 사이의 차이를 반영한다. 따라서 포커스 그룹에서 연구자(또는 조정자)의 역할은 배경에 머물러 경계선이 잘 지켜지는지, 그리고 대화가 주제의 초점에서 벗어나지 않는지에 대해서만 감독한다. 하지만 집단 면담에서 면담 진행자는 연구 의제의 질문들이 확실히 다루어지도록 이보다 훨씬 더 능동적인 역할을 행한다. 이 차이는 이 절에서 포커스 그룹과 집단 면담에 대해 논의하는 내내 명심해야 할 것이다.

중요 사항: 여러분은 집단 면담을 수행할 것인지 포커스 그룹 방법론을 사용할 것인지 명확히 할 필요가 있으며, 그 선택항을 선정한 이유가 명확해야 한다.

예를 들어... 집단 면담은 합의된 관점들을 드러내기 위한 메커니즘을 제공해 주거나, 다른 방법론으로 얻게 된 연구 관념/데이터를 검증하기 위해 사용될 수 있다. 따라서 이는 아동의 응답이 갖는 신뢰도를 강화시킨다(Lewis, 1992). 나아가, 루이스Lewis(1992)의 지적에 따르면, 긍정적인(supportive) 집단 환경은 아동이 쉽게 자기 의견을 내기 어려운 '민감한' 문제들에 대해 더 자유롭게 이야기할 수 있음을 의미한다.

앞서 언급한 대로, 아동 · 청소년을 면담하는 것은 많은 어려움이 있을 수 있으며, 이들을 집단 속에서 면담할 수 있는 가능성은 연구자의 데이터 수집에는 도움이 될 수 있겠지만, 그에 내재된 문제들을 유발할 수도 있다. 물론, 여러분은 집단 면담을 조심스럽게 조정하고 여러분의 연구 의제가 확실히 지켜지도록 하거나, 포커스 그룹을 형성하여 아동이 특정한 중심 주제에 대한 자신의 대화를 주도할 수 있도록 할 수 있다. 중요한 것은, 집단 면담을 하든 포커스 그룹 면담을 하든, 여러분은 특정 아동이 대화를 지배하지 않도록 주의해야 한다. 양쪽 모두의 경우에 있어서 주된 요소는 집단 구성원들 사이에 기존에 존재하는 관계들과 잠재적인 역학관계다. 하지만 집단 면담이나 포커스 그룹을 사용함으로써 여러분은 아동이 어떻게 상호작용하는지를 탐구할 수 있으며, 이들은 제기된 여러 다른 생각들을 곱씹어 볼 수 있다. 이는 민감하고 어려운 주제에 대해 논의하기 위해 아동이 어떻게 다른 아동이 던진 단서를 사용하는지에 대한 추가적인 데이터를 제공해 줄 수도 있다.

만약 여러분이 일대일 면담보다 집단 면담이나 포커스 그룹이 보다 적절한 데이터 수집 형식이라고 결정했다면, 그다음으로는 집단 면담의 효과성을 어떻게 보증할 것인지를 고려해야 할 것이다. 성인을 대상으로 할 때와 마찬가지로, 여러분은 권력과 위계의 문제들이 집단 면담 중에 어떻게 작용하게 되는지에 대해, 그리고 집단 구성원의 사생활 보호를 어떻게 보장할 것인지에 대해 면밀히 고려해야 할 것이다. 중요한 것은, 집단 면담의 맥락에서는 권력 격차가 절감될 수 있다는 것이다. 왜냐하면, 아동을 개별적으로 면담할 때와 비교하여, 여러 명의 아동들을 같이 두는 것이 보다 자연스러운 환경을 조성해 주기 때문이다(Eder and Fingerson, 2001). 여러분은 집단 면담이나 포커스 그룹이 일대일 면담보다 더 적절한 이유에 대해 면밀히 생각해 보아야 한다. 이제 [글상자 5-4]의 활동을 참고하여 여러분이 가장 적절하다고 여기는 면담의 유형에 대해 생각해 보라.

[글상자 5-4]

면담 유형에 관한 문제들

지금까지 우리는 여러분이 아동을 단독으로 면담할 것인지, 부모의 참석하에 면담할 것인지, 가족 또는 집단 환경 속에서 면담할 것인지에 대해 살펴보았다. 여러분 자신의 연구 프로젝트를 떠올려 보라. 지금까지의 내용들을 바탕으로 이것들 중 어떤 형태가 여러분의 연구 프로젝트에 가장 적합하며, 그 이유는 무엇인가. 그 답을 여러분의 연구 일지에 적어 보라.

단일면담 또는 다중면담

기획 단계에서 여러분이 결정해야 할 또 다른 중요한 점은 각 아동별로 몇 번의 면담을 수행할 것인지의 문제다. 단일 개별 면담이 적절하고 유용할 수도 있지만, 각 아동당 여러 번의 면담을 수행하는 것이 적절한 경우가 있다. 연구자가 각 아동 참여자당 여러 번의 면담을 수행하기로 결정하게 되는 몇 가지 이유가 있다.

첫째, 대부분의 아동(그리고 심지어 성인도)은 주의집중 지속 시간이 짧다. 참여자, 특히 아동을 면담하는 맥락에서는 그들의 집중도가 금방 떨어지는 것이 명확히 보일 것이다. 따라서 한 번의 장시간 면담을 하는 것보다는 짧은 휴식들을 포함시켜 20분의 짧은 면담 여러 개를 수행하는 것이 더 생산적일 수도 있다. 물론, 참여 유도 기법을 포함시켜 그들의 흥미와 관심을 여러 활동들을 통해 유지시킴으로써 면담 시간을 보다 더 길게 지속시킬 수도 있다. 하지만 다중면담을 수행하는 것은 사실상 여러 어려움들을 동반할 수 있으며, 재정적으로 부담이 클 수 있다.

둘째, 앞서 이미 언급한 대로 각각의 아동과 친밀한 관계와 신뢰를 형성하는 것이 중요하며, 이는 많은 시간을 필요로 할 것이다. 여러분의 스케줄상 중요한 문제들에 접근

예를 들어… 초기 단계에서 여러분은 학교 경험에 대해서, 중간 단계에서는 동료 친구들과의 관계에 대해서, 그리고 마지막 단계에서는 아동의 집단 따돌림 경험에 대해서 물어보는 것이 좋을 것이다.

하기 전에 아동과 어느 정도의 시간을 같이 보내는 것이 유용할 것이다. 아동 · 청소년과의 관계가 형성되고 발전됨에 따라 여러분은 보다 중요하고 민감한 문제들 또는 심도 깊은 문제들을 묻기 시작할 수 있을 것인데, 아동이 그 시점에서는 대답하는 것을 더 편하게 느낄 것이기 때문이다.

셋째, 면담 진행자는 주제에 대해 아동과 공유된 이해가 존재한다고 가정할 수 있겠지만, 이는 꼭 그렇지 않을 수도 있다(Danby et al., 2011). 다중면담을 수행하는 것은 아동이 기존 면담에서 여러분을 잘못 이해한 것으로 생각되는 문제들을 명확히 하고, 면담 사이에 존재할 수 있는 대답상의 모순을 발견하고, 기존에 문제일 것으로 생각되는 중요한 점들을 물어볼 수 있는 기회를 제공한다. 만약 연구자가 성인일 경우, 아동이 여러분의 질문에 대해 일반적으로 선호되는 응답을 찾으려고 할 수도 있다(Danby et al., 2011). 일련의 다중면담을 수행함으로써 여러분은 시간을 두고 이 문제를 극복하기 위해 여러 시도를 할 수 있다.

예를 들어… 아동은 초기 단계의 면담에서는 자기 형제를 때린 경험을 고백하지 않다가, 후기의 면담에서 넌지시 언급할 수도 있다. 이에 여러분은 형제간 경쟁에 대한 단서를 조심스럽게 알아챌 수 있다.

넷째, 다중면담을 수행하는 것은 풍부하고 흥미로운 데이터 세트를 얻기 위해 여러 다양한 형식들을 복합적으로 시도할 수 있는 기회를 제공한다. 개인 면담과 집단 면담을 복합적으로 시도하는 것이 가능하며(Eder and Fingerson, 2001), 특정한 일반 사안들을 확실히 하기 위해 집단 면담을 수행하고 보다 구체적인 사안들을 더 들여다보기 위해 아동을 개별적으로 후속 면담하기로 결정할 수 있다. 이는 여러분에게 동일한 문제에 대한 여러 다른 관점을 제공할 것이다. 나아가, 여러분은 모든 가족 구성원을 단독으로 면담한 후 후속 면담으로 집단 가족 면담을 수행하기로 결정할 수도 있다. 이는 집단에 대해 개인이 제기한 사안들을 탐구해 볼 수 있도록 할 것이다.

표본추출하기

연구의 기획 단계에서 여러분의 면담을 수행하거나 참여자들을 모집하기 전에 사용하고자 하는 표본추출 전략의 유형이나 연구의 질적 기준을 충족하기 위해 필요로 하는 표본의 크기 등의 측면에서 표본추출의 문제들을 고려해 보는 것이 필요할 것이다. 표본추출은 모든 프로젝트에서 중요한 측면을 차지하며, 역사적으로 어떤 범주의 아동은 제외되곤 하는 경향이 있었다(앞서서 우리는 아동의 취약성에 대해 언급하였다.). 표본추출의 결정을 내릴 때에는 단순히 접근성이 어렵다는 이유로 특정 아동 집단을 제외하거나 누락시키지 않도록 하는 것이 중요한데, 특히 그들을 포함시키는 것이 연구에 핵심적인 중요도를 띨 경우에는 더욱 그러하다. 하지만 학사 또는 석사 단계의 프로젝트를 수행하고 있는 경우라면 연구를 수행하기에는 시간적인 제약이 있을 수 있으며, 표본추출의 문제를 과도하게 복잡화시키지 않는 것 또한 중요하다.

만약 양적 구조적 면담을 수행하고자 한다면, 여러분의 표본추출 전략은 이 접근법의 연구 설계 및 질적 표지(quality marker; 역주: 질적연구와 관련된 요소, 자료, 데이터 등의 총칭)에 의해 크게 지배된다. 만약 아동·청소년을 대상으로 한 구조적 면담을 수행한다면, 여러분은 아마도 결국 데이터를 토대로 이후에 몇 가지 형태의 기술통계 또는 추리통계학을 수행하여 일반적인 결론에 도달하게 될 것이다. 이것이 성공적으로 수행되기 위해서는 여러분이 참여자 표본을 무작위적으로 선택하는 것이 중요하다. 이는 보다 큰 모집단으로부터 표적 집단을 선정하는 전략이다. 즉, 여러분의 면담에 참여하는 각각의 아동은 우연한 기회로 선정되며, 해당 모집단의 모든 구성원들도 무작위적으로 선정되고, 선정에 있어 모두 동등한 기회를 갖는다.

만약 여러분이 전통적인 질적연구의 면담 형식을 따른다면, 여러분은 몇 가지 다양한 표본추출 선택항들을 지닌다. 면담하기 위해 여러분이 선정하는 아동·청소년의 표본은 보다 포괄적인 범주의 개인들을 대표할 것이다. 질적연구에서는 24개의 각기 다른 표본추출 기법이 있지만(Onwuegbuzie and Leech, 2007), 여기서는 가장 일반적인 세 가지를 소개한다.

- 편의 추출: 이는 질적연구에서 일반적인 표본추출 전략이다. 가장 접근성이 쉬운 참여자들을 선정하기 때문에 정밀성에서는 아마도 가장 정도가 낮은 기법이겠지만, 비용 면에서는 가장 효율적이다(Marshall, 1996). 따라서 여러분의 연구에서 면담할 아동을 선정할 때 그저 일상생활에서 여러분 주위의 아동들로 선정하면 된다.
- 의도적 표집: 이는 아마도 가장 일반적인 표본추출 전략의 유형일 것이다. 연구자는 연구 목적과 관련해 풍부한 정보를 제공할 가능성이 보다 높은 참여자를 의도적으로 선정한다(Patton, 1990). 따라서 아동과 관련해 여러분의 연구 의제에 맞는 특정한 연령대, 특성, 경험 등을 가진 아동들을 선정할 수 있다.
- 눈덩이 표집: 이는 기존의 참여자가 소개, 추천한 다른 사람들로부터 표본집단을 더 확대해 나가는 식의 기법이다(Blaxter et al., 2001). 이는 모집단이 다른 방식으로는 확인(구별)하기가 어려운 경우에 특히나 유용할 수 있다(O'Reilly et al., 2013a). 따라서 연구에서 여러분은 이미 면담을 수행한 아동의 부모나 교사들에게 다른 면담 대상자들을 추천해 줄 수 있는지 물어볼 것이다.

표본추출의 포함 및 배제 원칙

중요 사항: 포함 원칙이란, 여러분의 면담 대상자로서 연구에 포함될 아동·청소년이 지녀야 할 구체적인 표지(marker)들임을 상기하여라.

표본을 선정할 때, 시작하기에 앞서서 명확한 포함 및 배제 원칙을 세우는 것이 중요하다. 중요한 것은, 이 포함/배제 원칙이 도입하고자 하는 표본추출의 과정에 영향을 미친다는 것이다. 이 원칙 기준에 대해서 가능한 한 구체적이어야 한다.

중요 사항: 배제 원칙이란, 특정 아동·청소년이 면담에 모집되지 않도록 자격 미달 처리하는 기준을 의미한다.

즉, 여러분의 연구 문제에 답하기 위해 여러분이 포함

시키고자 하는 아동이 지녀야만 하는 특성을 구체적으로 명시하고 규정하는 것이다.

후기의 모집/보충(later recruitment)을 용이하게 하기 위해 배제 원칙이 명확히 규정되는 것 또한 매우 중요하다.

예를 들어... 여러분의 연구 문제를 다루기에 가장 적절한 연령대라고 여겨져, 오로지 10대 청소년만을 표본으로 삼고자 결정할 수 있다. 따라서 여러분은 13~18세에 드는 참여자들로 포함 원칙을 설정하고(단, '10대'라는 의미에 대한 명확한 정의를 필요로 할 것이다.), 이 경계선 밖에 해당되는 아동에 대해서는 배제 원칙을 갖게 된다. 소년범과 형사 사법제도에 대한 연구 문제의 예시로 주어졌던 2장의 사례를 다시 참조하면, 10대가 가장 적절한 연령 집단이었는데, 그것이 범법 행동에 있어 전형적인 연령이기 때문이다. 10대가 사춘기 연령 집단을 독점적으로 대표하는 것은 아니지만, 범법 행위에 있어서는 그보다 어린 연령대 아동보다 10대에서 더 많은 비율로 범법 행위가 이루어진다.

표본 크기

여러분의 표본추출 전략과 포함/배제 원칙을 명확히 했다면, 이제 여러분은 표본 크기에 대해 생각해 보아야 한다. 이는 양적 구조적 면담 연구에서는 상당히 쉽고 복잡하지 않은 문제인데, 표본 크기 결정을 도울 수 있는 통계학적 산출법이 있기 때문이다. 양적 면담 연구에서는 연구 결과가 일반화되기 위해서는 표본이 모집단을 충분히 대표할 수 있어야 한다. 따라서 여러분에게 필요한 표본 크기를 확인하기 위해서 여러분은 '출력 산출(power calculation)'을 수행해야 할 것이다. 여기에서 출력이란 여러분의 연구가 분명한/유의미한 차이(difference)를 보여 줄 수 있는 가능성을 의미한다. 이를 수행하고자 한다면, 우리는 통계학 전문가로부터 도움을 구할 것을 권유한다. 또는, 다음 저서에서 관련 내용을 찾아볼 수 있다.

- Cohn, J. (1989) *Statistical Power Analysis for the Behavioural Sciences* (2nd edn). Hillsdale, NJ: Erlbaum.

하지만 질적 연구에서는 면담을 수행해야 하는 아동의 수에 관해 의견의 차이가 있

중요 사항: 이 과정이 올바르게 수행되도록 보장하기 위해 여러분의 기관을 통해 통계학 전문가의 조언을 구하는 것을 권유한다.

다. 이는 부분적으로 이 접근법이 갖는 반복적인(반복성) 특성, 과정의 예측 불가능성, 그리고 질적 표지에 관한 계속되는 논쟁에서 기인하는 것이다.

몇 명의 아동을 면담해야 할 것인지 결정할 때에는 포함된 아동의 수가 여러분의 연구 문제를 다루기에 충분하도록 설정하는 것이 중요하다. 질적연구에서는 이에 대한 보편적인 동의가 아직 없는데, 각각의 방법론적 접근법이 제각기 다른 질적 기준을 지니기 때문이며, 이것이 여러분의 표본추출 접근법을 좌우할 것이다. 전형적으로, 질적 연구자들은 프로젝트의 필요를 충족하기 위한 표본크기가 작다. 하지만 몇몇 연구들은 일반적인 경우보다 큰 수를 필요로 할 것이다. 따라서 질적연구에서는 작은 표본 크기가 허용 가능하며, 더 선호된다(Tuckett, 2004). 비록 일반적으로는 각 집단당 약 12명의 참여자를 포함시키기는 하지만, 이 수는 1~4명의 참여자만큼이나 적을 수도 있다. 너무 많은 참여자들을 연구에 모집하는 것은 과도한 데이터 양으로 이어질 수 있으며, 필요 이상으로 많은 참여자들을 면담하는 것은 부적절한 것으로 여겨지는데, 연구에 아무런 이득 없이 시간을 소요하므로 윤리적인 문제를 낳기 때문이다(Francis et al., 2010).

따라서 질적 연구자들은 표본추출의 적절성을 위한 표지를 제안하였으며, 이는 특히 면담 연구에서 현재 공통적으로 널리 사용되고 있다. 다양한 여러 용어들이 이 표지에서 사용되는데(〈표 5-2〉 참조), 특기할 만한 용어는 근거 이론 접근법에서 발전된 '이론적 포화상태'다(Guest et al., 2006). 이론적 포화상태라는 개념은 모든 범주가 완전히 고려되었으며 그 사이의 변수(variability)가 설명되었고 그 사이의 관계가 시험·검증되었으며, 따라서 이론이 도출될 수 있는 상태를 말한다(Green and Thorogood, 2013).

〈표 5-2〉 포화상태에서 사용되는 용어들

사용된 용어
• 데이터 포화상태(Francis et al., 2010)
• 논제적 포화상태(thematic saturation)(Guest et al., 2006)
• '포화상태'라는 용어 자체(Starks and Trinidad, 2007)

이 용어들의 사용에 어느 정도의 차이는 있지만, 일반적으로는 더 이상 새로운 데이터가 생성되지 않을 때까지 데이터 수집의 지속성을 의미한다. 즉, 데이터 수집은 데이터 내에 새로운 패턴이 나타나지 않을 때까지 계속된다. 이것이 많은 질적 방법론에서, 특히 반구조적 면담을 사용하는 방법론에서는 충분한 표지이지만, 모든 경우에 적절하지는 않다는 것을 알아야 한다 (O'Reilly and Parker, 2013). 예를 들어, 비구조적 면담은 특성상 참여자에게 주도권을 허용하며 따라서 새로운 내용이 무한하게 쏟아져 나올 수도 있다. 이에 더해, 대화 분석과 같은 일부 접근법들은 표본추출의 적절성을 결정하는 다른 방식들이 있으며, 이는 사례의 수보다는 관심 대상이 되는 현상과 관계있다.

중요 사항: 포화상태를 나타내는 표본추출 적절성의 표지는 모든 질적 방법론에 있어 '충분'하지 않다고 주장되어 왔다. 연구에서 보고된 모든 표본크기가 이 기준을 토대로 판단되어서는 안 된다(O'Reilly and Parker, 2013).

접근과 모집

표본추출 전략을 결정하고 나면, 계획을 실제 면담으로 실행하는 것이 필요하며, 이를 위해서는 관련 모집단으로부터 아동을 모집해야 한다. 아동 · 청소년을 모집하는 것은 복잡한 문제일 수 있는데, 이 모집단이 성인 모집단보다 작기 때문이며(Tishler, 2011), 인지된 취약성으로 인해 접근성이 떨어질 수 있기 때문이다. 여러분 프로젝트의 모집 단계는 면밀한 주의가 필요할 것이며, 여러분의 표본 위치를 설정하고 포함/배제 원칙에 대조해 본 후에는 성공적으로 모집하기 위해 다양한 범주의 여러 사람들과 효과적으로 소통해야 할 것이다.

정보 통제자

표본이 아동들이라는 점을 고려할 때, 여러분이 모집을 위해서 한 명 이상의 정보 통제자(gatekeeper)와 접촉해야 할 가능성이 높다. 정보 통제자라 함은, 특정 집단에 대한

예를 들어... 학교에서 연구를 수행할 경우, 교장(교감)과 상의하여 허락을 받아야 할 것이다.

예를 들어... 진료소에서 연구를 수행할 경우, 해당 진료소의 의사와 상의해야 할 것이다.

예를 들어... 치료상담소에서 아동과 함께 연구를 수행할 경우, 사회복지사와 상의해야 할 것이다.

중요 사항: 모집을 위해 잠재적으로 정보 통제자가 될 수 있는 지인을 대상으로 여러분과 그의 관계를 이용함으로써 그들을 착취하지 않도록 조심하라.

접근을 여러분에게 허용해 줄 권한을 어느 정도 가진 개인을 의미한다(Piercy and Hargate, 2004).

많은 경우 정보 통제자가 아동을 대신하여 의사결정을 할 책임을 어느 정도 지니고 있으며(Heath et al., 2007), 이 책임은 부분적으로는 아동을 잠재적으로 위해/침해 가능성이 있는 연구로부터 보호하는 것이기도 하다(Heath et al., 2004).

여러분이 면담을 수행할 수 있느냐의 여부는 정보 통제자의 호의와 허가에 좌우될 수도 있다. 모집에 있어 핵심적인 결정 요인은 정보 통제자와 여러분의 관계가 될 것이며, 그들과의 친밀한 관계 형성이 중요할 것이다(Emmel et al., 2007). 여러분은 아마도 자신의 전문성을 증명하고 면담 연구의 가치를 설명하기 위해 많이 노력해야 할 것이다. 이를 위해서는, 여러분의 연구가 모집단에 전반적으로 가질 수 있는 이로운 점과, 모집된 아동들이 구체적으로 얻을 수 있는 이점에 대한 명확한 생각을 가져야 한다. 여러분은 이를 정보 통제자에게 명료하게 설명할 수 있어야 한다.

정보 통제자는 아동을 보호하는 중요한 역할을 하지만, 정보 통제자를 통해 아동들을 모집하는 것에는 실질적인 문제들이 존재한다.

- 정보 통제자는 실제로는 아동과 상의하지 않은 채 그들을 참여에서 배제시킬 수도 있다(Alderson, 2004).
- 정보 통제자는 지나치게 도움을 주려고 개입할 수 있으며, 협조적일 것이라고 여기는 아동들만 소개할 수 있으며, 이는 여러분의 연구에서 흥미로운 사례가 될 수도 있는 여러 가능성을 제한하고 데이터 수집에 편파(bias)를 발생시킬 수 있다.
- 정보 통제자는 표본 가려내기(screen)를 행할 수도 있고 자신의 기관에 대한 부정적인 언급을 할 수도 있는 아동이나 면담하기에 너무 취약한 아동에게는 접근을

허용하지 않을 수도 있다.

- 정보 통제자의 의사결정은 아동의 역량, 발달 연령, 학부모의 반응에 대한 염려/신뢰에 따라 좌우될 수 있다(Heath et al., 2004).

정보 통제자와 그들의 관점을 존중하는 것이 중요하며, 만약 정보 통제자가 여러분의 연구에 있어 장애 요소가 될 경우, 이 문제를 헤쳐 나가기에 도움이 되는 몇 가지 전략들이 있다.

- 기관이 일정과 스케줄, 규정과 규제들을 지님을 기억하라(Freeman and Mathison, 2009). 그들이 특히 바빠지는 시기가 있으며, 점심 시간을 위한 휴식 시간도 있고, 연휴 때문에 근무하지 않는 날들도 있다(O'Reilly and Parker, 2014a).

가능한 대응책: 그들의 일정에 맞추어 미리 구체적인 시간과 날짜를 선약하라. 방학과 공휴일 기간이나 시험 기간을 미리 유의하라. 이는 여러분이 그들의 규정과 규칙들을 존중함을 나타내 보이기도 하면서, 정보 통제자가 시간 일정을 설정하고 지키도록 만들기도 한다.

- 정보 통제자는 시간과 자원이 제한적이며, 그들의 일정에는 다른 여러 요구 사항과 일들이 있다(Heath et al., 2007).

가능한 대응책: 정보 통제자에게 여러분이 골칫거리가 되지 않도록 하는 것이 중요하므로 너무 조급하게 행동하지 말라. 그들에게 응답할 충분한 시간을 주고, 여러분에게는 며칠이 긴 시간으로 느껴지겠지만 그들에게는 그렇지 않을 것임을 염두에 두어라. 항상 친절하게 말하고, 그들이 많은 책무와 일을 소화해야 함을 잘 이해하고 있다고 알려 주어라.

- 기관은 공식적인 성격을 지니며, 면밀히 조사당하는 것에 대해 염려를 할 수 있다(Heath et al., 2007). 정보 통제자는 기관을 부정적인 노출로부터 보호하고자 할 수 있다.

가능한 대응책: 이를 항상 염두에 두고 여러분이 아동으로부터 얻는 정보를 가지고 무엇을 할 것인지를 명확히 설명하라. 여러분은 연구 프로젝트의 익명성과 비밀보장의 요소들을 강조하고, 어떤 가치판단적인 행위도 없을 것임을 확실히 보장해야 할 것이다(O'Reilly and Parker, 2014a).

- 정보 통제자는 아동을 위해 여러분을 경계하고 방어적으로 대할 수 있다(Heath et al., 2004). 이는 그들이 아동의 안전과 복지에 대한 책임이 있기 때문이며, 그들이 알지 못하는 사람이 접촉을 시도해 올 경우 경계하는 것은 당연할 것이다.

가능한 대응책: 여러분이 잠재적인 위해로부터 아동을 보호하기 위해 어떤 조치들을 단계적으로 취할 것인지 설명할 필요가 있다(윤리에 대한 8장 참조). 나아가, 만약 여러분이 대학과 같은 기관의 대표로서 연구를 수행하고 있을 경우, 해당 기관의 평판과 명성이 정보 통제자에게 안정감을 줄 수 있으므로 이를 알리는 것이 좋다. 나아가, 그들에게 윤리적 승인의 과정에 대해 보장함으로써 안심시켜 줄 수 있다(대부분의 사람들은 프로젝트를 시작하기에 앞서 승인을 받아야 한다.).

- 정보 통제자는 여러분의 면담 연구를 이해하지 못할 수 있다. 만약 여러분이 질적 면담을 수행한다면, 그들은 질적연구가 무엇인지에 대해 모를 수도 있다(Mander, 1992).

가능한 대응책: 여러분의 연구를 정보 통제자에게 설명하기 위해 시간을 들이는 것이 중요하며, 그들의 모든 질문에 성실히 대답해야 한다. 정보 통제자를 위해 연구의 목적

과 의도, 연구의 특성, 정보 통제자와 아동 참여자로부터 요구하는 책무에 대해 설명하는 정보지를 한 장 분량으로 정리하여 주는 것이 유용할 것이다.

- 여러분의 연구 프로젝트가 그들의 우선순위가 아님을 상기하라(O'Reilly et al., 2013a).

가능한 대응책: 여러분은 여러분의 면담을 중요하게 생각하겠지만, 그들이 그 중요도를 이해할 수 있도록 돕기 위해 여러분의 연구가 갖는 잠재적인 이로운 점들을 명시하는 것이 필요하다. 그들에게 여러 가지 책무가 있음을 항상 상기하며, 아동의 연구 참여가 갖는 이로움에 대해 구체적으로 설명하려고 노력하라. 명확한 이유를 쉬운 표현으로 설명하는 것이 유용할 것이다.

- 정보 통제자는 그들에게 명확하고 직접적인 이점 없이 어느 정도의 불편을 감수하며 연구에 참여하는 것에 대해 망설일 수 있다.

가능한 대응책: 그들에게도 유용할 수 있는 연구 발견점들을 전달해 줄 것임을 확실히 보장하라. 그들에게 잠재적인 이점을 확실히 하기 위해 핵심적인 기관과 협력 관계를 형성하는 것은 여러분의 프로젝트 수행을 용이하게 할 것이다. 예를 들어, 우리는 두 개의 연구 프로젝트에서 학교기관의 참여를 이끌어 내었고, 그들의 참여에 대한 보답으로 아동 정신 건강 훈련 프로그램을 제공하였다. 이는 상호적으로 이로운 것이었는데, 학교기관은 그들의 학생들에게 이로운 훈련 프로그램을 받을 수 있었고, 정신 건강 직원으로서 우리는 아동의 정신 건강을 촉진시켰다.

여러분의 요청이 기관에 의해 거절될 수도 있으며, 그런 경우에도 여러분은 계속해서 침착하고 전문가적인 태도를 유지해야 한다. 여러분의 표본에 접근할 수 있는 대안적인 방법을 찾아야 할 것이다. 가능하다면, 모집 과정에서 단일한 기관 하나에 너무 의존하지 않는 것이 중요하다. 모집 전략을 완전히 바꾸는 것이 필요할 수도 있으며, 기관을 통하지 않고서 표본을 접근할 수 있는 방법을 고안해 내야 할 것이다([글상자 5-5]의 사례 예시 참조).

[글상자 5-5]

모집 및 접근 사례에 대한 연구 예시

캠벨Campbell(2008)은 아동에 대한 연구를 수행할 때 직면할 수 있는 모집상의 난점과 윤리적 문제점을 설명하는 글을 썼다. 이 프로젝트는 질적 접근법을 사용하여 아동의 자신에 대한 인식과 부모의 이혼 후 자신의 권리에 대한 인식을 탐구했다. 모집 과정은 매우 어려운 것으로 드러났고, 첫 번째 면담이 수행되기까지 8개월이라는 시간이 걸렸다. 특히 정보 통제자와 소통하고 허가를 받는 것이 모집 과정을 더 어렵게 했으며, 보다 직접적인 접근을 하기 위해 초기의 모집 전략은 포기해야만 했다. 원래의 모집 접근법에서는 상담 전문가 및 중재자와의 회의가 소집되었으며, 그들에게 참여가 가능한 가정을 식별해 줄 것을 요청하였다. 불행하게도, 이를 통해서는 참여 기관들 중에서는 어떤 추천도 받지 못했다. 전략에 약간의 수정이 이루어졌으며, 학부모들에게 연구진이 직접 연락을 취할 수 있도록 연락처를 전해 받을 수 있을지 여쭤 달라고 정보 통제자들에게 요청하였다. 이때에도 다시 어떤 추천도 받지 못했다. 따라서 이 전략은 폐기하고 보다 직접적인 접근을 도입하였다. 이 직접적인 접근은 눈덩이 표집법이었으며, 연구자가 알고 있는 지인이 자신의 사회 연결망에 있는 다른 지인들에게 프로젝트의 참여에 관심이 있을지 묻는 방식이었다. 이는 다른 어머니들을 추천 · 소개하는 것으로 이어져 결국 아동들로부터 참여에 대한 동의를 받아냈다.

캠벨은 그의 글에서 기관의 정보 통제자를 통한 추천이 어려웠던 몇 가지 이유들을 요약하였다.

- 사회 조직의 대표들이 받는 매일 매일의 업무 압박감으로 인해
- 일부 서비스 제공자는 연구에 대해 충분한 정보를 받거나 상의를 받지 않았다고 느낌
- 일부 서비스 제공자는 아동의 정신 건강에 대한 염려를 가지고 있었음

우리는 여러분에게 다음 논문을 읽어 볼 것을 권하는데, 모집 과정과 정보 통제자와의 소통에 관해 유용한 정보가 많기 때문이다.

Campbell, A. (2008) 'For their own good: recruiting children for research'. *Childhood*, 15(1), 30-49.

학교, 건강 환경 기관, 사회집단 또는 인터넷을 통한 모집

아동은 많은 시간을 학교에서 보내며, 학교는 연구자들이 면담 연구를 위해 아동을 모집하는 일반적인 장소다. 여러분에게 필요한 표본을 식별해 내고 접근하기 위해 지역의 학교들을 찾는 것이 당연하게 느껴질 수 있다. 하지만 학교를 통한 모집은 특히나 더 어려울 수 있는데, 그곳이 자체적인 일정들로 인해 매우 바쁘게 돌아가는 곳이기 때문이다. 학교에는 교장/교감의 책임하에 여러 층의 인사들로 구성되어 있음을 기억해야 할 것이다. 이들은 학교 운영회 이사들이나 그들을 통제하는 다른 기관들과 연락을 취해야 할 수도 있다. 따라서 여러분은 궁극적으로 아동을 면담하기 위해 학부모와 접촉하기 전에 수많은 개인들의 동의를 구해야만 할 것이다.

만약 학교를 통해 접근 권한을 얻으려고 한다면, 여러분이 학교기관이 갖는 특성을 이해할 필요가 있으며, 여러분의 연구가 갖는 이점들을 명확히 전달하는 것이 중요하다(Rice et al., 2007). 이에 더해, 모집 활동을 하고자 하는 학교의 유형에 관해 생각해 보는 것이 중요하다. 저학년 아동을 위한 학교는 학부모와 더 많은 개인적 관계를 가진 경우가 많으며, 학교에 속한 아동 수가 더 적은 한편, 아동의 취약성과 역량에 대해 더 많은 염려를 갖는다. 고학년 아동을 위한 학교는 일반적으로 더 큰 기관이며 직원들도 더 많다. 이들은 여러 명의 교사들에 의해 지도되며, 시험 대비를 위해 소요되는 시간적인 압박도 더 클 것이다.

학교에 접촉을 시도하기 전에 해당 학교에 대해 미리 알아보는 것이 좋다. 가능한 한 많은 것을 알아내도록 하여라. 여러분의 연구에 필요한 표본 유형에 대한 접근성을 제공해 줄 수 있는 학교를 선정하는 것이 중요할 것이다. 우선, 여러분은 학교와 접촉을 시도해야 한다. 이는 서면으로 하거나 이메일을 전송하는 것이 일반적으로 최선책이다. 이 시점에서는 프로젝트에 대한 핵심적인 정보들을 소개하고 그들을 방문하여 만나볼 수 있는지 묻는 것이 좋다. 그들의 일정에 맞추기 위해 시간적인 여유와 유연성이 필요할 것이다. 연락을 취한 대상은 아마도 교장이나 교감이 될 것이지만, 여러분의 연구 주제에 따라 그렇지 않을 수도 있다. 나아가, 교장은 일반적으로 매우 바쁜 사람들이기 때문에 학교 내에 소통할 수 있는 핵심 인물을 찾아내는 것이 유용할 것이다. 이 사람은 이후에 여러분을 교장과 연결시켜 줄 수 있을 것이다. 도그라Dogra 등(2013)은 정신 건강에 대한 책임을 지고 있는 장애인 전문의 특수 교사들과 연락을 취했는데, 그들의 프로젝트가 정신 건강에 대한 것이었기 때문이며, 프로젝트에 참여하기 시작하자 그들은 기꺼이 자신의 동료 교사들에게도 동참하도록 유도하였다. 첫 회의에서 프로젝트에 관해 명확히 설명하고 인쇄된 기록(예: 정보 설명지)과 함께 여러분의 연락처를 반드시 남겨야 함을 상기하라. 이 만남에서 여러분이 앞으로 연락을 주고받으며 학부모에게 연락을 취해 아동과 이야기를 나눌 수 있도록 도와줄 사람의 연락처를 교장/교감으로부터 추천받는 것이 좋을 것이다. [글상자 5-6]은 유용한 과제활동을 제시하고 있으며, 여러분이 이를 수행해 볼 것을 권유한다.

[글상자 5-6]

정보 통제자에 관한 과제활동

여러분의 프로젝트에서 정보 통제자는 누구일지 생각해 보고, 그들에게 던질 질문들을 몇 가지 적어 보라. 그 질문들이 왜 중요한지에 대해 생각해 보라. 또한, 여러분의 프로젝트에 대해 그들이 알아야 할 중요한 점들을 모두 목록으로 적어 보라. 캠벨(2008)의 글에서 배운 것들을 활용하여 이를 수행하라.

여러분의 연구 문제가 갖는 특성에 따라 여러분은 표본을 학교가 아닌 건강 환경 보조기관을 통해 모집하기로 결정할 수 있다. 임상 현장에서 아동·청소년을 모집하는 것이 특히 더 어려울 수 있는데, 그들의 건강 상태로 인해 한층 더한 취약성이 부가될 수 있기 때문이다. 만성질환, 정신장애, 신체적 장애 또는 부상을 겪고 있는 개인은 정보 통제자로부터 추가적인 보호를 요하는 것으로 여겨지며, 임상 전문가는 보호에 대한 자신의 의무를 마땅히 진지하고 중요하게 생각할 것이다.

학교를 통해 모집하는 것과 유사하게, 임상 환경 현장에서 모집을 하는 것은 과정의 각 단계마다 여러 명의 정보 통제자들과 상의하고 승인을 받는 것이 필요할 것이다

(Coyne, 2010). 이 전문가들은 여러분이 아동의 면담을 요청할 때 아동과 그 가족의 취약성에 대해 가장 먼저 고려할 것이며, 아마도 여러분에게 여러분의 의도에 대해 많은 질문들을 던질 것이다. 이 의료 종사자들은 아동의 상태와 그 가족이 처한 상황에 대해 많은 정보를 가지고 있을 것이며, 따라서 면담에 적합한 아동을 식별함에 있어 여러분에게 많은 도움을 줄 수 있는 위치에 있다. 하지만 그들은 자신의 취약한 환자를 참여라는 '책임'으로부터 보호하고자 할 것이며(Coyne, 2010), 때때로 보호 차원에서 그들의 가족에게 여러분의 요청을 전달하지 않을 수도 있다.

기관을 통한 모집만이 여러분의 유일한 선택항이 아니다. 여러분은 그 대신 사회집단을 통해 모집하기로 선택할 수 있으며, 여러분이 속한 사회집단일 수도 있지만 그렇지 않을 수도 있다. 사회집단은 크기와 상관없이 공통된 지리적 위치를 공유하는 일련의 사람들로 구성된 단체를 의미한다. 나아가, 어떤 경우에는 사회집단이 같은 가치관과 신념을 공유할 수도 있지만, 반드시 그렇지는 않다. 사회집단은 작거나 클 수 있으며, 서로를 잘 아는 개인들로 구성되므로 지역 사회집단, 종교적 사회집단, 사이버(인터넷) 사회집단, 조직적 사회집단 등이 있을 수 있다. 만약 여러분이 특정한 사회집단에 속해 있다면 누구에게 연락을 취해야 할지에 대한 내부적 지식을 가지고 있을 뿐 아니라, 서로 안면식이 있으므로 다가가기에도 유용할 것이다. 이는 물론 장점만큼이나 단점도 지닌다. 여러분의 요청이 강압적이지 않도록 조심해야 할 것이다. 여러분의 지인은 여러분을 돕고자 할 것이며 다른 이들까지도 참여하도록 본의 아니게 압박할 수 있다. 또 다른 한편, 여러분이 속하지 않은 사회집단에서 모집하는 것은 이보다는 더 어려울 수 있으며, 여러분은 접촉을 이루기 위해 정보 통제자를 개별적으로 식별하고 소통해야 할 것이다. 여러분을 대신하여 사회집단 구성원들과 소통을 하고 관련된 사람들을 여러분에게 소개시켜 줄 개인을 한 명 두는 것이 필요할 것이다.

예를 들어... 여러분은 여러분의 지역 마을회관 여가활동 집단의 구성원일 수 있으며, 지역 활동 조직에 관여하고 있을 수 있다. 이 조건에서는 여러분 또한 지역 사회집단의 구성원이므로, 여러분의 모집을 도울 수 있는 지역 연락책을 갖고 있을 가능성이 크다.

그들이 여러분의 지인이든 그렇지 않든, 사회집단의 정보 통제자로부터 받는 도움이 여러분의 연구 과정에 영향을 미칠 것임을 인지해야 한다. 여러분은 해당 사회집단에서 통용되는 언어에 대해 고려해야 할 것이며, 구성원들의 참여를 이끌어 낼 가장 좋은 방법에 대해 면밀히 생각해 보아야 한다. 해당 사회집단의 구성원들은 여러분의 동기나 의도에 대해 경계할 수 있고, 그들에 대해 여러분이 무어라 말할지에 대해 염려하거나, 전반적으로 권위를 가진 사람을 불신할 수도 있다. [글상자 5-7]의 연구 사례를 참조하라.

[글상자 5-7]

연구 사례

제2 저자(Dogra)가 구자라티(Gujarati) 아동들의 정신 건강 서비스에 대한 관점을 탐구하기 위한 지역 프로젝트를 수행하였으며, 몇 명의 사회집단 지도자들에게 연락을 취했다(Dogra et al., 2007). 일부 지도자들은 자신들이 사회집단에 대해 가장 잘 알고 있기 때문에 자신을 대상으로 면담이 수행되어야 하며, 아동들을 면담하는 것이 연구팀에게 불필요하다고 여겼다. 이는 모집 전략의 수정으로 이어졌고, 우리는 아동들이 스스로 발언권을 행사할 기회를 가져야 한다고 느낀 한 개인의 도움을 통해 옆마을 회관에서 모집을 수행하였다. 이 맥락에서는 정보통제자가 사회집단을 대표하여 말하는 것이 자신들의 역할이라고 여겼으며, 아마도 사회집단에 대한 '전문가'로서의 자기 역할을 고수하는 것에 우선적인 관심을 지니고 있었을 것이다.

Dogra, N., Vostanis, P., Abuateya, H. and Jewson, N. (2007) 'Children's mental health services and thnic diversity: Gujarati families' perspectives of service provision for mental health problems', *Transcultural Psychiatry*, 44(2): 275-291.

아동 · 청소년을 모집함에 있어 보다 현대적이고 일반적인 방식은 인터넷을 통해 모집하는 것이다. 흔히 연구자들은 취약한 개체군을 모집할 때 기관으로부터 장애요소에 직면하게 되면 인터넷을 활용하곤 한다(Cook, 2011). 이 모집 방법은 다른 방법론들에 비해 기반이 아직 확실히 잡히지 않았으며, 온라인 표본이 가질 수 있는 대표성에 대한 염려가 제기되곤 했기 때문에(Koo and Skinner, 2005) 면밀한 주의가 필요하다. 아동에게 인터넷을 통해 접근하는 것은 여러분이 생각하는 것만큼 간단한 문제가 아닌데, 온라인상에는 엄청나게 방대한 양의 정보가 올려지기 때문에 여러분의 표본을 어떻게 표적에 잡을 것인지에 대해 생각해야 할 것이다. 이는 만약 여러분이 온라인 커뮤니티, 소셜 미디어 또는 네트워크를 통해 모집하고자 한다면 특히나 더 중요할 것인데, 사생활 보호의 문제에 대해 고려해야 하기 때문이다.

모집할 수 있는 한 가지 방법은 이메일을 이용하는 것인데, 아동은 대개 모두 이메일 계정을 지니고 있으며 커뮤니티 정보 통제자나 학부모를 통해 이메일 계정을 얻을 수 있기 때문이다. 모집을 위해 이메일로 연락을 취한다면, 아동과 학부모 모두가 여러분의 연구에 대해 더 많은 정보를 찾아볼 수 있도록 프로젝트 웹사이트로 연결되는 하이퍼링크를 걸어 주는 것이 유용할 것이다(Koo and Skinner, 2005). 메호Meho(2006)가 요약하여 제시했듯이, 이메일 답장을 받을 가능성을 높이기 위해 여러분이 행할 수 있는 일들이 몇 가지 있다.

중요 사항: 연락을 취하기 전에 아동에게 이메일을 보내도 되는지 여부에 대해 부모의 동의와 승인이 필요함을 상기하라.

- 제목란에 핵심 단어와 메시지를 반드시 적어라.
- 전문적인 어투를 사용하라.
- 윤리적인 문제에 대해 확실히 하라.
- 요청은 간단명료하게 표현하라.

그들이 여러분의 이메일을 스팸으로 간주할 수도 있으니 이메일에서 그들의 이름을 부르는 것이 좋다는 것을 기억하라. 또한, 단체 메일보다는 개별적으로 개인 이메일을 보내도록 노력하라. [그림 5-1]은 그 예시를 제공하고 있다.

여러분은 또한 온라인 자유게시판을 통해 모집을 시도할 수 있는데, 이는 특정 집단의 아동에게 접근하기에 유용하다. 여러분은 (흔히 승인을 받고 난 후에) 아동과 그 부모들이 프로젝트의 정보에 대해 알아볼 수 있도록 여러분의 프로젝트 웹사이트로 연결되는 링크를 포스팅할 수도 있다. 몇몇 집단들은 회원 목록을 지니고 있을 것이며, 만약 이용할 수 있다면 여러분은 이를 토대로 표본추출 프레임을 수립할 수 있다(Wright, 2005).

제목을 여기에 쓰시오.

부모의 이메일 주소

[부모의 성함]님께
[X] 단체의 [소개해 준 사람의 성함]을 통해 귀하의 성함과 연락처를 받게 되었습니다. 저는 X 대학의 연구자로, 여러분의 자녀[아동의 이름]와 면담을 갖고 싶습니다. 이 면담은 지구 온난화에 대한 여러분 자녀의 관점에 초점을 두고 있으며, 약 30분 정도의 시간이 소요되겠습니다. 본 연구는 X 윤리위원회에 의해 승인을 받았으며, 모든 참여는 전적으로 자발적인 자원하에 이루어집니다. 진행될 사항들을 확인하실 수 있도록 프로젝트에 관한 추가 정보를 첨부하겠습니다.

궁금하신 점이 있으시면 이메일 또는 유선상으로 편히 문의해 주시길 바라며, 본 메일 주소로 회신주시거나 [전화번호]로 연락주시길 바랍니다.

본 이메일과 첨부 내용을 확인하기 위해 시간을 내 주시어 감사드립니다.
짧은 응답으로 본 이메일을 확인하였음을 확인해 주신다면 더욱 감사하겠습니다.
충분한 정보를 받아보셨는지 여쭈어 보고 차후의 소통을 위한 일정을 잡을 수 있도록 1주일 후에 다시 연락드리겠습니다.

감사합니다.

[여러분 이름]
[여러분 연락처]

[그림 5-1] 이메일 예시

연구 과정에서 아동을 평가 이해 관련자로서 참여시키기

아동을 단순히 참여자가 아니라 연구 과정 내내 조언자로서 능동적으로 참여시키는 것은 아동과 아동기를 바라보는 우리의 관점에 일어난 변화와 아동의 권리 증진을 나타내며, 오늘날 연구 커뮤니티가 아동의 관점을 보다 진지하게 받아들임을 의미한다

(Clark, 2005). 시간이 지남에 따라 연구에서 '평가 이해 관련자(stakeholder)'라는 개념은 보다 일반적인 것이 되었으며, 프로젝트에서 정당한 이해관계(legitimate interest)를 갖는 개인이나 단체를 의미한다. 연구의 맥락에서 평가 이해 관련자는 연구 설계와 도입을 용이하게 하는 중요한 역할을 할 수 있다.

예를 들어... 자폐 스펙트럼 장애에 관한 우리 연구에서 우리는 해당 질환을 진단받은 성인 한 사람과 자폐증을 가진 아동들의 학부모들 그리고 전문가들로 구성된 평가 이해 관련자 집단을 포함시켰다(O'Reilly et al., 2014 참조). 이 평가 이해 관련자 집단은 자폐증을 진단받은 아동과 같이 산다는 것이 어떤 것인지에 대해 우리의 이해를 도왔으며, 최근에 자폐증 진단을 받은 아동의 부모들이 필요로 할 만한 정보 유형이 무엇인지에 대해 인식시켜 주었다. 이는 진단 과정에 대한 부모의 면담을 설계할 수 있도록 도왔다.

아동에 대한 연구자의 관점은 아동이 평가 이해 관련자로서 맡게 될 역할에 영향을 줄 것이다. 아동을 연구 과정에 더 많이 참여시키는 것에 대한 요구가 증가하고 있는 한편, 유효한 평가 이해 관련자로서의 아동의 참여는 상당히 어려운 점들이 많은데, 부분적으로는 많은 이들이 여전히 취하는 가부장적인 태도 때문이다. 청소년이 평가 이해 관련자로 참여할 때조차도 아동의 관점이 갖는 다양하고 포괄적인 범위가 제대로 귀 기울여질 수 있도록 하는 것이 매우 어렵다. 아이날스도티르[Einarsdottir](2007)는 아동이 참여한 연구가 매우 중요한데, 그것이 주는 귀중한 정보를 토대로 아동을 위한 개선책의 형태를 잡을 수 있기 때문이라고 하였다. 아동에 관한 프로젝트에 전적으로 또는 대부분의 과정에 관여하는 것이 옳은 것인가에 대한 여부는 논쟁의 소지가 있다. 이는 연구 과정에 대한 다른 방식의 사고가 필요하겠지만, 그들을 적극적으로 참여시키기 때문에 그 대상에게 있어 보다 의미 있는 연구가 될 수 있다.

오늘날에는 아동・청소년의 말에 귀 기울이고 상의를 해야 할 필요를 보다 더 강조한다. 아동을 평가 이해 관련자 집단에 포함시키거나 아동 주도의 평가 이해 관련자 집단을 별도로 둠으로써(보건의료 서비스 또는 사회복지 서비스 주제와 관련될 때 이는 서비스-사용자 또는 환자 집단으로 지칭된다.) 여러분의 연구 설계에 있을 수 있는 불확실성을 확인하고 실질적인 조언을 구하고 면담 질문을 실행해 볼 수 있고, 연구 설계의 특정한 측면을 검증해 볼 수 있다. 아동을 이런 방식으로 능동적으로 참여시킴으로써 아동의 관점이 행동 지침을 주고 권력의 문제를 다루고 연구자의 의제를 형태지을 수 있다(Clark, 2005).

평가 이해 관련자(또는 서비스 사용자) 집단을 여러분의 연구에 참여시킬 때에는 명목상으로만 사용하지 않는 것이 중요하다. 그들의 참여는 연구 내용에 긍정적인 영향을 미쳐야 할 것이다(Trivedi and Wykes, 2002). 평가 이해 관련자 집단을 단순히 지도교수나 자금 지원 재단을 충족시키기 위한 검사–글상자 활동으로 간주하기 쉽다. 하지만 올바르게 도입할 경우 이는 여러분의 연구에 정말로 긍정적인 영향을 미칠 수 있다. 만약 여러분의 연구에 평가 이해 관련자 집단을 도입하고자 한다면, 그들의 관점에 정말로 귀 기울이고 그들의 조언을 토대로 연구 과정을 수정하는 것이 중요하다.

예를 들어... 저자들 중 한 명의 박사과정 연구생이 아동이 이야기하기에 부끄러울 수 있는 주제에 대한 사춘기 청소년 면담을 설계했다. 그녀가 청소년 평가 이해 관련자 집단과 초기 상담을 가졌을 때, 그들은 그녀에게 오직 일대일 면담을 통해서만 이 모집단의 관점에 대한 옳은 정보를 알아낼 수 있을 것이며, 면담에 참여적인 측면을 도입하는 것이 이로울 것이라고 조언했다. 그들은 또한 언어적인 측면에서 대화를 할 때 그들과 같은 수준에서 '아무렇지 않은 척/멋있는 척'(pretend to be cool)하지 말 것을 조언했다. 그들의 조언에 따라 연구생은 비디오 기반의 비네트를 만들어 그녀의 참여자들이 답을 하기 위해 비네트 속의 개인을 이용하여 자신의 경험을 제3자로서 이야기할 수 있도록 하였다. 이는 실제 면담에서 효과가 매우 좋았다.

물론, 평가 이해 관련자 집단을 모집하는 것은 어려울 수 있다. 만약 여러분이 어느 정도의 전문성을 지닌 성인을 참여시키고자 한다면, 그들은 매우 바쁜 사람일 것이며, 모든 사람이 모일 수 있는 적절한 시간 약속을 잡는 것이 매우 어려울 것이다. 아동들을 단체로 소집하는 것이라면, 그들의 일정과 함께 그들 부모의 일정까지 맞추어야 할 것이다. 평가 이해 관련자의 자문이 아동 친화적인 언어로 진행되어야 하며 그들이 아동의 세계에 대한 중요한 통찰을 줄 수 있으므로 아동과 협력 관계를 형성시키는 것이 중요함을 기억하라. 이는 여러분에게 있어 매우 중요한데, 특히나 아동 · 청소년을 대상으로 한 질적연구에서는 성인과 아동 사이에 의미가 다를 수 있으므로 더욱 그러하다. 분명하고 명확하게 논의를 함으로써 오역과 오해를 방지하는 것이 좋다(Clark, 2005).

교육학, 의료보건학, 사회복지학과 같은 많은 학문들에서 연구의 목적은 실제 현장에 영향을 주기 위함이다. 여러분의 연구 발견점들을 실질적이고 실용적인 형태로 적용하기 위한 가능성을 높이고자 한다면, 평가 이해 관련자 집단을 초반부터 연구에 포함시키는 것이 유용할 것이다.

나아가, 아동·청소년에 대한 연구에서 평가 이해 관련자를 연구 과정에 참여시키는 것은 학제적 담론에서 그 영향을 최대화할 것이며, 또한 실제 현장, 정책, 그리고 연구에 참여하는 아동에게도 영향을 미칠 것이다(Robb, 2014). 아동을 평가 이해 관련자로 참여시키고자 할 때, 아동의 다양성을 확실히 고려하는 것이 중요하다. 연구자가 다양한 배경 환경을 지닌 아동의 참여를 적극적으로 보장하지 않는 한, 아동이 참여하는 연구는 가장 접근성이 쉬운 아동에게 초점이 맞춰질 수도 있다.

예를 들어... 관련 기관들의 대표들로 구성된 평가 이해 관련자 집단을 갖는 것은 현장에 변화를 일으키고 명증성(evidence, 明證性: 더 이상 의심할 수 없는 것)을 도입시킴에 있어 긍정적인 역할을 할 수 있다(Rycroft-Malone et al., 2004).

공동 연구자로서 아동의 참여

이 책에 전반적으로 계속 나오는 핵심적인 주제는 연구를 통해 아동에게 권한과 자율권을 부여하는 것이다. 즉, 그들에게 자신의 관점을 대변할 수 있는 '목소리'를 주는 것이다. 하지만 지금까지는 이것이 비교적 일반적인 방식으로 표현되었다. 우리는 여기에서 잠시 멈추어 이것이 의미하는 바와 그것이 왜 문제적인지에 대해 보다 더 자세히 알아보고자 한다. 문헌과 학계에서 제기된 주장에 따르면, 아동의 목소리라는 개념은 연구자 및 종사자가 아동의 말을 어느 정도 들어줄 것인지 그 정도를 의미하며, 그들의 목소리가 말해지고 들려지는 방식을 의미한다(Komulainen, 2007). 하지만 이는 그리 간단한 문제가 아니다. 다음의 진술을 한 번 살펴보자.

> 예를 들어, 흔히 듣는 "아동에게 목소리/발언권을 주다."라는 표현은 목소리가 주어지는 어떤 것, 성인인 타자의 관대함을 통해서만 얻을 수 있는 선물이라는 것을 암

시한다. 연구에서 '아동에게 목소리를 준다'는 가정은 아동–성인이라는 권력 관계에 불평등성을 드러내며, 따라서 역설적인 어떤 것을 제시하는데, 아동 · 청소년에게 있어 참여할 수 있는 기회는 무엇이 말해지는지 통제할 수 있고 어떤 방법론을 도입시킬 것인지 결정할 수 있는 위치에서 프로젝트를 주도하는 성인의 선물(gift)과 같다 (Bucknall, 2014: 72).

중요 사항: 아동을 공동 연구자로 참여시키고자 한다면, 제기될 수 있는 어떤 윤리적 · 방법론적 · 철학적 문제들이 있는지 살펴보는 것이 중요하다(Kellett, 2005).

여기에서 요점은, 아동은 스스로 자주적인 행동을 취하고 발언을 할 기회를 만드는 것이 어렵기 때문에 아동의 권리를 증진하고 그들의 목소리가 경청되도록 하는 것이 성인의 책임이라는 것이다. 그럼에도 불구하고, 연구 데이터가 풍부하고 복합적으로 도출되기 위해 연구 과정에 아동의 의미 있는 참여는 이루어져야 한다(Grover, 2004).

아동이 관련된 연구에서 최근에 이루어졌던 진취적인 시도 중 하나는 아동을 프로젝트에 공동 연구자로서 적극적으로 참여시키는 것이었다. 이는 상당히 새로운 시도로, 아동에 의해 수행된 연구의 수는 매우 적으며, 대개는 아동이 단독으로 연구를 수행하지 못하기 때문이며, 성인의 지도와 도움을 필요로 하기 때문이다(Kellett, 2005). 켈레트[Kellett]의 지적에 따르면, 아동이 능동적인 연구자로 역할을 하는 것의 현실성을 따져 보아야 한다.

중요 사항: 아동이 연구자로 활동함에 있어 장애 요소는 연구 기술이나 방법론에 대한 지식이 부족하다는 것이다(Kellett, 2005).

예를 들어... 프로젝트를 설계함에 있어 여러분의 연구 문제를 발전시키는 과정에서 아동을 참여시키고 데이터 수집 방식의 실질적인 측면에 있어서, 그리고 보급에 대한 여러분 계획의 유용성에 있어서 그들의 조언을 구하는 것이 유용할 것이다(Shaw et al., 2011)

아동을 공동 연구자로 참여시키는 것은 간단한 문제가 아니며, 따라서 공동 연구자로서의 아동이 무엇을 의미하는지 정의하는 것이 중요하다. 아동이 처음부터 끝까지 연구과정에 능동적으로 활동한다는 개념은 아동과 아동기에 대한 관점의 변화로부터 비롯되었으며, 이는 아동의 말을 경청하는 것에 대한 강조로 이어졌다(Kellett, 2005). 그리고 이어서, 아동이 단순한 참여자 이상의 역할을 맡을 수 있으며 연구자로서 능동적으로 관여할 수 있다는 주장과 함께, 이는 아동이 연구에 참여하는 형식에 대한 변화로 이어졌다(Niewenhuys, 2001).

프로젝트의 모든 단계에 아동을 연구자로 참여시키는 것이 항상 가능한 것은 아니지만, 실용적인 이유에서 가능한 한 많은 단계에서 그들을 참여시키는 것이 매우 이로울 것이다. 그들은 특히나 연구 기획 단계에서 많은 도움을 줄 수 있다.

쇼[Shaw] 등(2011) 또한 아동이 데이터 수집 과정에서 능동적인 연구자가 될 수 있음을 인지하였다. 그들은 아동이 또래나 다른 아동들로부터 데이터를 수집할 수 있다고 지적하였다. 하지만 그들은 어떤 조사 주제는 아동이 면담을 수행하기에 윤리적으로 부적절할 수 있다고 주의를 주기도 했다.

예를 들어... 아동이 아동학대나 가족의 사별 경험과 같은 주제에 대해서 다른 아동을 면담하는 것은 적절하지 않을 수 있다.

요약

이 장에서는 아동 · 청소년을 대상으로 한 면담을 기획할 때 여러분이 고려해야 할 가장 중요한 실제적 요소들을 소개했다. 이 단계에서는 검토해야 할 사안들이 많으며, 이 결정들은 여러분의 면담이 가질 흐름, 양식 그리고 내용에 영향을 미칠 것이다. 이 장에서는 아동을 면담하는 동안 부모/보호자의 참석이 가질 수 있는 영향을 살펴보았다. 우리는 몇 가지 실질적인 조언과 사례 예시를 제공하였다. 이에 더해, 우리는 가족과 함께 또는 집단 내에서 아동들을 면담하는 것이 가질 수 있는 위험 요소에 대해 알아보았다. 우리는 이것이 특정한 맥락에서 특히나 유용할 수 있으며, 중요하고 흥미로운 데이터를 낳을 수 있음을 나타내 보였다. 우리는 또한 표본추출의 중요한 문제들을 검토했다. 표본추출 전략과 표본 크기는 면담 연구에서 고려해야 할 중요한 요소들이며, 우리는 이를 다룰 수 있는 몇 가지 방식들에 대해 논의하였다. 우리는 평가 이해 관련자와 서비스 이용자 집단에 대한 논의와 공동 연구자로서 아동을 참여시키는 것에 대한 논의로 이 장을 끝마쳤다. 우리는 시작에서부터 보급 그리고 실질적인 적용까지, 연구 과정 전반에 걸쳐 아동의 자문을 구하는 것이 갖는 가치에 대해 보고하였다.

추천 문헌

모집

Campbell, A. (2008) 'For their own good: Recruiting children for research', *Childhood*, 15(1): 30–49.

아동 면담

Eggenberger, S. and Nelms, T. (2007) 'Family interviews as a method for family research', *Journal of Advanced Nursing*, 58(3): 282–292.

Irwin, L. and Johnson, J. (2005) 'Interviewing young children: Explicating our practices and dilemmas', *Qualitative Health Research*, 15: 821–831.

Shaw, C., Brady, L.-M. and Davey, C. (2011) *Guidelines for Research with Children and Young People*. London: NCB Research Centre.

표집

Francis, J., Johnston, M., Robertson, C., Glidewell, L., Entwistle, V., Eccles, M. and Grimshaw, J. (2010) 'What is adequate sample size? Operationalising data saturation for theory-based interview studies', *Psychology and Health*, 25(10): 1229–1245.

O'Reilly, M. and Parker, N. (2013) '"Unsatisfactory Saturation": A critical exploration of the notion of saturated sample sizes in qualitative research', *Qualitative Research*, 13(2): 190–197.

참여적 방법론의 사용

학습 결과

이 장을 마치면 여러분은 다음의 내용을 수행할 수 있어야 한다.

- 아동과 부모 모두에 대해 여러 다른 소통 전략을 도입할 수 있다
- 여러 다른 참여적 기법을 식별할 수 있으며, 각각의 장점과 제한점을 알 수 있다.
- 아동의 참여적 방법론이 가질 수 있는 이로운 점들을 살펴본다.
- 권력 관계와 관련해 참여적 방법론이 갖는 유용성에 대해 질문할 수 있다.

서론

아동 · 청소년을 면담하는 것은 매우 어려운 일이 될 수도 있으며, 따라서 일부 연구자들은 참여를 용이하게 하고 참여자를 편하게 하고 보다 심도 깊은 응답을 유도하기 위한 참여적 방법론을 포함시키기도 한다. 우리는 면담 조사에서 아동과 소통할 때 직면할 수 있는 관련 사안들에 대한 포괄적인 논의로 이 장을 시작하며, 이 과정을 위한

몇 가지 조언들을 제공한다. 우리는 여러분에게 연구자들이 사용하는 참여 기법의 몇 가지 공통적인 형태를 소개하고, 기법들을 사용하기 위한 몇 가지 실용적인 조언을 제공한다. 이와 함께, 특정 기법들의 사용 적정 연령에 대해 고려하며 발달학상의 관련성과 연대기적 관련성(developmental and chronological relevance)을 돌아본다. 그럼으로써 우리는 질적연구의 면담 진행자가 아동 · 청소년을 면담할 때 특히나 그러한 기법들을 도입하는 이유를 제공한다. 또한 참여적 방법론의 활용에 대한 비평을 제공한다. 그리고 권력의 문제에 대한 고려와 함께 이 장을 마친다. 이는 앞선 단원에서도 계속 나왔던 문제이며, 아동 · 청소년을 면담하는 연구자라면 항상 직면하게 되는 어려움이다. 참여적 방법론들은 권력 격차를 완화시킬 수 있으며, 우리는 이것이 실제 현장에서 어떻게 가능한지 탐구한다.

아동과 소통하기

아동 · 청소년을 효과적으로 면담하기 위해서 여러분은 자신의 소통 방식에 대해 보다 넓게 생각해 볼 필요가 있다. 앞서 언급한 것과 같이, 이제는 아동에게 영향을 미치는 의사결정에 아동을 참여시키는 것이 좋은 관례로 여겨지며(유엔 아동권리협약, 1989), 이는 아동이 참여하며 자신의 관점을 표현할 기회를 제공하는 것이 중요하게 여겨지는 연구에 도입되었다(Willmott, 2010). 따라서 여러분은 프로젝트의 모든 단계에서 소통에 대해 고려해야 한다. 여러분은 아동의 생활연령 · 인지능력 · 소통능력을 명확히 반영해야 할 것이며, 여러분이 그들에게 요청하는 것이 그들의 역량에 맞는지 확실히 해야 할 것이다.

소통은 사회적인 과정이며, 그 과정에 관여하는 양자 간의 관계에 따라 크게 좌우된다. 따라서 여러분의 참여자와 친밀한 관계를 형성하는 것이 핵심적으로 중요하다(McPherson, 2010). 여러분은 아동의 말할 권리가 흔히 많은 제약을 받으며 대화에 참여할 수 있기 위해 성인의 허락을 받는 것에 익숙해 있다(Pantell et al., 1982). 따라서 그들이 발언권을 행사하며 권한을 회복할 수 있는 방식으로 아동과 소통하는 것이 매우 중요할 것이다(O'Reilly and Parker, 2014a). 이는 대개 능동적인 과정이어야 할 것이다. 아동은 말을 함에 있어 자신감을 갖기 전까지 몇 가지 기회들을 필요로 할 수도 있다. 이전의 많은 경험들로 인해 그들은 자신들의 기여가 진정으로 가치 있음을 믿기 어려울 수도 있다.

전형적으로, 우리는 아동의 말에 귀 기울이는 문화가 형성되지 않았으며, 아동을 연구 과정에 참여시키기 위한 세계적으로 공인된 절차 과정이 없다(Munford and Sanders, 2004). 아동의 자율성을 존중하는 것도 중요하지만, 동시에 이것이 아동의 성장 과정에 의해 제한되었음을 이해하는 것도 중요하다. 아동을 실제로 만나게 될 즈음에는 여러분은 이미 여러 명의 정보 통제자들과 소통하는 긴 과정을 거쳤을 것이며(5장 참조), 성인이 이미 동의를 했기 때문에 아동의 동의를 구하는 것을 단순히 형식상의 절차로 생각하기 쉽다. 만약 아동이 면담받기를 거절하거나 동의하지 않는 듯한 표시가 드러난다면, 아동을 설득하고자 하는 마음이 크게 들 것이다. 하지만 여러분은 아동의 희망 사항을 존중해야 하며, 아동에게 참여에 대한 압박을 주어서는 안 된다. 아동이 여러분을 잘 알지 못할 것이며, 여러분 앞에서 불안해할 수도 있음을 상기하라. 나아가, 아동은 여러분을 권위자로 여길 것이며, 여러분은 아동의 자유와 권리를 보장해 주기 위해 여러 단계를 거쳐야 할 것이다. 아동이 진심으로 참여를 원하지 않는 것과, 요구 사항이나 규정을 완전히 이해하지 못하기 때문에 참여하기를 불안해하는지를 구분하여 인식하려면 예민한 감각이 필요하다.

아동과 여러분 간의 소통을 개선하고 궁극적으로는 면담을 용이하게 하기 위한 몇 가지 실질적인 방법이 있다.

- 여러분 자신을 소개하라.

설사 여러분이 아동을 이전에 만났다고 하더라도, 아동에게 여러분이 누구이며 왜 여기에 있는지, 면담이 무엇에 대한 것인지에 대해 다시 상기시켜 주는 것이 중요하다. 아동이 여러분을 어떻게 불러야 할지 알려 주는 것이 도움이 될 것이며, 친근하게 이름을 부르도록 하는 것이 권력 문제를 완화시켜 줄 것이다. 물론, 일부 아동은 성인에게 친근하게 이름을 부르는 것을 불편해할 수 있다. 아동을 만나기 전에 아동의 이름을 미리 알아 가도록 하고, 어떻게 부르길 희망하는지 묻도록 하라(Willmott, 2010).

• 기술 용어의 사용을 자제하라.

여러분이 아동과 대화하고 있다는 사실을 잊기 쉬운데, 특히 고학년 아동의 경우 그러할 것이며, 아동이 이해하지 못하는 용어나 표현을 사용하고 있을 수도 있다. 아동은 여러분에게 그것이 무엇을 의미하는지 묻기 부끄러워하거나 자신감이 없을 수도 있다. 길거나 기술적으로 어려운 단어 및 표현들을 사용하는 것을 자제하고, 복잡한 개념에 대해 설명을 더 하며, 아동이 그 의미를 확인할 수 있는 기회를 제공하라. 아동이 이해를 했는지 묻는 것보다 아동에게 여러분이 제대로 이해하기 쉽게 설명했는지 묻는 것이 좋은데, 이 경우 아동의 이해능력이 문제시되기보다는 설명의 적절성에 책임을 두기 때문이다.

• 친절하고 전문가적인 태도로 말하되, 따뜻하고 친근하게 대하라.

참여자가 여러분의 연구를 무료로 자원하여 돕고 있음을 상기하라. 여러분은 모집을 하는 동안 통신 채널를 항상 대기 상태로 두어야 할 것이며, 상담과 문의에 항상 즉각적으로 응답할 수 있도록 해야 할 것이다. 필요할 경우 이메일, 전화 또는 우편물을 통해 상기시켜 주는 것이 좋지만, 지나치게 밀어붙이지 않도록 조심하라. 참여자와 마주할 때는 친절하고 친근하게 대하라. 참여에게 자신에 대해 말할 수 있는 기회를 많이 주고, 참여자가 가진 의문점이나 질문들에 모두 답할 수 있도록 하라.

• 인내심을 가져라.

아동 · 청소년을 대상으로 한 연구에는 시간이 많이 할애되며, 면담을 진행하기 전에 정보 통제자와 아동에게 많은 시간과 노력을 들여야 한다는 것을 염두에 두어라.

• 강제성이 작용하지 않도록 주의하라.

부모 또는 여타 정보 통제자가 아동으로 하여금 연구에 참여하도록 설득했을 수도 있음을 기억하라. 여러분은 아동이 자발적인 의지로 선택을 했는지 그리고 언제든 면담을 중단할 수 있음을 알고 있는지에 대해 확실히 해야 할 것이다. 또한, 괴로움이나 반대 의견의 조짐이 보이지 않는지 눈여겨보라.

• 아동이 경험할 수도 있는 소통상의 어려움에 대해 주의하라.

어떤 아동은 의사소통에 어려움을 겪을 수 있음을 항상 기억해야 하며, 아동을 만나기 전에 교사나 부모를 통해 이를 미리 확인하는 것이 좋다. 아동을 대화에 참여시키기 위한 유용한 전략에 대해 부모와 상의하는 것이 도움이 될 것이며, 여러분은 음성 출력 장치나 다중감각 레퍼런스(multisensory references)와 같은 대안적인 소통 방식의 사용을 고려해야 할 수도 있다(Benjamin and MacKinlay, 2010).

• 아동이 편하게 느낄 수 있도록 도와주어라.

면담을 진행하고 있는 장소의 환경에 주의하여 편안한 의자와 조명을 갖추도록 하여라. 아동에게 간식이나 음료를 줄 계획이라면, 아동에게 질병이나 알레르기 반응이 없는지 부모와 상의하여 조심해서 식품을 고르고, 제공하기에 앞서 부모의 동의를 먼저 구하도록 하라. 참여에 대한 고마움의 표시로 사탕이나 과자를 주고 싶을 수 있지만, 부모의 입장에서는 설탕이나 과자에 대해 엄격히 규제하고 있을 수 있으며, 간식을 주는 것이 행동학적 계발 프로그램을 약화시킬 수 있다.

> **중요 사항:** 면담의 성패는 각 아동에 대한 여러분의 소통 전략에 좌우될 것이다. 여러분은 참여자들 간의 개별적인 차이에 대해 주의하고, 아랫사람을 가르치는 듯한 태도를 경계하며, 아동이 이해할 수 있는 수준에서 소통하도록 해야 할 것이다.

• 안심시키는 말을 재차 해 주어라.

몇몇 아동은 여러분과 대화하는 것이 불편할 수 있으므로, 면담 내내 그들을 안심시키는 말과 칭찬을 거듭해서 해 주어라. 하지만 이를 너무 빈번하게 행하는 것은 역효과를 낳을 수도 있으므로 조심하라. 아동이 자신의 대답에 대해 더 상세히 말할 수 있도록 복돋우며, 아동의 의견이 여러분에게 도움이 되고 있음을 끊임없이 상기시켜 주어라.

부모와 소통하기

먼저 부모와의 소통을 거치지 않고 아동과의 면담을 진행하게 될 일이 드물다는 것을 기억하라. 대부분의 나라에서는 특정 연령 아래의 아동이 완전한 자율성을 갖지 못하며, 아동과 관계된 의사결정에는 부모의 관여가 함께하도록 법적으로 규정되어 있다. 부모는 의사결정에 대한 최종 결정권을 지닌다(Heath et al., 2004). 따라서 부모와 효과적으로 소통하는 것이 여러분에게 매우 중요할 것이다.

예를 들어... 어떤 부모는 자녀의 연구 참여를 허용하는 것이 그들의 중요한 수업/학문적 시간을 침해한다고 여겨 꺼릴 수도 있다.

중요 사항: 거의 대부분의 아동 관련 연구에서는 부모/보호자가 핵심적인 정보 통제자임을 기억하라. 항상 전문가다우면서도 친근하고 예의 바른 태도를 유지하고, 여러분의 시간 조정과 접근에 유연성을 가져라.

중요한 것은, 부모가 여러분의 연구에 대해 더 협조적일수록 아동이 면담에 참여하고 몰두할 가능성이 더 많다는 것이다. 하지만 부모는 아동의 프로젝트 관여를 차단할 수 있는 권한을 지니며, 여러분의 접근을 거부할 수 있다(McPherson, 2010). 여러분이 부모와의 소통을 민첩하고 전문적으로 해내는 것이 중요하며, 무례하거나 강압적으로 행동하지 않도록 조심하라. 부모와 친밀한 관계를 형성하는 것이 중요하며, 이는 어느 정도의 시간을 소요할 것이다. 또한 여러분은 아동의 참여로 인해 그의 안녕과 건강에 어떠한 위해나 지속적인 영향도 없을 것임을 재차 확인시켜 줘야 한다.

데이터 수집이 언제 이루어질 것인지, 그리고 이것이 아동에게 어떤 영향을 끼칠 것인지에 대해 고려하는 것이 중요하다. 부모와 효과적으로 소통한다는 것은 여러분이 서로 간에 편리한 시간과 장소를 정한다는 것을 의미한다. 면담 준비 기간 동안 아동의 부모와 소통할 수 있다면 매우 유용할 것인데, 그들이 핵심적인 설계 결정에 도움을 줄 수 있으며, 잠재적인 문제가 발생하기 전에 그것을 미리 방지하도록 도와줄 수 있기 때문이다.

참여적 방법론

아동을 대상으로 면담을 진행하는 것은 상당히 어려울 수 있으며, (2장에서 논의하였듯이) 각각의 연령대는 각기 다른 유형의 난점들을 지닌다. 아동이 면담에 몰두할 수 있을 만큼 연구가 충분히 흥미롭게 느껴지기는 어려울 것이며, 연구자가 면담 과정을 용이하게 하기 위해 추가적인 방법론들을 도입하는 것은 상당히 일반적이다. 어떤 유형의 참여적 방법론을 사용할 것인지, 그것을 어떻게 사용할 것인지, 그리고 면담 전반에 걸쳐 어느 정도로 그것들을 사용할 것인지에 대해 세심하게 고려하는 것이 중요하다.

사용할 수 있는 참여적 방법론에는 여러 다른 유형들이 있으며, 참여적 방법론, 참여적 행동 연구 그리고 아동의 연구 참여에 대한 문헌연구도 매우 포괄적으로 존재한다. 도입할 수 있는 여러 다른 접근법들이 다양하게 많으며, 〈표 6-1〉은 가장 일반적인 유형들을 목록으로 제시하고 있다.

〈표 6-1〉 참여적 방법론 예시

방법론	설명
미술과 공예	이 방법론은 페인트/물감 칠하기, 그림 그리기 등 다양한 재료를 사용하여 아동이 자신에 대해 말하거나 사건을 설명하도록 유도한다. 이 활동은 아동이 안정을 취하거나 주제에 대해 이야기하기 위해 사용될 수 있다.
사진	연구자는 아동에게 특정한 주제에 관련된 사진을 찍도록 하고 그 사진을 기반으로 질문을 던져 이야기하도록 한다.
비네트	필름을 통한 시각적으로든, 적힌 글을 통해서든 특정한 가정이나 시나리오를 만들어 아동이 제3자로서 이야기를 하도록 이끈다.
시	면담에서 이야기할 주제를 제시하기 위해 시를 쓰거나 출판된 기존의 시를 이용함으로써 아동이 자신을 표현하도록 한다.

춤	아동이 움직임에 몰두하고 계속 움직이도록 하여 편한 상태로 만든다. 아동은 춤을 통해 자신을 표현할 수도 있고, 단순히 안정을 취하고 이야기를 이끌어 가기 위해 사용될 수도 있다.
스토리텔링	연구자가 아동에게 그가 공감할 수 있을 만한 특징이나 특성을 지닌 이야기를 들려주어 이야기의 시점으로써 아동이 자기 자신의 이야기를 할 수 있도록 이끈다.
비디오 영상	인터넷에 있는 기존 영상 클립을 통해 비네트와 유사한 방식으로 아동과의 이야기를 이끌어 갈 수 있다. 자원이 허락한다면, 아동이 자기 생활의 여러 측면들을 영상에 스스로 담아 보도록 요청하여, 면담에서 이를 질문의 토대로 사용할 수 있다.
장난감과 놀이	어린 아동의 경우 장난감과 놀이를 사용하여 여러분이 질문을 던지는 동안 그들이 안정을 취할 수 있도록 할 수 있다.
이모티콘과 이모지	여러 다양한 감정의 시각적인 표현들을 사용하는 것을 말한다.

중요 사항: 여러분이 어떤 방법론을 사용하든, 그것을 각각의 아동에게 맞게 수정하여 적용해야 함을 기억하라.

확실히, 참여적 기법에는 다양한 종류가 있으며, 〈표 6-1〉은 충분히 많은 유형들을 포함하지 못하였으며, 질적 면담 진행자에 의해 사용되는 보다 일반적인 전략에 대한 개괄적인 설명만 제시하고 있다. 만약 참여적 방법론을 활용하는 것이 이롭다고 생각한다면, 심화적인 설명을 위해 이 장의 끝부분을 읽을 것을 권유한다. 여기서는 보다 일반적인 참여적 방법론들에 대한 개괄을 제공한다.

이모지 사용하기

흔히 사용하곤 하는 간단한 참여적 기법 중 하나는 특정한 감정을 표현하는 표정/얼굴 모양을 사용하는 것이다. 이 표정들은 아동이 알아보기 쉽게 흔히 간단하고 명확한 정서적 표현을 지닌다. [그림 6-1]의 예시를 참조하라.

이러한 시각적 참여적 방법론을 사용하는 것은 아동이 어떤 대상이나 일에 대해 느끼는 감정을 보다 쉽게 이야기할 수 있도록 이끄는 간단하고도 명확한 방법이다. 웃는

[그림 6-1] 이모지

표정은 아동이 무엇에 대해 즐거움과 행복감을 느낀다는 뜻이며, 웃고 있지 않는 표정은 슬픔을 나타내기 위해 사용될 수 있다. 미소를 짓거나 눈물을 흘리는 얼굴 모양도 있으므로, 보다 극심한 감정 표현도 가능하다. 이에 더해, 걱정스럽거나 화가 난 표정도 있다. 이 유형의 기법은 여러분이 보다 민감한 주제에 대해 탐구하고 있을 경우 특히나 유용할 것이며, 감정을 이끌어 내기에 도움이 된다(Hill, 1997). 이는 아동이 말로 표현해야 할 필요 없이 자신의 감정을 전달하는 것을 돕는다. 어떤 학교는 이미 교육학적 과제 활동에서 이 기법을 사용하고 있으므로 아동은 이에 친숙할 것이고, 따라서 유용성이 증가될 수 있다(Due et al., 2014). 물론, 여러분이 추상적인 이미지를 사용하지 않는 것이 중요한데, 특히 어린 아동을 대상으로 할 때에는 표정이 갖는 감정적 표현이 명확해야 하고 애매모호해서는 안 된다. 나이가 조금 더 많은 아동의 경우, 여러분은 양가적이거나 복합적인 감정을 전달하는 함축적인 이모지를 사용할 수 있다.

비디오 기술 또는 디지털 기술 활용하기

> **예를 들어...** 편집(photo-editing) 소프트웨어를 사용하여 아동의 신체 이미지에 대한 대화를 이끌어 갈 수 있다. 아동은 자신의 사진을 편집하며 자신의 사고 과정을 묘사할 수 있다.

디지털 미디어를 여러분의 면담에 도입하는 것은 엄청나게 많은 가능성을 가져다준다. 이는 특히나 유용한 참여적 방법론이 될 수 있는데, 많은 아동이 컴퓨터와 인터넷에 친숙하기 때문이다. 여러분은 온라인상의 유튜브 비디오를 선정하여 이야기의 토대로 사용할 수 있다. 이는 논란이 많은 주제 분야에 있

예를 들어... 집단 따돌림이나 괴롭힘에 대한 영상 클립을 시청함으로써 아동이 자신의 따돌림 경험에 대해 이야기할 수 있는 제3자 플랫폼(토대)을 가질 수 있다.

예를 들어... 15분간 비디오 게임을 함으로써 친밀한 관계를 형성하면서 면담 시작 전에 경직된 상태를 풀 수 있다.

어서 특히나 더 유용하며, 여러분은 정치적 발언, 영화 클립, 코미디 촌극, 다큐멘터리의 일부분을 다운로드하여 특정 사안이나 사건에 대한 아동의 관점을 확인할 수 있다. 나아가, 컴퓨터는 다양한 애플리케이션과 소프트웨어를 제공할 수 있으므로 아동이 다양한 매체를 통해 창의적으로 자신을 표현할 수 있게끔 한다.

또는, 디지털 기술을 사용해 영상이나 뮤직 비디오 또는 예술적 표현의 콜라주를 컴퓨터로 표현하도록 할 수 있다. 아동은 특정 사안에 대한 자신만의 팟캐스트를 만들어 그에 대해 여러분이 질문을 던질 수 있다. 여러분은 아동에게 블로그를 쓰도록 복돋아 주어 대화의 기본 토대로 사용할 수 있다. [글상자 6-1]은 기술을 이용한 연구 사례를 제시하고 있다.

[글상자 6-1]

기술의 사용에 대한 연구 사례

5~6세의 어린 아동들의 참여를 독려하고자 한 레비와 톰슨[Levy & Thompson](2013)의 연구는 특정한 참여적 기법의 활용을 탐구하였다. 연구자들은 연구 전반에 아동의 목소리를 포함시키는 것이 매우 중요하다는 것에 동의하였지만, 이 연령의 아동들을 관여시키는 것이 매우 어려운 일임을 지적하였다. 연구자들은 아동이 읽기능력에 대한 자신감에 관한 프로젝트에 몰두할 수 있도록 하기 위한 방법으로 기술적 참여적 방법론의 사용을 탐구했다. 여기에서 그들은 소년들이 이 주제에 대해 자기 자신의 정보 DVD를 만들어 보도록 토론 포럼을 만들었다. 어린 아동들은 나이가 더 많은 다른 아동들(11~12세)의 도움을 받았으며, 이 단짝 파트너십은 아동의 목소리를 이끌어내는 데에 성공적인 방식이었다. 나이가 더 많은 아동들이 연구의 DVD 만들기에서 핵심적인 역할을 하며 더 어린 아동들이 능동적으로 참여할 수 있도록 이끌었다. DVD가 다 만들어지자 연구팀은 프로젝트에 참여한 모든 아동과 교사들에게 나누어 주었다.

Levy, R., and Thompson, P. (2013) 'Creating "buddy partnerships" with 5- and 11- year old boys: A methodological approach to conducting participatory research with young children'. *Journal of Early Childhood Research*, DOI: 10.1177/1476718X13490297

사진

사진을 사용하는 아동 관련 연구가 점차 더 늘고 있는데, 이는 아동에게 사진을 찍도록 함으로써 자신의 개인 경험을 제대로 인식하도록 하고, 아동으로부터 유용한 정보를 이끌어낼 수 있다. 이러한 시각적 참여적 방법론은 아동의 관점을 탐구하기 위해 특히나 유용한 방법이다(Clark, 2011). 사진은 특정 형태의 시각적 스토리텔링을 가능케 하며, 아동은 카메라를 사용할 수 있다는 것에 즐거워하며 연구에 몰두할 동기를 가질 수 있다(Drew et al., 2010). 각 참여자에게 일회용 카메라를 줌으로써 자신을 표현하는 것을 어려워하는 아동이 프로젝트에 지속적으로 몰두할 수 있도록 도와주며, 이는 사회적 통합을 일으킬 수도 있다(Aldridge, 2007). 또한 대부분의 스마트폰은 카메라 기능이 내장되어 있으므로 이를 이용할 수도 있다.

> **중요 사항:** 일회용 카메라는 일반적으로 디지털 카메라가 아니며, 사진을 인화하기 위한 비용을 여러분이 책임져야 함을 유의하라.

사진을 사용하는 것은 많은 가능성을 제시하고 있는데, 다양한 정보들을 엿볼 수 있는 기회이며, 아동의 생활에 대한 통찰을 가져다줄 수도 있기 때문이다(White et al., 2010). 이에 더해, 사진을 이용한 대화 유발하기는 연구자가 참여자와의 신뢰 관계를 조성할 수 있고 아동이 찍은 사진에 대해 논의를 하기 때문에 아동이 자신의 사회 세계에 대한 의미를 찾도록 도울 수 있는 방법이다(Bruce et al., 2009). 여러분의 연구에 참여하는 아동이 여러분과의 소통을 개선할 수 있는 방식으로 카메라를 사용하는 것은 아동으로 하여금 여러분과의 면담에 전념할 수 있도록 유도하는 흥미로운 방법이 될 수 있다. 카메라를 사용하여 아동이 사진을 찍도록 할 때에는 어떤 대상을 찍을지, 몇 장을 찍을지에 대해 아동을 지나치게 제한하지 않도록 하라. 다만, 아동에게 어느 정도의 지도와 안내를 하는 것은 도움이 된다(Drew et al., 2010). 아동이 찍는 사진은 그들 자신에 대한 이야기일 수 있다. 카메라를 사용하고 아동으로 하여금 사진을 찍도록 만드는 것은 부가적으로 민감한 윤리적 문제를 일으킬 것임을 상기하고(사진의 대상이 사진 찍히기를 동의하지 않았을 수 있으므로), 이에 대한 경계에 대해서 동의해야 할 것이다. 나아가, 아동의 사진을 여러분의 보급 전략에 포함시키고자 한다면 동의가 필요할 것이며,

그들(또는 다른 누구든)의 얼굴이 사진에 나타나는 것을 방지해야 할 것이다(Riele and Brooks, 2013).

비네트

비네트는 포커스 그룹과 면담 연구에서 논의를 위한 발판의 형식으로써 성인과 아동 모두에게 아주 오랫동안 사용되어 온 참여적 기법이었다. 비네트는 아동을 면담할 때에 특히나 유용할 것이며, 글의 형태나 사진이나 그림의 형식으로 진행할 수 있다.

예를 들어... 비네트를 만화나 비디오 클립의 형식으로 사용하여 구체적인 시나리오가 연구 목적에 맞게 펼쳐지도록 할 수 있다.

비네트를 통해 연구자는 특정한 이야기를 참여자에게 제시할 수 있고, 아동에게 제3자가 어떤 행동을 취할 것이라 생각되는지, 그 제3자가 어떻게 다르게 행동할 수 있었을지, 그리고 어떻게 느꼈을지에 대해 물어봄으로써 제시된 상황에 대해 반응하도록 물어볼 수 있다.

아동은 흔히 자신에 대해 이야기하는 것을 편하게 여기지 않으며, 비네트의 형태로 제3자에 대한 참조를 사용하는 것이 그들에게 비네트 속 인물들과 대응시켜 자신의 경험을 돌아볼 수 있는 여유를 제공해 준다(Barter and Renold, 2000). 또한 여러 다른 시나리오와 선택항들을 상상해 볼 수 있는 기회를 그들에게 준다. 비네트를 디자인할 때에는 아동에게 반향을 일으킬 수 있는 시나리오와 아동이 알아볼 수 있는 인물들(유사한 배경 환경, 문화, 연령대를 지닌 인물)을 고르는 것이 중요하다. 여러분은 참여자에게 가장 적절한 한 가지를 고르기 위해 여러 개의 비네트가 필요할 수도 있으며, 또는 아동에게 자신의 마음에 드는 비네트를 고르도록 할 수도 있다. 비네트를 디자인할 때 너무 복잡하게 만들지 않도록 주의하며, 아동이 이야기를 할 수 있도록 충분한 정보를 내포하도록 하여라. 비네트 속 인물이 반드시 아동일 필요가 없으며, 어린 아동에게 더 호소력 있는 동물이나 만화 캐릭터일 수도 있음을 기억하라. 또한, 글 형식의 비네트일 경우 여러분은 그것을 더 흥미롭게 만들 수 있게 그림이나 삽화를 넣을 수도 있다.

미술과 공예

미술과 공예의 활용은 아동에게 친숙한 참여적 기법인데, 학교나 가정에서 그러한 활동들을 자주 하기 때문이다. 이는 어린 아동 또는 언어능력이 제한된 아동의 참여를 이끌어내기에 특히나 유용한 기법이다. 반짝이, 풀, 물감 등을 사용하여 아동에게 어떤 주제에 대한 그림을 그리도록 하는 것은 아동으로 하여금 흥미를 느끼게 할 수 있으며, 여러분은 아동이 그림을 그리는 동안 대화를 이끌어 갈 수 있다. 그림을 그리거나 울/파스타 모형, 글리터펜이나 풀과 같은 미술 도구를 사용하도록 함으로써 신뢰감이 조성될 수 있는 환경을 만들고 면담의 소통을 개선할 수 있다(Horstman et al., 2008). 대개는 아동이 자신이 하고 있는 일에 대해 중계방송처럼 이야기하도록 유도하는 것이 수월하며, 이는 연구 문제와 관련성을 지니는 이야기일 수 있다. 창의적인 활동을 하고 있는 물리적 행동이 연구자로서의 여러분이라는 존재에 아동의 초점이 벗어나도록 만들 수 있으며, 따라서 보다 아동-중심적인 방식으로 아동의 경험을 공유할 수 있다(Driessnack, 2006). 다만, 창의적 결과물이 아동의 내러티브(이야기)에 의해 동반되어 만들어질 수 있도록 하는 것이 중요하며, 여러분은 자기 자신의 해석을 그림에 덮어씌워서는 안 된다. 이 활동을 하는 동안 그들이 말을 하지 않는다면, 그들의 결과물에 대해 설명할 수 있는 시간을 따로 계획에 넣어라.

> 중요 사항: 미술 및 공예가 더 이상 펜/크레파스, 종이라는 물리적인 형태에 제한되어 있지 않음을 상기하라. 컴퓨터나 태블릿을 통해 미술 작업을 할 수 있는 디지털 방식도 있으며, 일부 아동은 디지털 창작을 할 수 있는 이 기회를 즐길 수도 있다.

참여적 방법론의 중요성

참여적 기법들이 갖는 다양성을 두고 볼 때, 이것을 포함시키는 것이 여러분의 면담 연구에 유용할 것임을 명확히 알 수 있을 것이다. 하지만 이 기법을 데이터 수집 과정에 포함시키고자 한다면, 그래야 하는 명확한 근거를 지니는 것이 중요하다. 참여적 기법을 사용하는 것은 지난 몇 십 년간 대중적인 방식이 되었으며, 그 이유는 아마도 아동을 보다 의미 있는 방식으로 연구에 참여시키기 때문인 것으로 여겨진다(Coad and Lewis, 2004). 비록 참여적 방법론의 기원이 빈곤계층 성인 모집단에 대한 연구였지만, 아동 연구에서도 그 사용이 유의미하게 증가하였다(Liegghio et al., 2010).

참여적 방법론이 아동·청소년을 대상으로 하기에 바람직한 이유에 대해 다음과 같은 몇 가지 주장들이 제시되었다.

1. 참여적 기법을 연구에 도입함으로써 아동이 연구 의제를 형태지을 수 있는 메커니즘을 제공받게 되며, 여러분은 아동에게 여러분의 프로젝트에 대한 통제를 어느 정도 주는 것이 된다(Thomas and O'Kane, 1998).
2. 따라서 이 연구 유형은 아동에게 활동 과제에 대한 통제권을 어느 정도 준다는 점에서 아동의 권리 증진의 가능성이 있다(Waller and Bitou, 2011).
3. 이러한 방법론들은 아동의 '목소리'를 연구에 반영하도록 하기 때문에 윤리적으로 보다 바람직하다고 주장할 수 있다(Gallagher, 2008).
4. 참여 기법을 사용하는 것은 아동에게 보다 복합적이고 추상적인 문제들에 대해 이야기하도록 이끌어 준다(Thomas and O'Kane, 1998).
5. 이는 특히나 취약한 모집단의 경우 더욱 중요하며, 아동이 연구 결정에 어느 정도의 영향과 권한을 쥐고 있는 협업자로서 참여하게 만들므로 참여적 기법을 사용함으로써 아동에게 더욱 의미 있는 참여가 되도록 할 수 있다(Liegghio et al., 2010).

[글상자 6-2]의 비네트를 살펴보면서 이 절에서 제시하는 조언을 다시 되짚어 보라.

[글상자 6-2]

비네트 - 카롤리나 Karolina

카롤리나는 사회복지학 학생으로, 사회복지센터에서 훈련을 받고 있다. 자신의 연구를 위해 그녀는 소규모 연구 프로젝트를 수행해야 하며, 정부로부터 돌봄을 받고 있는 아동에 대해 고

아원이나 보육원에서의 경험들에 관한 면담을 수행하기로 결정했다. 카롤리나는 아동의 취약한 상태, 과거 역사 그리고 아동이 이전에 직면했을 만한 여러 문제점들로 인해 이 아동의 참여를 이끌어 내는 것이 어려울 수 있음을 인지한다. 그녀는 13~16세 사춘기 청소년만 표본에 포함하기로 결정했다. 카롤리나는 미술 및 공예 방식을 사용하여 참여자들의 면담에 대한 몰입을 독려하고 안정감을 주고자 한다.

- 정부가 운영하는 고아원 청소년을 대상으로 이를 사용하는 것은 어떠한 장점과 단점을 갖겠는가?
- 대안적인 참여적 방법론이 더 적절한가? 더 적절하다면 그 이유는 무엇인가?

이 질문들에 답하기 위해 몇 분간 생각해 보라.

가능한 답의 예시는 책의 끝부분에 제시되어 있다.

참여적 방법론에 대한 질의

지금까지 읽은 것을 토대로, 참여적 방법론이 여러분의 면담 프로젝트에 쓰기에 매우 좋은 아이디어로 보일 수 있으며, 우리는 그것의 사용에 대한 긍정적인 주장들을 제시해 주었다. 하지만 여러분이 결정을 내리기 전에 그에 대한 비판적인 입장도 살펴보는 것이 필요하다. 우리는 문헌 연구에서 제기된 반대 의견들을 몇 가지 살펴볼 것이다. 예를 들어, 호스트맨Horstman 등(2008)은 이 방법론을 실제로 적용함에 있어 몇 가지 주의 사항들을 제시했다.

1. 단순히 참여적 기법을 사용한다고 해서 그 자체로 아동이 자신의 관점과 견해를 표현할 것이라고 보장할 수는 없으며, 여러분이 이를 용이하게 만들어야 한다.
2. 아동이 참여적 기법을 즐길 것이라는 가정을 당연시하지 않도록 하라. 아동이 그

림 그리는 것을 싫어할 수 있고, 컴퓨터에 친숙하지 않을 수도 있으며, 비네트를 이해하지 않을 수 있다. 면담 전에 부모나 교사들과 상담하는 것이 좋을 것이다. 아동은 대개 자신의 미술적 역량에 대한 자신감이 모자라며, 따라서 여러분이 기대한 것만큼 그림 그리기나 미술 공예를 즐거워하지 않을 수 있다.

3. 어떤 아동은 미술 공예의 사용으로 인해 논의되고 있는 주제가 진지하거나 중요하지 않다고 여길 수도 있는데, 미술은 특히나 어린 아동의 경우 즐겁고 재미있는 행위이기 때문이다.
4. 면담에서 여러 다른 참여적 방법론들을 준비하여 아동이 선호하는 방식을 고를 수 있도록 하는 것이 유용하다.
5. 어떤 참여적 방법론을 선택하더라도, 발달학적으로 생활 '연령에 적절'해야 할 필요가 있다.
6. 단순히 사용 가능성 때문에 참여적 방법론을 사용하지 않도록 유연성을 가져야 한다. 아동은 추가적인 기법 없이도 여러분과 완전히 몰두하여 여러분과 이야기할 수 있으므로, 참여적 기법이 불필요할 수도 있음을 유념하라.

중요 사항: 사회 내에 아동의 위치에 대한 여러분의 개인적인 관점 또한 참여적 기법에 대한 여러분의 판단과 결정들에 영향을 미침을 상기하라.

참여적 기법들이 참여를 돕는다고 가정하기가 쉽지만, 이것이 자동적으로 이어지는 결과는 아니다. 그것은 어떻게 적용을 하느냐에 따라 좌우된다. 참여적 기법을 당연시하지 않는 것이 중요하다. 여러분은 이 접근법들을 비판적으로 고려해야 하며, 그것을 실제에서 어떻게 적용시킬 것인지에 대해 생각해야 한다(Punch, 2002). 참여적 기법의 사용이 아동과 친밀한 관계를 형성하는 연구자의 능력과 언제 아동을 안심시켜야 하는지와 칭찬 유도가 필요한지 파악하는 예민함을 대체할 수는 없다.

권력

참여적 기법의 기저에 깔린 가정은 아동이 성인에 의해서만 권한이 증진될 수 있다는 것이며, 이 기법들이 아동의 자주성이 발휘될 수 있는 메커니즘을 제공해 준다는 것이다(Gallacher and Gallagher, 2008). 하지만 이 활동들이 반드시 아동의 권한을 강화시켜 주는 것은 아니며, 오히려 아동과 여러분이 나누는 대화가 실제로 아동에게 자신의 경험과 관련된 사고를 할 수 있는 기회를 준다. 이 공유된 참여가 아동의 권한을 강화시키는 것이다(Waller and Bitou, 2011).

중요 사항: 기억하라. 권력은 고정된 개념이 아니며, 흐르고 변하는 것이다(Christensen, 2004). 따라서 아동과 여러분의 관계가 갖는 특성이 여러분의 상호작용이 갖는 비대칭적 권력 구조에 영향을 미칠 것이다.

그럼에도 불구하고, 적절하게 적용될 경우 참여적 기법의 사용을 통해 권한의 증진이 이루어질 가능성은 있다. 여러분이 아동에게 활동에 대한 어느 정도의 통제권을 주고 활동 중에 아동의 이야기를 유도하는 것이 중요하다. 사회에서는 불평등한 권력 격차가 성인과 아동 사이에 존재함을 기억하라. 아동은 상당한 시간을 개인적인 맥락과 제도적 맥락 모두에서 성인에 의해 행동이 통제된다. 아동의 세계에 들어가고자 하는 성인으로서, 여러분은 여러분과 아동 각각의 연령 범주가 낳을 수 있는 이 위계적 차이에 대해 인지해야 한다(Holt, 2004). 여러분의 역할로 인해 여러분이 면담 과정에서 권력을 쥐고 있으며 여러분이 대부분의 의사결정권을 가지고 있다는 사실을 인지해야 한다(Etherington, 2001).

시간이 많이 할애되더라도, 윤리적 연구자로서 아동이 존중을 받고 아동의 말이 경청된다는 것을 보장함으로써 불평등한 권력의 균형을 바로잡는 것이 중요하다(Flewitt, 2005). 여러분은 아동을 수동적인 대상이 아닌 능동적인 사회 주체자로 위치시킴으로써 이를 성취할 수 있다(Woodhead and Faulkner, 2000). 각 아동 참여자를 가치있게 여기고 아동이 자신만의 방식으로 소통할 수 있도록 유도해야 함을 기억하라(Horstman et al., 2008).

면담자의 권한과 비대칭의 문제

권력 격차의 일부는 아동과 성인 사이의 권력의 차이와 관련되며, 일부는 연구 대상과 면담자로서의 관계와 관련된다. 루이스와 포터Lewis & Porter(2004)는 동료들의 참석을 이용하는 등, 연구자가 권력 관계를 바꾸고 평등함을 가질 수 있는 방법이 있는지 찾아보아야 한다고 주장했다.

권력 문제를 다루는 첫 번째 단계는 아동이 정말로 연구에 참여하고 싶은지, 그리고 아동의 동의가 만약 부모에 의해 전달되었을 경우 아동이 진심으로 동의를 했는지를 확실히 하는 것이다. 연구에서 하차하는 것에 대해 걱정하고 있는지 민첩한 방식으로 확인하는 것이 좋을 것이다. 자신이 정말 선택권이 있음을 알고 자발적으로 참여를 선택한다면 여러분의 연구는 좋은 윤리적 기준을 적용하게 되는 것일 뿐 아니라, 데이터의 질이 향상될 것이다. 아동이 프로젝트의 목적에 관한 정보를 받았을 것임에도 불구하고, 한 번 더 이에 대해 아동과 확인하는 것이 좋다. 다시 말하지만, 과정에 대해 어느 정도의 통제권을 주는 것이 될 수 있으며, 그럼으로써 권력 격차를 완화시킬 수 있다.

토마스와 오케인Thomas & O'Kane(1998)은 연구자의 목적에 충실하고 책임을 충족하면서도 아동에게 연구에 어떻게 참여할 것인지에 대해 가능한 한 많은 선택권을 주는 것이 유용한 전략이 될 수 있다고 제안했다. 이는 아동에게 면담 조사에 대한 선택권을 주고 아동에게 연구의 전반적인 주제 내에서 면담 과정을 어느 정도 주도할 수 있도록 함을 의미한다. 이를 한층 더 심화적으로 발전시키려면, 아동에게 면담이 진행될 장소의 선택이나 다른 사람들의 참석에 대해 아동이 선택할 수 있도록 적절한 기회를 줄 수 있다(다시 말하지만, 연구 목적과 사생활 보호의 필요에 대해서도 주의하라.). 면담 구조는 면담 대상자가 자신의 관점을 표출할 수 있는지 여부에 따라 설계되어야 한다(Hiller and DiLuzio, 2004). 연구 면담은 특정한 방식으로 설정되었다는 점에서, 그리고 표본이 되는 대상자는 특정한 이유에서 선정되었다는 점에서 일반적인 대화가 아니다. 이 사고는 연구 과정에 존재할 수 있는 비대칭적인 관계의 균형을 맞추기 위해 사용될 수 있다.

토마스와 오케인(1998)은 참여적 방법론의 사용을 지지하며 아동이 자신을 표현하기 위해 그림을 그리는 방식에 더 익숙해 할 수 있다고 주장했다. 커크[Kirk](2007)나 코르테슬루오마[Kortesluoma] 등(2003)와 같은 다른 학자들은 아동이 무엇을 즐거워하는지에 대한 가정이 속단될 수 있다고 주장했다. 하지만 참여적 기법의 주된 장점은 아동에 의해 선택되고 유연하게 적용될 경우, 면담 대상자에게 의제와 이야기할 수 있는 시간과 장소에 대한 통제권을 더 준다는 것뿐 아니라, 옳고 그른 대답이 없는 분위기를 창출하고 아동에게 자기 자신의 데이터를 해석하고 설명할 기회를 주기도 한다(Thomas and O'Kane, 1998). 저자들은 또한 연구에서 이 기법들을 사용하는 것을 스스로 즐거워했다고 진술했다. 이는 그것이 단지 참여자들에게만 재미를 주는 것이 아님을 의미한다.

어떤 주제들의 경우, 집단을 대상으로 연구를 수행하는 것이 연구자와 참여자 간의 권력 균형을 맞추는 것을 돕는다. 캐시모어[Cashmore](2006)는 아동의 능동적인 동의가 추구되어야 하며, 어떤 질문이든 답하기를 거부하거나 중단할 권리가 아동에게 항상 있음을 명확히 설명해야 한다고 지적했다. 하지만 설사 그랬다고 하더라도 아동이 한 번 연구 과정에 참여하고 나면 어느 정도로 자신이 거부하거나 중단할 수 있는지 모를 수 있다. 그러므로 연구자가 권력의 불균형으로 인해 아동이 중단하기를 주저할 수 있음을 인지하는 것이 중요하다. 따라서 연구자는 능동적으로 아동에게 연구에서 하차할 기회를 제시해야 한다.

커크(2007)는 아동과 성인 사이의 권력 격차를 완화하기 위해 다음 전략들을 요약하여 제시했다.

- 아동이 연구에 기여했다고 느낄 수 있으며, 그들의 관점을 표현할 수 있는 최대의 기회를 부여하는 방법론을 사용한다.
- 아동의 의제(agenda)에 즉각적으로 반응하고 응답하라.
- 아동을 연구팀의 참여자로 받아들여라. 이는 아동에게 연구 과정에 대한 통제권을 어느 정도 줄 수 있는 유용한 방식이다.
- 면담 내내 아동의 자발적인 참여 의지를 확인하라.
- 어떻게 참여를 중단하거나 거부할 것인지 또는 어떻게 특정 질문에 대답할 것인지

에 대해 아동과 리허설을 하라.

• 아동에게 녹음/녹화 장치에 대한 통제권을 주어라.

때로는 가장 취약한 아동이 연구 대상이 될 수 있으며, 그들의 경험(예: 학대 경험이 있거나 고아원에 있거나)으로 인해 자신의 또래 학생들보다 더 권한이 없는 것으로 느낄 수 있다. 이는 연구자에게 이러한 요소들을 치밀하게 고려해야 할 더 막중한 책임을 지운다. [글상자 6-3]의 과제를 몇 분간 시간 들여 수행해 보라.

[글상자 6-3]

개인적 목표에 대한 과제

청소년을 면담함에 있어 여러분이 가진 장점은 무엇인가?

여러분이 더욱 계발을 해야 하는 부분은 무엇인가?

스스로를 위해 한두 가지의 학습 결과를 설정하고 그것을 어떻게 성취할 것인지 명시하라.

다음 장을 읽고 난 후에 여러분의 행동 계획을 수정하는 것이 좋다고 느낄 수도 있다.

요약

이 장에서는 여러분에게 아동 참여자와 그들의 부모와 소통할 수 있는 몇 가지 유용하고 실제적인 방법들을 제시했다. 의사소통은 면담 연구에서 매우 핵심적인데, 면담에서뿐 아니라, 기획과 모집 단계에서도 그러하다. 이 소통 행위는 참여적 기법을 통해서도 가능하며, 이 장에서는 대부분의 일반적인 기법들에 대한 정보를 제공했다. 우리는 이 유형의 접근법을 사용하는 것의 가치를 설명했으며, 동시에 목적에 대한 비판적인 검토 없이 이 기법을 사용하는 것에 대해 주의를 하였다. 우리는 논의를 마치며, 참여적 논의와 대화에 내재적으로 관련된 권력의 문제를 다시 조명하였다.

추천 문헌

권력

Christensen, P. (2004) 'Children's participation in ethnographic research: Issues of power and representation', *Children and Society*, 18: 165-176.

Gallagher, M. (2008) '"Power is not an evil": Rethinking power in participatory methods', *Children's Geographies*, 6(2): 137-150.

참여적 방법론

Levy, R. and Thompson, P. (2013) 'Creating "buddy partnerships" with 5- and 11- year- old boys: A methodological approach to conducting participatory research with young g children', *Journal of Early Childhood Research*, DOI: 10.1177/1476718X13490297.

Waller, T. and Bitou, A. (2011) 'Research with children: Three challenges for participates research in early childhood', *European Early Childhood Education Research Journal*, 19(1): 5-20.

면담의 구조와 형식: 이론적 배경

학습 결과

이 장을 마치면 여러분은 다음의 내용을 수행할 수 있어야 한다.

- 면담 연구에서 문화를 고려하는 것이 중요하다는 것을 인식할 수 있다.
- 보호의 중요성을 인식하고 연구자로서 자신을 보호하는 일이 어떤 역할을 하는지 확인할 수 있다.
- 면담 단계 및 면담 과정을 비판적으로 평가할 수 있다.
- 아동 · 청소년을 면담할 때 면담과 관련된 요인들을 평가할 수 있다.
- 면담 상황에서 전이와 역전이의 관련성을 이해할 수 있다.
- 면담에서 방어 기제의 역할을 인식할 수 있다.
- 아동 · 청소년 면담에서 해석자 사용에 얼마나 많은 어려움이 있는지를 평가할 수 있다.
- 어떻게 면담을 설정할 수 있는지 알 수 있다.

서론

우리의 의사소통 방식에 영향을 미치는 요인들은 많다. 따라서 이런 요인들 중 어떤 요인이 어떻게 상호작용하여 면담 조사 과정에 영향을 미칠 수 있는지를 아는 것이 중요할 수밖에 없다. 이 장에서는 먼저 문화적 고려 사항 및 보호 문제를 고찰하고, 이미 잘 확립된 면담 과정의 단계와 이 단계들을 촉진할 수 있는 방법을 검토한다. 그리고 전이(transference), 역전이(counter-transference)나 방어 기제 등 면담에 영향을 미칠 수 있는 개념들을 살펴본다. 이런 개념들은 연구가 민감한 영역을 다루거나 또는 그 연구가 연구자 자신의 경험과 가까울 때 특히 중요하다. 연구자가 이런 기제를 이해하고 있으면 면담을 하는 청소년의 위치를 이해하는 것은 물론이고 면담을 관리하는 방법을 이해하는 데에도 도움이 될 것이다. 또한, 해석자 사용과 관련된 이슈를 소개하고 난 뒤, 최적의 데이터 수집, 그리고 청소년 및 연구자에게 경험을 보장하기 위해 면담을 설정하는 작업 등 실천적인 이슈들을 다루기로 한다.

맥락 설정

콜레스Coles(1986)는 아동이 단순히 부모의 생각을 반영하지 않는 사회적 · 정치적 · 문화적 맥락에 관하여 나름대로의 관점을 공식화한다고 제안했다. 또한, 만약 아동이 연구를 통해 대중의 목소리에 더 많이 접근할 수 있다면 아동과 관련된 사회 구조에 기여할 수 있을 것이라고 주장하였다. 그러나 그동안 '좋은(good)' 질적 면담 수행에 관해 대부분의 강의에서 가르치고 있는 표준 및 원칙들이 성인을 대상으로 한 연구에서 비롯된 경우가 많았다는 어윈과 존슨Irwin & Johnson(2005)의 주장에서 알 수 있는 것처럼, 과연 아동이 이런 논쟁의 일부에 동일한 역할을 할 수 있는지에 대해서는 문제로 삼을 만한 가치가 있다. 아동을 대상으로 한 면담 조사를 행한 연구자들은 경험에 비추어 이 원칙 중 일부 원칙은 쉽게 적용될 수 없다는 것을 알고 있다. 연구자들은 특히 5~12세 아동을 대상으로 하는 질적 면담을 위한 실용적인 지침을 다루는 문헌이 그리 많지 않다는 것을 발견하였다.

아동을 대상으로 한 면담을 다루는 문헌들이 많아지고 있기는 하지만, 질적 연구자가 사용할 수 있는 실용적인 지침은 별로 없는 실정이다. 어린 연령 집단을 대상으로 면담하는 경우 특히 그렇다. 그동안 아동·청소년의 면담 참여에 관해 실제로 우리가 알고 있는 많은 것들은 다른 맥락, 예컨대 임상 실습(이에 대한 좋은 예로, Dogra and Leighton, 2009; Instone, 2002 참조)이나 법의학 환경(이에 대한 좋은 예로, Lamb et al., 2008; Yi et al., 1993 참조)에서 아동을 면담한 것에서 비롯된 것이었다. 물론 연구자라면 서로 다른 맥락을 인식할 필요가 있지만 기술(skills)이 이전(移轉)될 수 있는 가능성도 인식해야 한다. 실제로 아동·청소년 대상 면담이 많아지면서 연구 지침 또한 그 폭이 넓어지고 있다. 이 장에서는 먼저 문화 및 보호 측면을 살펴보고, 높은 질적 면담을 보장하기 위한 면담 및 기법의 구조를 논하기로 한다.

문화적 고려 사항

여기에서는 한 예로 미국의학협회(American Medical Association, 1999)가 정의한 광의의 문화를 사용할 것이다. 그 정의는 다음과 같다.

> 문화란 집단 또는 각인(각자)이 확인하는 집단들과의 관계에서 각인에 의해 정의된다. 한 개인의 문화 정체성은 개인의 상황과 개인적 선택뿐만 아니라 유산을 바탕으로 할 수 있다. 문화 정체성은 인종, 민족성, 연령, 언어, 고국, 문화 변용(acculturation), 성적 지향(sexual orientation), 성별, 사회경제적 지위, 종교적/영적 믿음, 육체적 능력, 직업과 같은 요인들의 영향을 받을 수 있다. 이런 요인들은 의사소통 스타일, 식이 선호성(diet preference), 건강 신념, 가족 역할, 라이프스타일, 의식(儀式), 의사결정 과정과 같은 행동에 영향을 미칠 수 있다. 거꾸로 이런 믿음과 실천들이 환자에 영향을 미칠 수 있고, 의료 전문가들은 건강과 질병을 인식하고 건강과 질병이 상호작용한다고 인식한다(AMA, 1999: 25).

이와 같은 정의는 건강 맥락을 위해 개발된 것이지만, 이 정의를 통해 개인이 자신에게 무엇이 중요하고 무엇이 자신과 관련되어 있는지를 확인할 수 있도록 하는 만큼 개인이 필요로 하는 것에 민감하지 않을 수 없고, 또한 이 정의를 사용한다고 해서 다른 사람의 외적 특성에 따라 개인이 필요로 하는 것을 범주화하는 것은 아니기 때문에 여기에서는 이 정의를 사용하기로 한다. 모든 면담에서 문화와 관련된 이슈들을 다루기 위해서는 원칙에 기반한 접근법을 갖는 것이 더 효과적일 것이다. 몇 가지 이유가 있는데, 이에 대해 도그라와 볼드윈[Dogra & Baldwin](2009)은 다음과 같이 요약하고 있다.

- 유사한 배경에서 나타날 수 있다고 해서 한 사람과 관련된 사실들이 다른 사람들에게도 관련이 있을 것이라는 생각을 배제해야 한다.
- 모든 집단의 아동 · 청소년에 관한 고정관념을 배제하는 데 도움이 된다.
- 청소년과 그 가족이 모두 독특한 관점을 가지고 있어 이 모두를 고려할 필요가 있다는 중심 철학을 가지고 연구에 임할 수 있도록 한다.

다양한 연구 샘플을 가지고 작업할 수 있도록 하기 위해 그동안 임상 실무자에게 다음과 같은 단계를 권장하였는데, 이런 권장 사항은 아동 · 청소년 대상 면담 조사에 유용하게 바꾸어 사용할 수 있을 것이다. 〈표 7-1〉은 권장 사항을 제시하고 있다.

힐러와 디루지오[Hiller & DiLuzio](2004)는 일반적으로 면담 조사에 관한 논의는 연구자가 우월한 지점에서 이루어진다고 하였다. 그들은 구성주의에 입각하여 생각하는 사람(constructive thinker)들이 연구가 어떻게 집단적이며 동시에 어떻게 의미를 생성하는지를 보여 줌으로써 새로운 지평을 열었다고 보았다. 한 걸음 물러서서 연구자 자신의 관점이 연구 방법론 및 접근법에 어떻게 영향을 미치는지를 살펴보는 것도 도움이 될 것이다. 연구자 자신의 관점은 자신이 면담하는 대상과 자신이 데이터를 해석하는 방법의 일부이기 때문이다.

〈표 7-1〉 다양한 연구 샘플을 다룰 때 권장 사항

권장 사항	설명
편향 및 편견 취급	자신의 편향 및 편견이 의식적 · 잠재의식적으로 모든 잠재적 연구 파트너의 질적 참여를 정당화하지 않도록 하기 위해 그 편향 및 편견을 성찰한다.
아동의 이해 체크	많은 요인들이 전문가와의 면담에 대한 아동 또는 그 가족의 이해에 영향을 미치기 때문에, 모든 면담 초기에 자신이 생각하고 있는 바가 어떻게 진행되는지에 대해 아동 또는 그 가족이 얼마나 이해하고 있는지 체크한다.
역할 인식	가족이 기대 역할(예상한 역할)을 수행할 수 있다는 점을 인식하고, 모든 관점을 경청하겠다는 보장을 하면 많은 격려가 될 것이다.
질문하기	확신이 없는 경우 질문하는 것을 두려워하지 않는다(확인이 없다고 질문하는 것을 두려워하지 마라.). 다만 선불리 판단하지 않고 질문을 던질 필요가 있다[여러분이 관심과 호기심을 모형화(modeling)하고 있을 수 있기 때문에 이렇게 하면서 아동 또는 그 가족이 더 안전하게 질문에 대답하게 만들 수 있다.].
겁먹지 않게 하기	단지 아동이 너무 다른 배경을 가지고 있다고 해서 아동이 겁을 먹게 하지 말고, 어려운 질문은 피한다. 영국과 다른 많은 나라에서 모든 청소년의 말을 들어주고 그 말에 가치를 부여할 권리가 있다는 점을 기억하는 것이 좋다.
차이 인식	상이한 가족과 아동은 상이한 수준의 설명 및 시간이 필요할 것이다.

아동 보호

아동의 안전을 보장하는 일은 아동과의 연구 등 아동과 함께 작업하는 일을 구성하는 요소다. 이런 기능을 위한 구체적인 법안을 마련하지 않은 나라도 많지만 설사 제정되어 있는 법안이라 하더라도 그 보호 법안에는 매우 많은 차이가 있다. 그러나 유엔 아동 권리 협약(United Nations Convention on the Rights of the Child, 1989)(UNICEF, 2015)과 같은 일부 법률은 보편적이지만 그 해석과 적용은 나라마다 차이가 있을 것이다. 아동을 대상으로 연구하는 학자는 법안과 지역 정책을 숙지하여 연구에 적용할 필요가 있다. 관련 구조(frameworks)를 숙지할 책임은 윤리적 연구자의 몫이다.

중요 사항: 아동 보호는 아동을 대상으로 하는 일을 하는 모든 사람이 알아야 할 필요가 있는 이슈다. 윤리를 지키는 연구자로서 지역의 정책 및 법규[프로토콜(protocol)]를 숙지하는 것은 책임이라 할 수 있다.

1장에서 아동의 권리에 관해 말했는데, 특히 유엔 아동 권리 협약 19조는 학대로부터의 보호를 언급하고 있다(UNICEF, 2015). 영국에서 이것은 아동 보호로 알려진 것으로 지난 20년 동안 매우 복잡해졌다. 「아동법(Children Act)」(2004) 11조는 주요 인물과 단체에게 아동의 복지를 보호하고 증진하는 법적 의무를 부과하고 있다. 그동안 아동에게 해가 되는 행동을 방지하거나 아동을 보호할 행위를 요구하는 법률들이 통과되었다. 조직이 아동을 안전하게 보호하기 위해 어떤 역할을 해야 하는지 지침도 마련되었다(NSPCC, 2015). 비록 아동 보호 시스템이 나라마다 다르지만, 그 시스템은 모두 유사한 원칙에 바탕을 두고 있다. 또 다른 예로 호주를 들 수 있다. 호주에서는 주와 지방 정부가 아동 보호 서비스의 관리 및 운영에 책임을 지고 있다. 각 주와 지방의 법률이 그와 같은 서비스 제공 방법을 관리하고 있다(Australia Government, 2015). 예를 들어, 퀸즈랜드에는 「아동보호법 1999(Child Protection Act 1999)」가 있다(Government Queensland, 2015).

면담을 수행할 때, 연구자는 참여자가 자신의 육체적 · 정서적 안정과 관련된 이슈를 제기할 수 있는 가능성을 인식하고 있어야 한다. 만약 연구자로서 여러분이 우려할 만한 것이 있다면 여러분의 조직에서 보호를 담당하는 사람이나 팀의 상사와 함께 이를 논의할 필요가 있다. 연구자가 연구하는 과정에서 이와 같이 우려하는 바를 이끌고 간다는 것이 적절하지 않지만, 이런 우려가 가능성이 있을 때 무엇을 해야 하는지, 그리고 자신의 행위가 그 지역의 보호 정책에 부합하는지 확실히 해야 한다. 이 문제에 관해 더 상세하게 다룰 필요는 없지만, 방심하지 않고 이 이슈를 인식하고 있어야 한다(Powell, 2011). 보호는 8장에서 연구 윤리를 다룰 때 중요한, 일종의 신조다. 또한 연구자는 보호와 관련된 교육을 받아 이슈를 잘 인식하고, 법적으로 그리고 고용주의 입장에서 기대 사항에 부합하는 것이 좋다.

면담 단계

앞서 논의한 바 있는 면담이 구조화된 면담이든, 반구조화된 면담이든, 비구조화된 면담이든, 아니면 다른 유형의 면담이든 그동안 모든 면담은 단계를 설정하고 대화의 특성 및 맥락에 따라 형식을 설정하는 경우가 많았다. 항상 시작과 끝이 있으며, 그 사이에 면담의 주요 부분이 있다. 분명한 것은 어떻게 면담을 시작하는지가 극적으로 중간과 끝에 영향을 미칠 것이라는 점이다. 이 단계들은 중요한 이슈들을 고려할 때 도움이 되지만, 인간의 상호작용은 복잡한 현상이라는 점과 이것이 단지 아동 면담 원칙을 통해 지침이 될 수 있는 휴리스틱(heuristic)의 일환이라는 점을 잊지 말아야 한다. 잘 참여한다고 해서 연구자가 뒤로 물러앉아 긴장을 풀어도 된다는 것을 의미하지는 않는다. 아동은 자신에게 무엇을 말하고 있는지, 자신의 참여에 대해 여러분이 어떤 반응을 보이는지 등에 관해 끊임없이 평가를 할 것이기 때문이다. 이런 식으로 '면담 대상'이 될 때 여러분 자신의 생각과 느낌을 염두에 두는 것이 도움이 될 것이다. 아동이 여러분과 같은 느낌을 가지지 않을 수 있지만, 면담 상호작용(interview interaction)이 얼마나 복잡한지를 알려 주는 계기가 될 것이다.

참여

참여란 면담하는 사람이 연구 참여자와 작업 관계(working relationship)를 형성하는 과정이다. 만일 아동·청소년이 여러분과 함께 있을 때 편한 느낌을 갖지 못하거나 참여 의식이 없다면, 생각하는 것이나 시각을 여러분과 공유할 만큼 그들이 마음을 열 가능성은 없을 것이다. 이 책 전반에 걸쳐 우리가 강조해 온 것은 교감(rapport)의 필요성이었다. 교감을 구축하는 일은 참여에 결정적으로 중요한 요소다. 이것은 그들이 여러분과 함께 하지 않는 한 필요한 정보를 모두 얻을 수 없다는 것을 의미한다. 또한, 그 면담이 여러분이나 아동 모두에게 불편한 경험이 될 수 있다.

효과적인 참여 가능성을 제고하기 위해 할 수 있는 것들은 많다. 앞으로 제안하는 것 중 어떤 것은 마치 기본 상식처럼 들릴 수 있으며, 사실 어떤 면에서 그 대부분이 기본 상식이기도 하다. 그러나 이런 제안에 대해 특히 압박감을 느끼거나 아니면 불편하고 불안하다고 느끼는 경우 이러한 것들은 쉽게 잊어버릴 수 있는 것들이다. 아동이 자신감을 갖기 위해서는 따뜻하고 친절하지만 동시에 전문가다운 모습을 보이는 것이 중요하다.

소개 과정에서 단순히 여러분이 어떤 사람이고, 또 무엇을 하고자 하는지 말하는 것만이 중요한 것은 아니다. 아동이 생각하고 있는 것이 어떻게 진행될지에 대해 아동과 함께 체크해 두는 일도 똑같이 중요하다. 또한 초기 단계에서 어떤 정보를 공유해야 하며, 그렇게 함으로써 어떻게 기대에 어긋나지 않을 수 있는지 설명하는 것도 중요하다. 다시 말하지만, 이런 과정을 통해 아동은 어떤 정보를 여러분과 공유할 수 있는지 생각할 수 있게 된다. 어떤 것이 좋고 또 그렇지 않은지에 관해 기본 규칙들을 정해 두는 것이 도움이 된다. 일찍 이렇게 한다면 더할 나위 없이 좋겠지만, 일단 참여해 보는 것이 더 좋을 수 있다. 윌슨과 포웰Wilson & Powell(2001)은 아동이 모든 것을 쉽게 털어놓아 다음과 같은 진술을 사용할 수 있도록 면담자가 신경을 쓸 필요가 있다고 제안했다.

- 네가 말하는 것을 내가 오해하고 있는지 말해 줄 수 있니?
- 내 질문에 이해가 되지 않는 것이 있는지 말해 줄 수 있니?
- 내 질문이 명확하지 않은지 말해 줄 수 있니?

중요 사항: 아동을 적절하게 면담에 참여시키는 일은 면담의 성공을 좌우할 만큼 중요하다.

여러분이 아동의 시각을 알아보려고 할 때 옳고 그름이 없다는 점과 확신이 없거나 알지 못하는 것을 말할 수도 있다는 점을 아동에게 알려 주는 것도 도움이 될 것이다.

면담의 중요 부분

면담의 중요 부분을 성공적으로 이끌 수 있는지는 얼마나 성공적으로 아동와의 관계를 잘 맺는지, 그리고 얼마나 잘 준비가 되었는지에 달려 있다. 이 면담 부분은 데이터 대부분을 수집하는 부분이 될 수 있다. 연구 대상인 주제와 관련되지 않을 수도 있는 부차적인 대화를 하는 것도 전적으로 수용할 만한 방법이다. 면담 조사는 특별한 맥락에서 이루어지는 사회적 만남(social encounter)이며, 양측 모두 그 일부라는 점을 명심해야 한다. 많은 면담 경험이 있으면 많은 시간을 들이지 않고 그와 같은 대화 방식을 몸에 익힐 수 있을 것이다. 끊임없이 주제를 바꾸는 아동도 중요한 어떤 것을 말하려고 하는 시도일 수 있으므로 그들이 정말 참여하기를 원하는지 그렇지 않은지 물어볼 필요가 있다(위협적인 방식이 아니라 공감이 가는 방식으로).

마무리

대화를 마치는 일에도 기술이 필요하다. 아동이 계속 말하고 싶어 할 경우가 연구자에게 특히 어려운 일이 될 수 있다. 면담이 아동에게 어려운 것이었다면, 이 점을 솔직히 인정하고 그들이 고통스럽지 않도록 해야 한다. 시간을 내주어 고맙다는 말을 잊지 말아야 한다. 면담 후에는 여러분이 한 것을 되돌아보고 면담을 하면서 가졌던 느낌에 관심을 기울이는 것도 도움이 될 것이다. 이렇게 하면 여러분의 면담 기술이 나아지는 데 도움이 될 뿐만 아니라 어려운 이슈를 다루는 데 더 편안하게 다룰 수 있을 것이다. 특히 질적 면담을 수행하는 경우 연구 일지에 이 점들을 기록하는 것도 도움이 될 것이다. 느낌에 대한 이런 기록들은 이후 연구 과정에 반영하는 데 쓸모가 있을 것이다.

> **중요 사항:** 면담을 마치면서 아동이 고통스럽지 않도록 하는 것이 필수적이다.

재검토

어려운 면담이 있을 수 있다. 따라서 무엇 때문에 이런 일이 있을 수 있었는지를 고려해야 한다. 때때로 아동은 이유가 어떻든 개인적으로 여러분과 공감할 수 있는 사건이나 경험을 묘사할 수 있다. 이런 상황에서는, 다음에서 논할, 전이 및 역전이 문제를 인식하는 것이 절대 필수적이다. 이런 문제로 면담 진행이 어렵거나 그 상황을 참을 수 없다면, 면담을 마치거나 적어도 잠시 휴식을 취하며 생각을 다시 하는 것이 최상의 방법이다. 면담 조사를 통해 고통스러운 이야기가 나올 수 있으므로 이런 일이 벌어질 수 있는 상황을 관리하기 위해 다양한 전략을 가질 필요가 있다. 현장에서 메모를 하고 면담에 반영하면 다음에 데이터를 적용할 때 상황이 좋아질 것이다. 아동과 연구자를 위해 재검토 과정이 필요할 수 있다. 연구자는 아동이 재검토를 하도록 해야 하지만, 연구자가 직접 재검토를 하는 것도 유용하다. 이때 감독자나 동료와 함께 할 필요도 있다. 아동을 재검토하기 위해서는 명확한 휴식 시간을 갖는 것이 유용할 때도 있다. 그래야 면담 부분이 끝났다는 것을 모두가 알 수 있기 때문이다. 그런 다음 아동이 괜찮은지, 아동에게 예상한 대로 면담이 진행되었는지의 여부를 물어보는 것도 도움이 될 수 있다. 이렇게 하면 아동은 자신의 감정을 공유할 수 있는 기회가 생길 것이다. 연구자가 걱정하는 모습을 보이면 아동은 당황하게 되고, 그렇게 되면 미팅이 끝난 뒤 아동에게 도움을 줄 일이 있을 수 있다. 이때 뭔가를 가늠해 보기 위한 질문(speculative question)을 던지는 것도 유용할 수 있다.

예를 들어... "면담이 너를 당황하게 하는지, 이에 대해 네가 느낌을 알려 주고 싶은지 궁금하네."라고 물어볼 수 있다.

면담 도중 아동과 친해졌다면 그 아동이 도움을 청할 수도 있다. 그렇다면 이것에 관해 묻는 것도 도움이 될 수 있을 것이다. 물론 정보를 직접 받을 수 있는 좀 더 나이가 많은 아동의 경우에는 그렇지 않을 수 있다. 재검토 과정은 면담 효과가 있은 후 그 어떤 것을 처리하는 과정이거나 또는 제대로 행동하는 것을 보장하는 과정이다. 연구 과정을 통해 어느 누구도

예를 들어... "면담 도중 도움이 필요하다고 생각할 수 있어. 부모님에게 어떻게 도움을 받을 수 있는지 물어봐도 될까?"라고 물어볼 수 있다.

고통을 받지 않고 이슈 역시 확실히 다루어져야 하기 때문에 재검토 과정은 면담에 대한 윤리적 접근법이라고 할 수 있다.

면담 상호작용

아동을 면담할 때 면담의 흐름을 용이하게 하는 특히 중요한 기법들이 몇 가지 있다. 여러분이 들을 준비가 되어 있고 그들이 말해야 하는 것에 관심이 많다는 것을 참여자에게 보여 주는 일이 필수적이다. 아동이 말을 할 수 있도록 격려하고 열린 마음으로 친밀한 신체 언어를 사용할 수도 있다. 여기서는 여러분이 지금 사용할 수 있는 실용적인 기법을 고려해 보기로 한다.

적극적 듣기

적극적 듣기란 어떤 사람이 말하고 있는 것을 단순히 듣는 것 이상의 듣기를 말한다. 적극적 듣기는 말하는 사람이 편안함을 느끼게 하고 말하고 있는 것이 가치가 있다는 것을 느낄 수 있도록 듣는 사람이 노력하는 과정이다. 듣는 사람은 다른 사람이 말할 필요가 있는 것을 말할 수 있도록 시간과 공간을 준다. 여러분에게 면담 일정이 있고 여러분이 자신이 원하는 정보를 알고 있을 때, 여러분의 의제(agenda)에만 따르고 실제로 면담 대상자를 배려하지 않을 수 있다. 여러분의 의제에 민감하게 다시 돌아올 수 있도록 하기 위해서는 면담 대상자가 여러분을 세심하게 배려하면서 면담 대상자가 자신의 이야기를 말 할 수 있는 시간을 주도록 배려해야 한다. 아동을 격려하기 위해, 면담자가 눈을 맞춘 채 침묵을 유지하여 면담 대상자가 시간이 걸리더라도 이야기를 할 수 있다는 점과 면담자가 실제로 면담 대상자가 말하고 있는 것에 관심이 많다는 점을 보여 줄 수도 있다([글상자 7-1] 참조).

[글상자 7-1]

적극적 듣기 사례

아동: 그래서 선생님에게 가서 말했어요.

면담자: 오, 그래?

아동: 선생님이 짜증이 난다고 말해 난 슬펐어요.

[멈춤 (몇 초 동안 침묵)]

면담 진행자의 비언어적 단서(non-verbal cue)는 적극적 듣기의 중요한 구성 요소다. 아동이 말을 하고 있을 때 면담 진행자가 눈을 마주 보고(그렇다고 노려보거나 시선을 고정하지 않고) 주의 깊게 듣는 것이 중요하다. 고개를 끄덕이거나 가끔 "음." "그래."와 같은 말을 하여 하는 말을 이해하고 있다는 것을 보여 주는 것도 면담 대상자가 말을 계속하는 데 도움을 줄 가능성이 많다. 실제로, 아동 상담을 통한 대화 분석연구에 의하면, 적극적 듣기는 담론 수행이며, 성인의 입장에서 아동이 말한 것을 경청하고 있다는 것을 보여 주는 일이다(Hutchby, 2005). 단순히 면담실에서 청소년과 함께 있는 경우도 있다(역주: 면담 시 보증인이 입회하는 경우도 있다). 카메론Cameron(2005)은 아동이 일상적으로 쓰는 언어를 흉내 내는 것은 도움이 되지 않지만 아동이 말한 것을 다시 떠올리는 것은 종종 도움이 된다고 제안하였다. "좋아." "와우." "쿨하군."과 같은 단일어 감탄사를 사용하는 것에 대해서도 경고를 했다. 실제로는 적극적 듣기가 이보다 더 미묘한 것이 일반적이지만, 주제와 맥락에 따라 차이가 있을 것이다. 침묵이 있더라도 특히 면담 진행자의 참여가 있는 한 침묵도 유용한 도구일 수 있다.

분명히 하기

중요한 것은 아동이 말한 것을 분명히 할 때, 연구자는 다른 식으로는 반응하지 않을 것 같은 방식으로 아동의 반응을 유도해서는 안 된다는 점이다. 아동이 자신의 생각이나 느낌을 분명히 하려고 애쓴다면, 한 걸음 더 나아가는 일이 수월해질 수 있으며, 특히 그들이 도움을 요구하는 것처럼 보일 경우에는 도움을 줄 수도 있다. 때로는 단지 시간을 주는 것이 더 좋을 수 있지만, 스스로 애쓰는 것이 더 좋다는 인식을 심어 주고 지금도 잘하고 있다고 칭찬을 하는 것도 좋다.

예를 들어... "좋아. 시간을 두고 생각해 보렴. …잘하고 있어." 또는 "그렇다면 네가 지금까지 말한 것에 내가 생각한 것을 함께 체크해 볼까?"

글상자에서 나온 어구를 보면 코멘트에 정석이란 없다는 것을 알 수 있다.

되짚어 보기와 요약하기

요약하기[바꾸어 말하기(paraphrasing)]는 어떤 사람이 말한 것을 다시 반복하는 기술로, 이미 전달받은 것을 이해하였는지 그 여부를 체크하는 방식이다. 되짚어 보기는 들은 것을 다시 살펴보고 그 사람이 어떻게 느끼는지를 인식할 수 있는 과정이다. 성인뿐만 아니라 아동도 다양한 접근법을 갖고 있다는 점을 감안하면 대체로 추정적(presumptive) 되짚어 보기보다는 사변적(speculative) 되짚어 보기가 좋다. 어떤 식으로 느껴야 한다고 말하면 사회적 기대(social expectation)를 확인해야 한다는 압력을 받고 있다는 느낌을 가질 수 있기 때문에 자신의 관점을 말하지 못할 수 있다.

예를 들어... "분명 어려운 시간이었겠구나."보다 "어려운 시간이었다고 들리는데."

교감

이 장의 앞에서, 그리고 이 책 전반에 걸쳐, 참여의 중요성에 대해 거듭 말하고 또 교감의 필요성을 되짚어 보고 있다. 교감은 면담 상호작용에서 특히 중요하기 때문에 여기에서 다시 다루기로 한다. 교감은 서로에 관해 이해하고 있다는 느낌을 가진 관계의 발전을 가리킨다. 교감이 이루어진 직업적 관계에는 양측이 모두 관계(직업적 의미에서)를 맺고 있으며 한 가지 목표를 이루기 위해 함께 일을 하고 있다는 느낌이 있기 마련이다. 어윈과 존슨[Irwin & Johnson](2005)은 아동과의 교감을 구축하려면 시간이 걸린다는 점,

그리고 특히 낯선 사람을 꺼리는 아동과의 미팅 이후에는 교감이 형성되는 것을 기대해서는 안 된다는 점을 발견하였다. 그들의 주장에 따르면, 성인이 교감의 사회적 상호작용과 '서로를 알게 되는 과정'의 에티켓을 더 쉽게 이해한다. 또한 어린 아동은 연구의 목적과 이런 맥락에 필요한 관계를 이해하지 못할 수 있다고 말한다. 아동 및 그 부모와의 작업 관계를 확립하는 것은 전적으로 연구자의 몫이다. 어떤 면에서 어윈과 존슨은 이슈를 지나치게 복잡하게 하고 있을 수 있다. 성인과 마찬가지로, 아동 사이에서도 차이가 있으며, 아주 어린 나이의 아동이 오히려 더 많은 면담 참여 기술을 가지고 있을 수 있다.

연구를 윤리적으로 수행하기 위해서는 아동이 자신에게서 기대하는 것이 무엇인지 이해하고, 더 나아가 그 어떤 해로부터 보호를 받아야 할 필요가 있다. 그들이 관계의 목적이나 관계의 맥락을 완전히 이해할 필요가 있는지에 대해서는 의문이다. 아무리 어린 아동이라 할지라도 관계의 본질이 다양하다는 것을 알게 될 것이다. 대부분의 아동은 교사와는 다른 관계를 부모와는 갖고 있을 것이다(맥락과 같은 용어를 모르고 있다 하더라도). 또한 교감을 구축하는 데 아동이 항상 더 많은 시간을 필요로 한다는 것도 의문이다. 교감을 구축하는 데 더 많은 시간이 걸릴 것이라는 점에 대비할 필요는 있지만 그렇다고 반드시 대비해야 한다고 가정해서는 안 되며, 아동의 사회적 기술(social skill)을 과소평가해서도 안 된다. 많은 상황에서 연구자는 지나치게 오랜 시간을 들여 교감을 구축하기 위한 사치를 누릴 수는 없지만, 성실한 태도로 아동을 중심에 두고 조사에 임하는 것이 매우 도움이 될 수 있다.

면담 대상의 비언어적 단서

힐러와 디루지오(2004)는 목소리의 톤, 얼굴 표정 및 정서 상태와 같은 비언어적 단서를 찾고, 적절한 자극(prompt)을 전달하고, 후속 질문을 사용하고, 고개를 끄덕이거나, 잠시 말을 멈추거나 침묵을 사용할 필요가 있다는 것을 확인하였다. 주목할 점은 다소간 면담 대상자도 적극적 듣기에서 논한 바 있는 이런 단서 중 일부를 모색하고 있다는 점이다. 비언어적 단서를 잘 처리하기 위해서는 연습이 필요할 수 있다. 때때로 이것이 연구 프로젝트에 방해가 되기도 한다. 그러나 아동이 제공하는 단서를 제대로 다루지 않는다면 비윤리적인 행위가 될 것이다.

대면면담이나 심지어 실시간 스카이프 면담의 경우, 말하지 않은 것이 말하는 것 못지않게 중요할 수 있다. 따라서 아동이 제공하는 비언어적 단서에 마음을 써야 아동의 필요한 것에 주목할 수 있다.

이에 대한 반응으로, 아동이 비언어적 단서를 제공하면서 산만한 면담 태도를 보인다는 점을 면담 진행자가 확실히 인지하고 있다는 것을 적절하게 행동으로 보여 줄 필요가 있다([글상자 7-2] 참조). 이것은 많은 것을 의미하지 않을 수도 있고 또 많은 것을 의미할 수도 있다. 면담 진행자는 이를 명확히 해 둘 필요가 있다.

예를 들어... 아동이 꾸중을 들었을 때 그들이 어떤 감정이었는지에 관해 말할 때, 아동이 일어나 창가로 간다.

[글상자 7-2]

비언어적 단서에 대한 반응 사례

면담자: 밖에 무엇이 그렇게 재미있었는지 궁금한데.

아동: 그냥 보고 싶었어요.

면담자: 꾸중을 들은 것에 관해 말하고 나니 너무 슬퍼서 그런 건 아닌지 궁금한데.

[아동이 고개를 끄덕임]

면담자: 그 얘기를 안 했으면 좋았을까?

[아동이 어깨를 들썩임]

면담자: 잠시 쉬었다가 결정할까?

그동안 이런 식으로 면담자는 실제로 처음에는 말하지 않은 것을 듣고 추측이나 가정을 하기보다는 아동이 그런 행동을 하게 된 이유에 대해 질문을 하였다. 그런 다음 면담자는 아동에게 약간의 공간(space, 시간, 기회)을 주어 왔다. 잠깐의 휴식을 제안한

중요 사항: 아동은 비언어적 몸짓을 통해 많은 것을 전달한다. 연구 과정에서 이를 포착하는 일이 중요할 수 있다. 특히 이에 적절한 반응을 보여야 한다.

다고 해서 면담이 조기에 종료되는 것은 아니다. 또한 하지 않는 것이 오히려 나은 어떤 것을 계속하라고 아동에게 요구하는 것도 아니다. 아동은 이런 것이 슬픈 일이라고 생각할 수 있다. 그렇다고 하더라도 아동이 자신의 이야기를 하고 싶지 않다는 것을 의미하지 않는다. 더 많은 것을 공유하기 위해서는 단지 시간이 더 걸리고 개인적으로 그 주제에 관해 더 많은 것을 생각하고 싶다는 것을 의미할 수도 있다.

면담 과정의 일부로서의 관찰

사람이 어떻게 행동하는지 또는 사물이 어떻게 보이는지를 관찰함으로써 가장 좋은 답을 얻을 수 있는 연구 문제들이 있다. 그러나 면담자의 관찰은 면담 과정의 통합적 부분이다. 관찰자의 어떤 특성이나 생각이 관찰자가 '보는' 것에 관해 편향을 초래할 수 있는 가능성, 그리고 관찰자가 보고 있는 것에 대한 감각이 관찰자의 기대에 영향을 받을 수 있는 가능성을 배제할 수 없다. 만약 관찰자 자체가 데이터 수집의 일부라면 관찰자를 부호화할 필요가 있을 수 있다. 면담이 진행되는 과정에서 면담 과정 및 요인에 관해 관찰하는 일은 데이터를 구성하는 중요한 성분이다. 현장 메모의 사용이 필수적이다. 이렇게 함으로써 면담에 관해 관찰한 것을 이해할 수 있을 뿐만 아니라 연구자가 되짚어 볼 수 있는 기회를 얻을 수 있기 때문이다. 현장 메모가 면담 데이터를 이해하는 데 도움을 주고 실제로 적절한 경우 다각화(triangulation)를 가능케 하기 때문에 메모 작성이 필요하다.

예를 들어... 아동이 불안해 보인다고 말하는 것보다는 실제 행동을 메모하는 것이 더 나을 것이다.

예를 들어... 의자에서 안절부절못하는 아동은 주의력이 떨어지거나 불안한 아동이거나, 아니면 화장실에 가고 싶은 아동일 수 있다.

시도하거나 짐작한 것보다는 직접 목격한 것을 메모하는 것이 중요하다. 따라서 면담 내내 아동이 보인 행동을 모니터링하는 것이 매우 중요하다. 아동이 면담에 어떻게 참여하는지에 관해 암시하는 바가 있기 때문이다. 아동이 편안해하는 것이 무엇이고 불편해하는 것이 무엇인지 찾아야 한다.

- 아동이 지루해 보이면, 활동할 수 있는 기회를 주거나 그들이 재미있어 하는 것에 관해 물어봄으로써 그들의 관심을 유지하도록 노력할 필요가 있다.
- 아동이 안절부절못한다고 해서 반드시 그들이 지루해하고 있다는 것을 의미하지는 않는다.
- 아동이 여러분을 더 이상 바라보지 않고 문이나 창문을 쳐다보기 시작한다면, 그들은 어떤 특별한 것을 원할 수 있거나 보고 싶은 것을 보았을 수 있다는 것을 의미한다. 잠시 휴식을 주는 것이 좋을 수 있다.

이 이슈에 관해서는 9장에서 더 자세히 살펴본다.

여러분의 프로젝트 맥락에 따라 관찰을 구조화하면 도움이 될 수 있다. 다음과 같은 사항에 관해 메모를 할 수도 있다.

- 아동이 어떻게 보였는가?

예를 들어... 영양 섭취에 문제가 없어 보이고 건강해 보인다는 점에서 그들이 좋아 보였는가? (좋아 보이지 않다고 해서 아동이 모두 영양 섭취에 문제가 없고 건강한 것은 아니기 때문에 관찰할 가치가 있다.)

아동이 적절하게 옷을 입었는가?

예를 들어... 보살핌을 받는 방식에 관해 아동이 느끼는 감정에 관한 프로젝트 맥락에서, 이 관찰은 TV 캐릭터에 관해 아동이 느끼는 감정에 관한 프로젝트 맥락에서보다 훨씬 더 적절한 관찰이다.

- 아동이 어떻게 의사소통하였는가?

예를 들어... 아동은 달리기를 하던 중에 한 애완견이 자신을 발로 찬 것에 관해 말하면서 큰 미소를 지을 수 있다. 이것은 그들에게 재미있는 사건이었지 결코 해가 되는 사건이 아니었다는 것을 의미한다.

• 아동이 사회적으로 자신의 나이에 적절하게 보였는가?

예를 들어... 아동이 실제 자신의 나이보다 더 어리게 보이는지 아니면 더 나이가 많아 보였는지 그리고 여러분은 왜 그렇게 생각했는지 자문할 수 있다.

• 아동이 의사소통을 잘하였는가? 그리고 쉽게 참여하였는가?
• 아동이 말한 것과 말하는 방식이 일치하였는가?

기억할 것: 아동과 참여는 쌍방향 호혜적 과정이기 때문에, 이 과정 못지않게 여러분의 기술(skills)도 중요하다.

예를 들어... 아동이 긍정적인 것들을 말할 때 행복해 보이는지 또는 슬픈 것들을 말할 때 당황하는지 관찰할 수 있다.

잠재적으로 흥미로운 것이라면 모두 메모해 두는 것도 도움이 될 수 있다. 만약 면담이 상이한 환경에서 이루어진다면 환경에 관한 관찰도 도움이 될 수 있다.

아동 · 청소년 면담 시 고려할 요인

아동 · 청소년을 면담할 때 고려하면 도움이 되는 요인들은 다양하다. 이 요인들은 참여자들의 연령군(age group)에 의한 경우가 대부분이다.

경계

경계는 여러분의 육체적 · 정서적인 개인적 공간과 한계를 규정하는 방식이다. 육체적 경계는 육체적 접촉을 둘러싼 한계다. 아동과의 육체적 관계가 불법이고 적절하지 않다는 것은 두 말할 나위가 없다. 낯선 사람과 육체적 접촉을 할 때 느끼는 편안함의 수준은 사람마다 다르다. 아동이 괴로워한다면 아동에게 편안함을 제공해야 하지만, 그 경계가 여러분의 경계와 다를 수 있다는 것을 인식하는 일이 중요하다. 아

중요 사항: 심지어 손을 잡거나 어깨를 만지는 행위도 참여자에 따라 침해로 보일 수 있다.

동이 울고 있다면, 휴지를 건네거나 가까이 다가가는 것보다 더 좋은 방법은 없다. 이 두 가지 행동으로 여러분이 그 고통에 마음을 쓰고 있다는 것을 보여 줄 수 있지만, 오해를 받을 수 있는 위험을 감당할 필요는 없다. 중요한 것은 개인적 공간과 관련하여 편안함 수준에 관해 아동이 주는 단서를 인식하는 일이다. 육체적 접촉이 받아들여질 수 있는지 아니면 받아들여질 수 없는지에 관해서는 그동안의 경험이 많은 것을 가르쳐 준다.

예를 들어... 보다 극단적인 예가 될 수 있겠지만, 성적 폭행 경험이 있는 아동에게 포옹이 어떤 의미가 될 수 있는지 생각해 보아야 한다. 여러분의 면담 맥락에서는 정보를 드러낼 필요가 없기 때문에 이런 정보가 필요 없을 수 있었다. 이와 같은 정보는 건강한 음식 섭취와 같이 전혀 무관한 정보일 수 있다.

중요한 것은 아동이나 아동의 공간에 관해 선불리 가정하지 말아야 한다는 것이다. 아동은 자신이 편안하다고 생각하거나 불편하다고 생각하는 것을 말할 목소리가 없다는 느낌을 가질 수 있다. 그러므로 아동의 몸짓 언어를 통해 그들이 불편해하는지를 깨달을 수밖에 없을 때가 있다.

정서적 경계는 많은 생각과 감정을 다른 사람과 나누기 위해 선택하는 방법을 둘러싸고 설정한 경계다. 아동은 사회적 규범을 덜 인식할 수 있기 때문에 개인적 질문을 할 수가 있다. 따라서 이 일이 더 어려울 수 있다. 그러나 이런 일이 있을 수 있다는 것을 여러분이 인식하고 있으면 아동을 무시하거나 관계(relationship)와 타협하지 않을 것이고, 아동은 여러분에게 편안한 경계를 유지하면서 개인적인 문제에 대답하는 법을 준비할 수 있을 것이다.

경계는 여러분을 보호할 뿐만 아니라 더 나아가 여러분의 변남 대상자를 보호하는 데 중요하기 때문에 경계를 허물기 전에 매우 신중하게 생각해야 한다. 직업적 관계 속에서 아동과 그 부모와 함께 일을 하는 연구자로서, 직업의 경계를 유지하는 것은 여러분의 책임이다. 여러분의 연구 참여자가 경계에 도전하거나 경계를 허물 수는 있지만, 그 한계를 명확히 하고 그 한계를 유지하는 것은 전적으로 여러분의 몫이다. 이것을 관리하기가 어려워 보일 경우에는 일단 면담을 종료하고 적절할 때 다시 일정을 잡는 것이 최상이다. 연구 대상 가족과의 사회적 약속이 적절하지 않을 가능성이 많으며, 그들에 관한 민감한 정보를 알고 있을 수 있다는 점을 감안하면 프로젝트가 종료된 이후라도 관계를 지속하는 것은 역학을 고려할 때 부적절한 것이 될 수 있다. 성인으로서, 경계를 침범하는 모든 행위는 여러분의 책임이다.

개인 정보 공유

개인 정보 공유가 어떤 정서적 경계를 넘을 수 있다. 연구 주제 이외의 주제에 관해 부모와 가벼운 이야기를 하는 것은 허용할 수 있다. 실제로 이것은 교감을 구축하고 그들을 편안하게 만들기 때문에 매우 중요하다. 그러나 개인적이지 않은 대화를 유지하는 것이 바람직하다. 치료 맥락에서 개인적 정보를 공유하는 일은 매우 강력할 수 있지만 기술과 경험을 필요로 한다. 그러나 연구 맥락에서는 그 결과가 기대에 미치지 못하는 경우가 많다. 따라서 개인적 정보를 공유함으로써 발생하는 좋지 못한 결과를 다루는 법을 알아야 한다. 민감한 개인적 정보는 계획을 잘 세워 사용해야 한다. 여러분이 감정을 억제할 수 없기 때문만은 아니다.

전이 및 역전이

이 두 용어는 임상 맥락에서 사용되는 용어로, 지그문트 프로이트의 이론과 관련하여 접해 본 경험이 있을 것이다. 그러나 연구 맥락에서 몇 가지 연관성도 있기 때문에 여러분 자신의 작업과 관련하여 이 두 용어를 생각하는 것이 유용할 수 있다. 먼저 이 두 용어를 정의한 다음, 연구 맥락에서 어떻게 적용하는지를 고려해 볼 것이다.

전이

전이(transference)는 한 사람이(일반적으로 면담 대상자) 자신의 지각과 기대를 받아들이고 그것들을 다른 사람(면담 진행자)에게 투사할 때 일어난다. 투사(projecting)는 자신의 반응이 다른 사람에 관한 것이 아니라 실제로는 자신에 관한 것이라는 점을 인식하지 않으면서 자신의 감정, 정서, 동기부여를 다른 사람에게 투사하는 현상이다. 일반적으로, 다른 사람에 투사되는 패턴은 아동기의 관계에서 비롯된다. 이것은 부모와 같은 실제 인물, 또는 이상화된 인물이나 원형(prototype) 등에서 비롯될 수 있다. 이것은 권력(power)과 기대(expectation)를 모두 전달한다. 또한 긍정적인 결과와 부정적인 결과를 모두 가질 수 있다. 다른 사람 속에서 우리가 읽어 낼 수 있는 것을 통해 우리 자신의 편견이나 실현되지 않은 소원이 밝혀진다. 전이는 정기적으로 그리고 모든 관계 속에서 발생한다. 그러나 전이는 아동이 면담하고 있는 것이 여러분이 기대할 수 있는 것일 수 있다는 생각을 하게 할 수 있기 때문에 이해력을 증진시킬 수 있는 도구로서 특히 유용하다.

연구 맥락에서 우리 자신의 경험과 추동 요인(driver)이 연구 의제를 이끌어 가고 있을 수 있다. 이 과정은 우리 자신의 경험과 우리 자신의 개인적 감정에 큰 영향을 받을 수 있다. 바로 이런 이유로 특히 질적 면담을 할 때 성찰성(reflexivity)이 지속적으로 필요하다. 면담 대상자가 말하고 있는 것을 우리가 어떻게 이해하고 해석하는지가 우리 자신의 경험으로 인해 편향되어 있을 수 있기 때문에 특히 데이터 분석에서 필요하다([글상자 7-3] 참조).

[글상자 7-3]

전이 예시

아동: 엄마처럼 생겼어요.

면담자: 내가 어떻게 네 엄마처럼 생겼는지 궁금하네.

아동: 엄마는 친절하고 재미있거든요.

실제로 아동의 어머니와 같을 수도 있고 그렇지 않을 수도 있지만, 아동은 여러분이 친절하기도 하고 재미있기도 할 것이라고 기대하고 있다. 특히 실제로 친절하고 재미있는 어떤 사람이 엄마처럼 아동을 돌봐 준 경험을 가지고 있다면 이것은 어머니에 대한 이상적인 시각일 수 있다.

역(逆)전이

역전이는 타인(보통 환자)의 무의식적 전이 소통에 의해 수용자(recipient, 보통 치료사)에서 유도되는 반응이다. 환자에 의해 생성된 전이는 임상의의 반응을 불러일으킬 수 있는데, 환자는 이를 알 필요가 있다. 그들이 자신의 역할에 대한 여러분의 기대나 여러분의 성격에 부합되지 않는다면 감정을 확인하는 일은 더 쉽다. 전이-역전이 관계를 인식하고 있으면 반응에 대해 더 많은 것을 고려할 수 있다. 이 관계를 이해하면 무엇이 일어나고 있는지에 대해 더 많은 인식을 할 수 있기 때문에 연구자가 한 걸음 물러나 아동이 과도한 요구에 압도당하고 있다는 느낌을 갖게 하지 않을 수 있다.

예를 들어... [글상자 7-3]의 예에서, 여러분이 친절하고 재미있을 것이라는 아동의 기대는 여러분 자신의 경험에 따라 여러분으로부터 어떤 반응을 이끌어낼 수 있다. 아동으로 하여금 기대를 저버리게 하면 여러분이 의도한 면담에 해가 되지 않을지 걱정할 수 있다. 여러분의 반응이 방어적이 될 수 있고, 미묘하게 아동의 참여에 장애물이 될 수 있다.

방어 기제

방어 기제는 상호작용에서 일정 부분 역할을 하는 중요한 요소다. 뿐만 아니라 지금은 매우 구체적인 맥락을 제외하고는 프로이트의 연구 중 많은 부분이 모호하다고 간주하고 있지만, 그래도 방어 기제를 이해하면 인간의 기능(human functioning)을 이해하는 데 도움이 될 수 있다. 우리 모두 방어 기제를 사용하고 있다는 점, 그리고 그 기제가 단기간에는 효과적인 대처 전략이 될 수 있다는 점을 강조할 필요가 있다. 그러나 방어 기제에 지나치게 의존하고 더 깊은 의미를 탐구하려는 의지가 없으면 관계는 물론이고 우리가 우리 자신에 관해 느끼는 방법에 영향을 미칠 수 있다. 프로이트는 우리 자신도 받아들일 수 없고 동시에 사회적으로도 받아들일 수 없는 행동이나 불안을 다루기 위해 방어 기제를 사용할 수 있다고 보았다. 그리고 그 중심에는 성적 또는 폭력

〈표 7-2〉 일반적 방어 기제

방어 기제	설명
부정 (denial)	어떤 상황의 현실, 생각 또는 사건을 받아들이는 것을 거부하는 것이다. 그 예로, 사별처럼 원치 않은 것이 발생할 때나 관계가 끊어질 때를 들 수 있다. 최초의 반응은 그 사건이 발생했다는 것을 부정하는 것이 될 수 있다.
투사 (projection)	한 개인이 가지고 있는 감정을 다른 사람에 두는 것이다. 따라서 여러분이 화가 났다는 느낌을 인정하지 않고, 여러분은 분노 감정을 가질 수 없기 때문에 다른 사람이 화가 났다고 말하는 경우다.
합리화 (rationalisation)	우리가 가지고 있는 감정이 수용할 수 있거나 논리적인 감정이라고 느낄 수 있는 감정이 아닐 수 있다고 논리적으로 어떤 것을 설명하려고 노력하는 기제다. 그 예로, 한 동료가 맘에 들지 않는 것이 진짜 이유이지만 미팅에 늦게 도착했다는 이유로 짜증을 내는 것이 정당화되는 경우를 들 수 있다.
승화 (sublimation)	한 이슈에 대한 감정으로부터 나온 에너지가 다른 활동으로 이동하는 것이다. 직장에서 어떤 사람에 대해 화가 난 감정을 스포츠 활동을 할 때 공격력으로 활용하는 것이 그 예라 할 수 있다.
반응 형성 (reaction formation)	실제 감정이나 생각을 인정하는 것을 받아들일 수 없기 때문에(사회적으로 또는 자신에게는) 느끼거나 생각하는 것을 반대로 표현하는 것이다.
전위 (displacement)	원래 사람의 감정을 가지는 것이 받아들일 수 없기 때문에 한 사람(또는 상황에 대한)의 감정을 다른 사람 또는 상황에 두는 것이다. 쉽게 다가갈 수 없는 어떤 사람에 대해 매력을 느끼고 따라서 쉽게 다가갈 수 있는 어떤 사람에게 그런 감정들을 이동시키는 것이다. 권위가 있는 다른 사람에게 화가 나 있지만 그것을 전달할 수 없어 그 분노를 동료나 부하 직원에게 푸는 경우에도 종종 전위가 일어난다.
회귀 (regression)	어떤 사람이 초기 발달 단계의 대처 방식으로 되돌아가는 경우에 발생한다. 성인의 울화통이 그 좋은 예다.
억압 (repression)	특별한 감정을 불러일으키는, 많은 스트레스를 유발하는 사건들은 우리의 무의식적 자아 속에 '자물쇠로 잠겨 있다'. 그 사건들은 다른 상황에 대한 우리의 반응에 영향을 미치지만 우리는 그 사건을 '회상'하지 않기 때문에 인식을 못하고 있다. 학교에서 괴롭힘을 당했지만 이에 대한 기억을 억압하는 사람들을 그 예로 들 수 있다. 직장이나 다른 관계에서 그런 사람들은 이전에 있었던 사건 때문에 괴롭힘을 당했을 수 있다고 예상하는 방식으로 기능할 수 있다.

적 경향이 자리하고 있다는 점도 강조하였다. 여기에서 이를 설명하고자 이 점을 강조하는 것은 아니다. 방어 기제에 대한 가장 일반적인 설명은 〈표 7-2〉에 요약되어 있다. 우리 모두가 방어 기제를 사용하고 있다는 점과 그 기제가 감정을 다른 사람들에게 전달하는 방식을 이해하는 데 유용한 수단이라는 점에 주목하는 것도 중요하다. 그러나 방어 기제, 전이 그리고 역전이를 동시에 고려한다면, 어떤 사람이 말하고 있는 것은 종종 정확히 방어 기제들이 말하고 있는 것이다. 우리가 이것을 들을 수 없다는 사실은 우리가 특별한 방어 기제를 사용하고 있기 때문이며 그 사람이 말하고 있는 것을 들을 수 없거나 아니면 들을 의지가 없기 때문일 수 있다. 쇼핑하러 외출하였을 때 자신이 좋은 행동을 했기 때문에 보상을 받을 것으로 기대를 하고 있는데 부모가 무시를 해서 짜증을 냈다고 말하는 아동이 있을 수 있다(합리화, 방어 기제를 고려한다면, 부모가 약속을 지키지 않아 그 짜증이 정당화된다.). [글상자 7-4]는 연구 맥락에서 방어 기제에 관해 더 많은 것을 생각할 수 있는 활동을 제공하고 있다.

[글상자 7-4]

방어 기제에 관한 활동

방어 기제에 관해 알아보았다면, 최근 몇 주 동안 자신의 생활에서 언제 그 기제를 사용했을 수 있었는지 생각해 보라. 여러분의 면담 조사에서 아동이 그 기제를 사용할 수 있는 방법의 유형은 어떤 것이 있는가?

다음 사항에 대한 대답을 고려해 보고 이것이 어떻게 여러분의 생각과 일치하는지에 관해 생각해 보라.

어려운 사건에 관해 말하고 싶지 않은 아동은 자신이 그런 사건을 다루는 방식에 맞추어 부정을 사용할 수 있다.

학교에서 취급당하는 방식에 대해 화가 나 있는 아동은 그것에 대해 말하지 않을 수 있지만 학교에 관한 면담에서 매우 화가 난 나머지 여러분에게 적대적일 수 있다.

특히 학교 직원에 관해 느낀 감정을 학교에 전달할 수 없다고 느끼는 경우 그들은 전위를 사용할 수 있을 것이다.

여러분에게 짜증이 난다고 말하고 싶은 아동은 반대로 여러분이 그들에게 짜증을 내고 있다고 말할 수 있다. 이런 경우 그들은 투사를 이용할 수 있다.

아동 대상 조사 면담 시 해석자 사용

이 문제에 상세하게 초점을 맞추는 것은 이 책의 소관이 아니다. 하지만 해석자(interpreter)가 해석자로서의 소임을 다할 수 있도록 훈련을 받은 적절한 사람이라는 점을 확실하게 하는 것은 중요한 일이다. 해석자를 사용하는 일은 가능한 한 많은 사람을 연구에 포함시킨다는 점에서 중요한 윤리적 관점이다. 그러나 이것은 종종 실천과 관련된 중요한 이슈이기 때문에 여기서 짚고 넘어가야 할 이슈임에는 틀림이 없다. 긴급한 상황이 아니라면 아동 그리고/또는 그 부모를 해석자로 사용하는 것이 항상 좋은 것만은 아니다. 그리고 면담 조사를 긴급 상황이라고 볼 수는 없다. 템플과 영[Temple & Young](2004)은 다음 세 가지 질문을 탐구하였다.

1. 해석 행위를 확인하거나 또는 그러지 못할 때 이것이 방법론적으로 중요한지의 여부
2. 누가 해석을 하는지에 대한 인식론적 함의
3. 연구자가 어디까지 해석자를 연구에 참여시키기로 선택했는지 그 최종 산물이 가져온 결과

또한 그들은 연구자가 언어 이슈를 다룬 방법들도 논하였다.

다루는 내용의 적절성에 관한 이슈가 있지만 특히 민감한 주제를 다루는 경우 비밀보장에 관한 이슈도 있다. 훈련받은 해석자를 찾는 일이 쉽지 않을 수 있다. 널리 사용

되지 않는 언어의 경우 특히 그렇다. 비밀보장이 유지되지 않을 것이라는 우려도 있을 수 있다. 또한 해석자가 아동들이 말하는 것을 해석할 때나 면담 대상자가 말한 것을 '재해석(reinterpreting)'할 때도 연습이 필요하다. 해석자를 사용할 때는, 아동에게 직접 말을 거는 것이 중요하지 해석자를 통해 면담을 진행하는 것만이 능사가 아니다. 예를 들어, "언제 공원에서 놀았는지 제게 말해 달라고 아동에게 부탁할 수 있나요?"라고 해석자에게 말하는 것보다 "언제 공원에서 놀았는지 말해 줄래."라고 직접 아동에게 말하는 것이 중요하다. 비언어적 언어도 중요하다는 것을 잊지 말아야 하며, 아동과 직접 의사소통을 하는 경우 비언어적 표현을 이해할 수 있어야 한다.

면담 설정

면담을 설정할 때, 중요한 것은 가능한 한 견고한 연구를 보장하기 위해 다양한 요인들을 어떻게 관리해야 할 것인지 고려하는 일이다. 특정 이슈를 조사하기 위해 특정 집단을 면담 대상으로 삼을 수도 있겠지만, 집단 사이에 동질성이 있을 것이라고 가정하는 것은 잘못된 일이다. 아무리 면담 준비를 잘한다 하더라도 유연한 태도를 유지하고 예상하지 않은 것을 기대하는 것이 최상이다. 이렇게 하면 사건이 생각한 것과 다르게 흐르더라도 놀랄 가능성이 줄어들 것이다. 또한 이런 일이 실제 많이 일어나지만 이런 일이 벌어지더라도 경험이 적은 연구자들이 걱정할 필요가 없다.

면담 설정하기

면담 환경(setting, 설정)은 만만치 않은 도전이 될 수 있다. 집이나 공공장소에서 면담을 행하면 일부 주제에 대해서는 충분한 프라이버시를 확보하는 것이 쉽지 않다(이 책의 앞부분에서 논의함). 그 어떤 연구 관리(governance) 원칙이 훼손될 가능성이 있는 경우, 불리한 환경에서 면담을 계속하는 것보다는 면담을 재정비하는 것이 더 나은 방법일 것이다. 연구가 시간의 틀에 따라가지 못하는 경우 급한 문제처럼 느껴질 수도 있지만 취하고 있는 단계를 어떻게 정당화할 것인지를 자문할 필요가 있다. 어윈과 존슨(2005)은 작은 장소가 '친밀한' 장소로 간주되기 때문에 성인과의 면담에는 적당한 장소일 수 있다고 강조하였다. 그러나 이런 장소를 어떤 아동은 제한된 장소로 느낄 수 있다. 어떤 상황이 모든 아동에게 적용될 수 있을 것이라고 생각하지 않는 것이 중요할 것이다. 개인마다 많은 차이가 있을 것이라는 점을 염두에 두어야 한다. 면담 환경은 가능하다면 필요한 만큼의 휴식이 허락되어야 한다. 말을 하면서도 다른 행동을 하는 것이 도움이 된다고 생각하는 아동도 있다. 따라서 연구자 입장에서는 쉽지 않은 일이겠지만, 더 좋은 데이터를 얻기 위해서는 아동의 방식에 맞추는 것이 중요하다. 다양한 환경에서 면담을 진행하면 면담 기술을 발달시킬 가능성이 늘어날 것이다.

2장에서 논의한 바와 같이, 부모의 입회가 도움이 될 수도 있고 그렇지 않을 수도 있다. 아동의 연령, 논의하는 주제 그리고 부모-자녀 관계 등이 유일하게 관련이 있을 수 있는 몇 가지 요인이다. 엄격하고 신속한 규칙을 따르는 대신 유연하게 면담을 이끄는 것이 가장 좋지만, 부모의 입회가 데이터 수집에 어떤 영향을 미칠 수 있는지는 알고 있어야 한다. 부모가 면담 시작을 위해 입회하고 일단 아동이 면담 준비를 하면 떠나는 경우가 많다. 이런 경우는 임상 수행에서 자주 볼 수 있다(예: Instone, 2002).

물리적 환경

면담실은 면담과 의사소통이 원활할 수 있도록 구성해야 한다. 아동에게 편안하고 동시에 면담자와 아동이 눈을 마주칠 수 있는 수준의 가구를 갖추도록 노력해야 한다. 바닥이나 푹신한 빈 백(bean bag)에 앉아서 면담을 하는 것도 적절할 수 있다. 방은 차갑지 않아야 하고, 혼란스럽거나 산만하면 도움이 되지 않는다. 물론 면담할 곳을 선택할 여지가 거의 없을 수도 있다.

도구/장비

> **예를 들어...** 여러분은 "테디가 숙제를 하지 않았다고 야단을 들었을 때 걔가 매우 화를 냈어. 너도 야단을 맞으면 너도 자주 그러는지 궁금하네."라고 말할 수 있다. 이런 식으로 여러분은 그들이 야단을 맞을 때 어떤 느낌을 갖는지에 관해 아동이 솔직히 말할 수 있도록 하는 도구로 테디 인형을 이용할 수 있다.

> **예를 들어...** 숙제를 하지 않은 결과가 무엇인지에 관심이 있다면, "테디는 숙제를 하지 않을 때 야단을 맞는단다. 너도 숙제를 하지 않으면 어떤 일이 벌어질까?"라고 물을 수 있다.

> **예를 들어...** 민감한 주제의 경우, 감정을 드러내게 하기 위해 장난감을 사용하는 것이 도움이 될 수 있다.

앞선 장에서 어떤 기록 장치가 적절할 것인지 고려할 필요성에 대해 논하였다. 그림을 활용할 때 면담이 용이할 지를 고려할 필요도 있을 것이다. 이 경우 다량의 종이, 그리고 아동이 사용하기에 용이한 색이 있는 연필(예: 색칠을 한 펜보다는 펠트 펜)이 좋다(6장 참조). 연구 주제에 따라 면담 과정을 시작하면서 포인트를 설명하기 위한 장난감이 있으면 도움이 된다. 아동이 어떤 이슈에 대해 어떤 느낌을 가지고 있는지 알고 싶다면, 부드러운 장난감을 사용하여 아동이 느끼고 있는 것을 말하게 할 수 있다.

그러나 아동의 단서에 주의를 기울여야 한다. 특히 아동이 이 기법을 우스꽝스럽다고 생각한다면 특히 그렇다. 저자 중 한 명은 그 장난감이 진짜 사람이 아니라고 세 번이나 반응할 정도의 아동을 보았다고 한다. 때때로 이런 기법이 재미있는 방법이긴 하지만 아동에 관해서는 알아내는 것이 별로 없을 수도 있다.

인터넷 접속이 필요한 자료를 사용할 경우, 이것이 가능한지의 여부를 확인하는 것이 필요하다. 그렇지 않으면 여러분과 참여자의 시간이 허비될 것이다. 아동이 연구 주제에 관심을 가질 수 있도록 하기 위해 특별한 서적이나 비디오 스케치(컴퓨터 화면이나 인터넷 접속 시 나타나는)가 필요하면, 즉시 이용할 수 있도록 준비해야 한다.

데이비스Davis(1998)는 연구자의 핵심 목표가 아동이 연구 과정에 적극적으로 참여할 수 있도록 하고 아동에게 자신의 견해를 제시할 수 있는 최대한의 기회를 제공할 수 있도록 하는 도구를 사용하는 데 있다고 밝혔다. 커크Kirk(2007)는 아동 연구에서 재미있고, 아동-친화적인 재미있는 활동을 개발하고 사용하는 데에만 열중하는 것을 경계하였다. 아동이 문장 완성 연습, 이야기 쓰기 및 사진 찍기 또는 비디오 촬영과 같은 기법 등을 사용하게 하는 그림이나 스토리를 통해 의사소통하는 것을 좋아한다고 가정하는 경우가 많다. 펀치Punch(2002)는 그동안 이런 새로운 많은 기법들에 관해 철저히 알아보지 않았다는 점과 충분한 비판적 성찰 없이 이런 기법들을 채택되는 경우가 많았다고 주장하였다. 이에 대한 전제는 아동을 참여시키기가 쉽지 않다는 점이다. 이 전제에 대한 이론적 근거가 특별한 아동의 기술이나 능력이 무엇인지를 체크하기보다는 아동에 관해 가정을 하는 것일 수 있다. 아동에게 무엇이 흥미로운지에 관한 가정이 있을 수도 있다. 도구나 활동이 무엇이든 그것은 아동 스스로 선택해야 한다. 이처럼 도구에 지나치게 의존하는 것은 마치 도구만 있으면 아동과 함께 작업을 하는 기술을 얻는 일이 필요하지 않을 수 있다고 생각할 수 있다.

카메론Cameron(2005)은 연구 목적을 위해 아동을 면담할 때 많은 상상력 기법(그리고 기법 기반)을 적용할 수 있다고 강조하였다. 대부분 아동의 경우, 서적, 그림, 펜과 종이 그리고 장난감 몇 개를 가져가는 것이 유용하다. 그러나 더 나이 어린 아동이 더 색칠하기를 원하고, 더 나이가 많은 아동이 더 말하기를 좋아할 것이라는 가정은 하지 말아야 한다. 어떤 아동에게는 그리기가 긴장을 풀어 주고 자유롭게 말을 하는 데 도움이 될 수 있다(Ivey and Ivey, 2003). 그리기와 미술이 잠재의식에 대한 창문이 될 수 있는데, 이것은 특별히 훈련을 받은 사람들에게 맡기고 연구자들은 피해야 한다고 제안하는 학자들도 있다.

요약

이 장에서는 문화적 고려 사항과 아동 보호를 살펴보고 잘 확립된 면담 과정의 단계와 이 각 단계를 어떻게 촉진할 수 있는지를 검토하였다. 그리고 면담의 현장 메모와 관찰의 중요성을 강조하였다. 연구가 면담에 영향을 미치고 민감한 영역을 다루거나 연구자 자신의 경험에 가까울 때 특히 고려해야 할 정도로 중요한 전이와 역전이 그리고 방어 기제와 같은 개념을 살펴보았다. 또한 간략하게나마 해석자의 사용을 다루고, 최적의 데이터 수집, 그리고 아동과 연구자의 경험을 보장하기 위해 면담을 설정하는 방법 등 실제적인 이슈들을 살펴보았다.

추천 문헌

질문

Cameron, H. (2005) 'Asking the tough questions: A guide to ethical practices in interviewing young children', *Early Child Development and Care*, 175: 597–610.

도전

Irwin, L. and Johnson, J. (2005) 'Interviewing young children: Explicating our practices and dilemmas', *Qualitative Health Research*, 15: 821–831.

면담 실제

Lamb, M., Hershkowitz, I., Orbach, Y. and Esplin, P. (2008) *Tell Me What Happened: Structured Investigative Interviews of Child Victims and Witnesses*. West Sussex: John Wile', and Sons.

면담과 관련된 윤리적 문제

학습 결과

이 장을 마치면 여러분은 다음의 내용을 수행할 수 있어야 한다.

- 윤리적 연구자가 되는 중요성을 인식할 수 있다.
- 면담에서 아동의 위치를 인식할 수 있다.
- 면담 연구에서 일어나는 윤리적 딜레마를 검토할 수 있다.
- 능력, 동의 및 찬성의 관련성을 고려할 수 있다.
- 동의의 원칙을 비판적으로 평가할 수 있다.
- 비밀보장과 익명성의 중요성을 평가할 수 있다.
- 데이터 보호의 중요성을 평가할 수 있다.
- 유해로부터 아동을 보호할 수 있는 법을 비판적으로 평가할 수 있다.

서론

이 장에서는 아동의 위치(positioning), 능력 및 동의의 원칙 적용, 그리고 아동을 대상으로 하는 윤리적 면담 조사를 수행함에 있어 비밀보장과 익명성의 관련성 등을 고려하는 데 중점을 두고 있다. 우리는 연구자의 실제 경험과 윤리 관련 동의를 받은 프로젝트 사이에 불일치가 있을 때 발생할 수 있는 문제들을 확인한다. 아동과 연구를 보호하기 위한 구조들은 대동소이하지만, 그렇다고 해서 항상 윤리적 원칙의 적용과 그 영향에 관해 생각할 필요를 염두에 두어야 하는 연구자들의 의무가 없어지지는 않는다. 이 장에서는 윤리위원회 및 윤리 승인의 기술적인 측면에 대해서는 중점을 두지 않는다. 면담이 포함된 연구의 경우 이런 문제들은 다른 데이터 수집 방법과 동일할 뿐만 아니라 아동 텍스트를 대상으로 하는 일반 연구에서도 잘 논의되고 있다(예: Fraser et al., 2014, O Reilly and Parker, 2014a; O'Reilly et al., 2013a). 그러나 윤리위원회가 성인과 관련된 연구보다 잠재적 해로부터 아동 참여자를 보호할 필요에 관해 더 많은 관심을 가지고 있을 수 있다는 점을 인식할 필요는 있다. 따라서 이 장에서는 간략하게나마 윤리위원회의 역할에 관한 일반적인 정보를 제공한다. 또한 데이터를 보호하고 아동을 해로부터 보호하는 것이 중요하다는 점도 논의한다.

윤리적 이슈

아동을 대상으로 면담 조사를 할 때 발생하는 윤리적 이슈를 고려하고 이런 맥락에서 아동을 보호하기 위해 적절한 윤리적 얼개(framework)가 필요한 이유에 관심을 기울이는 것이 중요하다. 환원하면, 이런 작업의 이점과 위험성 사이에 균형을 잡을 필요가 있다.

비록 위험성이 미미하더라도 프로젝트를 진행하기에 앞서 이런 위험성을 고려하는 것이 중요하다. 그리고 윤리위원회는 아동을 취약한 집단으로 간주하기 때문에, 프로젝트는 더 많은 감독을 받아야 할 것이다. 면담 조사 맥락에서 디시코-블룸과 크랩트리DiCicco-Bloom and Crabtree(2006)가 확인한 네 가지 주요 윤리적 이슈가 있다. 〈표 8-1〉은 이를 보여 주고 있다.

〈표 8-1〉 디시코-블룸과 크랩트리(2006)가 확인한 네 가지 주요 윤리적 이슈

윤리적 이슈	설명
해	예상치 못한 해가 있을 수 있는 위험성을 줄이는 것이 필요하다.
정보 보호	면담 대상자가 연구자에게 제공하는 정보를 보호하는 것이 중요하다.
정보 제공	연구의 본질에 관해 면담 대상자에게 효과적으로 알려 주는 것이 매우 중요하다.
위험성 축소	연구자가 사적인 이용에 의한 위험성을 줄이기 위한 조치를 취하는 것이 필수적이다.

이 이슈 중 첫 번째 이슈와 마지막 이슈는 아동을 해로운 것으로부터 보호하는 것과 관련되어 있으며, 두 번째 이슈는 비밀보장과, 그리고 세 번째 이슈는 정보와 관련된 동의와 관련되어 있다. 이 장을 읽기 전에 왜 윤리가 중요한지에 대해 생각해 보는 것이 좋다. [글상자 8-1]에 소개하는 상황을 고려해 보자.

[글상자 8-1]

비네트- 미아Mia

미아는 빈곤층 아동에 관심을 두는 학부 인문지리학 프로젝트를 계획하고 있다. 특히 자신의 고향에 있는 빈곤층 사회경제지역에서 아동을 대상으로 그들이 필요로 하는 것에 관해 면담한다는 의도를 가지고 있다. 11~16세 아동들을 면담 대상으로 삼고자 한다. 당초 미아가 계획한 것은 관리 기간(supervision session)이었지만, 이번 면담을 통해 아동들에게 행복 여부를 묻는 것도 필요하다는 믿음을 갖게 되었다.

- 실제로 미아가 해야 할 일은 무엇인가?

잠시 시간을 내어 여러분은 미아가 해야 할 것이 무엇이라고 생각하는지 작성해 보자.

이 질문에 대해 가능한 몇 가지 대답이 이 책의 끝부분에 제시되어 있다.

윤리적 관심의 핵심 영역을 고려하기 전에 1장에서 처음 소개한 아동의 위치(역주: 면담 과정에서 아동을 어떤 위치에 둘 것인지, 그들의 역할이 무엇인지를 고려하는 일)를 다시

살펴볼 것이다. 윤리위원회 위원의 시각뿐만 아니라 여러분의 시각도 윤리 원칙이 실천에서 구현되는 방식에 영향을 미칠 것이기 때문이다.

연구에서 아동의 위치

크리스텐슨과 프라우트Christensen & Prout(2002)는 그동안 아동과 관련된 연구에서 관련되어 있다고 간주해 온 아동과 아동기를 보는 네 가지 방법을 확인하였다.

1. 객체로서의 아동(the child as an object)
2. 주체로서의 아동(the child as subject)
3. 사회적 행위자로서의 아동(the child as social actor)
4. 참여자 그리고/또는 공동 연구자로서의 아동(the child as participant and/or co-researcher)

저자들의 주장에 따르면, 이런 관점들이 공존하고 있으며, 연구자는 서로 다른 관점들을 결합하는 경우가 많지만, 자신의 연구에 아동을 위치하는 방법이 어떤 윤리적 의미를 갖는지는 제대로 생각하지 않는다는 것이다. 가장 전통적이며 역사적으로 일반적인 접근법은 아동을 하나의 객체로 보는 접근법이라는 것이 그들의 주장이다. 이 접근법은 성인을 우선시하는 성인의 관점을 통해 아동의 세계를 본다. 또한 이 접근법은 아동은 연구자를 이해할 수 없으며 따라서 연구에 거의 적극적인 역할을 할 수 없다는 입장을 견지한다. 성인이 아동을 대변할 수 있다는 믿음에 빠져 아동의 삶에서 부모나 교사 또는 다른 성인을 대상으로 연구를 수행하는 경우가 많다.

> **중요 사항:** 아동을 연구 객체로 위치시키는 입장은 성인이 아동에게 무엇이 가장 좋은 것인지를 알고 있다는 시각을 옹호한다.

아동을 하나의 주체로 보면 아동을 연구의 객체(또는 대상)로 취급하는 것에서 벗어나 아동이 주체적인 개인이라는 점을 받아들일 수 있다. 이런 입장은 아동의 발달 단계가 연구에 적합하다는 점과 따라서 의사결정 과정에서 일정 수준의 자율성을 아동에게 줄 수 있다는 점에 초점을 맞추지만, 여전히 성인의 관점을 중시하고 아동의 시각을 신중하게 취급하는 것은 마찬가지다.

세 번째 접근법은 주체로서의 아동을 확장하여 자신의 경험 및 이해를 갖춘 사회적 행위자로 아동을 본다. 아동이 행위하고 참여하고 변화하고, 또 그들이 살고 있는 사회적 · 문화적 세계에 의해 변화될 수 있다고 본다. 이 접근법에서는 아동 및 성인을 대상으로 하는 연구 사이에 별 차이를 두지 않는다. 연구에 포함된 사람들이 필요로 하는 것, 연구 목적 및 특정 사회적 · 문화적 연구 맥락에 맞추는 방법이다.

발전을 거듭하고 있는 현대적 접근법은 아동이 사회생활은 물론이고 연구에서도 적극적으로 참여하는 존재로 보고 있다. 5장에서 논의하였듯이, 또한 이런 시각은 연구자와 마찬가지로 아동도 연구 과정에 참여할 수 있다는 관점에도 영향을 미쳤다. 이것은 유엔 아동 권리 협약(UNCRC)의 원칙 및 아동의 참여권을 준수하고 있다는 것을 입증하고 있다. 또한 연구에 대한 권리−기반(권리를 바탕으로 하는) 접근법의 하나다. 유엔 아동 권리 협약은 아동의 삶에 영향을 미치는 모든 활동에는 아동의 적극적 참여가 필요하다는 점을 강조하였는데, 여기에는 면담 조사 환경도 포함된다. 우리는 1장에서 아동의 권리 개념을 소개하였다. 필요하다면 다시 이에 관한 정보를 다시 살펴보기를 권한다. 또한 [글상자 8−2]의 과제활동을 수행해 보기를 제안한다.

[글상자 8−2]

아동의 위치에 관한 과제활동

잠시 멈추고 아동의 세 가지 위치 중 개인적으로 어느 것을 지지하는지 생각해 보라. 책의 앞부분에서 언급한 바와 같이, 연구자가 아동의 위치를 정하는 방법이 연구에 영향을 미칠 수 있다. 중요한 것은 아동에 관한 연구자의 시각이 윤리적 원칙을 이행하는 데 영향을 미친다는 점이다. 따라서 어떤 위치를 지지하고 있는지, 지지한다면 그 이유는 무엇인지, 그리고 그것이 어떻게 여러분 자신의 조사 연구에 영향을 미치는지 자문하는 것이 중요하다. 시간을 내어 여러분의 연구 일지에 최초의 생각을 적어 두는 것이 좋다.

크리스텐슨과 프라우트(2002)는 연구자가 연구 대상인 아동에 관해 어떤 관점을 가지고 있는지가 연구의 실무(또는 실천)에 중요한 함의가 있다고 주장하였다. 이런 주장은 연구자가 자신의 관점은 물론이고 연구 주제와 관련된 요인들에 관한 시각을 이해할 필요가 있다는 것인데, 이런 주장은 연구 문제들의 틀을 짜는 방법, 그 틀을 사용하는 방법, 그리고 데이터 해석 및 분석에 관한 의사결정과 윤리적 실천에 관한 시각이 분명하게 또는 미묘하게 영향을 미치기 때문이라는 저자들의 관점과 일치한다(7장에서 논한 전이와 역전이라는 이슈와 비교할 것). 아동에 대한 시각 및 연구에서 차지하는 아동들의 위치가 이렇게 변화와 발전을 거듭하기 때문에, 연구 과정에 새로운 복잡성과 불확실성이 더해지고 있다. 따라서 새로운 일련의 요인들을 더 고려하는 방법 밖에는 없다. 또한 이것은 연구 실천이 아동을 대상으로 연구 작업을 수행하는 과정에서 특정 방법이나 윤리 기준을 내재적으로만 채택해서는 안 되며, 그 실천이 아동의 일상 경험과 맥을 같이하고 그 경험과 일치해야 한다는 점을 의미한다.

예를 들어... 면담 조사에서는 아동들과 연관된 언어를 사용하는 것이 도움이 될 가능성이 많다.

연구자가 채택한 접근법은 윤리적 이슈에 접근하는 방법에도 영향을 미친다. 여기서는 이를 다루고자 한다. 그러나 어떤 입장을 취하든지, 중요한 것은 연구자로서 여러분은 연구하는 맥락의 연구 거버넌스(governance; 역주: 원칙, 규칙, 관행 등의 결합체) 구조에 응해야 한다는 점이다.

주의해야 할 윤리적 딜레마

던컨Duncan 등(2009)은 연구 환경에서 윤리적 딜레마를 피할 수는 없지만 그 딜레마를 미리 파악하여 이에 준비할 수는 있다고 말했다. 그들은 질적 연구가 다음과 같은 이유로 특히 윤리적 딜레마에 민감하다고 지적하였다.

1. 가능한 모든 질문과 대답을 항상 예측하는 것은 불가능하다.

2. 연구자와 면담 대상자의 관계가 갖는 본질은 민감한 것을 드러낼 수 있다는 점이다.
3. 질적 연구 과정은 참여자가 우려의 목소리를 내거나 중도에 그만 두는 일을 어렵게 할 수 있다.
4. 일반적으로 참여자의 신원이 연구자에게 알려진다.

실제로, 다름 아닌 질적연구의 바로 그 본질 때문에 양적연구보다는 프로젝트에서 다양한 종류의 윤리적 민감성이 발생한다. 자율성 존중, 선행(beneficence) 촉진, 비유해성 보장 그리고 정의 옹호 등 일반적인 윤리적 원칙은 여전히 변하지 않지만, 질적연구에서는 원칙을 둘러싸고 있는 긴장과 그 이행은 다르게 나타난다. 자신의 연구에서 오렐리와 일림바[O'Reilly & Ilyimba](2015)는 윤리와 관련하여 질적연구에 특별히 주의해야 할 다섯 가지 핵심 방법을 확인하였다. 〈표 8-2〉는 이 방법들을 요약하고 있다.

〈표 8-2〉 질적연구에서 윤리적 이슈(O'Reilly and Kiyimba, 2015)

윤리적 이슈	설명
연구의 심층적 본질	질적연구는 그 본질상 심층적인 연구로, 참여자에게서 개인적이며 잠재적으로 민감한 정보를 유도하는 것을 목적으로 삼는 경우가 많다.
연구자의 역할 및 영향	질적연구에서 연구자는 연구 도구이자 전체 과정에서 가장 중요한 존재이며, 편향적이지 않은 중립적인 데이터 수집 도구 관리는 가능하지 않다(O'Reilly and Kiyimba, 2015).
반복적이며 예측 불가능한 질적 연구	질적연구는 순환적 단계를 통해 진화하고, 연구 문제는 수정되며, 충원은 확장될 수 있다. 따라서 본질적으로 윤리 그 자체도 과정의 반복적 일부로 취급해야 한다.
참여자의 가시성 증대	질적연구는 거의 항상 오디오/비디오 기록을 사용하고 보급 참여자들을 인용하는 것이 일반적이다. 따라서 확인 가능한 데이터를 안전하게 보관하고 연역적 폭로(deductive disclosure, 공개) 위험성을 최소화하는 과정에서 발생하는 윤리적 위험성이 존재할 수밖에 없다.
데이터 관리	질적연구에 참여하는 사람들은 많은 개인 정보를 수집할 경우가 많을 것이며, 따라서 그 자료를 적절히 사용하고 필요 이상의 데이터를 수집하지 않는 것이 연구자의 책임이다.

아동 대상 면담 조사와 관련된 이런 이슈들을 고려할 때 더 많은 난제가 있으며, 따라서 프로젝트를 시작하기 전에 그리고 조사 과정 중에 반드시 생각해야 할 고려 사항이 있을 수밖에 없다. 던컨 등(2009)은 아동을 대상으로 하는 질적 연구에는 다음과 같은 더 많은 딜레마가 있다고 지적하였다.

1. 아동은 난제를 처리하기에는 그 삶의 경험이 제한되어 있다.
2. 아동과 그 부모의 동의가 필요할 때가 종종 있다.
3. 역량(competence)이라는 이슈가 사전 동의에 관한 가정을 복잡하게 한다.
4. 연구자와 참여자 사이의 권력의 차등(power differential)이 중요하다.

중요 사항: 아동을 대상으로 하는 윤리적 연구 실천이 특히 중요하며, 면담은 발생할 수 있는 윤리적 딜레마와 난제를 염두에 둘 필요가 있다.

따라서 그들은 아동 대상 질적 연구와 관련된 윤리 위험성이 매우 중요하고, 따라서 이 이슈에 대한 고려가 필요하다고 결론을 내렸다. 길레만과 길럼[Guilleman & Gillam](2006)은 '윤리적 마음 챙김(ethical mindfulness)'이라는 개념을 제기하였다. 여기에는 윤리적으로 중요한 순간을 인식하는 것, 불편한 순간에 믿음을 주는 것 그리고 반성하는(reflexive) 존재가 되는 것이 포함된다. 그들은 윤리가 '회색(grey)'[(역주: '선이다' 또는 '악이다'를 판단하기 어려운 회색지대(the gray area)]이므로, 스토리를 공유하는 것이 윤리적 실천을 제고하는 가장 좋은 방법이 될 수 있다고 주장한다.

고려할 필요가 있는 윤리적 이슈

여러분 자신의 프로젝트와 관련된 윤리적 이슈를 검토하고 적절한 기관으로부터 관련 찬성을 얻는 것이 중요하다. 유해 위험성을 평가하기 위한 윤리위원회의 검도 과정은 현대 윤리학의 고유한 일부다(Shaw and Barrett, 2006). 이 장의 도입 부분에서 언급한 바와 같이, 이 문제는 다른 곳에서 잘 보고되어 있기 때문에 상세하게 논의하는 것이 우리의 의도는 아니다. 간략하게, 그리고 맥락에 맞게 말한다면, 윤리위원회는 다양한 지식, 경험 그리고 전문지식을 가진 개인들로 구성되어 있으며, 제안된 연구의 위험성 및 이익을 평가하는 기관이다(Alderson, 2007).

모든 유형의 연구가 그렇듯이, 아동 · 청소년을 대상으로 하는 면담을 수행할 때 고려해야 할 광범위한 윤리적 이슈는 다음과 같다.

- 사전 동의(informed consent)
- 비밀보장과 익명성(confidentiality and anonymity)
- 유해로부터의 보호(protection from harm)
- 연구자와 참여자의 권력 차등의 영향(the impact of power differentials between the researcher and participants)

이들 각 이슈를 차례차례 논할 것이다. 이들 각 요인과 관련된 이슈들은 특정 절에서 다룰 것이다. 모든 요인의 경우, 대부분의 윤리위원회는 아동이 취약할 뿐만 아니라 자신에 관한 결정을 내릴 수 있는 능력이 없기 때문에 더 가부장적인 접근(paternalistic approach)을 상정하는 경우가 많다는 점은 지적할 만하다.

하든[Harden] 등(2000)은 이런 관점을 갖게 된 것은 아동이 인지적으로 완전히 형성된 존재가 아니라는 피아제의 시각을 무비판적으로 수용했기 때문이라고 주장하였다(9장에서 보다 상세하게 논하는 피아제의 이론 참조). 그러나 중요한 것은 비판적인 시각에서 이를 다시 살펴보고, 만약 피아제의 시각을 수용하지 않는 경우 아동의 연구도 다른 연구와 다르지 않으며, 설령 다르다면 권력 이슈(power issue)와 더 많은 관련이 있기 때문에 긴장(tensions)이 일어날 수 있다는 것도 고려해야 한다는 점이다. 그러나 연구자인 우리는 연구 관리 원칙들을 준수할 필요가 있다. 그 원칙들이 우리가 연구를 수행하는 맥락에

중요 사항: 윤리위원회는 아동에 가장 많은 관심을 갖고 행위하며, 아동 보호 관점, 즉 가부장적 관점을 취한다. 이것은 아동의 이익을 위해 필요한 것으로 추정되는 방식에 부합하여 행위한다는 점을 의미한다.

중요 사항: 윤리위원회가 윤리 관련 승인을 내리기를 거부하는 경우, 프로젝트를 끝낼 수 있는 권력이 있다는 것을 잊지 말아야 한다(McGuinness, 2008).

예를 들어... 커크[Kirk](2007)는 건강에 문제가 있는 아동은 빨리 성숙해질 수 있으며 경험을 통해 이해력을 신장시킬 수 있다고 주장하였다. 그러나 이런 시각은 건강에 문제가 있는 아동의 성숙도에 다양성이 존재하는 현실을 반영하기보다는 연구자의 관점과 부합하기 때문에 이런 시각을 받아들일 수 있다. 건강 문제 그 자체의 본질은 중요한 변수가 될 수 있다.

존재하기 때문이다. 우리 자신의 관점이 우리 연구에 영향을 미치겠지만, 윤리적 연구 제안을 찬성하거나 거부할 수 있는 책임이 있을 때, 우리의 시각이 무엇이든 간에 우리는 법적 및 관리 구조나 윤리위원회의 지침을 무시할 수는 없다.

윤리적 연구를 하기 위해서는 연구자가 아동의 발달 및 인지능력 이상으로 아동의 삶에 존재하는 많은 변수들을 고려할 필요가 있다. 그러나 연구자는 특정 특성(성별과 같은)이 참여자에게 동일한 의미를 가지고 있을 것이라고 가정하지 않는 일이 중요하다. 어떤 한 가지 이슈에 대해 가정하는 것을 피하기 위한 시도로 연구자들은 다른 이슈에 대해 가정할 수도 있다.

제임스[James] 등(1998)은 연령이 자연적 변수라기보다는 사회적 변수라고 주장하였다. 실제로 아동을 보는 시각과 연구 맥락이 더 중요할 것이다. 힐[Hill](1997)은 피아제의 모형이 아동을 유용하게 면담할 수 있는 나이로 간주하는 7세 또는 8세의 발달 연령을 염두에 두고 구축된 모형이라고 주장하였다. 아동의 연령이 잠재적 유용성의 지표인데, 힐의 주장 또한 잠재적 유용성의 지표라는 점에 대해서는 논란이 있을 수 있다. 그동안 흑인 아동에 대한 많은 연구는 백인 연구자들의 연구와는 달리 인종을 고려하는 데 성공을 거두지 못했다. '흑인' 연구자들이 오직 같은 피부 색깔을 가지고 있다고 해서 흑인 청소년을 더 잘 연구에 참여시킬 수 있을 것이라고 가정하는 것은 큰 오류다. 흑인 아동도 다양한 배경을 가지고 있다. 따라서 단지 잠재적인 소수 집단만이 문화를 갖는다고 가정하는 것 역시 정확하지 못하다. 마혼[Mahon] 등(1996)의 저자들은 성별에 따라 면담자와 면담 대상자를 맞추는 것이 적절하다고 주장하였지만, 이와 같은 이론적 근거 뒤에 있는 가정은 편향을 낳거나 아니면 연구를 특정 방향으로 유도할 뿐이다.

커크(2007)는 아동을 대상으로 연구하는 학자는 특히 사전 동의를 얻는 과정에서 윤리적 이슈를 민감하게 다루어야 하며 잠재적 참여자가 잘 이해할 수 있는 방식으로 정보를 제공해야 한다고 결론지었다. 그런 다음, 건강 관련 연구가 피아제의 발달 모형을 사용하는 경우가 많기 때문에, 성찰성이 부족하다고 지적하였다. 그러나 유연한 입장을 유지한다면 연구 과정에서 피아제의 모형을 사용할 수 있고, 성찰성을 유지하면서 연구자의 관점이 어떻게 연구 과정에 영향을 미치는지를 이해할 수 있을 것이다. 다음에서 동의 문제를 먼저 다루어 본 다음 주요 이슈들을 각각 고려해 보자.

동의

사전 동의는 윤리적 연구 실천의 근본 원칙이며, 잠재적 참여자가 동의 없이는 연구에 참여할 수 없다고 인식한다. 다만 동의가 필요하지 않는 상황은 예외다. 그러나 연구자는 이 연구가 왜 적절한지 그리고 연구가 정당하다고 인정할 수 있는 명확한 이유를 윤리 승인 기관에 제공할 필요가 있다. 연령과 관계없이, 모든 연구 참여자는 자신의 동의서를 제공하고 자신에게 주어진 정보를 이해하여 고지(告知)에 입각한 결정을 할 수 있어야 한다. 〈표 8-3〉은 동의할 수 있는 능력의 핵심 요소를 제시하고 있다.

〈표 8-3〉 동의의 핵심 요소

요소	설명
정보 이해	개인은 자신에게 제시된 정보를 이해할 수 있어야 한다.
정보 보관	개인은 자신에게 주어진 정보를 보관할 수 있어야 한다.
균형 잡힌 결정	개인은 균형 잡힌 방식으로 정보의 경중(輕重)을 알고 이를 바탕으로 결정에 이를 수 있어야 한다(즉, 동의를 할 수 있는 능력이나 역량이 있어야 한다.).
결정의 전달	개인은 자신의 바람과 결정을 전달할 수 있어야 한다(이것은 단지 구두로 전달하는 것만을 가리키는 것이 아니라 모든 수단을 통해 가능할 수 있다.).

한 개인이 이와 같은 기준을 충족시킬 수 없다면, 그의 동의 능력은 의심을 살 수밖

에 없다. 동의가 타당성이 있으려면 거절함으로써 있을 수 있는 영향에 대해 두려움을 갖지 않고, 강요나 압력 없이 자유롭게 의사를 밝힐 필요가 있다. 엔더슨Alderson(1992)은 생명 윤리(bioethics)가 일련의 기계론적 기술(mechanistic skill)이며, 앞서 언급한 기술 분야의 전문가가 실제로 어떻게 동의를 구을 수 있는지 그 방법에 대해 질문한다고 생각하였다. 홀스맨Horsman(2008)은 다음을 확인하였다.

- 동의할 수 있는 능력이 없는 아동이 있을 것이다.
- 동의할 수 있는 능력이 있다고 추정되는 아동이 있을 것이다.
- 동의할 수 있는 능력이 있을 수 있지만, 이 능력을 확립할 필요성이 있는 아동이 있을 것이다.

아동에게 능력이 없는 경우의 동의

예를 들어... 지적 능력이 없는 아동은 자신에게 주어진 정보를 완전히 이해할 수 있는 능력이 없거나 면담 조사 프로젝트 참여와 관련하여 자신의 복지에 대한 위험성과 혜택 사이에 균형을 잡을 수 있는 능력이 없을 수 있다. 그러나 이를 바탕으로 능력에 관해 가정을 하지 않는 것이 중요하다.

아동이 법적 능력이 없으면, 부모 책임이 있는 사람의 동의가 필요하다. 그렇다고 그 아동을 제외시킨다는 것을 의미하는 것은 아니며, 심지어 걸음마기 어린 아동도 바라는 것에 관해 상담을 받을 수 있다. 이와 같이 어린 아동을 대하고 소통할 수 있는 기술을 갖는 문제는 이미 6장에서 다루었다. 좋은 윤리 실천은 아동의 견해가 무엇인지 알려고 할 때 모든 노력을 기울여야 한다는 것을 의미할 것이다. 아동이 법적 능력이 없는 경우(일반적으로 영국에서는 16세 이하의 아동)에도, 그 아동에게 동의를 받는다.

16세 이상 청소년

모든 성인(즉, 16세 이상의 사람들)은, 그러지 않다는 증거가 없는 한, 스스로 결정을 내리고, 연구 참여에 동의하거나 거절할 수 있는 능력을 갖추고 있다고 가정한다는 것이 기본적인 법적 입장이다. 그러나 반드시 동의 능력을 가지지 않는 청소년도 있을 것이다.

동의 능력이 있는 16세 이하 아동

영국에서는 건강 분야의 동의 이슈(일반적으로 치료 거부 또는 접근과 관련하여)가 부각되면서 연구 과정에서 이에 따른 정보가 제공되었다. 16세 미만의 경우 언제부터 동의 능력이 있다고 추정할 수 있는 정확한 나이는 없지만, 동의를 얻은 연구자는 아동의 동의 능력을 결정하는 기술을 갖추고 있을 것이라는 기대가 있다. 대부분의 연구 상황에서 16세 이하 아동의 경우, 동의할 수 있는 능력의 여부와 관계없이, 아동에게 접근하기 전에 거의 항상 부모의 동의를 필요로 한다. 아동에게 부모가 없는 경우에는 법적 보호자나 그 단계의 대리인이 이 역할을 수행할 수 있다. 의료 영역에서는 아동에게 부모 참여를 장려할 수 있음에도 불구하고, 부모 참여 없이도 동의 능력이 있다면 본인도 가능하다. 그 어떤 보호 문제가 있다면 예외가 있을 수 있다. 의료와 치료가 면담 조사와는 다른 환경이지만, 그동안 연구 현장에서는 이 영역에서 교훈을 얻은 경우가 많았다. 따라서 여러분의 연구 분야에서 동의 이슈에 관해 더 광범위하게 이해하는 것이 도움이 될 수 있다. 또한 면담 프로젝트를 수행하기 위해 연구자가 의존하는 많은 윤리적 얼개는 그동안 건강 및 건강과 관련된 이력 연구를 통해 많은 영향을 받았다.

중요 사항: 학습 장애나 건강 문제가 있는 사람 등과 같이 특정 집단에 속하는 아동이 능력이 없다고 가정해서는 안 된다.

예를 들어... 1995년 앤더슨의 연구에서는 학령 아동이 능력이 있고, 따라서 자녀의 참여에 동의하지 않는 부모에게 자녀가 능력이 없다는 것을 증명할 책임이 있다고 주장하였다. 그러나 현재 학계가 그와 같은 접근법을 수용할 가능성은 없다.

예를 들어... 윤리적인 문제로 한 아동이 참여를 하지 않고 있다면, 그들이 행사할 수 있는 옵션을 명확히 해야 한다. 아동에게 면담을 중지하거나 면담을 철회할 수 있는 권리가 있다는 점을 상기시켜 줄 필요가 있다는 점을 잊지 말아야 한다.

각 아동을 위한 상황을 고려할 필요가 있다. 아동은 한 이슈에 대해서는 결정을 할 수 있는 능력이 있지만 다른 이슈에 대해서는 그럴 능력이 없을 수 있기 때문에 더 넓은 이슈의 맥락에서 동의 능력을 살펴 볼 필요가 있다.

캐시모어[Cashmore](2006)는 연구자는 아동이 연구에 참여하는 것에 관심이 있기 때문에 한 아동이 동의할 능력이 있는지를 연구자가 결정함으로써 일어날 수 있는 잠재적 이해(利害) 충돌 문제를 제기하였다. 이슈에 대한 이해(理解), 이슈에 대한 태도, 가지고 있는 기술에 상당한 차이가 있기 때문에 이 문제는 더 복잡하다.

또한 캐시모어(2006)는 아동이 능력이 있는 경우 부모의 동의는 필요하지 않다고 가정하였다—우리의 영국 경험에 비추어 보면 이것은 윤리위원회의 입장이 아니다. 부모가 동의한 사례에서 대부분의 연구자들은 아동의 동의를 받지만, 케롤-린드[Carroll-Lind] 등(2006)과 같은 일부 연구자들은 연구를 설명한 후 아동의 서면 동의서를 받았다. 캐시모어(2006)는 심지어 연구자가 아동에게 면담 과정을 중지할 수 있다는 점을 설명한다 하더라도, 면담 참여를 철회함으로써 실제로 아동이 어떤 느낌을 가질 수 있는지 확인하는 일은 결코 쉽지 않을 것이라는 문제를 제기하였다. 따라서 그녀는 면담 과정 전반에 걸쳐 계속 동의를 받을 필요가 있다고 주장한다. 이처럼 연구자는 아동이 제공하는 단서를 지속적으로 의식할 필요가 있다. 이렇게 함으로써 아동이 정말로 참여하기를 원하는지 또는 압력에 의해 그렇게 할 수밖에 없다고 느끼는지 확인하는 데 도움이 될 수 있기 때문이다.

아동와 부모 사이에 의견이 일치하지 않을 때

흥미로운 것은, 원칙에 있어 그리고 임상 맥락에 있어서는, 부모가 동의하지 않는 경우 아동이 치료를 받겠다고 동의할 수 있지만, 동의하지 않는 치료를 부모가 원하는 경우에는 부모의 의견에 반할 수 없다는 점이다. 연구에서, 자녀의 참여에 동의를 하지 않는 부모를 가진 아동은 자신들이 직접 참여하기를 원하는지 그렇지 않은지의 여부를 결정할 수 있는 기회가 없을 수 있다. 이것은 일반적으로 연구자가 아동에게 접근하는 것을 부모가 허용하지 않는 한, 연구자가 아동에게 접근하는 것이 허용되지 않기 때문이다. 아동에게 접근하는 방법에 관한 활동을 살펴보기 전에 먼저 [글상자 8-3]을 살펴보자.

[글상자 8-3]

자신의 의견에 관한 과제활동

이에 대한 여러분의 의견은 무엇인가? 권리와 자율성을 가진 한 개인으로서의 아동을 다루는 과정에서 아동에게 접근하지 않는 것에 어떤 의미가 있는지 생각해 보라.

부모 동의: 옵트-인 방식 또는 옵트-아웃 방식

연구자들이 프로젝트에 관해 부모들에게 편지를 보내고 연구 참여에서 옵트-아웃(opt-out)(역주: 의사 표시가 없는 한 해당 행위를 할 수 있는 것, 예로 광고성 메일에서 수신자가 발송자에게 수신 거부 의사를 밝혀야만 메일이 발송이 안 되는 방식)해 줄 것을 요청하는 것은 드문 일이 아니다. 옵트-인 정책(opt-in policy)(역주: 개인 정보를 처리하기 이전에 정보 주체에게 먼저 동의를 받는 정책)으로 충원이 복잡할 수 있는 대규모 설문조사가 있는 프로젝트에서는 특히 그렇다. 따라서 부모들이 옵트-아웃하지 않는 한, 아동에게 적극적으로 참여에 동의해 줄 것을 요청할 수 있다는 가정이 있다. 이렇게 하면 아동이 스스로 결정을 내릴 수 있는 기회를 가진다. 그러나 윤리위원회가 부모에게 적극적으로 동의하도록 요구하는 사례가 늘어나고 있는데, 이는 옵트-아웃 접근법을 사용할 수 없다는 것을 의미한다.

예를 들어... 특정 인종 집단에서 정신 건강의 유병률을 탐구하는 한 대규모 설문조사에서 우리는 부모에 대한 '수동적 동의(passive consent)' 접근법을 사용하여 옵트-아웃할 수 있도록 하였다(Dorga et al., 2013). 부모가 동의하면 조사를 계속하겠다는 아동의 동의를 요구했다. 부모 동의는 그 자체로 충분한 것은 아니었다.

이와 같은 옵트-아웃 설계에 대한 근거는 이 설계가 아동의 역량을 더 강화시키고 그렇게 함으로써 부모가 참여를 허락하지 않는 현실적인 이유가 없는 경우 아동이 수동적으로나마 참여할 수 있도록 한다는 것이다. 이것은 아동의 목소리가 중요하다고 여겨지지만, 부모의 관점도 필요하고 또 가치 있다고 인식할 수 있다는 점을 의미한다. 부모가 정보를 받아 결정을 할 수 있도록 하기 위해서는 정보를 보내는 방법에 대해 고려하는 것이 중요할 수 있다. 또한 그런 부모가 정말로 아동의 참여를 원치 않는 경우 옵트-아웃할 수 있는 기회가 있다는 것도 중요하다. 따라서 그들이 확실히 정보를 받

> **예를 들어...** 케롤-린드 등(2006)은 뉴질랜드에 있었던, 아동의 폭력 경험을 조사하는 연구에서 아동들이 동의 절차 때문에 참가 기회를 갖는 것에 방해를 받지 않도록 부모에 의한 수동적 동의 방법을 사용하였다.

> **예를 들어...** 섹스, 마약, 정신건강 등 부모의 불안이 많을 수 있는 주제에 관한 연구의 경우, 동의 과정에 더 많은 주의를 기울일 필요가 있을 수 있다.

았는지 분명히 하는 것이 중요하다. 아마도 아동을 통해 정보를 주는 것이 최상의 방법일 것이다. 적극적인 부모 동의를 받는 일은 비현실적일 수도 있으며, 또한 그런 동의를 받는 일이 부모의 반응이 없다고 해서 참여 여부를 결정할 능력이 없는 아동에게 동의 요청을 하지 않는다는 것을 의미할 수도 있다. 이것을 아동 친화적인 방법으로 생각할 수도 없고, 관심 있는 이슈에 관해 아동이 목소리를 낼 수 있도록 하는 방법이라고 생각할 수도 없다. 특별한 이슈의 경우 특히 이 점을 강조할 수 있을 것이다.

케롤-린드 등(2006)은 대부분의 윤리위원회가 아동 보호자의 적극적 동의를 구하는 한편, 아동이 자신에게 벌어진 것에 대한 견해를 설명할 수 있도록 하는 일이 중요하다는 것을 더욱 수용하는 추세라고 밝혔다. 아동이 참여하는 것을 막는 나름대로의 이유가 있을 수 있다. 윤리위원회는 연구란 무엇인가에 초점을 맞추기보다는 설정하고 있는 조건들이 비현실적이고 가부장적일 때 누구의 이익을 위해 역할을 하는지는 의문의 여지가 있다. 밀러와 볼턴Miller & Boulton(2007)은 그동안 잠재적 참여자들이 과도한 압박이나 강압에 의해 연구에 참여하는 것으로부터 보호하는 연구윤리위원회는 연구 대상의 충원을 왜곡하는 역할을 해 왔다고 주장하였다. 이것은 다시 누가 연구에 참여하는지에 관한 문제를 제기하는데, 이에 주의를 기울이지 않으면 실천에 있어 소수만을 선택하여 연구에 임할 수밖에 없다.

찬성

부모가 동의를 했다면, 아동에게서 찬성을 얻는 것이 윤리적 실천이다. 찬성은 부모/보호자가 동의한 것에 대해 아동이 시인하는 것이다(Free Dictionary, 2016의 정의). 찬성의 핵심 유형에는 두 가지가 있는데, 하나는 명시적 찬성이고 다른 하나는 묵시적 찬성이다.

- 명시적 찬성(express assent)은 찬성에 대한 입장의 명확한 확인이다.
- 묵시적 찬성(implied assent)은 당자자의 행위가 그 의도를 설명하기 때문에 법률이 존재하는 것으로 추정하는 식의 찬성이다(예: 아동이 설문지 작성을 마친다.).

묵시적 찬성 또는 묵시적 동의를 가정하기보다는 명시적 찬성을 얻는 것이 더 나은 실천이다. 또한 모든 아동이 찬성을 할 수 있거나 구두로 찬성을 할 수 있는 것이 아니라 다만 무관심이나 고뇌의 징후를 보여 줄 수도 있다는 점에 주목해야 한다. 이런 경우에는 반대가 참여하지 않는다는 표시일 수 있으며, 이를 살펴보는 것은 면담자의 책임이다. 따라서 난제는 아동이 연구에 참여하는 것이 그들에게 무엇을 의미하는 것인지, 그리고 그들에게 즉시 또는 직접적인 혜택이 없을 가능성도 있다는 것을 어떻게 이해시킬 것인지 하는 문제다.

마혼 등(1996)은 동의/찬성(consent/assent)이 참여하겠다고 찬성하거나 또는 반대하였다 하더라도 참여한다는 마음을 바꾸거나 연구 참여를 철회하는 유일한 과정이 아니라는 점을 강조하였다. 또한, 동의와 찬성을 반복적인 과정으로 생각해야 하며, 실제로 과정 전반에 걸쳐 이것을 체크할 수 있는 기회는 다양하다(예: O'Reilly et al., 2011 참조). 이것은 연구자가 지속적으로 참여자의 지속 의사를 체크할 필요가 있다는 것을 의미한다. 중요한 것은 아동이 계속하기 싫다는 의사를 면담 대상자에게 말하기가 쉽지 않기 때문에 질적 연구의 본질 때문에 참여 의사를 철회하기가 쉽지 않다는 점을 인정하는 일이다. 어떤 질문을 삭제할 수 있거나 설문지를 다 작성하지 않아도 되는 설문조사와는 대조적이다.

> 중요 사항: 적극적 찬성은 묵인과 차이가 있다. 인정된 동의에 반대할 수 있는 능력이 없거나 또는 그럴 의사가 없는 경우가 있기 때문에 묵인이 인정되는 상황에서 묵인은 수동적 동의다. 윤리적으로 묵인이 적절한지는 논쟁의 여지가 있다.

아동의 동의 능력이나 찬성 능력을 고려하면서, 앤더슨(1992)은 성인의 시각이 훈련이나 명확한 근거보다는 아동과 아동기에 대한 관점이나 경험에 의해 형성된다고 주장하였다. 그녀는 성인의 시각을 다양한 범주로 분류하였다.

- 자유주의적(libertarian) 시각: 아동은 가능한 한 빨리 성인의 권리를 행사할 수 있어야 한다고 주장하는 시각
- 보호주의적(protectionists) 시각: 전문가는 아동의 이익을 정의하고 보호하기 위한 개입을 해야 한다고 믿는 시각
- 부권주의적(parentalists) 시각: 부모/보호자가 자녀가 성숙할 때까지 그들의 문제를 결정해야 한다고 생각하는 시각

한 걸음 더 나아가, 앤더슨은 발달 성숙(developmental maturity)이 아동의 찬성 능력에 영향을 미치는 몇 가지 요인 중 하나라고 제안하였다. 자녀의 능력에 대한 부모의 평가는 자녀와 부모 사이에 의견의 일치가 있을 때 잘 이루어지지만, 의견의 일치가 없을 때에는 반드시 그런 것만은 아니다.

사전 동의 개념에 대한 비판적 고려

밀러와 볼턴(2007)은 '사전 동의'[(또는 '고지(告知)에 입각한 동의)]의 개념이 사회적으로 구축된 개념이며 따라서 변화하기 마련이라고 제안하였다. 그들은 점점 더 표준화된 윤리 절차와 질적 연구의 복잡성 사이에 불일치가 커지고 있다고 보았다. 그들은 35년 이상 연구자로서의 경험을 사용하여 자신들의 연구 기간 동안 어떻게 윤리 승인이 변화를 겪었는지를 설명하였다. 그들의 주장에 따르면, 그동안 윤리위원회는 연구 윤리를 강화함으로써 점점 더 불확실해지고 변화하는 세계에 대처하려고 노력하였다. 윤리 과정이 벌어지는 모든 것을 다루기 위한 기제를 예상하고, 더 나아가 그 기제를 보장할 수 있다고 윤리위원회가 순진한 기대를 하고 있다. 그들은 사회과학자들이 의료 연구에서 동의를 요하는 것을 차용하였다고 본다. 인간 피험자에 관한 나치 연구와 같은 스캔들의 맥락에서 연구 참여자의 이익을 위하는 외적 규제의 원칙을 확립한 의학 연구와는 달리 사회과학자들은 자기 규제 시스템을 발전시켰다. 밀러와 볼턴

(2007)은 사회과학 연구를 낳은 다양한 요인들이 점점 더 규제를 받고 있다고 생각하였다. 〈표 8-4〉는 이를 요약하여 제시하고 있다.

〈표 8-4〉 규제 증가를 낳는 요인들

요인	설명
신뢰 (trust)	그동안 과학자와 연구자에 대한 신뢰가 하락하였고, 이것은 엘더 헤이(Alder Hay) 병원의 기관(器官) 스캔들처럼 신뢰와 관련된 스캔들과 의료 원칙에 의해 큰 영향을 받았다.
소비자 중심주의 (consumerism)	그동안 소비자 중심주의가 성장하였고, 참여자와 연구에 대한 태도가 이런 변화의 영향을 받았다.
전문가 지배 (professional dominance)	그동안 전문가 지배와 더 많은 투명성에 대한 기대 그리고 정보 필요성을 가로 막는 장애가 존재했다.

이 세 가지 요인은 연구 과정의 참여자에게 더 큰 목소리를 가져온 계기가 되었다. 앞서 언급한 연구 과정에서 아동의 권리 및 자기 결정권에 대한 고려 사항과 연계하였을 때, 이런 현상은 중요한 변화를 가져와 아동이 면담 조사와 이를 둘러싼 윤리적 이슈에 참여할 수 있게 되었다.

밀러와 볼턴(2007)은 좋은 윤리적 동기와 실천을 통해 면담을 유도하고 또 그래야 한다는 데 동의했지만, 각각의 연구에 임하는 것은 동의에 대한 이해와 동의의 실천만큼이나 독특한 일이 될 것이다. 그들은 연구자와의 유대의식에 바탕을 둔 '진정한 공감(genuine rapport)'를 구축했던 초기 사례들을 제시하였지만, 그 접근법이 바탕을 둔 가정은 인식하지 못한 것처럼 보인다.

밀러와 볼턴(2007)은 연구 초기에 얻은 구두 동의보다는 자신의 '도덕적 책임(moral responsibility)'이 연구의 길잡이가 된 경우가 많았다고 주장하였다. 그러나 연구자의 도덕적 위치들이 다 다를 수 있다는 것을 확인하지는 못했다. 언제 연구자가 연구 주제를 개발한 것인지, 또는 어디서 연구자가 단순히 자금 지원을 받는 연구를 수행할 수 있는지에서도 차이가 있을 수 있다. 그렇다고 도덕성이 위치나 역할에 달려 있기는 하지

> **예를 들어...** 연구자는 한 어머니가 다른 여성, 특히 다른 어머니를 이해하는 데 선천적인 능력이 있을 것이라고 가정할 수 있다.

만 연구자가 그 도덕성에 좌우되는 것은 아니다. 밀러와 볼턴은 연구자가 더 개방적이고 성찰적이어야 할 필요성에 대한 인식이 점점 더 증가하는 현상에 대해서도 논하였다. 그들의 주장에 따르면, 설령 공식적인 동의가 있더라도 다른 상황이 발생할 수 있기 때문에 연구 참여자가 무엇을 동의하였는지에 대해 완전히 아는 일이 쉽지 않을 수 있다. 던컨 등(2009)은 질적연구의 본질이란 연구자가 모색되지 않은 정보의 수령자일수 있다는 점을 의미한다고 주장하였다. 질적연구에는 다른 연구 변수보다 더 복잡할 수 있는 인간이라는 변수가 반드시 포함된다. 연구자가 안락하고 안전한 환경을 만들 수 있기 때문에 연구 환경 및 연구자의 기술이 드러나는 것(disclosure)을 장려할 수 있다. 비록 연구를 철저하게 설명하고 연구가 치료 과정이 아니라는 점이 분명하다 하더라도, 참여자는 다른 식으로 의도했던 것보다 공유하는 것(sharing)이 더 도움이 된다는 것을 알 수 있을 것이다.

밀러와 볼턴(2007)은 이메일을 통한 모집 과정이 확립된 관계에 대한 잘못된 인식을 심어 주기 때문에 연구 테크놀로지의 변화가 연구자와 참여자 간 관계의 본질을 변화시키고 있다고 생각했다. 그들의 주장에 따르면, 연구자는 자신이 참여자의 소셜 이메일(social email)의 일부가 되고 있다는 것을 알 수 있기 때문에 이메일을 사용하여 연구 관계를 확립하고자 할 때 연구자가 무엇에 동의하고 있는지에 관한 문제가 새롭게 제기된다고 주장하였다. 그들은 이메일을 사용하여 연구 참여자를 모집하는 것이 문제가 될 수 있다고 생각한다. 밀러와 볼턴(2007)은 종종 사전 동의를 온-오프(on-off) 행위로 개념화하고, 서면 동의가 그러한 시각을 장려할 수 있지만, 실제로 사전 동의에는 리스크, 프라이버시 및 보호, 안전 및 잠재적 해, 신뢰 및 책임을 가늠하는 행위뿐만 아니라 그동안 체계적이고 감사 가능한 방식으로 이를 수행하여 왔다는 점을 증명하는 행위가 포함된다고 결론지었다. 그들은 윤리위원회 위원과 연구자를 대상으로 질적연구의 본질과 연구의 윤리적 얼개에 대한 더 나은 교육이 있어야 한다고 요구하였다.

비밀보장 및 익명성

면담 도중에 부모나 보호자가 입회하는지의 여부를 결정하는 것도 의미가 있다. 이 결정의 실질적인 측면에 대해서는 5장에서 논하였다. 비록 참여자가 연구 참여에 대해 동의할 수 있지만, 면담을 앞두고 그들이 실제로 동의한 것이 무엇인지 아는 일이 쉽지 않을 수 있다. 아동의 경우, 면담 도중 '위험성'이 있을 수 있는 정보를 드러낼 수 있기 때문에 이 문제는 더욱 복잡하다(Kirk, 2007). 영국, 아이슬란드, 뉴질랜드, 호주 등 많은 나라에는 연구자가 잠재적 위험성을 관련 기관에 통보하여 적절한 조사가 이루어질 수 있도록 하는 법적 기대가 있을 것이다(이 책의 서두에서 아동 보호 및 관련 설문조사를 논하였다.). 이처럼, 면담에 앞서 그리고 동의 시점에 비밀보장에 대한 제한 및 보호 측면에서 아동에게 그것이 무엇을 의미하는지를 투명하게 요약해 주어야 한다. 아동 보호 이슈가 제기된다면 연구자가 비밀보장을 중단해야 하는 경우도 있을 수 있다.

좋은 연구 실천이란 공유한 정보가 어떻게 관리되어야 하는지를 명확해야 하는 것처럼 연구의 초기에 확신의 한계가 명확해야 한다는 점도 의미할 것이다. 만약 비밀보장을 깨뜨릴 필요가 있는 경우에도 어떻게 이런 일이 발생하는지에 관해 대화가 있을 수 있다. 위험성이 즉각적이고 심각한 상황에서는 비밀보장 의무를 위반하는 것에 관해 딜레마가 있을 가능성은 없다. 윤리적 딜레마는 위험성이 덜 분명하거나 미묘할 때 발생할 가능성이 더 크다.

그러나 면담 조사가 잠재적 해(害)나 위험성에 관해 조사하는 면담(investigative interview)이 되어서는 안 된다. 중요한 것은 아동을 심문하듯이 하면 안 된다는 것이다. 그럴 경우 연구자는 동료와 협의하고 하급 팀원은 상급자에게 이 이슈를 제기할 필요가 있다. 가장 윤리적인 자세는 장단점을 가늠하고 난 뒤 결론을 도출하고, 정한 입장과 그 입장에 어떻게 도달하였는지를 해명하는 것이 될 수 있다.

예를 들어... 아동이 어떤 사람이 무섭다고 말하면, 이것 자체가 즉각적인 위험성라고 할 수 없지만, 더 많은 정보가 없는 경우, 어떤 조치를 취해야 할지 판단을 내리기가 쉽지 않을 수 있다.

예를 들어... 과목을 어떻게 가르치는지에 관해 학교에서 이루어지는 조사는 아동이 열악한 수업을 확인하는 작업일 수 있다. 특별한 아동에게 기인한 그런 문제가 있으면 그 아동이 학교에서 가지고 있는 위치를 위태롭게 할 수 있다(역주: 면담에서 솔직한 입장을 이야기하면 학교에서의 입장이 곤란해질 수 있다.).

예를 들어... 면담 대상자가 특별한 사건을 설명한 정보를 제공하는 경우 사람들이 그들의 신원을 추정할 수 있다.

면담 대상자는 특별한 체계에서 자신의 입장을 위태롭게 할 수도 있는 정보를 공유하거나(DiCicco-Bloom and Crabtree, 2006), 자신이 말하고 있는 것을 통해 자신의 신분이 드러날 수 있는 경우가 있다. 첫 번째 경우 정보를 익명으로 유지하고 면담 대상자의 관심과 충돌이 있을 수 있는 부분에서 면담 대상자를 보호할 필요가 있다.

실제로, 심지어 학교가 조사를 의뢰한 경우에도, 익명으로 된 데이터만 받을 수 있다. 아동이 보복을 두려워하거나 특별한 시각과 연관이 되어 있다면 덜 솔직할 가능성이 있다. 두 번째 경우, 연구자는 어떤 정보를 어떻게 공유하는지를 고려할 필요가 있을 수 있다. 익명성이 보장되었다면 그것을 존중해야 한다. 때때로 익명성에 대한 권리를 포기한다 하더라도, 신중하게 정보를 공개해야 한다.

청소년에게는 신원이 알려진다는 것이 무엇을 의미하는지 명확하지 않을 수 있다(O'Reilly et al., 2012). 바로 이런 이유 때문에 모든 가능성에 대해 동의하기는 불가능하다. 모스Morse(2007)는 참여자가 취약하고 역량이 없기 때문에 그들이 인식하는 것 이상으로 질적연구가 더 많은 위험성을 초래할 수 있지만 연구 맥락은 결국 일신(一身)과 관련된 맥락일 수밖에 없다고 주장하였다. 면담자가 존재하고 그가 아동의 신원을 알고 있다는 의미에서 면담이 완전히 익명으로 이루어질 가능성은 없다. 익명의 데이터가 있을 가능성이 없기 때문에 연구자는 데이터를 제공한 사람이 누구인지를 알고 있을 가능성이 많고, 따라서 공유할 필요가 있는 정보에 관련된 모든 행위에 대해 책임을 지고 있다. 이것은 비록 아동이 자기-신원 확인(self-identification)에 대한 옵션이 있을 수 있다 하더라도 익명으로 마칠 수 있는 설문조사와는 대조적이다. 참여자의 경계를 아는 일이 경계 이슈를 복잡하게 하기 때문에 연구자는 정보에 입각하여 행위하거나 참여자에게 조언이나 도움을 찾도록 충고할 필요가 있을 수 있다. [글상자 8-4]의 상황과 관련한 문제를 다루어 보기를 권한다.

[글상자 8-4]

비네트 – 피에르Pierre

피에르는 학사 학위를 취득하기 위해 심리학을 공부하는 대학생이다. 학부 논문을 위해 11~15세 청소년 12명을 대상으로 시험 스트레스와 그 대처 방법에 관해 면담을 하였다. 면담은 대체로 잘 진행되었지만, 한 면담에서 한 청소년이 스스로를 자해하면서 스트레스에 대처한다는 암시를 주었다. 그러나 피에르가 이 문제를 더 알아보려고 했을 때, 그 청소년은 웃으면서 주제를 바꾸어 버렸다. 그 청소년은 이에 관해 그 어떤 질문에 대답하기를 거부하였고, 피에르는 다른 질문을 할 수밖에 없었다. 면담이 끝난 지금 피에르는 청소년 보호 이슈가 있을 수 있다고 걱정하고 있지만, 그 청소년을 잘못 해석하였거나 아니면 '툭 내 던진' 코멘트에 지나친 반응을 보였을 수 있다는 두려움을 느끼고 있기 때문에 어떻게 해야 할지 갈피를 잡지 못하고 있다.

• 피에르는 어떻게 해야 할까?

잠시 시간을 내어 피에르가 해야 한다고 생각하는 것을 적어 보자.

이 질문에 대한 가능한 답변은 책의 끝부분에 제시되어 있다.

누구의 데이터를 어떻게 공유할 수 있는가

대부분의 국가에는 데이터 관리 방법에 관한 입법 그리고/또는 지침이 있을 것이다. 프로토콜에는 데이터 저장 방법, 데이터 접근 권한이 있는 사람 그리고 (정보 관리 원칙에 구체적인 이유로 필요하기 때문에 데이터에 접근해야 한다는 점이 명시된 경우) 그 이유가 명시되어야 한다. 데이터가 조사의 증거이기 때문에 연구자가 그 데이터를 파기하는 데 마음이 내키지 않을 수 있지만, 정기적으로 데이터를 검토하고 필요한 경우 그 데이터가 파기되었는지 확실히 하는 것이 유용할 수 있다. 또한 컴퓨터를 교환할 때에는 컴퓨터에 저장된 데이터는 완전히 삭제해야 한다.

한 가지 흥미로운 윤리 관련 문제는 조사 데이터가 누구에게 속하는가 하는 문제다. 연구자는 연구자대로, 기관은 기관대로 자신의 데이터라고 생각할 것이며, 기금을 제공한 쪽에서는 그 데이터가 자신의 데이터라고 믿을 수 있다. 면담에 참여한 사람에게 소유권이 있다고 주장할 수도 있다. 대부분 윤리 이슈의 경우처럼 정답이 단 하나일 수는 없다. 어떤 데이터가 다른 데이터보다 더 개인적일 수 있기 때문에 상황에 따라 다를 수 있다는 주장도 있다. [글상자 8-5]는 언제 이것이 문제가 되는지에 대한 사례를 제시하고 있다.

[글상자 8-5]

문제가 되는 소유권 연구 사례

캐시모어(2006)는 아동이 부모의 이혼 후 양육권 및 접근 결정과 관련된 견해를 공유하는 연구를 예로 들었다. 부모가 아동의 조사 참여에 동의하였고, 아동에게 비밀을 보장하였다. 한 부모가 소환장을 통해 면담 데이터에 대한 접근을 요구하였지만 법원은 수집한 정보가 조사를 위한 것이므로 법원에게 판단의 일부가 아니라는 점에 근거하여 각하되었다.

그러나 이 사례가 항상 그런 것은 아니다. 법원이 조사 데이터를 위한 소환장을 제출한 경우가 있었다. 그 좋은 예가 보스턴 대학교가 실시한 아일랜드 공화국군(Irish Republican Army: IRA)과의 면담이다. 이 경우, 여느 조사와 같이, 면담을 한 개인들에게 그 비밀을 보장하였지만(Zezima, 2011), 최근 미국 항소심 법원에서는 대학이 면담의 일부를 공개해야 한다는 판결이 나왔다(Giglio, 2012).

윤리적인 연구의 측면에서, 모든 잠재적 결정의 이점과 단점을 확인하는 일이 가치가 있고, 따라서 핵심적인 윤리적 원칙들이 영향을 받을 수 있다는 점을 염두에 두어야 한다. 익명성과 비밀보장에 잠재적으로 중요한 한계가 있을 수 있다. 따라서 이런 한계에 관해 신중하게 생각할 필요가 있다. 연구자는 자신의 연구를 보급하고 더 나아가 필요한 변화에 영향을 미치기 위해 그 연구 결과를 공유할 책임이 있다. 그러나 참여자와 이슈에 관해 상담을 하지 않고 그들의 신원을 은폐하는 것이 그 자체로 그들의 권한을 빼앗는 일이라고 주장과 함께(Bass and Davis, 2002) 익명성 자동 제공을 둘러싸고 일부 긴장이 있다(Kelly, 2009). 이것은 신원 은폐냐 신원 공개냐에 관해 참여자에게 선택권을 줄 수 있는지를 놓고 논쟁을 불러 일으켰다(Giordano et al., 2007). 물론 아동을 면담할 때는 성인과의 면담보다 이런 논쟁이 더 복잡해질 수 있다. 오렐리O'Reilly 등(2012)은 데이터를 익명으로 해야 할지의 여부, 그리고 의견에 관한 아동의 샘플을 요구함으로써 그들의 기여를 공개적으로 해야 할지에 관해 청소년에게 선택권을 주어야 하는지 그 여부를 탐구하였다. [글상자 8-6]은 이에 대한 내용을 요약하여 제시하고 있다.

다른 참여자들보다 연구에 대한 접근 방식에 더 신중한 참여자가 있다는 점을 깨닫는 것이 중요하다. 면담 스크립트를 받는다는 보장을 받고 배포 과정에서 어떻게 사용될 것인지 알고 난 후에야 연구 참여에 동의하는 경우도 있을 것이다. 아동이 그런 것을 요구할 가능성은 거의 없다. 그 행위는 조사의 목적에 따라 다를 수 있다. 만약 청소년이 새로운 개입에 관해 어떤 생각을 하는지를 확인하기 위한 조사라면, 데이터를 말한 대로 그대로 제시할 필요는 거의 없을 것이며, 제시하기 전에 정리를 해야 하는지(예: 말투, 머뭇거림, 정확하지 않은 문법 등)에 관해서도 논쟁이 있을 수 있다. 그러나 조사 질문이 가족이 얼마나 편하게 이슈를 해결하는지를 확인하는 문제라면, 머뭇거림이나 말투는 다른 관련성을 갖기 마련이다. 이럴 경우 데이터를 정리하면 조사 결과를 달성하는 데 도움이 되지 않는 식으로 데이터가 왜곡될 수 있다. 한 집단 내에서도 개인마다 다른 입장을 가지는 문제, 그리고 공유하는 것에 따라 한 사람의 익명성이 흔들리는 것이 어떻게 다른 사람들에게 영향을 미치는지 등 또 다른 이슈가 있다.

[글상자 8-6]

익명성 문제 연구 사례

최근 한 연구(O'Reilly et al., 2012)에서 아동에게 자신들의 면담을 익명으로 해야 한다는 것의 의미가 무엇이라고 생각하는지, 그리고 자신의 신원이 배포 과정에서 공개되는 것을 어떻게 생각하는지를 직접 물어 보았다. 연구에 참여한 아동은 8~10세였고 정신 건강 문제를 확인하였다. 이 연구는 아동이 익명성의 의미를 분명하게 구분할 수 있고 그들이 선호하는 것에 가

변성이 있다고 주장하였다. 어떤 아동은 자신의 실명을 사용하는 것이 중요하다고 생각한 반면, 어떤 아동은 보다 신중한 입장이었다. 신원을 분명히 하는 것이 연구에 도움이 될 수 있다고 하는 부모도 있었지만 일반적으로 신중한 입장이었다.

O'Reilly, M., Karim, K., Taylor, H., and Dogra, N. (2012) Parent and child views on anonymity: 'I've got nothing to hide'. *International Journal of Social Research Methodology*, 15 (3): 211-224.

스크립트를 정리하는 것이 덜 문제가 될 수 있지만, 참여자가 자신이 말한 것을 바꾸고자 할 때의 윤리적 딜레마가 있다. 연구자에게는 실용주의와 투명성이 유용한 도구가 되는 경우가 많다. 원래 진술을 사용하는 것이 허용될 수 있지만, 참여자가 마음을 바꾸었다고 말하면 된다. 검토를 위해 참여자가 스크립트를 받도록 되어 있는 것이 방법론의 일부라면, 참여자가 수정한 것을 고려하지 않거나 변화가 있을 수 있다고 예상하지 않는 것은 비윤리적인 행위로 보인다. 우리 모두는 우리가 말한 것이나 어떤 것을 말한 방법에 대해 후회할 수 있다. 따라서 조사 참여자가 말하고 있는 것이 변화할 가능성이 없다고 가정하는 일이 약간 이상해 보일 수 있다. 아동이 사회적 행위자이며 각자의 경험을 통해 발달하고 변화할 수밖에 없다는 시각을 받아들인다면, 면담 조사가 그들의 관점을 바꿀 가능성이 있다. 면담에 참여한다고 말한 시점과 면담을 받는 시점 사이에서 참여자가 이전의 입장을 바꾸거나 또는 그 입장을 원치 않을 수 있다. 이 경우 한 가지 방법은 신중하게 상황을 말하고 무엇이 변화하였고 그 변화 이유가 무엇인지에 관해 투명하게 밝혀야 한다. 그 변화가 매우 중요하다면 데이터를 폐기할 필요가 있을 수 있지만, 이때에도 성찰적이고 투명한 자세가 필요하다. 대부분 조사 참여자가 '바보같이' 제대로 사전 고지를 받지 못한 것이 아닌가 걱정하기 때문에 데이터가 개인에게 해가 되지 않도록 하고, 진술한 것을 강조하고, 분석과 관련하여 투명한 입장을 취해야 한다. 연구자와 참여자 모두 복잡한 감정에 지배되는 인간이기 때문에 주제에 논쟁의 여지가 많거나 감정과 관련된 것이 있을 때 윤리적 딜레마가 발생할 가능성은 그만큼 더 많다.

특히 디지털 시대에서 익명성을 포기하는 결정은 영구적이기 때문에 데이터를 확인하는 일을 말리는 게 실용적이다. 사건과 상황이 청소년이 원하는 것보다 더 오랫동안 그들을 규정할 수 있다. 스토리를 공개적으로 소유한다는 것을 과거로 되돌리기가 어려울 수 있다. 그러나 아동이 동의할 수 있는 능력이 있다면, 익명성을 공개할 것인지 아니면 보존하고 있는 것이 좋은지 논쟁할 수 있도록 하여 다음에 보호자 그리고/또는 또래와 함께 이에 관해 의견을 나눌 수 있는 기회와 시간을 주는 것이 최상의 접근법일 수 있다. 연구에 참여할 수 있는 기회를 높이기 위해서는 그들에게 결정을 내릴 수 있는 충분한 시간을 주는 것이 윤리적인 접근법의 하나다. 자주 인용한 바와 같이, 여러분과 의견을 같이 할 수 없다는 단순한 이유로 현명한 결정을 내리지 않는 사람은 없다. 다른 사람에게는 어리석은 것처럼 보이는 결정을 우리도 모두 내릴 수 있다.

해(害)로부터의 보호

'인간 주체(human subjects)' 또는 사람 그리고 특히 아동이나 기타 취약 집단과의 작업이 포함된 프로젝트의 잠재적 연구자의 주요 책임은 프로젝트 참여로 참여자들이 해를 입히지 않도록 보장하는 일이다. 그렇다고 어려움이나 민감한 이슈가 될 수 있는 모든 프로젝트가 일시적인 고통(distress)을 유발한다고 해서 그 이슈를 피해야 한다는 것을 의미하지는 않는다. 아동—그 지위가 '취약하다'고 간주되는—을 대상으로 일을 하는 연구자의 경우 아동이 보살핌을 받는 존재, 학대를 받아 온 존재와 같은 추가적인 취약성 요인도 많이 있다. 연구자는 자신의 연구에 참가하는 사람들을 지원하는 과정을 보장할 윤리적 책임이 있으며, 죄책감, 경험을 다시 체험시키는 일, 또는 다른 사람들을 폄하하고 있는 것은 아닌지에 대한 불안 등 부정적인 감정을 경험할 수 있다. 면담 시간에 어떤 감정을 경험할 것이기 때문에 이와 같은 부정적인 감정을 예측할 수는 없지만, 연구가 끝나고 일정 시간이 흐른 후에 이런 감정을 경험하는 청소년이 있을 수 있다는 것이 극복해야 할 난제다. 잠재적인 감정에 관해 아동에게 미리 알려 주는 일이 쉽지는 않겠지만 그 감정을 정상화하는 것도 윤리적 입장일 수 있다.

> **중요 사항:** 임상 실무를 하고 있는 저자 중 한 명은 이 질문과 관련된 이슈를 다루면서, 치료 맥락에서 향후에 청소년들도 혜택을 얻을 수 있다고 제안한다(반드시 정신 건강 서비스에서만 그런 것은 아니다.).

> **중요 사항:** 임상 실무를 하고 있는 저자는 고뇌를 경험하는 것이 적절한 반응이며 해결되지 않은 이슈에 대한 건강한 해소의 첫걸음일 수 있다고 주장한다.

그 근거는 면담에서 이슈에 관해 말하는 것이 그와 같은 감정을 유발한다면, 십중팔구 그 이슈는 아동에게 관련성이 있고 생생한 이슈일 것이라는 점이다. 이슈에 관해 말할 수 있는 기회가 있으면 실제로 그들에게도 그 이슈를 다룰 필요가 있다는 점을 깨닫게 하는 데 도움이 될 것이다. 윤리위원회는 고통을 부정적인 것으로 볼 가능성이 많다. 따라서 그와 같은 사건들은 피할 필요가 있다.

자신들의 연구에서 캐롤-린드 등(2006)은 프로젝트 진행 과정에서 있을 수 있는 해(害)나 기타 문제들을 공개하기로 결정한 아동에게 도움을 주고 그들을 대상으로 하는 추적 관찰 과정을 따로 설정하였다. 아동의 폭력 경험을 다루는 프로젝트였기 때문에 아동이 참여는 하지만 지원 역시 가능한 기제가 필요할 가능성을 고려하였는지가 논쟁의 대상이 될 수 있다.

토마스와 오케인Thomas & O'Kane(1998)은 약간 다른 관점을 드러냈다. 그들에 따르면, 모든 공개가 조사자 및 조사대상자 사이의 관계에 대한 부적절한 개입 행위가 될 수 있지만 그 공개가 극단적인 아동 보호 상황에서는 필요할 수 있다는 것이다. 토마스와 오케인(1998)은 조심스럽게 결정하기보다는 아동에게 필요할 수 있는 모든 지원에 쉽게 접근할 수 있도록 하는 것이 중요하다고 지적하였다. 그러나 이런 지적은 조사에 참여하는 사람에 대한 도덕적 책임 없이 조사를 수행할 수 있는지의 여부에 대해 몇 가지 질문을 제기한다.

연구자와 연구 참여자 사이의 권력의 차등

여기에서는 연구자와 연구 참여자 사이의 권력의 차등과 관련된 윤리적 측면들을 고려한다. 권력은 면담 과정에서 중요한 것으로 몇몇 장에서 수차례 다룬 개념이기도 하다. 면담 조사 과정에서 있을 수 있는 보다 폭넓은 윤리적 관심사와 관련하여 다시 한 번 다루고자 한다.

모든 사회가 그렇지는 않지만 대부분의 사회에서 아동의 위치는 성인에 의해 결정되며, 많은 사람들(예: Morrow and Richards, 1996)이 지적한 바와 같이 연구 과정에서도 반영되어 있다는 것은 의심의 여지가 없다. 이것은 정보 통제자(gatekeeper)가 있는 단계는 물론이고 윤리위원회가 아동에게 접근하는 방법을 결정하는 경우에도 똑같이 적용된다. 연구자에게 부여된 책임과 연구자를 가로막는 장애물이 연구에서 아동의 위치 결정을 어렵게 하여 그동안 윤리위원회가 아동이 연구에 참여하기를 원하는지 그렇지 않은지를 결정해야 하는 기회를 축소시켰던 것이 사실이다. 역설적이게도, 대부분의 윤리위원회는 아동을 보호하는 일과 그들이 자신의 관점에 대해 목소리를 낼 수 있는 기회를 가질 필요성에 관해 평가하는 일 사이에 균형을 맞출 필요성에 관해 심사숙고하기보다는 아동을 '보호하는 일'에 더 많은 가치를 두기 때문에 이런 이슈를 인식하지 않는 경우가 많다. 앞서 확인한 바와 같이, 사전 동의는 사회적 구성물(construct)이다. 이것은 보호, 권력을 구성하는 것, 그리고 이것들이 실천에서 어떻게 이루어지는지에 대해서도 똑같이 적용된다.

요약

이 장에서는 아동의 위치와 윤리적 이슈, 그리고 있을 수 있는 딜레마를 살펴보았다. 윤리적 연구 원칙들에 대한 실제적 적용—즉, 동의와 능력—, 그리고 아동을 대상으로 하는 윤리적 면담을 수행할 때 비밀보장과 익명성의 관계를 살펴보았다. 또한 보호하는 일과 이를 관리하는 일의 관련성은 물론이고 데이터 보호의 중요성에 관해 논하였다. 결론은 윤리적 연구 면담을 위해서는 연구자가 윤리적 원칙 적용과 이것이 면담 과정에 미치는 영향을 항상 마음에 두어야 한다는 것이다.

추천 문헌

동의

Carroll-Lind, J., Chapman, J.W., Gregory, J. and Maxwell, G. (2006) 'The key to the gatekeepers: Passive consent and other ethical issues surrounding the rights of children to speak on issues that concern them', *Child Abuse and Neglect*, 30(9): 979-989.

익명성

Duncan, R., Drew, S., Hodgson, J. and Sawyer, S. (2009) '"Is my mum going to hear this?" Methodological and ethical challenges in qualitative health research with young people', *Social Science and Medicine*, 69: 1691-1699.

O'Reilly, M., Karim, K., Taylor, H. and Dogra, N. (2012) 'Parent and child views on anonymity: "I've got nothing to hide"', *International Journal of Social Research Methodology*, 15(3): 211-223.

일반 윤리

Thomas, N. and O'Kane, C. (1998) 'The ethics of participatory research with children', *Children and Society*, 12: 336-348.

면담과의 만남– 배려와 상호작용을 보증하는 아동 및 연구자 요인

학습 결과

이 장을 마치면 여러분은 다음의 내용을 수행할 수 있어야 한다.

- 연구자와 피연구자의 관계를 인식할 수 있다
- 연구 과정에 영향을 미치는 나이, 지적장애, 문화, 가족요인, 언어 및 감정과 같은 아동과 관련된 요인들을 비판적으로 평가할 수 있다.
- 연구 과정에 영향을 미치는 연구자와 관련된 요인들을 비판적으로 평가할 수 있다.
- 여러분의 면담 기술의 강점과 개발이 필요한 영역을 파악할 수 있다.
- 어려운 면담을 관리하기 위한 전략을 파악할 수 있다.
- 면담자의 의사소통 방식을 비판적으로 평가할 수 있다.

서론

이 장은 아동과 관련된 요인 그리고 면담자인 여러분과 관련된, 면담에 영향을 줄 수 있는 그런 요인들에 초점을 두고 있다. 우선, 논의를 위하여 핵심 이슈에 대한 상황을 조성하는 방식으로서의 맥락(context)과 연구 주제부터 논의하고자 한다. 나이와 발달, 학습장애, 문화요인과 가족요인, 언어 및 감정과 같은 핵심적인 아동 요인들은 면담 맥락에서 고려될 필요가 있고, 이런 요인들은 연구와 관련하여 설명한다. 주목해야 할 면담자 요인들이 다음에 이어진다. 어느 정도 중복되는 것이 있기는 하지만, 각각의 논의를 위해서 그리고 여러분이 알 수 있도록 하기 위해서 우리는 요인들을 별도로 제시한다. 실제로 면담은 아주 복잡한 만남(encounter)이며, 계획대로 되지 않을 수 있는 일부 상황들도 여기에서 다룬다.

맥락

우선 맥락을 정의하는 것으로 시작하며, 논의를 더 진행해 나가면 맥락의 의미를 이해하는 이유가 분명해질 것이다. '온라인 옥스퍼드 사전'은 맥락을 다음과 같이 정의한다.

> 사건, 진술 혹은 생각에 대한 배경(setting)을 이루고, 그리고 이런 관점에서 맥락이 충분히 이해될 수 있는 상황(circumstances), 그리고 두 번째는 단어나 구절에 바로 선행하고 뒤따르고, 그리고 그 의미를 명확하게 하는 글로 쓰인 또는 구두로 표현한 어떤 것의 일부. 또한, 맥락이라는 말은 정보는 주변 단어나 상황과 함께 고려될 필요가 있다는 것을 의미한다. 어떤 것이 맥락에서 분리되면, 정보의 일부가 상실되는 것이고, 주변 단어나 상황이 없이 충분히 이해가 되지 않는다(http://www.oxforddictionaries.com/definition/english/context).

면담이 진행되는 맥락을 고려하는 데 있어, 우리는 그 과정, 결과 그리고 데이터가 해석되고 의미를 가지는 방식에 영향을 미칠 수도 있는 모든 여러 요인을 설명하려고 노력한다. 연구의 맥락은 연구결과의 일반화 가능성(generalisability) 또는 전이 가능성

(transferability)도 나타낸다. 상기의 정의는 상황 그리고/또는 배경을 밝히고 있지만, 감정(emotions) 또한 고려할 중요 요인이다.

어윈과 존슨[Irwin & Johnson](2005)은 아동은 연구자-피연구자 관계의 맥락을 항상 이해하지 못할 수도 있다는 점을 제기했다. 그러나 논쟁의 여지는 있지만, 아동이 관계의 목적이나 관계의 맥락을 충분히 이해할 필요가 있는지 의심스럽다. 아주 어린 아동도 관계의 본질이 달라진다는 것을 알게 된다. 이 책의 초반에서 지적했듯이, 어린 아동은 (대부분) 자신이 잘 아는 부모와 관계를 맺고, 이 관계는 자신이 교사와 맺는 관계와 다르다는 것을 이해할 것이다. 특히, 아동은 관계가 왜 다른지 또는 무엇이 다른지에 대해서는 알지 못할 수도 있지만, 관계가 정말 다르다는 것은 알 것이다. 아동을 연구에 참여시키기 위해서 연구자가 분명한 경계를 가지는 것, 약속을 하지 않는 것, 그리고 관계가 짧은 직업적 관계(professional relationship) 이외의 다른 어떤 관계인 척하지 않는 것과 같은 윤리적인 원칙들을 잊지 않는 것이 중요하다. 분명히, 면담에서 차지하는 사회적 역할은 그 궤적과 과정을 형성하는 데 중요하다.

디시코-블룸과 크랩트리[DiCicco-Bloom & Crabtree](2006)는 면담자와 면담 대상자의 사회적 역할을 통제하려고 시도할 때, 연구 과정은 본질적으로 억압적이 된다는 개념에 대해 논의했다. 이들은 사회적 차이를 무시하는 것은 각자의 사회적 역할이 항상 면담 과정을 형성하고, 면담의 행위는 공격적이라는 사실을 간과하는 것이라고 주장했다. 이런 이유로 면담 과정에서 자신의 역할과 역할이 가질 수 있는 영향력에 대해서 적극적으로 성찰하게 되는, 연구자의 성찰(reflectivity)은 필수적이다.

특히, 연구에 참여하는 것은 적극적인 경험의 일부이고, 협력을 통해서 지식이 만들어질 수 있다(Hiller and DiLuzio, 2004). 힐러와 딜루지오[Hiller & DiLuzio]는 연구 참여자는 관련 정보를 비우는 용기(container)일 뿐만 아니라, 빠른 답이나 준비된 답은 없을 수도 있지만, 취하는 입장에 따라서 반응을 바꿀 수도 있는 실제 사람이라고 주장했다. 힐러와 딜루지오는 연구자는 중립적이거나 객관적이지 않으며, 연구자 스스로 '일대기적으로 위치해 있고(biographically situated)', 계층, 인종, 성별과 같은 요인들을 포함시킨다는 견해를 가지고 있었다. 이것은 다음에서 추가적으로 논의하듯이, 연구자의 '문화(culture)'를 반영한다. 힐러와 딜루지오는 면담 조사가 대화체로(dialogically) 이해될 때, 그리고 면담 대상자에게 자신의 이야기를 말하도록 장려할 때, 면담 조사는 치료적 면담(therapeutic interview)과 많은 공통점을 가질 수 있다고 주장했다. 연구자와 치료사는 모두 다음과 같이 해야 한다.

- 귀를 기울이도록 장려되어야 한다.
- 공감과 존중을 나타내야 한다.
- 명확화를 꾀해야 한다.
- 새로운 생각을 가지고 타자를 대면해야 한다.

두 가지 맥락 모두에서 면담 대상자가 자신이 가치가 있고, 상대방이 자신을 받아들이고, 이해한다는 느낌을 경험하는 것이 이상적이다. 면담 조사의 대인관계 역학(interpersonal dynamics)은 치료적 면담과 공통점이 많을 수도 있지만, 맥락과 기대치는 아주 다르다. 반응을 얻어야 치료를 시작할 수 있기 때문에 치료에서는 평가를 완료하기 위해서 아동에게 반응을 계속 요구하는 것이 수용될 수도 있다. 치료적 맥락에서 아동이 스트레스를 받는다고 하더라도, 계속하는 것이 필요할 수도 있다. 그러나 연구 맥락에서는 그럴 수 없으며, 면담 초반에 설정한 경계와 윤리적 한도(ethical parameters)를 넘어서는 것일 수도 있다. 특히, 맥락은 문화적 · 역사적으로 위치하는 장소와 시간, 특정한 현 시점이다. 맥락은 상호작용을 통해 실현되는 세상이다(Kortesluoma et al., 2003).

중요 사항: 비록 유사점이 있기는 하지만, 연구 면담은 치료적 면담과 다르다는 것을 명심하는 것이 중요하다. 연구 면담과 치료적 면담은 목적에 있어서 다르지만 의사소통과 참여 전략에 있어서 어느 정도 유사점이 있다.

아동 · 청소년을 대상으로 질적 연구를 수행하는 데 있어 방법론적 이슈와 윤리적 이슈에 대한 문헌 검토를 시작한 후, 커크[Kirk](2007)는 성인에 대한 질적 연구 수행과 아동에 대한 질적 연구 수행에 유사점과 차이점이 있다는 결론을 내렸다. 커크는 종종 유사점은 간과되고, 차이점은 과장된다고 여겼다. 커크는 의료 보건 분야(Health disciplines)가 사회과학 연구자들(social researchers)로부터 윤리적 고려 사항에 대해서 더 많이 배울 수 있다고 주장했으며, 실제로 이 주장에는 가치가 있다. 그러나 커크는 아동을 대상으로 면담이 매일 이루어지는 임상 맥락을 통해 사회과학이 배울 수 있는 방법에 대해서는 언급하지 않았다. 실제로 문헌에는 아동을 면담하는 방법에 관한 임상의들(clinicians)에게 유용한 권고 사항들이 있으며, 핵심적인 일부 권고 사항들은 약간의 수정이 필요하기는 하지만 연구 맥락에 유용하다.

연구 맥락과 임상 맥락 간에 차이가 있다는 것은 의심의 여지가 없지만, 연구자가 면담의 맥락을 설정하는 방법은 중요하며, 치료적 면담에서 배운 교훈이 연구에 도움이 될 수 있다. 구체적으로, 아동을 존중하고, 아동이 말해야 하는 내용을 주의 깊게 듣고, 아동이 말한 내용을 되새겨 보는 것 등은 면담 조사에서 소중하다. 그러나 임상 맥락에 정통한 직원(staff)은 임상 맥락에서 필요할 수도 있는 그런 명령적(directive)인 태도를 보이지 않도록 조심할 필요가 있으며, 따라서 직원은 두 가지 역할(연구자/임상의)을 가지는 것의 영향과 그것이 미칠 수 있는 효과를 고려하는 것이 필수적이다(O'Reilly and Parker, 2014a). 연구에 관여하는 의료 종사자는 면담 조사를 자신들이 치료적 면담을 다루듯이 다루지 않은 것이 중요하다.

실증적인 기반을 둔 사회과학에서는 정보 제공자(informants)의 개인적인 경계를 존중하면서, 동시에 가능한 한 정확하고 많은 정보를 공유하도록 유도하는 양적 면담을 수행하는 방법에 대한 끊임없는 논의가 진행되는 것으로 알려져 있다(Solberg, 2014). 그러나 아동과 아동기에 관한 한, 지배적인 담화는 아동과 성인 간의 연구 관계를 다루는 윤리적인 이슈에 대한 것이다. 언어 교환(verbal exchange)의 질에 초점을 두고 있지 않다. 핵심적인 윤리적 이슈는 성인 연구자와 아동 연구 참여자 간의 권력 불균형이다. 두 가지 주요 접근법이 개발되었는데, 첫 번째 접근법은 아동을 참여시키고, 연구가 아동의 의견을 가장 중요하게 여기고, 권력을 공유하는 데 도움이 되는 참여형 연구(participatory research)이며, 보통 윤리위원회가 발표하는 두 번째 접근법은 아동의 보호를 강조하며, 때로 아주 온정주의적인 방식으로 아동의 보호

> **중요 사항:** 상호작용에 전과 후가 있다는 것을 명심하는 것은 중요하며, 이것은 그 자체가 상호작용에 영향을 미친다.

를 강조한다. 이것은 1장에서도 논의하였으며, 구체적으로 맥락을 염두에 두고 다시 살펴보아도 좋다. 이제는 [글상자 9–1]의 활동에 관심을 돌려 보자.

[글상자 9–1]

여러분의 경험에 대한 활동

진도를 더 나가기 전에, 다음 질문에 답을 함으로써 면담에 대한 당신의 경험을 되돌아보라. 당신의 연구 일지에 답을 적는 것이 도움이 될 수도 있을 것이다.

- 당신은 언제 청소년을 대상으로 면담을 수행했는가?
- 그 면담을 수행하는 것은 어땠는가?
- 어떤 면담이 잘 진행되었고, 무엇이 잘 진행되었는가?
- 어떤 면담이 덜 성공적이었으며, 성공적이지 못한 원인은 무엇이었는가?

요인들의 변화는 아주 미묘한 방식으로 맥락을 바꿀 수 있기 때문에 이제는 면담 과정과 결과에 영향을 미칠 수도 있는 아동 요인과 연구자 요인들에 관심을 돌리도록 하자.

주제

주제와 맥락은 연결되어 있다. 어떤 주제는 더 민감하거나 처음부터 고통스럽게 할 가능성이 더 많은 것으로 인식될 것이고, 윤리위원회는 참여자에게 야기될 수도 있는 잠재적인 해(harm)를 연구자가 예측하도록, 그리고 해가 발생할 경우에 이런 해를 완화시키거나 이에 대처할 방법을 연구자가 예측하도록 이미 요구하고 있을 것이다. 그러나 면담 대상자는 대체로 연구자에게 알려져 있지 않기 때문에, '안전(safe)'하다고 간주되는 그런 주제들도 일부 참여자들에게 다른 의미를 가질 수도 있다는 가능성이 항상 있다. 정보 통제자(gatekeeper)는 온정주의적 결정을 할 수도 있고, 청소년이 이야기할 수 있는 주제를 결정할 수 있다(예: Carroll–Lind et al., 2006). 성인은 자신 관점(즉, 양성평등에 대한 자신만의 종교적인 견해나 신념이 자신이 내린 결정의 동인일 수 있지만, 이것은 고려되지 않는다.)의 동인(動因)일 수 있는 것이 무엇인지 고려하지 않고, 때로 자신의 행위가 아동에게 최선의 이익이 된다고 생각한다.

나이와 발달단계

나이와 발달단계를 함께 고려하는 근거는 이 두 가지가 연결되어 있기 때문이다. 나이가 아동의 발달단계를 나타낼 수도 있지만, 동일한 나이에서 아동의 발달에 상당한 차이가 있다. 따라서 특정 나이의 아동이 참여할 수 있다거나 혹은 참여할 수 없다고 가정하지 않는 것이 중요하다. 가장 관련이 있는 발달의 영역은 가장 중요한 인지발달과 사회성 발달이다. 그러나 운동발달(motor development)과 같은 발달은, 예를 들어 그림 그리기나 놀이와 같이 대체 의사소통 방법이나 보완적인 의사소통 방법으로써 비언어적 의사소통 방법이 사용될 때 중요할 수도 있다.

5세 이하, 5~11세, 11~16세 그리고 16~18세와 같은 연령 집단을 고려하는 것이 보통 도움이 된다. 14세 이상의 청소년을 대상으로 하는 면담에 몇 가지 유사점이 있지만, 16세 이상인 청소년의 법적 지위는 16세 이하의 청소년과 다르다. 아동의 인지발달은 숙지할 만하다[도그라[Dogra] 등(2009)은 이 주제가 생소한 사람들에게 적합한 간략한 개요를 제공한다.]. 아동이 생각하는 방식과 아동과 의사소통 하는 방식을 수정하는 방법을 이해하는 데 도움을 주는 보다 더 상세한 설명을 제공하는 문서들도 있다(예: Smith et al., 2015). 편의상, 피아제[Piaget](1950)가 설명한 발달 단계의 개요를 다음에 제시한다.

피아제의 아동 인지발달 단계

피아제(1950)는 인지발달은 몇 가지 단계에 의해 결정된다 주장했으며, 〈표 9-1〉은 이 단계를 제시하고 있다.

〈표 9-1〉 인지발달

단계	설명
동화(Assimilation)	새로운 정보를 현상에 대한 이전의 자신의 이해와 결부시키는 것을 가리킨다.
조절 (Accommodation)	새로운 정보의 결과로써 자신의 이전의 이해를 변화시키는 것을 가리킨다.
적응(Adaptation)	새로운 상황에 적응하는 것을 가리킨다.

피아제는 관찰을 통해서 지적(혹은 인지적) 발달의 네 가지 단계를 확인했으며, 그 단계는 다음과 같다.

- 감각운동기(sensorimotor): 출생에서부터 18~24개월
- 전 조작기(preoperational): 유아기(18~24개월)부터 아동 전기(7세)
- 구체적 조작기(concrete operational): 7~12세
- 형식적 조작기(formal operational): 청소년기부터 성인기

• **감각운동기**: 초기 발달단계에 유아는 바로 자신 앞에 있는 것만 인식한다. 유아는 자신이 보는 것, 자신이 하고 있는 것, 그리고 자신이 당면한 환경과의 물리적 상호작용에 초점을 둔다. 7~9개월로 발달해 가면서 유아는 사물의 영속성(permanence)에 대해 배운다[9개월 아기와 까꿍놀이(peekaboo)를 하면서 얼마나 많은 시간을 보낼 수 있는지 생각해 보라.]. 이 시기는 유아가 양육자를 기억할 수 있기 때문에 양육자에 대한 보다 분명한 애착이 시작되는 시기이기도 하다. 생애 첫 18개월은 기기, 서기, 걷기와 같은 대근육 운동(major motor)의 이정표가 달성되는 시기다. 소근육 운동(fine motor) 기술과 언어(처음에는 옹알이, 그다음에는 단어에 이은 문장)가 발달된다.

• **전 조작기**: 이 단계(유아기부터 7세)에 유아는 사물에 대해서 상징적으로 생각할 수 있다. 유아의 언어 사용이 더 성숙된다. 또한 유아는 과거와 미래의 차이를 이해하고

가상(make believe)을 할 수 있게 하는 기억과 상상력도 발달시킨다. 원인과 결과와 같은 개념, 시간과 비교는 충분히 발달되지 않았다(비록 크고 작은 것과 같은 개념은 이해하지만). 실생활에서 아이가 무언가를 기다려야 한다는 것을 잘 이해하지 못하는 경우가 얼마나 자주 있는지 생각해 보라. 이 단계의 유아는 자신을 세상의 중심으로 본다는 점에서 아주 '자기중심적'이기도 하다. 이 단계의 유아는 사건이 일어나는 것은 자신이 그것을 원했기 때문이라고 종종 생각한다.

예를 들어... 만약 아동이 자신에게 나쁘게 굴었던 누군가에게 어떤 안 좋은 일이 일어나기를 바랐다면, 그리고 그런 다음 그 사람이 사고를 당했다면, 아동은 자신이 그 사고를 일으키게 했다고 느끼거나, 또는 자신의 부모를 자신이 헤어지게 만들었다고 믿을 수도 있다.

이 단계가 끝날 때쯤에 유아는 다른 사람의 관점을 가질 수 있으며, 수 보존(conservation of number)을 이해할 수 있다.

- **구체적 조작기**: 7~12세 기간 동안에 아동은 논리적이고, 구체적인 추론을 보여 주기 시작한다. 아동은 덜 자기중심적이 되고, 점점 외부 세계를 인식한다.

대부분의 아동이 가상의(hypothetical) 사고 혹은 추상적인 사고를 하지는 않지만, 질량, 무게 및 부피에 대한 대화를 이해할 수 있다. 이 시기의 아동은 물체를 시리즈(series)로 구성할 수 있다.

예를 들어... 당신의 학창 시절로 돌아가서, 긴 항아리, 아니면 짧고 옆으로 넓은 항아리가 더 많은 물을 담을 수 있는지에 대해 질문을 받았을 때를 생각해 보라.

- **형식적 조작기**: 약12세부터 추상적인 사고가 발달하고 대수학(algebra) 및 과학과 같은 개념이 가능하다. 아동은 체계적인 방법으로 여러 가지 변인에 대해서 생각하고 가설을 세우고 가능성을 고려할 수 있다. 또한 추상적인 관계와 개념도 숙고할 수 있다.

예를 들어... 아동에게 이야기(story)를 제시할 수 있고, 아동은 이야기의 실제 결말이 아닌 다른 가능한 결말을 쉽게 찾아낼 수 있다. 아동은 자신에게 제시된 가능성이 아닌 다양한 가능성이 있다는 것을 알 수 있다.

피아제(1950)는 모든 아동은 같은 순서로 상기의 단계를 거치지만, 상기의 단계가 달성되는 나이는 아동마다 다르다고 주장했다. 피아제는 이것을 단계별로 진행되는 발달이라고 제안했지만, 연속선상에서 진행되는 것으로 보는 것이 더 도움이 된다. 피아제의 생각은 아동을 이해하고 아동과 의사소통을 하는 데 실질적으로 사용되어 왔으며, 오늘날에도 적용이 된다. 아동은 이런 단계들을 다른 시기에 거쳐 갈 수도 있다. 인지발달은 항상 이 순서를 따르고, 단계를 건너뛸 수 없으며, 그리고 각 단계는 새로운 지적 능력(intellectual abilities)과 세상에 대한 보다 복잡한 이해라는 특징이 있다는 피아제의 주장은 도전을 받아왔다.

중요 사항: 피아제의 단계 이론은 아동의 인지발달을 이해하는 유용한 발견법(heuristic)이지만, 비판도 있다는 것을 명심하는 것이 중요하다.

발달은 구분된 단계로 일어나는 것이 아니라 연속적인 과정이라는 비판이 있다. 또한 발달과 학습에 영향을 미칠 수도 있는 사회적 맥락과 문화적 맥락의 문제도 있다. 피아제는 자신의 관점을 뒷받침하기 위해 편향되었을지도 모르는 자신만의 해석에 지나치게 의존했다. 키팅[Keating](1979)는 대학생의 40~60%가 형식적 조작 과제를 실패한다고 보고했으며, 다젠[Dasen](1994)는 성인의 1/3만이 형식적 조작 단계에 도달한다고 말하면서, 단계가 특정 나이에 의해 완성된다는 개념에 이의를 제기했다. 피아제는 형식적 조작 단계를 인지발달의 최종 단계이며, 성인의 지속적인 지적 발달은 지식의 축적에 좌우된다고 보았다. 어떻게 자기 성찰과 지속적인 발달이 피아제의 틀과 맞는지는 명확하지 않다. 이런 비판은 타당성이 있지만, 특히 논의 중인 맥락, 즉 아동과 의사소통을 하는 맥락에 대하여 피아제는 여전히 유용한 틀을 제공하며, 피아제의 이론은 무엇보다 아동의 이해에 엄청난 영향력을 가진 이론이다.

인스톤[Instone](2002)은 아동에게서 정보를 끌어내는 것은 학교나 친구와 같은 덜 위협적인 주제부터 시작해서 걱정거리, 두려움 또는 위험 행동과 같은 좀 더 민감한 주제로 진행해야 한다고 주장했다. 그러나 일부 아동의 경우, 학교와 또래 관계가 연구자가 생각하는 것처럼 안전한 주제가 아닐 수도 있으며, 따라서 다음에서 논의하는 대로 아동에게서 힌트를 얻는 것이 일반적으로 더 낫다. 청소년이 연구에 참여하는 이유는 다양하며, 일부는 해당 이슈를 탐구할 기회를 부여하기 때문에 참여할 수도 있다. 그러나 만약 연구 문제가 건강 문제라면 연구 면담이 아동의 치료 과정의 일부가 아니라는 것을 아동이 이해하는 것이 중요하며, 만약 연구 문제가 교육 문제에 관한 것이라면 아동이 학교 환경에서 테스트받는 것과 같이 테스트받지 않는다는 것을 아동이 이해하는 것이 중요하다.

코르테슬루오마Kortesluoma 등(2003)은 개념과 질문을 너무 단순화시키지 말라고 충고했다. 상호작용의 기술은 특정한 아동에 대해 맞는 수준으로 질문을 던지는 것이다. 아동이 말한 내용을 다시 고쳐서 말하는 것(rephrasing)은 아동의 관점을 이해했다는 것을 확인하는 유용한 방법이 될 수 있다. 어윈과 존슨(2005)이 확인했듯이, 아동을 대상으로 면담을 성공적으로 이끄는 핵심 요소는 예상하지 못한 것을 관리하기 위해 다양한 전략을 갖고 있는 것이다. 어윈과 존슨(2005)은 다음을 포함한 몇 가지 핵심적인 권고사항을 제시했다.

- 면담자는 흐름에 맡기는 것이 아동을 편안하게 한다면 '흐름에 맡겨야' 한다.
- 어떤 아동은 면담 중에 질문을 할 것이고, 또 어떤 아동은 다른 아동보다 말을 더 많이 할 것에 대하여 마음의 준비를 하라.
- 어떤 아동은 다른 아동에 비해 휴식 시간이 더 필요할 수 있으며, 그럴 경우에 휴식을 시간을 주는 것이 중요하다.

융통성을 가지고 아동으로 하여금 선택을 하게 하는 것은 당신의 연구에 생산적일 수 있을 뿐만 아니라, 아동이 그 과정에서 발언권을 갖는 데 도움도 준다.

피아제의 연구를 고려하여, 이제 우리는 특정 발달단계에 사용할 전략을 고려하고, 의사소통에 있어서 역연령(chronological age)보다 발달 연령(developmental age)이 더 중요하다는 것을 기억할 것이다.

5세 이하 유아

유아(2세 이하)는 일반적으로 언어적 의사소통의 문제 때문에 이들 유아를 대상으로 면담을 하지 않는다. 유아만 직접 관찰할 수 있고 그리고/혹은 보육자와 함께 있는 유아를 관찰할 수 있다[유아가 보육자에게 가지는 애착의 유형을 개발하기 위해 이 방법을 사용한 토마스와 체스Thomas & Chess(1977)의 연구를 생각해 보라]. 관찰을 통해 아동이 부모에게 반응하는지 그리고 부모가 자녀를 어떻게 관리하는지를 알 수도 있다. 아동이 겁을 먹었다는 것을 알 수도 있고, 아동이 행복한지 또는 만족해하는지 등을 나타내는 징후가 있을 수도 있다. 그러나 아동의 관점은 관찰을 통해서 근사치에 다가가기 때문에 사실 절대 알 수 없다.

2~5세 아동의 경우, 일반적으로 놀이가 면담의 중요한 부분이다. 이 연령대를 대상으로 사용할 수 있는 다음과 같은 전략들이 있다.

- 이 연령대 아동과 이야기를 할 때에는 간단하게 한다.

예를 들어... 유아와 의사소통을 할 때에는 문장이나 질문을 짧고 간단하게 하는 것이 중요하다. 유아가 이해할 수 있는 언어를 사용하고, 질문을 지나치게 복잡하게 만들지 않는다.

- 아동이 이해하는지 확인한다.

예를 들어... 유아의 가족 내에서 가족이 알고 사용하는 그들만의 용어가 있을 수 있기 때문에, 당신이 사용한 어휘를 아동이 이해했는지 확인해 본다.

예를 들어... 만약 아동이 이해를 하지 못한 것처럼 보인다면, 반복하기보다는 질문을 고쳐서 다시 한다. 아동이 이해하지 못하는 것을 반복하는 것은 도움이 되지 않는다.

- 게임은 아주 계몽적(enlightening)일 수 있다.

예를 들어... 전형적인 게임으로 다과회를 여는 것, 시나리오를 행동으로 옮기는 것[피겨(figure), 자동차 등을 사용하여] 그리고 인형극이 있을 수 있다.

• 플래시 카드(flash cards)와 프롬프트(prompts)는 아주 유용할 수 있다.

예를 들어... 그림 카드 혹은 프롬프트는 아동을 당신과 이야기하게 하는 데 도움을 줄 수 있기 때문에 이런 것들을 준비해 두는 것은 도움이 될 수 있다.

그러나 이런 모든 방법에 대한 이전 노출은 아동의 부모 그리고 이런 방법들을 다른 맥락에서(참여적 방법론에 대한 6장 참조) 얼마나 많이 사용했는지에 따라서 아동은 차이를 보인다. 아동은 기술이 양성되지 않을 경우, 제한된 기술을 가지고 있을 수 있을지도 모른다. 만약 아동이 아직 시간 개념이 이해하지 못한다면, 시간의 틀을 이용하여 질문하는 것은 비생산적이다.

6~11세 아동

6~11세 아동의 경우, 언어 기술이 향상되어야 한다. 일부 아동, 특히 아직 어린 아동은 도움을 받을 필요가 있으며, 앞서 제시한 전략을 사용할 수 있다. 이 연령대 아동에게는 이야기를 읽고 이야기 속의 인물에 대해서 어떻게 느끼는지 또는 이야기 속 인물과 어떻게 관련지을 수 있는지 설명하게 하는 것이 도움이 될 수 있다. 왜냐하면 이런 방법은 아동의 세상 속으로 들어가는 유용한 방법이기 때문이다.

예를 들어... 아동은 디즈니 영화 〈겨울왕국〉과 관련하여, "엘사와 애나가 슬픈 이유는 부모님이 돌아가셨기 때문이에요."라고 말할 수도 있다. 그럼 당신은 "너는 엘사와 애나처럼 언제 슬픈지 궁금하구나."라고 말할 수도 있을 것이다.

아동의 우선순위를 확인하기 위해서 아동에게 세 가지 소원을 어떻게 사용할 것인지 물어보는 것은 많은 것을 밝혀 줄 수 있다.

예를 들어... 당신은 아동에게 세 가지 소원이 있다고 제시하고, "날 수 있었으면 좋겠다." 혹은 "강아지가 있었으면 좋겠다."와 같은 그 세 가지 소원이 무엇인지 알려 달라고 한다. 이것은 아동의 생활에 대한 질문을 추가 탐색하는 데 유용한 기초가 될 수 있다.

논의 중인 두 연령대 아동 모두의 경우, 아동에게 가족에 대한 그림을 그려 보게 하는 것은 아동으로 하여금 자신의 그림을 설명하게 하는 방법이 될 수 있다. 감정을 표현하기 위해 주전

예를 들어... 당신은 아동에게 "오늘은 얼마나 행복하니? 만약 우리가 너의 행복한 감정으로 이 주전자를 채운다면, 행복한 감정은 얼마나 높이 올라갈까?"라고 말할 수 있다.

중요 사항: 당신이 사용할 계획인 전략들이 당신 앞에 있는 아동을 대상으로 사용하는 데 도움이 될 수 있도록 하기 위해서 부모나 교사와 같이 아동을 아는 사람을 참여시키는 것이 도움이 될 수 있다.

자를 이용하는 것은 느낌을 물어보는 것보다 더 유용할 수도 있다(예: 아동에게 "오늘 행복하니? 이 주전자를 너의 행복한 감정으로 채운다면, 얼마나 높이 주전자를 채울 수 있을까?"라고 물어볼 수 있다.). 이 기법을 이용하기 위해서는 면담자가 주전자를 그리고, 아동에게 아동의 감정이 얼마나 높이 주전자를 채울 수 있는지 물어보아야 한다.

주전자를 사용하는 이 기법은 이 연령대를 대상으로 사용하기가 저울(scale)보다 더 쉽다. 크리스텐슨Christensen (2004)이 말했듯이, 아동이 당신을 이해하리라고 기대하지 말고, 아동의 세상에 들어가는 것이 연구자로서 당신의 책임이다.

12세 이상 아동

이 연령대의 경우, 의사소통을 향상시키는 아주 많은 방법들이 있지만, 난제는 연구를 촉진하는 최선의 방법을 찾는 것일지 모른다. 전부는 아니지만 대부분의 아동은 소셜 네트워킹, 인터넷, 컴퓨터에 익숙하다. 많은 아동은 교육과 오락 목적을 위해 인터넷을 사용하는 것에 익숙하다. 또한 이들은 때로 인정받는 것 이상으로 현명할지도 모른다. 본Bone 등(2015)에 따르면, 이 연령대 아동은 정신건강에 대해 알기 위해 인터넷을 사용하기를 원하지만 인터넷으로 접근할 수 있는 정보에 제약이 있다는 것을 알고 있다고 말했다.

이 연령대 아동의 대부분은 이야기를 할 수 있고, 더 어린 아동보다 정교한 의사소통 기술을 가지고 있을 가능성이 있지만, 그림 및 책과 같은 전통적인 참여적 방법들이 가치가 없다고 가정하지 않는 것이 중요하다. 그러나 이들은 나이가 더 많기 때문에, 사용되는 기법이 유치하거나 깔보는 듯한 느낌을 주지 않은 방식으로 활용되어야 한다는 것을 명심하는 것이 중요하다. 음악과 영화도 이들의 생각을 공유하게 하는 유용한 도구가 될 수도 있다. 이 연령대 아동은 자신에 대한 기대치를 더 잘 알고 있을 수도 있다. 연구 맥락에서 이들은 자신의 참여에 대하여 더 큰 발언권을 가질 수도 있다. 대부분은 열정적인 참여자일 가능성이 있다.

중요 사항: 다시 말하지만, 16세 이상 아동의 법적 지위는 다르다는 것을 명심하라.

이 연령대 아동은 최소한 면담 중 잠시 동안 아동 혼자를 대상으로 면담을 진행할 수 있을 가능성이 있다. 그러나 가능하다면 아동에게 선택권을 주는 것이 적절하다. 아동은 어떤 이슈에 대해서 '허세(bravado)'를 보여 줄 수도 있지만, 이것은 단지 불안을 관리하는 하나의 방법일 수 있다는 것을 명심하는 것이 중요하다.

지적 장애와 연구 참여

학습장애를 가진 사람은 새로운 정보나 복잡한 정보를 이해하고, 새로운 기술을 배우고 그리고/또는 혼자서 대처하는 것이 어려울 수 있다. 학습장애는 학습의 어려움과 동일하지 않으며, 이것은 학습의 어려움이 더 구체적인 경향이 있기 때문이다. 경도의 학습장애나 경도의 지적장애(IQ 50~70)가 있는 아동은 자신의 장애를 알지 못할 수도 있다. 중등도(IQ 35~49), 중증(IQ 20~34 범위) 그리고 최중도(IQ 20 이하)의 학습장애가 있는 아동은 연구자가 이런 아동의 참여를 가능하게 하는 방법을 고려하기보다는 참여할 수 없다고 생각할 수 있기 때문에, 연구에서 배제될 가능성이 있다.

루이스와 포터[Lewis & Porter](2004)는 장애를 가진 아동의 의견을 경청하고, 그들의 의견을 소중히 여길 수 있도록 하기 위해 연구자가 연구 과정의 매 단계에서 고려할 다양한 질문을 제공했다. 학습장애를 가진 아동과 효과적으로 의사소통을 하기 위해서, 이들은 연구자가 스스로에게 다음과 같은 질문을 해 볼 것을 제안했다.

1. 질문 방식은 참여자에게 적절한가?
2. 면담자는 학습장애를 가진 사람을 면담하는 특정 기술에 능숙한가?

3. 중복장애는, 예를 들면 학습장애뿐만 아니라 난청(deafness)과 같은, 제한된 의사소통 채널과 관련된 장애를 수반할 수도 있다는 것을 인식하고 있는가?
4. 인식된 관점을 탐구할 때 시사하는 바가 무엇인가?
5. 견해에 접근하기 위해서 컴퓨터 매개 의사소통을 활용하는 것을 고려하는가?
6. 가능한 한 질문 형식보다 이야기를 선호하는가?
7. 이야기가 중단되지 않도록 하기 위해 큐 카드(cue cards) 사용을 고려하는가?
8. 매우 구체적이거나 매우 일반적인 질문보다 초점질문을 선호하는가?
9. 응답 척도를 측정하기 위해서 표지(marker)로 나아가는 것과 같은 다양한 운동활동(motor activities)을 이용하는 것을 고려하는가?

기타 장애(disabilities, 능력장애) 그리고/또는 장애(disorders, 질병장애)

아동은 고려되어야 할 다른 장애가 있을 수도 있다. 자금 지원을 받지 못하는 프로젝트나 학생 프로젝트일 경우에는 가용 자원이 없기 때문에 힘들겠지만, 장애가 있는 아동을 연구에서 배제시키기보다는 참여시키는 방법이 고려되어야 한다.

언어장애를 가진 아동은 다른 제공을 할 필요가 있을 수도 있다. 대학, 교육 및 보건서비스 장애 담당 공무원과 함께 구체적인 수정 사항이나 현지에서 이용할 수 있는 구체적인 지원에 대해서 조사해 볼 만한 가치가 있을 수 있다. 자폐 스펙트럼 장애(autism spectrum disorder)와 같은 의사소통 상호작용 장애가 있는 아동은 확연히 드러나지 않을 수도 있기 때문에 면담자는 융통성을 가질 필요가 있다. 자폐 스펙트럼 장애 아동은 면담자가 요구하는 것에 관심을 두지 않는 경우가 많기 때문에, 아동을 참여시키기 위한 많은 전략은 이런 아동에게는 효과가 없을 수도 있다. 만약 아동 집단을 대상으로 면담을 진행한다면, 아동은 또래 앞에서 자신에 대한 자의식이 강할 수도 있다는 것을 알도록 하라. 이것은 모든 아동에게 적용된다.

문화와 다양성

우리는 7장에서 문화와 다양성의 문제를 소개했으며, 여기에서는 이에 대해 좀 더 상세하게 살펴본다. 다양성 요인이 면담 연구 과정의 일부로써 중요 고려 사항인 몇 가지 이유에는 다음이 포함된다.

- 자아와 타인의 기대치에 대한 다양성 요인 관련성의 이해 증가
- 우리의 관점은 우리 자신의 문화와 경험에 의해 채색된다.
- 사회의 다양성 증가
- 다양성이 중요하다는 인식 증가
- 소외계층(marginalized)과 전통적으로 과소 관여하는 사람들(under-engaged)의 포용을 보장할 필요성의 인식 증가
- 입법 체계(2010년 10월 변경)
- 우리는 우리가 모든 사람에게 공평하다고 생각할 수 있지만, 우리는 더 쉽게 식별할 수 있는 사람에게는 미묘하게 다르게 대할 수도 있다.
- 우리가 자기 자신의 관점을 점검하지 않는다면, 우리의 행동은 현실이 아닌 가정(assumptions)에 근거하여 이루어질 수도 있다.

> **예를 들어...** 10대보다 더 어린 아동은 자기 가족의 종교적 신념에 도전할 가능성이 더 적다.

아동을 면담하는 측면에서 아동의 소속감을 알 필요가 있다는 것은 중요하지만, 조사 대상인 해당 이슈 그리고 해당 이슈를 알아보기 위해 사용되는 과정에 대해서 아동의 부모가 어떻게 보는지 또는 어떻게 느끼는지에 대해서 알 필요가 있다는 것도 중요하다. 다양성 요인과 이런 요인의 상호작용은 가족이 아동의 견해(그리고 심지어 아동의 견해를 타당하다고 여기는지 여부), 연구에의 참여, 부모 없이 면담하는 아동, 연구 주제 등을 어떻게 생각하는지에 영향을 미친다. 이미 논의했듯이, 우리의 세계관

(world view)은 우리가 하는 모든 것과 우리가 세상을 보는 방식에 영향을 미친다. 이것은 아동에게 동일하게 적용된다. 아동은 성장하면서 자신만의 견해를 형성할 가능성이 많고, 가족의 견해에 도전할 수도 있다.

8장에서 논의했듯이, 아동이 가족 안에서 수용되지 않을 수 있는 이슈에 대한 견해를 말할 경우에, 아동에게 비밀보장을 분명하게 설명해 줄 필요가 있다. 다시 말하면, 아동은 부모나 교사가 자신이 말한 내용에 접근할 수 있다고 느낄 경우, 자신의 견해를 제공하는 것을 두려워할 수도 있으며, 그리고 안심시켜 주는 그런 것이 필요할 수도 있다.

가족 요인

가족은 구조화되고 기능하는 방식의 측면에서 엄청나게 다르며, 우리는 이것을 가족 면담과 관련하여 5장에서 논의했다. 여러 면에서 가족은 그 자체로 하위 문화(subcultures)다. 진도를 더 나아가기 전에 [글상자 9–2]의 활동을 이용하여 성찰하는 것은 유용하다.

[글상자 9–2]

가족에 대한 활동

여러분의 가족에 대해서 생각해 보고, 그리고 외부인이 여러분에게는 '정상적인(normal)' 많은 것들을 어떻게 이해할지 생각해 보라.

가족 안에서 아동은 특정 역할을 가지고 있을 수 있다. 따라서 면담 조사에 생산적으로 참여하기 위해서 아동에게 역할을 바꿀 수 있는 기회를 제공할 필요가 있을 수도 있다. 아동은 자신의 의견을 표출하는 데 있어 자기 가족을 배반한다는 죄책감을 느낄 수도 있다. 맥락에 따라서 안전한 주제조차 안전하지 않는 주제일 수 있다. 가족은 우리가 사회적인 세계에 대해서 처음으로 경험하는 곳이며, 그 경험은 현재의 우리를 형성

하는 데 큰 영향을 미친다. 아동이 양육되는 방식은 아동이 자기 스스로를 바라보는 방식, 그리고 외부 세계와 상호작용하는 방식에 영향을 미칠 수 있다. 양육의 역할은 아동의 적절하게 키우고 아동을 성인기(문화적 규범과 기대치에 따라서 독립생활이든지 혹은 확대 가족 안에서 성인 역할을 하며 살던지 상관없이)에 대비하여 준비시켜 주는 것이다.

중요 사항: 양육뿐만 아니라 가족이 어떤 식으로 작동하는지(function)가 아동이 면담에서 의사소통을 하는 방식에 영향을 미칠 수도 있다.

언어

언어는 7장에서 다루었는데, 이 논의의 맥락에서도 중요하다. 구어(spoken language)는 의사소통의 가장 흔한 방법이다. 그러나 연구 모집단(study population)의 특성에 따라서 다른 방법이 필요할 수도 있다(예: 농아가 연구에 포함될 경우에 수화가 적절할 수도 있다.).

아동-중심 정보는 아동이 이해할 수 있는 언어와 형식으로 제공되어야 한다. 이것은 연구 설계에 아동의 초기 관여를 의미하는 것일 수도 있다.

또한 일부 연구자들은, 예를 들어 성적 학대를 경험한 집단을 포함하여, 집단의 동질화(homogenization)를 가정하지 말도록 충고한다. 왜냐하면 그것은 부정확한 용어일 수 있기 때문이다(Carroll-Lind et al., 2006 참조).

예를 들어... 청각장애를 가진 아동이 포함될 경우에 수화가 적절할 수도 있다.

예를 들어... 케롤-린드 등(2006)은 자신들의 연구가 아동에 대한 정서적 폭력의 의미를 밝히는 것이었기 때문에 아동에게 정서적 폭력(emotional violence)을 정의하도록 요청하는 예를 제공했다.

감정

면담 당시에 아동과 면담자의 정서적 상태는 면담이 진행되는 방식에 중요한 요인일 수도 있다. 만약 아동이 화가 나 있거나 심란한 상태라면, 생산적인 면담을 하기가 어려울 수 있다. 이것은 자신의 감정을 제쳐 두고 면담을 계속 이어 나갈 가능성이 더 적은 어린 아동에게는 더 그럴 수 있다.

만약 아동이 스트레스를 받았거나 화가 나 있다면, 면담을 중단하고 싶은지 물어보는 것이 중요하다. 때로 면담을 계속하기를 원한다고 말할 수도 있지만, 당신이 판단하기에 중단하는 것이 아동에게 이롭다면 당신이 중단을 결정할 수 있다. 이렇게 중단하는 것이 아동의 바람을 무시하는 것이 아니라, 성인인 당신이 결정에 대한 책임을 지는 것으로 여기는 것이 중요하다. 아동은 동의서에 서명했기 때문에 면담을 계속할 의무가 있다고 생각할 수도 있다. 아동에게 스트레스를 주는 면담을 계속하는 것이 윤리적인 연구 상황이 있을 가능성은 없다. 그러나 아동이 우는 것을 반드시 스트레스라고 볼 수는 없다. 만약 아동이 슬픈 무언가를 설명하고 있기 때문에 울고 있다면, 당신은 면담을 계속할지 여부에 대해서 개인적 판단에 따른 결정을 할 필요가 있다.

마지막으로, 우리 자신의 심리 상태가 면담의 결과에 강한 영향을 미칠 수 있다. 만약 여러분이 힘든 하루를 보냈다면, 여러분은 아동을 만나서 아동의 이야기를 들을 수 있기 위해서 그 전에 힘든 하루의 모든 문제들을 내려놓을 필요가 있다. 만약 아동에게 신경을 써 줄 수 없다면, 아동의 안 좋은 경험은 보상해 주기 어려울 수 있기 때문에, 면담을 연기하는 여부를 고려해 볼 가치가 있다. 여러분 자신의 문제와 감정을 알고 있는 것이 중요한 이유는 연구 피험자를 포함한 다른 사람과 의사소통을 할 때 이런 문제와 감정의 잠재적 영향을 인식할 수 있기 때문이다.

연구자 요인

면담은 쌍방향 상호 의사소통 만남(communication encounter)이라는 것을 기억하는 것이 중요하다. 우리는 아동의 역할과 면담에 영향을 미칠 수 있는 아동과 관련된 요인들을 고려했는데, 면담자인 여러분이 만남(encounter)에 영향을 미친다는 것을 명심하는 것도 필요하다. 따라서 면담과 관련된 연구자 요인에 대해서 생각하는 것은 중요하다.

경험과 안도

아동을 면담해 본 경험이 있다는 것이 더 큰 안도감을 가져다줄 가능성이 있다는 것은 의심의 여지가 없다. 그러나 경험이 더 적은 연구자는 다른 요인들을 이끌 수도 있다. 경험이 더 적은 연구자는 나이가 더 적을 것이기 때문에 나이가 더 많은 면담자들에게 더 어려울 수 있는 방식으로 아동과 공감을 할 수도 있다. 이것은 나이가 더 많은 면담자와 이야기하는 것이 부모와 이야기하는 것처럼 느껴지기 때문에 아동에게 불편할 수도 있는, 예를 들어 성관계나 마약과 같은 주제와 특히 관련이 있을 수도 있다. 아동・청소년은 거짓된 진실성(false sincerity)에 대해서 믿을 수 없을 정도로 직관력이 있기 때문에, 자신이 아닌 다른 사람(someone you are not)처럼 보이려고 하지 않는 것이 가장 좋다. 면담을 진행하는 방식은 반드시 여러분의 본 모습과 일치하도록 해야 한다. 만약 여러분이 다른 사람이 사용하는 것을 본 그 기법을 사용하려고 한다면, 청소년에게 그것을 알려 주면, 청소년은 그것이 도움이 되는지 여부에 대한 건설적인 피드백을 제공해 줄 수 있다.

면담 관리

면담 일정을 정하고 면담에 대해서 준비하는 것은 7장에서 논의한 바와 같이 면담의 주요 준비 단계 중 두 단계다. 그러나 면담 상황의 실제는 여러분이 상상했던 것과 매우 다르게 느껴질 수 있고, 따라서 면담 자체를 관리할 때 고려해야 할 부분이 있으며, 그 각각의 부분에 대해서 차례대로 다룬다.

아동과 관계 맺기

7장에서 말했듯이, 참여(engagement)는 모든 면담의 중요한 부분이다. 7장을 읽어 보면 면담은 쉽게 배울 수 있는 객관적인 과정이라는 인상을 받을 수도 있다. 의사소통은 과학 못지않게 기술이라는 것을 잊기 쉬울 수 있다. 어떤 분야의 초보 면담자에게 면담의 여러 단계를 가르치는 것은 쉽지만, 면담 대상자에게서 얻는 언어적 · 비언어적 신호를 고려하여, 면담을 진행하면서 면담을 수정하는 방법을 가르치는 것을 더욱 쉽지 않다.

면담 대상자와 면담을 함께 노력하는 측면에서 더 중요할 수도 있는 특별한 면담 단계들이 있다. 다음 절에서는 가벼운 대화(small talk)의 기능, 그리고 이것이 의사소통 기술과 의사소통 과학을 어떻게 종합하는지, 그리고 연구자들이 아동–중심 방식으로 다양성을 해결하는 데 어떻게 도움을 줄 수 있는지에 초점을 둔다.

가벼운 대화(잡담)의 기능

이것은 많은 기능에 도움이 될 수 있지만, 제대로 하지 않을 경우에 양당사자 모두에게 어색하고 불편할 수 있다. 다양한 사람에 맞추어 통상적인 가벼운 대화를 수정하는 기술이 있다면 이 기술은 놀라울 정도로 유용한 기술이다. 어떤 사람은 다른 사람들보다 원래 가벼운 대화를 더 편하게 느낀다. 비록 연습을 한다고 해서 가벼운 대화가 완전히 제2의 천성이 될 수는 없겠지만, 더 편해지고 능숙해질 수 있다. 아마도 이 글을 통해 여러분은 다양한 맥락에서 대화를 시작할 용기가 생길 것이고, 따라서 반응을 조절하는 방법과 상대방을 언제 편하게 하고 또는 불편하게 하고 있는지(그리고 당신 자신의 불편함을 증가시키는 위험을 각오해야 할지도 모른다.)를 알 수 있는 방법을 배우기 시작할 것이다.

가벼운 대화는 사람과 관계를 맺고 교감을 형성하는 유용한 기술이다. 나 자신만의 신경이나 불편함보다 다른 사람의 관점을 생각하는 것이 도움이 될 수 있다. 일반적으로 날씨, 면담 대상자의 관심 사항, 면담하러 오기까지의 여정이나 나머지 일과에 대해서 묻기와 같이 안전하고 논란이 되지 않는 주제에 한정하여 가벼운 대화를 하는 것이 가장 좋다. 그러나 다양한 주제를 가지고 있어야 다양한 사람들과 관계를 맺을 수 있다. 기술은 화제를 바꾸는 시기를 알 수 있을 정도로 융통성이 있는 것이다.

지금 시점에서 저자 중 한 명이 자신의 임상 실무를 되돌아보는 [글상자 9-3]의 개인적 사례의 예시를 살펴보면 도움이 될 것이다.

[글상자 9-3]

개인 사례의 예시

제2 저자(Dogra)는 아동 · 청소년 정신과 의사이며 개인적인 실무 관점에서 여기에 예를 들고 있다.

> 5~18세 아동 · 청소년이 우리 병원에 찾아오는데, 이들은 종종 부모/양육자와 함께 온다. 이들 중에 축구 팀 로고가 새겨진 티셔츠를 입고 오는 경우가 많다. 나는 이들을 대화에 참여시키는 가벼운 대화를 시작하는 출발점으로써 이 축구에 대해서 종종 물어본다. 하지만 나는 이들이 반드시 축구 팬이라는 가정은 하지 않는다. 나는, "입고 있는 축구 티셔츠가 멋진데, 너는 축구 팬이니?" 이렇게 물어볼 수도 있을 것이다. 이 질문은 면담 대상자가 축구에 관심이 있다면, 면담 대상자에게 축구에 대한 대화를 시작할 기회를 제공하는 것이지만, 단지 티셔츠가 형의 티셔츠이거나 옷장에 깨끗한 옷이 그 옷밖에 없었다거나, 또는 그 날 아침 집어 든 옷이 그 티셔츠였기 때문에 입었다면, 면담 대상자에게 축구 팬이 아니라고 대답할 기회를 제공하는 것이다. 여러분 앞에 앉아 있는 사람이 단지 남성 환자라는 이유 때문에 축구에 대한 이야기를 하는 것은 끔찍하게 잘못된 것일 수도 있다. 왜냐하면 일반적인 믿음과는 대조적으로 모든 남성이 축구를 좋아하지는 않기 때문이다.
>
> 마찬가지로 이것은 음악 밴드의 이름이 새겨진 티셔츠/스웨터에도 적용된다. 일부 음악 밴드는 내가 모르는 밴드다! 여기서 중요한 것은 나는 아동에게 흥미가 있을 수 있는 것에 대해서 아동으로부터 단서를 얻지만, 아동에 대해서 가정은 하지 않는다는 것이다. 나는 지난 수년 동안 내가 이행해야 할 임상 역할에 맞는 다양한 방식으로 나 자신

이 되는 방법을 배웠다. 아동은 사회적 기대에 의해 제약을 덜 받기 때문에 어떤 점에서 아동과 나누는 가벼운 대화는 더 쉬울 수 있다. 그러나 가벼운 대화는 유용한 기능에 도움도 된다. 즉, 아동에게 무엇이 중요한지에 대해서 알 수 있을 뿐만 아니라, 아동의 이해 수준과 아동과 관계를 더 깊이 맺기 위해 사용해야 하는 언어를 알 수도 있다.

어려운 면담 관리하기 (적대적 · 공격적 · 비의사소통적 아동)

아무리 준비를 잘하고 연습을 많이 했더라도 일이 잘못되거나 면담이 힘들어질 가능성은 항상 있다. 만약 아동을 책임지고 있는 성인이 면담에 대해서 잊어버렸다면, 아동이 준비가 되어 있지 않을 경우에는 면담 일정을 무리하게 잡으려고 하기보다는 다른 날에 일정을 잡는 것이 더 생산적일 수 있다. 물론 당신이 면담을 위해 먼 길을 왔다면 일정을 다시 잡는 것이 어려울 수도 있을 것이고, 여러분이 출발하기 전에 면담이 이루어지는 것이 예상되는 경우라면 일정을 다시 잡을 가능성이 줄어들 수 있을 것이다.

이 장의 앞부분에서 언급했듯이, 아동에게 중요한 것을 이해하는 방법으로써 그림 그리고/또는 놀이 사용은 아무리 과장해도 지나치지 않다. 아동에게 자기가 그리고 싶은 것을 선택할 수 있는 자유를 주거나 아동에게 무언가를 그리게 하고, 그것을 통해 당신과 대화하면 아동이 세상을 이해하는 방식에 대해서 많은 것을 알 수 있다. 또한 초기에 그림은 발달 판별 도구(development screen)로의 역할도 할 수 있다. 아동에게 자신이나 부모를 그려 보게 하고, 그림 위에 이름을 쓰게 하라(Dogra and Baldwin, 2009). 비교적 짧은 시간 안에 아동의 발달수준, 펜과 연필에 대한 아동의 익숙함과 연필을 잡는 방법을 알아볼 수 있다. 이것은 면담과 대화를 진행하기 위해 필요한 면담 대상자의 수준에 대한 아주 훌륭한 지표다.

적대적인 아동 그리고/또는 비의사소통적인 아동

또 다른 어려움은 면담 중에 아동이 적대적이거나 공격적일 수 있다는 것이다. [글상자 9-4]에 나오는 적대적인 면담 관리의 어려움을 생각해 보라.

[글상자 9-4]

비네트 - 카메론 Cameron

카메론은 범죄학 이학석사 과정(MSc)을 이수하고 있으며, 소년범을 대상으로 가족생활과 범죄 행동에서 가족의 역할에 대하여 소년범이 가지고 있는 인식에 대한 면담을 하기로 결정했다. 힘든 윤리적 과정을 거치고, 도움이 되는 정보 통제자를 구한 카메론은 8명의 소년범들을 성공적으로 면담하였고, 이제 아홉 번째 면담을 하고 있다. 면담 중에 이 여성 청소년은 다소 불안해하고 안색이 안 좋아 보인다. 그녀는 땀을 약간 흘리고 있고, 집중하지 못하고 있는 것처럼 보이고, 팔짱을 끼고 있다. 카메론은 질문을 계속 이어 가지만, 그녀는 방을 서성거리기 시작한다.

- 카메론은 어떻게 해야 하는가?

카메론이 어떻게 해야 하는지 잠시 생각하고 적어 보라.

이에 대한 몇 가지 답은 이 책의 끝부분에 제시되어 있다.

아동이 적대적으로 행동하거나 비의사소통적인 이유는 몇 가지가 있을 수 있다. 아동은 정말 연구에 참여하고 싶지 않을 수도 있다. 면담을 정하고 아동을 만나는 사이에 상황이 바뀌었을 수도 있다. 아동이 비의사소통적인 이유가 연구에 전혀 참여하고 싶지 않기 때문인지, 아니면 그 당시에만 비의사소통적인지 명확히 하는 데 시간을 보낼 가치가 있다. 만약 아동이 자발적인 참여자가 아니라는 어떤 징후라도 있다면, 면담을 계속하는 것은 비윤리적이다. 그 이유는 조심스러운 설득과 강압은 종이 한 장 차이이기 때문이다. 면담 대상자는 불안하거나 걱정을 할 수도 있기 때문에, 만약 면담 대상자가 참여하고 싶지 않다는 것을 명확하게 표시하지 않으면 연구 과정을 설명해 주는 것이 도움이 될 수도 있다.

공격적인 아동

예를 들어... 아동이 목소리를 높이기 시작한다. 당신은 아동이 더 불안해 보인다는 것을 알아챘다. 면담을 계속하기보다는 당신은 다음과 같이 말을 하는 것이 좋다. "화가 난 것 같은데, 중단하고 잠시 휴식시간을 갖는 게 어때?" 이렇게 하는 자체가 그 상황을 더 악화시키지 않을 수도 있다.

중요 사항: 당신의 안전을 위험에 빠뜨리면서까지 진행할 가치가 있는 연구 프로젝트는 없다.

만약 아동이 공격적이 되거나 짜증을 내는 것 같다면, 면담을 계속 진행하는 것이 안전한지 여부를 고려하기 위해서 면담을 중지하는 것이 좋다. 만약 연구자로서 여러분이 안전하지 않다고 느낀다면, 안전을 염려하면서 면담을 계속하는 것은 좋은 면담으로 이어지지 않을 것이기 때문에 면담을 중단하라(이 책의 초반에서 면담자의 안전에 대해서 논의했다.). 만약 잠재적인 면담 대상자가 공격성이나 폭력의 이력이 있다면, 면담 전에 위험 및 이를 완화시킬 방법을 고려해 보라. 만약 여러분이 그런 이력이 있는 청소년을 대하고 있다면, 이들을 어디에서 면담하는 것이 안전한지 고려하라. 집에서 하는 면담은 실행 가능한 해결책일 것 같지는 않다.

자신만의 의사소통 방식과 면담 방식 개발하기

면담 기술을 개발할 때, 여러분이 관찰한 모범 사례의 어떤 측면을 여러분의 방식에 통합시킬 수 있는지 고려하라. 아동을 포함하여 사람은 여러분의 의사소통이 진정인지 혹은 억지로 하는 것인지 알 수 있기 때문에 누군가를 단지 '모방'하는 것은 거의 효과가 없다. 면담은 여러분이 아주 경험이 많다고 하더라도 지속적인 개선을 필요로 하는 기술이다. 배우는 과정에서 불가피하게 실수를 하게 되지만, 여러분이 자신의 관행을 성찰하고 바꿀 준비가 되어 있다면, 이것은 중요한 학습 기회다. 면담 조사가 어떤 쟁

점을 제기하는지, 그리고 이것이 여러분이 면담을 진행하는 방식에 어떻게 영향을 미칠 수 있는지를 확인하는 것은 도움이 된다.

비연구(non-research) 맥락에서 아동과 이야기하는 연습을 하는 것은 언제나 유용한 기술인 대화 방식의 개발에 도움이 된다. 이것은 연구 '대상자(subject)'가 더 편안하게 느끼게 되고, 따라서 더 자유롭게 이야기할 수 있게 한다. 또한 다양한 나이의 아동들과 이야기하는 것은 발달상 적합한 수준의 어휘를 사용하는 방식을 더 신속하게 판단하는 방법을 알 수 있게 하기 때문에 도움이 된다. 만약 특정 연령 집단의 아동에게서 데이터를 수집하는 것이 목적이라면, 반드시 해당 나이의 아동과 연습을 하도록 하라. 그러나 나이는 아동에게서 기대할 수 있는 것에 대한 대략적인 지침이며, 다양한 발달 수준이 있다는 것을 명심하라. 변동은 나이가 더 어린 집단에서 더 확연할 수도 있다. 면담 기술을 개발하는 것도 중요하지만, 아동과의 의사소통을 촉진하기 위해서 그림과 장난감을 이용하는 것과 같은 보완적 의사소통 기술을 개발하는 것도 중요하다. 다시 말하지만, 연습이 도움이 된다.

예를 들어... 만약 여러분이 부모를 잃은 경험이 있는 아동을 면담하고 있다면, 그리고 여러분도 그런 경험이 있다면, 여러분에게 그 면담은 더 힘들 수도 있을 것이다.

임상 맥락에서, 실습 중인 의사에게 면담하는 자신을 녹화하고(물론 환자의 동의를 받고), 자신의 의사소통 기술과 개발이 필요한 부분을 확인하도록 종종 권장한다. 이것은 연구 맥락에서 더 까다로울 수 있다. 왜냐하면 프로젝트가 단기이고, 예산이 제한적일 수도 있기 때문이다. 그러나 창의성을 발휘해서 도움을 줄 수 있는 친구와 가족을 고려해 볼 수 있다. 이런 경우에도 과정의 진실성과 투명성을 보장하기 위해서 동의와 능력(capacity) 문제를 고려하는 것을 명심하라.

요약

이 장에서 우리는 연구 프로젝트와 연구 면담의 맥락이 가지는 중요성을 탐구했다. 그런 다음 면담 조사에 영향을 미칠 수 있는 아동 요인과 연구자 요인들을 고려했다.

면담 조사에 가장 중요한 아동 요인은 나이(age)와 발달(development)이지만, 다른 요인들도 아동이 연구에 어떻게 참여할지에 영향을 미친다. 아동과 연구자의 문화와 감정이 결국 상호작용에 영향을 미치기 때문에 아동 요인과 연구자 요인 사이에 일부 중복되는 것도 있다. 성인과 마찬가지로 아동은 아주 다양하며, 연구자가 아동 한 명 한 명을 정말 관심이 있는 특별한 사람으로 대한다면, 면담이 성공할 가능성은 높아진다. 연구자는 가정(assumptions)을 하지 않고 면담을 탐구로써 대한다면, 아동의 관점을 더 잘 알 수 있을 가능성이 더 많다. 아동은 만약 그런 탐구를 통해 통찰력을 얻을 기회, 자신의 경험을 공유할 기회, 그리고 상황을 변화시키는 데 도움을 줄 기회를 가진다면, 면담을 생산적인 경험으로 생각할 가능성이 더 많다.

추천 문헌

아동 발달

Dasen, P. (1994) 'Culture and cognitive development from a Piagetian perspective', in W. J. Lonner and R. S. Malpass (eds), *Psychology and Culture*. Boston: Allyn and Bacon.

McLeod, S. A. (2015) *Jean Piaget*. Available at: www.simplypsychology.org/piaget.html (accessed 14 December 2015).

Smith, P. K., Cowie, H. and Blades, M. (2015) *Understanding Children's Development*. Chichester: John Wiley and Sons.

아동과 사회화

Macoby, E. E. and Martin, J. A. (1983) 'Socialisation in the context of the family: Parent–child interaction', in P. Mussen and E. Hetherington (eds), *Handbook of Child Psychology, Volume 4: Socialisation, Personality and Social Development* (4th edn). New York: Wiley, pp. 1–101. On understanding children.

아동의 이해

Dogra, N., Parkin, A., Gale, F. and Frake, C. (2009) *A Multidisciplinary Handbook of Child and Adolescent Mental Health for Front-line Professionals* (2nd edn). London: Jessica Kingsley Publishers.

아동 면담 데이터 분석

학습 결과

이 장을 마치면 여러분은 다음의 내용을 수행할 수 있어야 한다.

- 주제분석, 템플릿 분석, 근거이론, 해석 현상학적 분석(IPA), 내러티브 분석, 담화분석(DA) 및 대화분석(CA)을 포함하여 아동과의 면담 데이터에 대한 여러 분석적 접근법을 인식하고 비판적으로 평가할 수 있다.
- 분석을 위한 코딩 도구로써 NVivo 사용의 유용성을 평가할 수 있다.
- 데이터 수집 방법과 분석적 접근법 간의 일치성에 대한 필요성을 인식할 수 있다.

서론

데이터 분석은 연구 과정의 중요한 부분이며, 면담 데이터는 다양한 분석적 접근법의 대상이 될 수 있다. 이 장에서는 면담 데이터 분석에 가장 흔한 몇 가지 접근법에 초점을 두며, 그 과정 내내 아동의 의견이 어떻게 고려되는지 살펴본다. 이 장에서는 이런 종류의 작업을 수행하기 위한 실질적인 지침을 제공하며, 이런 핵심적인 접근법을 소개한다. 여기서 다룰 분석은 주제분석, 템플릿 분석, 근거이론, 해석 현상학적 분석, 내러티브 분석, 담화분석 그리고 대화분석(대화 분석가는 자연스럽게 발생하는 데이터를 선호하며, 따라서 자연스럽게 발생하는 면담 분석한다는 것을 인식한다.)이다. 또한, 코딩에 도움을 주는 NVivo와 같은 컴퓨터 소프트웨어의 사용에 대한 지침도 제공한다. 양적 분석에 대한 접근법은 여러 가지가 있고, 이런 접근법들은 여러 이론적 관점과 관련이 있으며, 우리는 연구 단계 전체에 걸쳐 일치성(congruence)의 필요성에 대한 비판적 논의로 이 장을 결론짓는다.

주제분석

주제분석(thematic analysis)은 면담 데이터에 사용되는 양적 분석의 가장 흔한 형태이며, 때로 내용분석(content analysis)과 결합된다. 주제분석은 면담 대상자가 제기한 현저한 이슈(salient issues)에 대한 개요를 제공하고자 하는 연구자가 자주 사용하며, 아울러 양적 분석이 생소한 연구자, 그리고 코딩과 주제 보고의 기본적인 기술을 배우는 연구자도 사용하고 있다. 주제분석은 인식론적으로(epistemologically) 유연한 방법이며, 이것은 주제분석이 다양한 다른 이론적 입장들과 양립한다는 의미다. 이것은 주제분석이 인식론적 기반이 없다는 뜻이 아니라, 주제분석이 양적연구에서 이용 가능한 대부분의 이론적 입장에 맞도록 조정될 수 있다는 의미다(이에 대한 개요는 O'Reilly and Kiyimba, 2015 참조).

중요 사항: 주제는 데이터에 있는 중요한 것을 포착하고, 연구 문제가 해결하려고 했던 것을 반영하는 범주다(Braun and Clarke, 2006).

주제분석이 인기 있는 이유는 주제분석이 데이터 내의 패턴 확인 · 분석을 통해서 의미 있는 방식으로 데이터를 정리할 수 있는 유용한 방법이기 때문이다(Braun and Clark, 2006). 이것은 데이터가 어떤 내용인지에 대한 간단한 해석을 할 수 있다는 의미다(Boyatzis, 1998). 주제분석은 아동의 관점과 관련이 있고 중요하다고 인식되는 이슈를 포착할 수 있기 때문에 아동의 면담 데이터에 자주 사용된다(Joffe and Yardley, 2004). 또한, 주제분석은 코딩과 분석을 위한 분명한 전략이 있는 비교적 간단한 방법이다. 따라서 데이터를 전략적으로 코딩할 필요가 있고, 그런 다음 참여자의 핵심 관심사를 반영하는 주요 주제로 분류할 필요가 있다.

주제분석을 위해서 수행할 수 있는 일련의 간단한 단계들이 있으며, 이것은 〈표 10-1〉에 설명되어 있다.

따라서 아동을 대상으로 한 면담 데이터를 분석하기 위해 주제분석을 사용하면 얻을 수 있는 다음과 같은 몇 가지 이점이 있다.

- 아동의 이야기의 모든 측면에 최대한 주목할 수 있다.

주제분석의 코딩 틀(coding framework)은 면담의 각 반응에 최대한 주목할 수 있게 해 준다. 면담 전체가 코딩되며, 따라서 아동의 의견에 최대한 주목하고, 중요한 것이 누락되지 않는다.

- 주제분석은 이론적으로 유연하다.

이것은 연구 초반에 여러분의 개인적인 이론적 입장을 확인할 수 있고, 아동과 아동기에 대한 여러분의 견해에 맞게 기법들을 조정할 수 있다는 의미다.

- 주제분석은 참여자들 전체의 유사점과 차이점을 탐구하기 위한 유용한 접근법이다.

전체 아동 모집단은 아주 다양하며, 주제분석의 코딩 전략을 사용하면 응답의 유사점과 차이점을 탐구할 수 있다. 여러분은 변수들의 상관관계를 보여 주지는 못하지만, 주제가 표본의 특정 집단에 더 흔한지 나타낼 수 있다.

- 주제분석은 접근이 가능하고 이해하기 쉬운 접근법이다.

데이터에서 현저한 이슈와 패턴의 확인 때문에 주제분석은 이해하기 쉬운 접근법이

〈표 10-1〉 주제분석의 실제 단계

단계	기술
1.	연구 문제를 상기한다. 왜냐하면 연구 문제를 상기하는 것은 코딩 과정의 지침이 되며, 실제 면담을 다시 들음으로써 데이터에 다시 익숙해지기 때문이다. 면담을 들으면서 전사본과 맞추어 보며 읽고 관심이 가는 내용이 있으면 그것에 강조 표시를 한다.
2.	일단 데이터와 전사본에 충분히 익숙해졌다면, 코딩 과정을 시작한다. 보야치스[Boyatzis](1998)에 따르면, 다음과 같은 코딩의 세 가지 수준이 있다. • 1차 코딩: 모든 데이터를 거의 문장 별로 코딩해야 한다. 이것은 기술(descriptive) 수준이며 모든 데이터 세트가 이 과정의 대상이 되기 때문에 코드 수가 많아진다. • 2차 코딩: 1차 코드를 보다 더 의미 있는 범주로 통합하여 분류함으로써 데이터의 보다 큰 부분(segment)을 포착한다. • 3차 코딩: 범주를 보다 더 의미 있는 주제/패턴으로 분할하기 때문에 조직적인 코딩 수준이다. 이것은 참여자들에게 현저한 이슈를 확인하게 된다는 의미다.
3.	이제는 주제 코딩을 보다 더 의미 있게 해야 하고, 연구 문제를 검토할 필요가 있다. 일단 코딩의 세 가지 수준이 완료되면 확인된 주제 중에서 어떤 주제가 연구 문제에 가장 적절한 주제인지 고려해야 한다. 주요 데이터 세트에서 확인된 여러 가지 일반적인 주제를 모두 보고할 수는 없기 때문에, 연구 맥락과 가장 관련이 있고 연구 맥락에 유용한 주제를 선택한다.
4.	연구 문제와 관련이 있는 것으로 확인한 주제들은 아주 광범위한 이슈를 반영할 가능성 있고, 따라서 다음 단계는 각 주제 안에서 핵심 이슈, 다시 말하면 여러분의 분석과 관련이 있는 하위 주제를 확인하는 것이다.
5.	이제는 정말 분석을 시작할 준비가 되었다. 이 단계를 시작하기 전에 데이터의 구성과 코딩이 중요하다. 이 시점에서 주제와 하위 주제를 적절한 순서로 구성하고, 여러분이 보고하고 싶은 분석적 서술(analytic narrative)을 확인할 필요가 있다. 여러분은 자신이 제시할, 연구 문제를 다루는 분명하고 비판적인 분석적 주장이 필요하다.
6.	일단 분석적 서술을 구성하고, 여러분이 주장하고 싶은 요점을 알았다면, 그 주장을 뒷받침할 인용구를 선택할 필요가 있다. 인용구를 선택할 때 선정주의자(sensationalist)가 되기 위해서 또는 인용구가 호소력이 있기 때문이 아니라 인용구가 여러분의 주장을 뒷받침하기 때문에 선택해야 한다는 것을 명심하라(즉, 인용구는 주장을 뒷받침하는 연구 증거다.).
7.	마지막 단계는 과정의 마지막에 일어나는 것과 반대로 반복적인 성찰 과정이다. 코딩과 분석을 개발할 때, 연구 일지에 여러분의 감정과 결정을 적고 여러분이 분석적 과정에 미치는 영향에 대해 성찰해 보는 것이 중요하다. 이 과정을 통해 여러분은 자신이 공감할 수 있는 그런 부분만이 아니라 전 데이터 세트를 볼 수 있다.

며, 따라서 주제분석은 면담의 결과를 다양한 여러 청자들이 접근할 수 있다는 것을 의미한다.

그러나 물론 이 접근법에 한계가 있다는 것을 인식하는 것이 중요하며, 여러분은 자신의 연구에서 이런 한계를 완화시킬 수 있는 최선을 방법을 생각해 볼 필요가 있다. 때로 아동과의 면담은 엄청난 분량의 데이터를 생산할 수 있으며, 이것을 의미 있는 방식으로 구성하는 것은 힘든 일이 될 수 있다. 이해하기가 어렵고 보다 더 합리적인 범주로 세분하기 어려운 그리고 나중에 주제로 세분하기 어려운 거대한 코딩 틀이 결국에 생겨날 수도 있다. 또한 주제분석은 데이터에서 문제가 되는 현저한 이슈를 기술하는 대개 기술적 방법(descriptive method)이며, 따라서 해석은 단지 추측에 불과하며, 이 접근법으로 단지 기술(description)을 벗어나기가 어렵다. [글상자 10-1]은 주제분석에 관한 읽을 문헌들을 제시하고 있다.

[글상자 10-1]

주제분석에 관한 문헌

여러분이 자신의 면담 데이터에 대하여 주제분석을 사용할 계획이라면, 추가적으로 다음 책을 읽는 것이 중요하다.

- Braun, V. and Clarke, V. (2006) 'Using thematic analysis in psychology', *Qualitative Research in Psychology*, 3: 77-101.
- Joffe, H. and Yardley, L. (2004) 'Content and thematic analysis', in D. Marks and L. Yardley (eds), *Research Methods for Clinical and Health Psychology*. London: Sage. pp. 56-68.

또한, 주제분석이 실제로 어떻게 사용되고 보고되었는지 알아보기 위해 주제분석을 사용한 연구들을 읽을 것을 권고한다. 다음에 추천하는 논문은 두 편이지만, 여러분의 관심을 끄는 연구 분야를 탐구하는 책들을 찾아보는 것도 좋은 생각이다.

- Bone, C., O'Reilly, M., Karim, K. and Vostanis, P. (2015) '"They're not witches…": Young children and their parents' perceptions and experiences of Child and Adolescent Mental Health Services', *Child: Care, Health and Development*, 41(3): 450-486.

- Bourke, S. and Burgman, I. (2010) 'Coping with bullying in Australian schools: How children with disabilities experience support from friends, parents and teachers', *Disability and Society*, 25(3): 359-371.

템플릿 분석

템플릿 분석(template analysis)은 단일 분석방법이 아니며, 데이터를 주제별로 구성하기 위해 고안된 실제로 여러 기법들을 가리킨다. 템플릿 분석은 주제분석의 한 형태이며, 주제분석처럼 계층적인 코딩(hierarchical coding)을 활용하지만, 이런 종류의 분석은 어느 정도의 구조를 해당 연구에 대한 적응의 유연성으로 균형을 맞춘다(Brooks et al., 2014). 템플릿 분석은 포커스 그룹, 인터넷 블로그, 개방형 설문 및 일지 발췌문에도 사용되고 있지만, 면담 데이터에 특히 유용한 접근법이다. 템플릿 분석은 인식론적으로 유연하며, 여러 이론적인 입장에서 사용될 수 있지만, 분명한 철학적 입장을 취할 필요성을 옹호하지는 않는다(King, 2004).

템플릿 분석을 할 때, 데이터를 의미 있는 방식으로 구성하는 것이 중요하다. 이를 위해 핵심 데이터를 요약하는 코딩 템플릿 개발을 시작할 필요가 있다(King, 2012). 따라서 분석적 과정은 분석과 관련이 있는 것을 예상되는 선험적(a priori) 코드로 시작해야 하고, 코드는 주제를 개발하면서 정교화된다. 템플릿 분석의 목표는 다른 주제들의 관계를 해석하고 확인하기 위한 토대를 형성하는 템플릿을 만드는 것이다(King, 2004). 따라서 템플릿 분석의 접근법은 생산된 템플릿의 방식과 형식 측면에서 유연하다(Brooks et al., 2014).

중요 사항: 비록 템플릿 분석이 주제분석과 유사점이 많기는 하지만, 템플릿 분석은 다른 접근법이다 (Brooks et al., 2014).

주제분석과 템플릿 분석의 차이점에 대해서 명확히 하는 것은 중요하며, 이런 차이점은 다음과 같다.

- 주제분석의 경우, 주제의 확인은 데이터에 의해 주도되고, 이 확인은 데이터 수집 후에 일어난다. 그러나 템플릿 분석의 경우에는 일부 범주가 연구 의제에 의해 미리 정해진다(O'Reilly et al., 2013a).
- 주제분석의 경우, 코딩 구조와 주제의 개발은 초기의 코딩 과정 후에 일어나지만, 템플릿 분석의 경우에는 데이터의 하위 세트(sbu-set)에 근거하여 템플릿의 초기 버전이 생산되는 것이 일반적이다(King, 2012).
- 주제분석의 경우, 주제는 분석 과정의 후기 단계에서 정의되지만, 템플릿 분석의 경우에는 초기 템플릿 구성이 추가 코딩과 템플릿 정교화의 지침이 된다(Brooks et al., 2014).
- 템플릿 분석의 경우, 미리 정해진 코딩 일정과 코딩 매뉴얼이 설계되지만, 주제분석의 경우에는 그렇지 않다(O'Reilly et al., 2013a).
- 주제분석의 경우, 비록 일반적으로 하위 주제의 단계가 하나 혹은 둘이기는 하지만 코딩 단계의 수에 명시된 한계가 없다. 그러나 템플릿 분석이 데이터의 풍부하고 상세한 측면을 포착하기 위해 4개 이상의 단계를 사용하는 것은 흔하다(Brooks et al., 2014).

템플릿 분석을 시작하는 과정은 비교적 간단하며, 다시 말하지만, 브룩스Brooks 등(2014)의 접근법에 관한 논문에서 발췌하여 수정한 〈표 10-2〉에 설명되어 있는 일련의 간단한 단계가 있으며, 이 단계를 따르면 된다.

따라서 아동을 대상으로 한 면담 데이터를 분석하기 위해 템플릿 분석을 사용하면 얻을 수 있는 다음과 같은 몇 가지 이점이 있다.

중요 사항: 초기 템플릿을 너무 일찍 생산하지 않도록 주의하라! 일부 접근법들은 개방성을 장려하기 때문에 여러분은 자신의 방법론적 입장을 설명해야 하고, 만약 여러분이 특정 질문을 다루고 있다면 초기 템플릿을 개발하는 데 더 오랜 시간이 필요할 것이다(King, 2004).

〈표 10-2〉 템플릿 분석의 실제 단계(Brooks et al., 2014)

단계	기술
1. 익숙	먼저 면담 데이터에 익숙해지는 것이 중요하다. 데이터를 몇 번 듣고, 참여자의 설명에 익숙해져야 한다. 이와 함께 전사본과 맞추어 보며 읽는다.
2. 코딩	이 시점에 예비 코딩이 필요하며, 이것은 분석에 대한 다른 주제 접근법과 유사하다. 이해에 도움이 될 수 있는 가능성이 있는 전사본의 부분들을 강조 표시하기 시작한다. 연구 의제와 면담 일정에서 나온 선험적 주제로 시작할 수도 있다.
3. 구성	이제 데이터의 신생 주제들은 의미 있는 군집(clusters)으로 구성될 필요가 있으며, 이런 주제들은 집단들 안에서 그리고 집단들 간에 서로 관련되는 방식 측면에서 정의될 필요가 있다. 좁은 주제가 보다 광범위한 주제 내에 포함된 계층적 관계를 포함시킬 필요가 있다.
4. 정의	코딩의 이 시점에서, 초기 코딩 템플릿을 정의하는 것이 필요하다. 이것은 주제 구조를 정의할 수 있기 전에 데이터의 하위 세트를 근거로 개발된 템플릿이다.
5. 수정	일단 초기 템플릿을 가지고 있다면, 이것은 더 많은 데이터에 적용될 필요가 있고, 필요할 경우에는 수정을 해야 한다. 이 시점에서는 새로운 데이터를 조사하고, 초기 템플릿에서 정의한 주제들이 템플릿을 나타내는 데 사용될 수 있는지 고려할 필요가 있다. 만약 기존의 주제들이 새로운 데이터와 맞지 않는다면, 템플릿을 수정할 필요가 있다.
6. 완료	계속된 데이터 작업은 추가적인 개선을 제시할 수 있기 때문에 템플릿 그 자체의 최종 버전은 결코 있을 수 없지만, 실제로 템플릿이 여러분의 특별한 프로젝트를 위한 여러분의 요구를 언제 충족했는지 그리고 템플릿이 여러분의 연구 문제를 언제 해결했는지에 대하여 여러분은 결정을 해야 한다.

• 템플릿 분석을 통해 데이터를 이해할 수 있다.

비록 아동 · 청소년을 대상으로 많은 면담을 수행했다고 할지라도, 분석에 대한 이 접근법을 통해 의미 있는 방식으로 면담 데이터를 구성할 수 있다.

• 템플릿 분석을 통해 과정에 계속 참여할 수 있다.

이 접근법은 여러분이 전체 분석적인 과정에 계속 참여한다는 것을 의미하며, 이것은 여러분이 템플릿 개발에 특별한 역할을 유지하면서 템플릿 제작에 연구자 팀과 함께 협력할 수 있다는 것을 의미한다.

• 템플릿 분석은 중요한 이슈에 강조 표시를 한다.

이 접근법의 사용은 가장 현저하고 중요한 이슈들을 아동의 관점에서 얻어 낼 수 있다는 것을 의미하고, 이것은 정책 이슈에 대한 정보를 제공하는 데 중요할 수 있다.

• 여러분은 기술(description)을 능가할 수 있다.

템플릿 분석으로 여러분은 어느 정도 기술하는 것을 뛰어넘어, 여러분이 만든 템플릿에 근거하여 해석을 할 수 있다. 이런 해석은 여러분이 전파하는 서사 논증(narrative argument)에 있어서 중요하고, 그리고 여러분이 데이터에서 직접적인 인용구 사용을 통해 아동의 의견과 관점을 포함시키는 방식에 있어서 중요하다.

물론 이 접근법을 사용하는 데 일부 한계가 있다는 것을 인식하고, 이런 한계가 프로젝트에 어떻게 영향을 미치는지를 유념하는 것을 인식하는 것은 중요하다. 템플릿 분석을 이용할 때, 데이터에서 찾아야 할 코드를 선택하는 것은 아주 어려울 수 있다는 것을 기억하라. 특히 초기 단계에서 적절한 코드를 선택하는 것은 템플릿 개발에 중요하다. 이것을 문헌과 연구 의제에서 확인하는 것은 어려울 수 있다. 또한 데이터 기술을 능가하면, 여러분 자신이 다른 사람의 비판을 받을 수 있다는 것을 유념하도록 하라. [글상자 10-2]는 템플릿 분석에 관한 읽을 문헌들을 제시하고 있다.

[글상자 10-2]

템플릿 분석에 관한 문헌

여러분이 자신의 면담 데이터에 대하여 템플릿 분석을 사용할 계획이라면, 추가적으로 다음 책을 읽는 것이 중요하다.

• Brooks, J., McClusky, S., Turley, E. and King, N. (2014) 'The utility of template analysis in qualitative psychology research', *Qualitative Research in Psychology*, 12(2): 202-222.
• King, N. (2012) 'Template analysis', in G. Symon and C. Cassell (eds), *Qualitative Organizational Research: Core Methods and Current Challenges*. London: Sage. pp. 426-450.

또한, 템플릿 분석이 실제로 어떻게 사용되며 보고되었는지 알아보기 위해 템플릿 분석을 사용한 연구들도 읽을 것을 권고한다. 다음에 추천하는 논문은 두 편이지만, 여러분의 관심을 끄는 연구 분야를 탐구하는 논문들을 찾아보는 것도 좋은 생각이다.

- Ferguson, K. And Heidernann, G. (2009) 'Organizational strengths of Kenyan NGOs serving orphans and vulnerable children: A template analysis', *International Journal of Social Welfare*, 18: 354-364.
- Ray, J. (2009) 'A template analysis of teacher agency at an academically successful dual language school', *Journal of Advanced Academics*, 21(1): 110-141.

근거이론

근거이론(grounded theory)은 탐색적 조사(exploratory investigations)를 위해 고안된 양적 방법론이다(Charmaz, 1995). 이 접근법은 사회 과정이 일어나는 환경에서 사회 과정에 대한 탐색적 이론을 개발하기 위한 목적으로 귀납적 접근법을 개발하려고 했던 글레이저와 스트라우스[Glaser & Strauss](1967)의 협력연구에서 출현했다. 최근에는 상호작용의 다중성(multiplicity)을 이해하기 위한 목적으로 다른 버전의 근거이론이 개발되었다(Heath and Cowley, 2004). 중요한 것은, 근거이론은 데이터 수집과 분석을 동시에 수행해야 하는 반복적인 순환 과정을 촉진한다는 것이다(Charmaz, 2000). 이 접근법의 과정은 데이터 내부의 범주를 확인하고 통합하는 것이며(willig, 2008), 그리고 지속적인 비교분석을 사용하는 것으로, 이것은 데이터를 오가면서 범주 간의 유사점과 차이점을 살펴보아야 한다는 뜻이다(Charmaz, 2006).

따라서 전체적으로 근거이론의 기능은 이론을 생성하는 것이며, 그리고 그렇게 하기 위해서 범주를 확인하고 통합하기 위해 끊임없이 데이터를 오가며 검토해야 한다. 이 접근법의 반복적인 속성으로 인해, 데이터를 분석하는 동시에 데이터를 계속 수집

해야 하기 때문에 아동 참여자 모집을 언제 중단해야 하는지 알기 위해서 이론적 포화도(theoretical saturation)의 표지(marker)를 사용할 필요가 있다. 우리는 5장에서 표본 적합성(sampling adequacy)과 포화도 문제를 고려했는데, 이 시점에서 다시 이것을 참고하는 것이 도움이 될 것이다. 근거이론의 경우, 이론적 포화도는 이론은 생성할 데이터를 충분히 가지고 있으며, 데이터에서 새로운 것이 확인되지 않는다는 것을 의미한다.

중요 사항: 이 접근법에서는 하나의 면담 수집과 그 면담 분석을 사용하여 두 번째 면담을 정교화하고 실시하는 데 도움을 받는다는 것을 명심하라.

근거이론 착수 과정은 일련의 실행 단계를 필요로 하며, 이것은 〈표 10-3〉에 설명되어 있다.

〈표 10-3〉 근거이론의 실행 단계

단계	기술
1. 문헌 재검토	근거이론을 시작할 때 첫 번째 단계는 주제에 관한 증거 기반을 살펴보는 것이다. 문헌 검토는 데이터 수집 및 분석과 동시에 이루어져야 한다. 이 단계에서는 면담 중에 메모해 놓은 노트를 참고한다(근거이론 면담 방식은 연구 참여자의 말을 들으면서 메모하는 것을 필요로 한다.).
2. 코딩 시작	이 시점에서는 한 번의 면담이 완료될 때이고, 따라서 이제 코딩을 시작할 수 있다. 요점이나 중요한 이슈를 확인하기 위해 데이터를 듣고 한 줄씩, 한 문장씩 코딩을 하는 동안에 전사본을 지참하는 것이 도움이 된다.
3. 두 번째 면담을 실시하고 코딩을 계속한다	이제는 두 번째 면담을 시작하고, 지금까지 발견한 것을 근거로 정교화시킬 수 있다. 이제 두 번째 면담의 코딩을 시작하고, 중요한 범주를 확인하고, 그리고 의미 있는 라벨을 부여하는 것이 중요하다. 또한 두 번의 면담을 실시했기 때문에 이제는 지속적 비교분석(constant comparative analysis)도 시작할 수 있다. 이론적 포화도에 도달할 때까지 면담과 코딩을 계속한다. 메모를 함으로써 범주들 간에 관련성을 기록하는 것이 중요하다.
4. 핵심 범주를 확인한다	일단 이론적 포화도에 도달하고, 코딩과 지속적 비교분석을 완료했다면, 핵심 범주를 확인할 수 있다. 이것은 자주 출현하는 범주다. 과정의 너무 초기에 핵심 범주를 확인하려 하지 않도록 조심하라.
5. 연계 범주	핵심 범주와 연계된 다른 범주에 대하여 코딩하는 것이 도움이 된다.
6. 이론을 전개한다	핵심 범주에서 드러난 이론을 전개하고, 결과를 기록한다.

따라서 아동을 대상으로 한 면담 데이터를 분석하기 위해 근거이론을 사용하면 얻을 수 있는 다음과 같은 몇 가지 이점이 있다.

• 데이터에 온전히 몰두할 수 있다.

이 접근법의 속성과 지속적 비교 설계 때문에, 분석을 진행해 가면서 아동의 의견에 익숙해지고, 데이터에 완전히 몰두할 수 있다.

• 이 접근법은 세부 사항을 풍부하게 제공한다.

세부 사항, 체계적인 코딩 과정 및 이론의 확인에 기울이는 세심한 주의 때문에, 프로젝트는 아동의 관점, 의견 또는 감정에 대한 풍부하고 세부적인 설명이 생성된다.

• 근거이론 분석은 체계적이다.

이 접근법은 코딩과 분석에 대한 명확하게 표시된 체계적인 접근법이며, 이것은 여러분이 따를 명확한 방법이라는 의미다.

• 어느 정도 창의성이 허용된다.

근거이론은 분석 내내 창의성을 발휘할 수 있는 어느 정도의 자유가 허용된다. 이것은 근거이론이 우선적 가정(piror assumptions)에 의존하지 않기 때문이다.

• 근거이론은 이론을 생성하기 위한 메커니즘이다.

연구의 가장 중요한 측면 중 하나는 질문과 이론을 제기할 수 있고, 질문과 이론은 다른 방법을 사용하여 검증될 수 있다는 것이다. 연구에서 탐구심을 계속 갖고, 새로운 아이디어와 새로운 지식을 창출하는 것은 중요하다.

다른 데이터 분석 방법과 마찬가지로, 면담에 대해 근거이론 접근법을 사용하는 것에도 몇 가지 한계가 있다. 근거이론은 매우 복잡한 양적 접근법이며, 만약 여러분이 이 접근법에 대해 문외한이라면 난감하게 느낄 수도 있을 것이고, 정식 교육을 받는다면 그 혜택을 볼 수 있을 것이다. 개방 코딩 과정은 시간이 많이 소요될 수 있기 때문에 개방 코딩 과정을 시작하는 데 요구되는 시간을 지나치게 적게 예상하지 말라. 또한, 분석을 위한 다른 이론적 가정과 약간 다른 도구의 다양한 근거이론 접근법이 있다는 것을 잊지 말라. 여기에서는 일반적인 개요만 제공하고 있다. 따라서 여러분의 연구를 위해 근거이론을 사용할 계획이라면, 근거이론 접근법의 여러 종류에 대하여 더 많이 학습하는 것이 바람직하다. 이 접근법의 장단점에 대한 심도 있는 논의는 후시엔[Hussien] 등(2014)을 참고하면 된다. [글상자 10-3]은 근거이론에 관한 읽을 문헌들을 제시하고 있다.

[글상자 10-3]

근거이론에 관한 문헌

여러분이 자신의 면담 데이터에 대하여 근거이론을 사용할 계획이라면, 추가적으로 다음 책을 읽는 것이 중요하다.

- Charmaz, K. (2006) *Constructing Grounded Theory: A Practical Guide through Qualitative Analysis*. London: Sage.
- Glaser, B. and Strauss, A (1967) *The Discovery of Grounded Theory: Strategies for Qualitative Research*. Chicago: Aldine Publishing Company.

또한 근거이론이 실제로 어떻게 사용되며 보고되었는지 알아보기 위해 근거이론을 사용한 연구들도 읽을 것을 권고한다. 다음에 추천하는 논문은 두 편이지만, 여러분의 관심을 끄는 연구 분야를 탐구하는 논문들을 찾아보는 것도 좋은 생각이다.

- Connors, P., Bednar, C. and Klammer, S. (2001) 'Cafeteria factors that influence milk-drinking behaviors of elementary school children: Grounded theory approach', *Journal of Nutrition Education*, 33: 31-36.
- Karlsen, M., Coyle, A. and Williams, E. (2014) '"They never listen": Towards a grounded theory of the role played by trusted adults in the spiritual lives of children', *Mental Health, Religion and Culture*, 17(3): 297-312.

해석 현상학적 분석

현상학(phenomenology)은 사람의 경험을 연구하는 접근법이다(Smith et al., 2009). 그러나 해석 현상학적 분석(Interpretative Phenomenological Analysis: IPA)은 현상학적 분석을 하는 일반적으로 알려져 있는 방법 중 하나이지만, 다른 방법들도 있다는 것을 아는 것은 중요하다. 이 접근법은 스미스[Smith]가 주도했으며, 하이데거[Heidegger]와 후설[Husserl]의 철학적 연구에 의해 영향을 받았다. 현상학적 분석의 주요 목표는 연구 참여자가 자신의 경험을 어떻게 이해하는지 알아보기 위해서 참여자의 개인적인 삶의 경험을 심층적으로 탐구하는 것이다(Smith, 2004). 이 접근법은 연구를 통해 얻은 지식은 참여자의 관점을 반영해야 한다는 것을 강조한다. 스미스(2004)에 따르면, 현상학적 분석은 다음과 같은 세 가지 주요 특징이 있다.

1. 이 접근법은 다음 사례로 넘어 가기 전에 하나의 사례에 대한 상세한 조사부터 시작한다는 점에서 개별 기술적(idiographic)이다.
2. 이 접근법은 주류 철학과 일부 구성개념을 공유한다는 점에서 질문법적(interrogative)이다.
3. 이 접근법은 기법이 유연하다는 점에서 귀납적(inductive)이다.

중요 사항: 현상학에 대한 해석적 전통에서는 참여자의 생활세계(life-world)에 특별히 관심이 있다는 것을 명심하라.

현상학적 분석을 사용하는 연구자들은 현상학적 분석을 통해 참여자 경험의 '중층 기술(thick description)'이 가능하기 때문에 면담을 가장 적절한 데이터 수집 방법으로 선호하는 경향이 있다(Sokolowski, 2000). 그러나 면담을 할 때, 방식은 접근법과 일관되어야 하며, 면담자는 세상에 대한 자신의 가정을 '고려 대상에 제외(bracket off)'시키고, 초연한 입장을 취해야 한다(Wimpenny and Gass, 2000).

현상학적 분석을 하는 과정은 일련의 실행 단계를 요구하며, 이것은 〈표 10-4〉에서 설명하고 있다.

따라서 아동을 대상으로 한 면담을 분석하기 위해 현상학적 분석을 사용하면 얻을 수 있는 다음과 같은 몇 가지 이점이 있다.

〈표 10-4〉 해석 현상학적 분석의 실행 단계

단계	기술
1. 데이터에 익숙해진다.	데이터와 해당 전사본에 익숙해질 필요가 있기 때문에 면담을 여러 번 다시 들어보라. 면담을 듣는 동안에 생각이나 감정을 메모하고, 드러나고 있다고 생각하는 광범위한 주제를 기록하는 것은 도움이 된다. 의미를 찾기 위해 전사본 각각을 체계적으로 검토하고, 여백에 메모를 할 필요가 있다. 이 단계에서 이 작업은 아주 기술적(descriptive)일 수 있다.
2. 핵심 관심사를 확인한다.	이제는 전사본을 다시 검토하고, 관심이 있는 현상과 관련 있는 이슈와 인용구를 확인할 필요가 있다. 이 단계에서는 흥미롭게 보이는 모든 것을 강조 표시하고, 참여자 간의 유사점과 차이점을 확인한다. 이 단계에서는 여러분이 확인하고 있는 주제 간의 연관성을 확인하려고 노력하고, 하위 주제를 확인하기 시작해야 한다.
3. 표를 만든다.	분석 과정의 이 단계에서는 주제에 대한 표를 만들고, 이런 주제를 뒷받침하는 면담에서 나온 실제 인용구를 메모하는 것이 도움이 된다. 확인하는 주제는 데이터에 기반을 두어야 하며 증거가 없는 주제는 폐기해야 한다.
4. 네 가지 핵심 개념의 증거를 확인한다.	현상학 분석은 분석 과정을 촉진하는 네 가지 중심 개념이 있으며, 이 시점에서는 다음과 같은 네 가지 중심 개념을 탐구하기 위해 데이터를 다시 검토할 필요가 있다. –일시성(temporality): 시간에 대한 경험 –공간성(spatiality): 공간에 대한 경험 –상호주관성(inter-subjectivity): 다른 사람 및 사회적 집단과의 관계에 대한 경험 –체화(embodiment): 자기 자신의 신체에 대한 경험 및 관련성
5. 주제를 완성하고 숙고한다.	이제 관련 주제의 최종 목록을 개발할 준비가 되었다. 이것은 참여자들의 경험을 압축하고, 그들의 생활세계를 명확하게 보고해야 한다. 연구 문제를 해결하는 방식으로 이런 주제를 전개해야 하며, 여러분 자신의 선입관이 어떻게 그 과정에 영향을 미칠 수 있는지에 대해서 숙고해야 한다.

- 이 접근법에는 창의성이 있다.

현상학적 분석에는 데이터를 수집하고 분석할 때 창의성을 제공하는 해석적 요소가 있다(Willig, 2008).

- 현상학적 분석은 심층적 접근 방법을 취한다.

이 접근법의 깊이는 아동의 생활세계에 몰두할 수 있고, 면담 중에 아동이 제기하는 흥미롭고 중요한 이슈를 추구할 수 있다는 것을 의미한다.

- 현상학적 분석은 참여자 중심이다.

이 접근법은 참여자에게 초점을 두며, 따라서 아동–중심이 되고 아동의 관점에서 경험을 탐구하는 메커니즘을 제공한다.

- 작은 표본 크기는 충분하다.

현상학적 분석의 깊이는 작은 아동 표본으로 많은 양의 심층적인 데이터를 얻을 수 있다는 것을 의미한다. 그러나 결과가 보다 광범위한 맥락에 어떻게 적용되는지에 대해 신중할 필요가 있다.

- 현상학적 분석은 연구자의 동적(dynamic) 영향을 인정한다(Brocki and Wearden, 2006).

이 접근법은 면담자가 경험에 대한 정보를 아동으로부터 얻는 데 중요한 역할을 한다는 것을 인식하며, 면담자가 연구 과정에 적극적인 위치를 담당한다고 주장한다.

아동의 면담을 분석하는 접근법으로서의 현상학적 분석에 일부 한계가 있다는 것을 인식하는 것은 물론 중요하다. 이 접근법의 깊이(depth)는 이 접근법을 시간이 상당히 소요되는 분석(그리고 데이터 수집) 형태로 만들며, 그리고 이것이 계획된 것이라는 것이 중요하다. 이 깊이는 여러분이 중요한 맥락적 세부 사항을 놓칠 수도 있다는 것도 의미하며, 특히 여러분이 이 접근법을 처음 접한다면 더욱 그렇다. 따라서 과정 내내 전문가가 여러분을 도와주는 것이 바람직하다. 비록 현상학적 분석은 깊이에 집중할 수 있도록 표본 크기가 작지만, 이것은 일부 비난의 원인이 되고 있고, 여러분의 결과의 전이 가능성(transferability)을 보여 주기가 어려울 수 있다. 이것은 분석에 대한 꽤 복잡한 접근법이며, 따라서 연구를 위해 사용하려고 고려하기 전에 전문가 교육을 받는 것이 좋다. 아동 특유적이지 않고, 특히 건강 연구에 초점을 두고 있지만, 현상학적 분석의 그 장점에 대해 더 많이 배우려면 브로키와 웨어든[Brocki & Wearden](2006)의 현상학적 분석 연구에 대한 검토가 그래도 유용할 것이다. [글상자 10-4]는 현상학적 분석에 관한 읽을 문헌을 제시하고 있다.

[글상자 10-4]

해석 현상학적 분석에 관한 책

여러분이 자신의 면담 데이터에 대하여 현상학적 분석을 사용할 계획이라면, 추가적으로 다음 문헌을 읽는 것이 중요하다.

- Smith, J. (2004) 'Reflecting on the development of interpretative phenomenological analysis and its contribution to qualitative research in psychology', *Qualitative Research in Psychology*, 1(1): 39-54.
- Smith, J., Flowers, P. and Larkin, M. (2009) *Interpretative Phenomenological Analysis: Theory, Method and Research*. London: Sage.

또한, 현상학적 분석가 실제로 어떻게 사용되며 보고되었는지 알아보기 위해 해석 현상학적 분석을 사용한 연구들도 읽을 것을 권고한다. 다음에 추천하는 논문은 두 편이지만, 여러분의 관심을 끄는 연구 분야를 탐구하는 논문들을 찾아보는 것도 좋은 생각이다.

- Back, C., Gustafsson, P., Larsson, I. and Bertero, C. (2011) 'Managing the legal proceedings. An interpretative phenomenological analysis of sexually abused children's experience with the legal process', *Child Abuse and Neglect*, 35: 50-57.
- Griffiths, M., Schweitzer, R. and Yates, P. (2011) 'Childhood experiences of cancer:

An Interpretative Phenomenological Analysis approach', *Journal of Pediatric Oncology Nursing*, 28(2): 83-92.

내러티브 분석

내러티브 분석(narrative analysis)은 1970년대 초에 라보프[Labov]가 주도를 했으며, 이 분석 접근법은 사람들이 세상을 해석하기 위해 사용하는 이야기를 사용하는 방식에 초점을 둔다. 따라서 내러티브 분석은 사람은 이야기를 한다는 것을 인식하는 분석에 대한 접근법이며, 이것은 사람의 삶의 경험과 사람의 사회적 세상을 이해하는 방식에 대한 통찰력을 제공한다(Thorne, 2000). 내러티브 분석은 내러티브 데이터에 대한 체계적인 접근법이며(Riessman, 2008), 스토리텔링을 규범적 인간활동(normative human activity)으로 본다(Crossley, 2000).

분석에 대한 다른 많은 양적 접근법처럼, 여러 가지 내러티브 분석의 종류가 있으며, 라이스먼[Riessman](2008)은 가장 일반적인 네 가지 종류를 다음과 같이 설명했다.

1. 내러티브의 내용에 초점을 두는 주제 내러티브 분석(thematic narrative analysis)
2. 내러티브가 전달되는 방식과 내러티브의 구조적 특징에 초점을 두는 구조적 내러티브 분석(structural narrative analysis)
3. 폭넓은 해석적 접근 방법을 취하고 성찰에 주목하는 대화체 내러티브 분석(dialogic narrative analysis)
4. 이미지와 이미지들이 참여자에게 해석될 수 있는 방식에 초점을 두는 시각적 내러티브 분석(visual narrative analysis)

선체적으로 내러티브 분석은 내러티브를 사람이 자신과 자신의 세상을 다른 사람들에게 나타내기 위해 사용하는 해석적 장치로 본다(Riessman, 2008).

내러티브 분석을 하는 과정에는 일련의 실행 단계가 요구되며, 이것은 〈표 10-5〉에 설명되어 있다. 그러나 내러티브 분석의 종류는 여러 가지가 있으며, 그 각각의 종류는 약간씩 다른 궤적(trajectory)을 따른다는 것을 알아야 한다. 따라서 우리가 제시하는 것은 체계적인 지침이 아니라, 대략적인 개요이고 주요 단계를 지나치게 단순화시킨 것이다. 여러분이 연구에 이 접근법을 사용할 계획이라면, 이 접근법에 관한 전문가 교육을 받을 것을 권장한다.

중요 사항: 내러티브 분석의 종류는 많고, 이 내러티브 분석들 각각은 초점이 다르고 분석하는 방법이 다르다는 것을 명심하라.

〈표 10-5〉 내러티브 분석의 실행 단계

단계	기술
1. 문헌을 참고한다.	이 과정을 시작하기 전에 관심 있는 주제에 관한 문헌과 내러티브 분석에 관한 주제 모두에 익숙해지는 것이 중요하다.
2. 이야기를 확인한다.	면담을 살펴보고 이야기를 확인할 필요가 있다. 이야기는 종종 면담 중에 자연스럽게 전개가 되며, 무엇이 이야기를 구성하고, 무엇이 이야기를 구성하지 않는지 결정할 필요가 있다. 각 면담 동안에 많은 이야기가 나올 가능성이 있으며, 이 모든 것을 강조 표시할 필요가 있다.
3. 이야기를 줄인다.	아동의 각각의 이야기를 아동의 경험에서 중요한 이슈나 사건을 드러내는 요소로 줄이기 위해서 각 아동의 내러티브를 체계적으로 살펴볼 필요가 있다.
4. 공통 요소들을 확인한다.	아동의 면담을 살펴볼 때 교차 사례 비교를 하기 위해 공통의 요소를 확인한다. 데이터에서 대조적인 것뿐만 아니라 패턴이나 주제를 찾는다.
5. 각 아동에 대한 '이야기 지도(story map)'를 개발한다.	이제는 연구의 일부인 각 이야기에 대한 이야기 지도를 개발해야 한다(Richmond, 2002). 이것은 인물 · 배경 · 사건 · 주제 · 결과와 관련하여 과거와 현재의 경험과 잠재적인 미래의 의도에 대한 설명을 정리할 필요가 있다는 것을 의미한다(Richmond, 2002).
6. 성찰한다.	비록 성찰이 반복적이고 분석 내내 실천되어야 하지만, 자신을 상기시켜서 과정에 대하여 적극적으로 되돌아보는 것이 중요하다.

따라서 아동을 대상으로 한 면담 데이터를 분석하기 위해 내러티브 분석을 이용하면 얻을 수 있는 다음과 같은 몇 가지 이점들이 있다.

• 아동의 경험을 전체론적(holistic)으로 제시한다.

내러티브에 대한 집중을 통해 아동의 경험을 분리하거나 범주로 줄이는 것이 아니라, 전체론적으로 제시할 수 있다.

• 내러티브 분석은 인식하지 못한 경험들을 이끌어 낸다.

내러티브 분석을 사용함으로써 아동이 의식적으로 알지 못했던 경험들을 알아볼 수 있다.

• 언어가 맥락 속에서 연구된다.

이 접근법은 여러분이 분석 과정에 관여할 때, 맥락과 맥락의 영향력에 대해 어느 정도의 통제력을 부여하는 맥락 속에서 언어가 연구된다는 것을 의미한다.

• 풍부하고 흥미로운 데이터

내러티브와 이야기에 대한 집중은 아동을 면담하는 과정 내내 드러날 수 있는 풍부하고 흥미로운 데이터를 제공받는다는 것을 의미한다.

• 내러티브는 흔하다.

아동은 자신의 생활에 대한 이야기를 하는 것에 익숙하다. 이것은 아동이 자신의 경험을 전달하는 자연스럽고 흔한 방법이다. 과정이 보다 더 자연스럽기 때문에 내러티브 방법을 통해 수집된 데이터는 보다 더 풍부할 수 있지만, 또한 보다 더 복잡할 수 있다.

물론 아동 면담을 분석하기 위해서 내러티브 분석을 사용하는 데 약간의 한계가 있다는 것을 인식하는 것이 중요하다. 이런 분석 형태는 특히 시간이 많이 소요되고 전문화되어 있다는 것을 명심하라. 만약 이 형태의 분석을 효과적으로 하려고 한다면, 전문가의 도움이 필요하고, 이런 연구 단계를 위해서 충분한 시간이 있어야 한다. 아동을 대상으로 면담을 진행할 때, 이야기를 하는 아동의 능력은 아동의 인지능력 및 문해능력과 관련이 있다. 따라서 아동은 일반적으로 자신의 생활에 대한 이야기를 하는 데 익숙한데, 그 범위는 아동의 역연령과 발달상의 나이에 좌우될 가능성이 있다. 또한 아동이 이야기를 효과적으로 그리고 심층적으로 이야기하는 것은 연구자와의 보다 깊은 수준의 교감을 요구하기 때문에, 아동에게 그렇게 이야기를 유도하는 것에는 잠재적인 윤리적 문제가 있고, 만약 이것을 신중하게 진행하지 않는다면, 일부 아동에게 잘못된 정보를 줄 수 있다. [글상자 10-5]는 내러티브 분석과 관련된 문헌을 제시하고 있다.

[글상자 10-5]

내러티브 분석에 관한 문헌

여러분이 자신의 면담 데이터에 대하여 내러티브 분석을 사용할 계획이라면, 추가적으로 다음 책을 읽는 것이 중요하다.

- Crossley, M. (2000) *Introducing Narrative Psychology: Self, Trauma and the Construction of Meaning*. Buckingham: Open University Press.
- Riessman, C. (2008) *Narrative Methods for the Human Sciences*. Thousand Oaks, CA: Sage.

또한, 내러티브 분석이 실제로 어떻게 사용되며 보고되었는지 알아보기 위해 내러티브 분석을 사용한 연구들도 읽을 것을 권고한다. 다음에서 추천하는 논문은 두 편이지만, 여러분의 관심을 끄는 연구 분야를 탐구하는 논문들을 찾아보는 것도 좋은 생각이다.

- Foster, J. and Hagedorn, B. (2014) 'Through the eyes of the wounded: A narrative analysis of children's sexual abuse experience and recovery process', *Journal of Child Sexual Abuse*, 23(5): 538-557.
- McAdam, J. (2013) 'Coping and adaptation: A narrative analysis of children and youth from zones of conflict in Africa', in C. Fernando and M. Ferrari (eds), *Handbook of Resilience in Children of War*. New York: Springer. pp. 163-177.

담화분석

담화분석(discourse analysis)을 하는 많은 여러 방법들이 있기 때문에 이 접근법에 대한 간단한 소개를 하기 위해서 담화분석을 간결하게 개념화하기는 쉽지 않다(보다 더 상세한 설명은 Lester and O'Reilly, 2016 참조). 담화분석은 실제로 포괄적 용어(umbrella term)이며(Harper, 2006), 사회적 관행으로서의 말과 텍스트에 주목하는 특징을 가진 양적 접근법을 가리키는 용어다(Potter, 1997). 담화분석의 기본 전제는 언어를 통해 화자(speaker)나 작가(writer)는 충고를 하고, 다른 사람을 초대하고, 불만을 표현하는 등과 같은 과제를 달성한다는 것이다. 담화분석은 사회적 관행으로서의 담화 연구에 전념하는 특징이 있으며, 여러 접근법에 공통된 다음과 같은 특징들이 있다.

1. 구어(spoken)와 발화(utterances) 그리고 대화에 사용되는 미묘한 어감(nuances)을 포함한 언어에 초점을 둔다.
2. 서술(accounts)이 구성되는 방식에 초점을 둔다.
3. 사람들이 자신의 서술을 구성하는 방식에 변동성(variability)이 있다고 인정한다.

여러분은 담화분석 연구를 시작하려는 고려를 하기 전에, 존재하는 여러 종류의 담화분석을 인식하는 것이 중요하다. 담화분석 접근법에는 다양한 이론적 관점에서 작용하고, 다른 실행 단계를 거치는 접근법 등 다양한 접근법들이 있다. 어떤 담화분석 접근법은 언어의 구조에 주목하고, 이 구조가 현상에 대한 특별한 이해를 하는 데 어떻게 기능하는지 고려하며, 또 다른 담화분석 접근법은 언어의 수행적 기능(performative functions)에 초점을 두면서, 보다 더 기술적(descriptive)이고, 또 근본적으로 비판적인 담화분석 접근법도 있다(Lester and O'Reilly, 2016). 따라서 어떤 담화분석을 채택하는지에 따라 좌우되기 때문에 담화분석을 수행하기 위한

중요 사항: 담화분석의 종류는 많고, 이 담화분석들은 여러 인식론적 가정에 의해 뒷받침되고 있다는 것을 명심하라.

'단계'나 절차를 간단하게 기술하는 것은 가능하지 않다. 담화분석을 수행하는 과정에 대한 실행 표를 제공하는 대신, 우리는 이 접근법을 이해하는 데 있어 정보를 제공하고, 실행 절차의 다른 출처에 대한 지침이 될 수 있도록 담화분석에 대한 여러 접근법을 설명하는 표를 제공한다. 〈표 10-6〉은 이런 접근법 각각에 대한 간략한 개요를 제시한다.

〈표 10-6〉 담화분석의 다른 종류

담화분석(DA) 접근법	기술
싱클레어와 쿨사드 Sinclair and Coulthard의 담화분석	이것은 버밍엄(Birmingham) 모델로 불리기도 하며, 교실 담화에 관한 싱클레어와 쿨사드(1975)의 연구에 영향을 받았다. 이들은 교실 대화(classroom talk)는 아주 엄격하고 제도적인 구조를 따른다고 주장했다. 이들은 자신들의 담화분석 모델을 교실 상호작용을 연구하기 위한 도구로 설명했지만, 이후 다른 환경에서 많이 활용되고 있다. 이 형태의 담화분석은 담화의 속성을 설명하기 위해 평위 척도(ranking scale)를 사용한다(Sinclair and Coulthard, 1992).
전통적인 담화분석	이 담화분석 버전은 담화분석의 특정 모델로 거의 언급되지 않으며, 초기의 접근법이었고, 민족방법론(ethnomethodology)과 사회 구성주의에 근거를 두고 있으며, 포터와 웨더렐Potter & Wetherell(1987)의 연구에서 학계의 관심을 받았다. 이 형태의 담화분석은 다음과 같은 세 가지 핵심 개념을 사용한다. 1. 해석적 레퍼토리(interpretive repertories): 사람들이 세상에 대해 말하는 상식적인 방법이다. 다시 말하면, 이것은 사람들이 대화할 때 의지하는 문화적 설명, 주장 및 서술이다. 2. 주체 위치(subject positions): 특별한 방법으로 사람의 위치를 정하기 위해 형용사 혹은 범주를 이용하여 자신의 신분(identity)과 다른 사람의 신분을 파악하는 담화 방법이다(예: '좋은 아버지'). 신분은 유동적으로 간주되며, 담화를 통해 생산된다. 3. 이데올로기 딜레마(ideological dilemmas): 이것은 일상적인 상식의 파편적이고 모순되는 속성과 관련짓는 하나의 방법으로써 빌링Billig 등(1988)에 의해 개발된 개념이었다. 이것은 상호작용의 딜레마 속성을 보여 주기 위해 융통성 있는 수사학적 자원으로 사용된다.

담화 심리학 (Discursive Psychology: DP)	이것은 에드워드와 포터Edwards & Potter(1992)가 개발한 담화분석에 대한 접근법이며, 정신 상태가 보고되는 방식에 대한 관심 때문에 생성되었는데, 즉 이것은 정신 상태 자체가 사회적 행위라는 것을 의미한다. 담화심리학은 인지 이론을 일반적으로 비판하며, 따라서 기억 상태를 작동시키는 것과 같이 화자(speaker)가 인지(cognition)를 타당하게 만드는 방법에 초점을 둔다. 담화심리학은 대화분석과 보조를 같이하며, 대화의 문제(matters)가 사회적 성취(social accomplishment)가 되는 방식을 고려한다.
상호작용 사회언어학 (interactional sociolinguistic)	이것은 언어 관행(linguistic practices) 속의 권력에 대한 분석을 수반하며, 특정 맥락에 대하여 특별한 언어 특징이 생산되는 방식을 고려한다. 이 담화분석 형태는 공통의 문법 지식이 다른 인종집단이나 사회집단에 의해 다른 방식으로 동원될 수 있다는 것을 인정한다. 따라서 언어 연구에 대한 이 형태의 접근법은 시스템으로서의 언어의 패턴을 살펴본다.
바흐틴Bakhtin 담화분석	이 담화분석 형태는 바흐틴(1981)의 연구에 근거하고 있다. 바흐틴은 사람들은 말할 때, 유동적인 방식으로 의미를 만드는 데 기여하고, 각각의 발화(utterance)는 다른 사람의 발화에 대응하여 형성된다고 주장했다. 바흐틴은 언어는 권력과 이념을 둘러싼 투쟁을 조작하는 메커니즘이며, 이 형태의 담화분석에서는 사회적 갈등과 이념에 초점을 둔다.
비판적 담화분석 (Critical Discourse Analysis: CDA)	이 담화분석 버전은 언어학, 기호학 그리고 기타 담화분석 형태에서 생겼다. 비판적 담화분석을 수행하는 사람들의 경우, 사회적 과정과 사회적 변화에 대한 연구에 초점을 두며, 사회적 · 정치적 이슈에 특히 초점을 둔다. 따라서 비판적 담화분석의 주된 초점은 사회적 구조 안에서 권력의 생산에 있다. 이 접근법을 사용하는 연구자는 언어가 사회의 불평등을 유지하고 정당화하기 위해 어떻게 기능하는지에 관심이 있다(Wooffitt, 2005).
푸코 담화분석 (Foucauldian Discourse Analysis: FDA)	푸코Foucault의 연구에서 유래한 이 담화분석 형태는 담화가 어떤 식으로 세상을 이해하는 정보를 제공하고 세상에 대한 이해를 가능하게 하는지를 분석하며, 정치적 관계와 사회적 관계의 이해에 초점을 둔다. 푸코 담화분석은 우리가 세상에 대해 생각하는 방식을 이루는 지배적인 담화의 이념적인 토대에 초점을 둔다(Wooffitt, 2005). 따라서 푸코 담화분석은 사회에서 어떻게 사람들의 지위가 정해지고, 그런 지위를 어떻게 차지하고 또는 거부하는지에 대해 초점을 둔다. 또한 푸코 담화분석의 의미는 항상 기호 체계를 통해 구성된다는 구조주의 개념은 각 의미는 다른 것과의 관계에서 구성된다는 것을 의미하는 것이라고 주장한 데리다Derrida(1981)의 연구에 의해서도 형성되었다.

따라서 아동을 대상으로 한 면담 데이터를 분석하기 위해 담화분석을 사용하면 얻을 수 있는 다음과 같은 몇 가지 이점들이 있다.

• 담화분석은 말과 텍스트에 적용된다.

담화분석은 말-중심 면담이나 텍스트-중심 면담에 사용될 수 있기 때문에 여러분이 수행하는 면담 종류와 상관없이 적절한 분석 형태다. 이것은 담화분석이 대면면담이나 전화면담뿐만 아니라 메신저와 이메일 면담에 적합하다는 의미다.

• 담화분석은 새로운 통찰력(insights)을 생성할 수 있다.

담화분석은 아동과의 상호작용에서 발생하는 새로운 이슈를 생성하는 데 유용한 접근법이다.

• 담화분석에 대한 모든 접근법들은 체계적이다.

담화분석의 여러 각 버전은 체계적이고 엄격한 절차를 가지고 있으며, 따라서 질(quality)이 접근법에 내재되어 있다.

• 분석은 데이터에 근거한다.

여러분이 아동 그리고/또는 관심 있는 현상에 대해 하는 주장은 분석의 신뢰성을 증진하는 데이터 실증성에 근거하고 있다.

물론 아동 데이터에 담화분석을 사용하는 데 일부 한계가 있다는 것을 인식하는 것은 중요하다. 모든 형태의 담화분석이 자연스럽게 발생하지 않는 면담 데이터와 일치하는 것은 아니라는 것을 인식하는 것이 중요하다. 예를 들어, 담화분석은 연구 목적을 위해 연구자에 의해 생성된 것이 아니라 세상에서 자연스럽게 발생하는 데이터를 선호하는 경향이 있다. 또 다른 한계는 여러 담화분석 접근법들의 유사점과 차이점이 특히 이 접근법을 처음 접하는 사람에게 어느 정도 혼란을 야기할 수 있다는 점에서 보다 더 개념적이다. 담화분석은 연구가 처음인 사람들이 사용하기에는 복잡한 방법이다. [글상자 10-6]은 담화분석에 관한 읽을 문헌들을 제시하고 있다.

[글상자 10-6]

담화분석에 관한 문헌

여러분이 자신의 면담 데이터에 대하여 담화분석을 사용할 계획이라면, 추가적으로 다음 책을 읽는 것이 중요하다.

- Potter, J. and Wetherell, M. (1987) *Discourse and Social Psychology*. London: Sage.
- Wooffitt, R. (2005) *Conversation Analysis and Discourse Analysis: A Comparative and Critical Introduction*. London: Sage.

또한, 담화분석이 실제로 어떻게 사용되며 보고되었는지 알아보기 위해 담화분석을 사용한 연구들도 읽을 것을 권고한다. 다음에 추천하는 논문은 두 편이지만, 여러분의 관심을 끄는 연구 분야를 탐구하는 논문들을 찾아보는 것도 좋은 생각이다.

- Ghaill, M., Mac, M. and Haywood, C. (2012) 'Understanding boys: Thinking through boys, masculinity and suicide'. *Social Science and Medicine*, 74(4): 482-489.
- Heydon, G. (1997) 'Participation frameworks, discourse features and embedded requests in police VA. T. E. interviews with children', *Monash University Linguistics Papers*, 1(2): 21-31.

대화분석

대체로 대화분석(Conversation Analysis: CA)은 상호작용 속의 말(talk, 대화)에 대한 연구이며(Schegloff, 1987), 말이 차례대로 조직되는 방식과 전개되는 그 말을 어떤 상호작용의 구성원들이 이해하는 방식을 파악하는 것을 목표로 하는 접근법이다. 대화분석을 수행하는 사람들의 경우, 화자가 순서를 마칠 때까지 차례가 끝나지 않았다고 두 화자가 인식하는, '말차례 구성 단위(turn construction units)'라고 하는 대화 차례(conversational turns)의 구조에 초점을 둔다(Sacks et al., 1974). 따라서 대화분석의 중심 과제는 말을 통해 생산되는 활동의 사회 조직을 살펴보는 것이다(Hutchby and Wooffitt, 2008).

중요 사항: 많은 사람이 접근법을 지탱하는 존재론(ontology) 때문에 자연스럽게 일어나는 면담에 대해서 대화분석을 실시하는 것이 타당하다고 주장한다.

대화 분석가의 경우, 자연스럽게 발생하는 데이터는 대화분석 접근법에 대한 토대가 되는 상대주의 존재론(relativist ontology)을 반영하기 때문에 이런 데이터를 수집하는 것이 필수적이다(Hutchby & Wooffitt, 2008). 대화분석에서는 일상적인 대화와 제도적인 말을 구분한다. 일상적인 대화는 일상의 대면 상호작용 또는 전화 상호작용에서 일어나는 대화이고, 제도적인 말은 제도적 목적이 있고, 일반적으로 제도적 맥락에서 일어나는 말이다(Wooffitt, 2005).

대화분석을 수행하는 과정은 일련의 실행 단계를 필요로 하며, 이 단계는 〈표 10-7〉에서 설명하고 있으며, 드루Drew(2015)가 제안한 것이다. 만약 여러분의 연구를 위해 대화분석을 수행하려고 한다면 그 전에 이 접근법에 대한 전문가 교육을 받을 것을 권장한다. 왜냐하면 이 접근법은 전문지식을 요구하는 전문적인 분석 접근법이기 때문이다.

따라서 아동을 대상으로 한 면담 데이터를 분석하기 위해 대화분석을 사용하면 얻을 수 있는 다음과 같은 몇 가지 이점들이 있다.

- 대화분석은 깊이(depth)가 있다

분석에 대한 미시적 접근법(micro-approach) 때문에 과정에 깊이가 있으며, 면담에 대한 아동의 기여를 심층적으로 탐구할 수 있다.

- 대화분석은 정확(precise)하다.

이 접근법은 대화의 세부 내용을 탐구하는 매우 정확한 접근법이다.

〈표 10-7〉 대화분석의 실행 단계(Drew, 2015)

단계	기술
1.	대화 분석가는 화자는 단지 말만 하는 것이 아니라 실제로 일정 형태의 사회적 활동에 관여하고 있다는 사실을 고려함으로써 시작해야 한다. 여러분에게 이 사회적 활동은 면담이 될 것이다. 따라서 이 과정의 첫 단계는 화자가 자신의 말로 '하고 있는(doing)' 것을 확인하는 메모를 하는 것이다. 아동은 성인이 불평하고 있는지, 초대하고 있는지, 정당화하고 있는지, 변명하고 있는지, 요청하고 있는지 등을 메모하는 것이다.
2.	대화 분석가에게 흥미로운 것은 상호작용이며, 따라서 각 화자는 이전 차례에 대응하여 자신의 차례에 말하는 것이다. 이 시점에서, 이전 화자의 차례가 현재 화자의 차례의 행동을 어떻게 시작하게 만들었는지 살펴볼 필요가 있다.
3.	이전 차례가 어떻게 특별한 사회적 행동을 시작하게 만들었는지 살펴보는 것이 중요하며, 여러분이 확인한 활동이 어떻게 그 순서의 일부로 유발되었는지 살펴보아야 한다.
4.	이제 수용자(recipient)가 첫 화자의 이전 차례에 어떻게 반응했는지 살펴보는 것이 중요하다. 이제 참여자가 이전 화자의 차례에서 어떤 것을 이해하고 있는지 살펴볼 필요가 있다.
5.	이 시점에서 여러분은 여러분의 관심사인 사회적 행동을 확인할 수 있다. 여러분은 사람이 자신의 활동을 관리하는 방식과 사람이 하는 말을 통해 그것이 어떻게 구성되었는지를 탐구하게 될 것이다.
6.	비록 모든 상호작용이 독특하기는 하지만, 이 단계는 말에 체계적인 특징이 있고, 이것은 분석가에 의해 확인될 수 있다는 보다 더 암묵적인 단계다.
7.	이제 관심 있는 사회적 행위를 확인했기 때문에, 각 사례가 공통적으로 가지고 있는 특징을 살펴보기 위해서 관심 있는 일련의 현상 사례를 수집하여 순차 패턴(sequential pattern)을 탐구할 필요가 있다.
8.	마지막 단계는 확인된 패턴을 설명하는 것이며, 이것은 수집한 사례가 공통적으로 가지고 있는 것, 그리고 그 패턴이 데이터 어디에서 어떻게 발생하는지에 대하여 분명히 알 필요가 있다는 것을 의미한다.

• 대화분석은 체계적(systematic)이다.

대화분석은 분석에 대한 과학적 접근법으로 간주되며, 엄밀성(rigour)이 있다. 대화분석은 대화분석만의 품질 표지(quality marker)가 있으며, 데이터에 대한 체계적이고 엄밀한 접근법이다.

물론 이 접근법에는 어느 정도 한계가 있다는 것을 인식하는 것은 중요하다. 대화분석을 효과적으로 수행하기 위해서는 기록의 품질이 좋아야 한다. 만약 자연스럽게 발생하는 면담의 출처가 TV나 신문이라면 문제가 되지 않겠지만, 만약 예를 들어 경찰이 아동 목격자를 면담하거나, 사회복지사가 아동을 면담하는 것과 같은 자연스러운 상황에서 면담을 녹음한다면, 좋은 품질의 녹음 장비는 필수적이다. 또한 양질의 대화분석을 수행하는 데 소요되는 시간을 과소평가하지 않는 것도 중요하다. 전문 전사 시스템(transcription system)(제퍼슨 방법)은 매우 세밀하며, 이 시스템을 잘 다룰 필요가 있다. 또한, 추정에 따르면 1분의 오디오 녹음을 이 전문 전사 시스템을 이용하여 전사하는 데 1시간이 소요되며(Roberts and Robinson, 2004), 비디오 녹음은 더 긴 시간이 소요될 수 있다. [글상자 10-7]은 대화분석에 관한 읽을 문헌들을 제시하고 있다.

[글상자 10-7]

대화분석에 관한 문헌

여러분이 자신의 면담 데이터에 대하여 대화분석을 사용할 계획이라면, 추가적으로 다음 책을 읽는 것이 중요하다.

- Drew, P. (2015) 'Conversation analysis', in J. Smith (ed.), *Qualitative Psychology*. London: Sage.
- Wooffitt, R. (2005) *Conversation Analysis and Discourse Analysis: A Comparative and Critical Introduction*. London: Sage.

또한, 대화분석이 실제로 어떻게 사용되며 보고되었는지 알아보기 위해 대화분석을 사용한 연구들도 읽을 것을 권고한다. 다음에 추천하는 논문은 두 편이지만, 여러분의 관심을 끄는 연구 분야를 탐구하는 논문들을 찾아보는 것도 좋은 생각이다.

- Stokoe, E. (2010) '"I'm not gonna hit a lady": Conversation analysis, membership categorization analysis and men's denials of violence towards women'. *Discourse and Society*, 21(2): 59-82.
- Suoninen, E. and Jokinen, A. (2005) 'Persuasion in social work interviewing', *Qualitative Social Work*, 4(4): 469-487.

NVivo 사용하기

현재 데이터 정리를 위해 코딩 과정에 도움을 주는 다양한 양적 소프트웨어 프로그램을 이용할 수 있으며, 그중에서 NVivo가 가장 유명하다. 이 프로그램은 많은 양적 데이터 세트를 관리하는 데 도움을 제공하기 위해 설계된 프로그램이다. 그러나 NVivo가 통계 프로그램이 하는 식으로 여러분을 위해 분석을 해 주지는 않는다는 것을 인식하는 것이 중요하다. 정확히 말하면, 이 프로그램은 코딩 과정을 촉진하는 프로그램이다 (Bryman, 2008).

데이터를 정리하기 위해 NVivo 프로그램을 사용할지 아니면 이와 유사한 프로그램을 사용할지 결정을 해야 할 것이다. 만약 데이터 세트가 적고 시간이 많이 없다면, 아마 수동 코딩을 하는 것으로 충분할 것이다. 그러나 교육을 받을 시간이 있고 데이터 세트가 아주 크다면, 여러분은 기초를 배우기 위해 전문 교육 과정을 이수하는 결정을 할 수도 있을 것이다.

NVivo의 기능은 관리 가능한 방식으로 데이터를 정리하는 데 도움을 주는 것이다. 예를 들면, 면담 전사본을 소프트웨어에 입력하면 코딩 과정을 해결할 수 있다. NVivo에서 전사본을 볼 수 있고, 코드[이것을 NVivo의 노드(Nodes)라고 부름]를 부여하기 위해 전사본에 있는 각 문장을 살펴볼 수 있다. 전사본의 인용구를 표시를 한 폴더 속에 정리할 수 있고, 데이터를 일반적인 광범위한 코드와 하위 코드로 정리할 수 있다. 이것은 분석과정의 일부로써 데이터를 코딩해야 하는 많은 형태의 양적 분석에 적합하다. NVivo는 많은 유용한 기능이 있으며, NVivo를 이용하면 특정 코드에 부여한 데이터를 출력하여 데이터의 그 부분만 볼 수 있다.

이 소프트웨어 대해 배우는 데 도움을 줄 수 있는 유용한 자원들이 있으며, 다음 두 책을 추천한다.

- Bazeley, P. (2007) *Qualitative Data Analysis with NVivo*. London: Sage.

• Gibbs, G. (2002) *Qualitative Data Analysis: Explorations with NVivo*. Buckingham: Open University Press.

일치성에 대한 필요성

양적 면담은 간단한 일반 과제라고 생각하기 쉽다. 그러나 3장에서 언급했듯이, 면담의 종류는 많으며, 구조화 · 반구조화 · 비구조화 면담은 일반적인 발견적 면담이지만, 실제로 더 복잡하다. 비록 일반 양적연구는 하나의 접근법이고, 일반적으로 간단한 반구조화 설계를 활용하지만, 면담 연구에서 일치성(congruence) 문제를 다루는 것은 중요하다. 일반 양적연구는 인식론(epistemology)이 명시적인 지침이 아니며, 일반적으로 이런 종류의 면담은 인식론적 유연성 때문에 주제 분석이나 템플릿 분석으로만 가능하다(Caelli et al., 2003). 그러나 면담의 방식과 궤적은 활용되고 있는 관점과 접근법에 의해 형성되는 것이 이상적이다. 명확하게 하기 위해서 다음에 예를 제공한다.

예 1: 근거이론에서는 데이터 수집과 분석은 동시에 이루어진다. 다시 말하면, 각 면담이 진행될 때, 후속 면담에 정보를 제공할 수 있도록 분석이 더 이루어진다. 이러한 반복적인 과정은 데이터 수집이 진행되면서 면담 질문과 방식이 약간 변할 수도 있다는 것을 의미한다. 이것은 이론을 세우는 데 도움을 준다. 또한 근거이론은 면담 과정 중에 메모할 것을 필요로 한다.

예 2: 내러티브 면담은 아동에게 자신의 이야기를 자신의 말로 하도록 장려하기 때문에 전통적인 질문과 반응 형식 그 자체에 관여하지 않는다. 더 상세한 내용은 3장을 참조하라.

예 3: 해석 현상학적 면담(IPA)은 면담이 참여자의 생활세계를 탐색하기 때문에 상당한 깊이를 요구한다. 질문은 일시성(temporality)과 공간성(spatiality)을 탐구하기 위해 설계되며, 접근법의 핵심 개념이 유지되는 방식으로 만들어진다. 일반적으로, 깊이가 선호되기 때문에 작은 표본이 사용된다. 또한, 면담자의 역할은 면담에 중요하다고 보며, 면담자는 자신의 일부를 '제외시켜야(bracket off)' 한다(Wimpenny and Gass, 2000).

예 4: 대화분석은 자연스럽게 일어나는 데이터를 선호하며, 아동에 대한 뉴스 면담, 경찰 면담 그리고 사회복지사 면담과 같은 현실 세계 과제의 일부로써 일어나는 면담에 의존하다.

요약

이 장에서는 아동을 대상으로 한 양적 면담 연구를 위한 가장 일반적인 데이터 분석 형태를 소개했다. 각 접근법에서 분석에 대한 정보와 더불어 각 분석 형태를 실시하기 위한 실행 지침도 제공했다. 우리는 각 접근법의 이점과 한계를 설명했다. 또한 컴퓨터 소프트웨어에 대한 유용한 정보를 제공했으며, 일치성의 필요성에 대하여 주의를 주었다. 여러분은 이런 방법을 적용할 수 있기 전에, 데이터를 제대로 다루기 위해서 추가적으로 책을 더 읽어 볼 필요가 있다.

추천 문헌

이 장에서는 이 끝부분에 추천 도서를 제시하지 않고 각 접근법을 설명하는 절에 추천 도서를 제시하였다.

11

연구 과정에서의 성찰과 참여

학습 결과

이 장을 마치면 여러분은 다음의 내용을 수행할 수 있어야 한다.

- 자료수집과 윤리와 성찰 간의 관계를 인식할 수 있다.
- 질적연구의 반복적 성격을 인식할 수 있다.
- 면담 실제의 윤리적 적절성을 평가할 수 있다.
- 조사연구의 여러 요소가 모여 전체적인 연구 활동(프로젝트)이 형성되는 과정을 비평적으로 평가할 수 있다.

서론

이 결론적 장에서 우리는 이 책의 여러 내용을 검토하면서 면담의 여러 요소가 모여 통합된 연구 활동이 구성되는 과정을 고찰한다. 이어서 우리는 면담에 관한 성찰이 필요한 이유를 고찰하고 면담이 연구 성과(결과 자료의 해석과 그 전달을 포함해서)에 미치는 영향을 평가할 필요성을 고찰한다. 이것은 성찰성이 질적 관리기전의 일부로 포함돼 있는 질적연구에서 특히 중요하다. 아울러 이 장에서는 전체적인 연구 활동 차원에서 면담을 살피는 일과 면담 과정과 그 성찰을 폭넓게 다룰 것이다. 특히 8장의 핵심적 내용 가운데 몇 가지와 다른 장에서 고찰한 기타 윤리적 내용을 재검토하면서, 연구자가 연구상에 설정된 아동의 위치나 아동 관련 윤리적 논쟁이나 기타 논쟁에 끊임없이 참여하고 성찰해야 할 필요성을 강조한다. 또한 우리는 자료가 보고 · 전파되는 방식도 검토하는데, 그 속에는 면담 조사의 결과를 실제에 적용하는 것도 포함된다. 이것은 응용 면담 조사와 특정 학문의 정보를 제공하기 위한 연구에서 특히 중요하다.

이 책의 개요

우리는 조사연구 분야에서 아동 면담이 차지하는 중요성을 살피면서 이 책을 시작했다. 아동연구조사(면담 조사가 포함된)의 접근 방식은 아동이 사회에서 수행하는 역할과 아동에 관한 우리의 견해에 따라서 크게 달라진다. 그 접근 방식은 많은 요인의 영향을 받는데, 성찰적 연구자로서 여러분은 자신과 가장 크게 관련된 요인을 알고 있을 필요가 있다. 그 요인과 여러분의 철학적 입장은 다시 여러분이 연구를 설계하고 면담을 자료수집 방법으로 이용하는 데 영향을 미친다.

이어서 이 책의 내용은 면담의 몇몇 이론적 측면을 살피는 과정으로 옮겨갔다. 연구자가 선택된 면담의 종류를 살핀 후 그것이 연구용 질문에 가장 적절히 대답하기 위한 최상의 방법이라는 것을 보장하는 것은 중요한 일이다. 대면면담인지 또는 다른 방법인지와 관련해서는 경제적 고려 사항이 그 가운데 한 요인이 될 가능성이 크다. 반복해서 말하지만, 면담 조사와 관련된 의사결정을 내릴 때 필요한 질문은 그 접근 방식이나 적용 방법이 연구 문제에 대답하는 데 최상의 것인지 묻는 것이다. 우리는 여러분이 내리는 방법론적 결정과 여러분이 보는 관점 간의 일치가 연구 활동의 전반적인 일관성에 중요하다는 점을 지적했다(O'Reilly and Kiyimba, 2015).

참여적 방법(6장에서 주로 언급한)은 증가 추세에 있지만 조심스럽게 적용될 필요가 있고, 아동 참여자의 연령을 이유로 쉽게 사용되지 않을 필요가 있다. 연구자는 아동이 좋아하는 것과 좋아하지 않는 것에 관해 가정하거나 아동에 관해 가정하지 않도록 주의할 필요가 있다. 어떤 아동이 단지 반짝이풀을 사용하는 것과 그림 그리기를 좋아한다는 사실은 그다음 면담 순서의 아동이 그것에 똑같이 열광할 것이라는 것을 의미하지 않는다. 어떤 아동은 참여적 방법이 격려하는 것이라기보다는 억제하는 것이라고 느낄 수 있다는 점에 주목하라. 아동은 각기 다른 개인이기 때문에 좋은 연구는 참여자 개인의 욕구를 충족시키고 그들이 효과적인 참여자로 활동할 수 있는 방향으로 맞춰진 연구가 될 것이다.

면담의 이론적 단계들을 소개했다. 연구 도중 연구자에게 허용된 융통성의 수준은 면담이 구조화된 것인지, 반구조화된 것인지, 비구조화된 것인지에 따라서 달라진다. 우리는 3장에서 그런 분류가 비록 면담을 개념화하는 데 유용한 발견적 방법이지만, 사실 그렇게 깔끔한 범주에 들어맞지 않는 면담도 많이 존재한다는 사실을 예를 들어가며 설명했다. 실제로 면담 그 자체가 가진 성격이 연구 과정의 성찰을 좀 더 촉진하는 기능을 할 수 있다(Roulston, 2010).

연구 참여자가 아동일 경우 면담 계획이 가능한 최상의 자료를 수집하기 위해서 수립됐다는 것을 보장하기 위해서 발달단계뿐만 아니라 그 밖의 다양한 요인들도 마음에 새기는 것이 중요하다. 우리는 시간이 흐르면서 연구자가 면담 대상자와 관계를 형성할 수 있는 이상적인 맥락에 관해서 논의했다. 그러나 실제에서는 그것이 종종 가능하지 않다. 다양한 요소가 여러분이 면담 전에 연구 참여자와 함께 그렇게 많은 시간을 보내는 것을 방해한다.

놀랍게도, 면담이 다양한 연구에 널리 사용되고 있지만, 그 구조에 관한 정보는 상대적으로 드물다. 그래서 우리는 면담 과정과 그 과정에서 발생할 수 있는 잠재적 문제에 관해서도 논의했다. 그 단계에 이르면 여러분은 연구 결과를 면담 대상자나 연구 협력자와 어떻게 공유할 것인지도 고려하고 있어야 한다. 이것은 분석 방법의 선택과 분석 과정에 중요하다. 만약 여러분이 분석 결과를 연구 참여자인 아동에게 알려 줄 생각이라면 그들에게 의미를 부여할 수 있는 언어를 사용해서 연구 결과를 알려 줄 필요가 있다는 점을 기억하라.

연구 과정의 한 부분인 면담 조사

면담 조사는 전체적인 연구 과정의 맥락 속에서 검토되는 것이 중요하다. 면담의 질이 자료수집에 결정적으로 중요하지만, 그것은 연구 문제가 연구 활동의 초기 단계에 잘 정의된 경우에만 유용할 것이다. 물론 질적연구에서 연구 문제의 작성은 반복되는 작업이다. 그 문제는 연구 활동이 점차 발전하면서 형성되고 변해 간다. 그 과정이 허용 가능한 것일 뿐만 아니라 바람직스럽다는 점을 기억하라. 한편, 그 문제가 여러 결정을 이끄는 것이어야 한다는 점과 그 결정이 성찰적으로 재검토돼야 한다는 점도 잊지 말라. 면담은 탐색적인 것이 될 수 있다. 그것은 대규모 연구 활동의 연구 문제를 정의하는 데 도움이 되는데, 그 경우 면담은 예비 연구의 한 부분으로 포함돼야 한다. 연구자는 '낚시 여행'(흥미로운 어떤 것을 가져올 것이라는 희망 속에 수행되는 면담)을 피해야 한다. 목표가 분명하지 않은 연구 활동은 윤리위원회로부터 승인받지 못할 가능성이 크다. 면담 과정은 연구 활동 내내 살펴야 할 필요가 있다. 그러나 그것은 단지 전체 연구 활동의 한 부분일 뿐이다. 연구 계획 단계에서 여러분은 미리 잠재적 문제(연구 활동 기간 내내 일어날 수 있는)를 예상해야 하며, 면담을 통한 자료수집 과정을 포함해서 그것을 어떻게 다룰 것인지 마음속에 미리 그리고 있어야 한다.

실제상의 윤리

윤리에 관한 장(8장)에서 우리는 윤리적 조사연구의 원칙을 논의했다. 또 우리는 일반적으로 아동이 처한 취약한 상태를 고려할 때 아동과 함께 연구를 수행하는 것과 관련된 특정 어려움을 논의했다. 그것이 의미하는 바는 정보 통제자(gatekeeper)가 온정

주의적 역할을 수행할 가능성이 있다는 것과, 그들이 잠재적 피해로부터 아동을 보호하려고 노력할 때 실제로는 아동의 목소리를 부인할 가능성이 있다는 것이다. 윤리라는 말의 성격상 '흑백 선택'이 가능한 문제는 매우 드물다. 반면에 회색 영역은 많이 존재한다. 그 장에서 우리는 성찰적이어야 할 필요성을 강조했으며, 윤리적 문제를 폭넓게 논의하면서 연구를 계속할 필요성을 강조했다. 어떤 연구 프로젝트가 윤리적 승인을 받았을 때조차, 연구자는 면담을 계속할 것인지 검토해야 하는 책임을 떠안게 된다. 윤리적 연구자가 되려면 여러분은 아동의 위치에 관한 논쟁과 그것이 잠재적 연구 참여자인 아동에게 미치는 영향에 관한 논쟁에 참여할 필요가 있다.

실제에서는 연구자가 극도로 치우친 입장에서 자신의 관점이 아동–중심적인 것이라고 간주할 가능성이 있다. 모든 입장은 그 장점과 한계를 갖게 될 것이다. 연구자가 관계 수립 도중에 동등한 권한을 아동에게 부여하는 것은 아동–중심적이며 권리–중심적인 접근법처럼 들릴 수 있지만, 만약 그로 인해 아동이 불안하게 반응하거나 부담스럽게 느끼면 그것은 그렇지 않은 게 된다. 분명한 것은 아동을 심리적 · 정서적 · 신체적 피해로부터 안전하게 보호하는 것, 그리고 아동의 권리 및 자율성 사이의 균형을 유지하는 것이 중요하다는 점이다. 여러분이 아동에게 어떤 비밀 준수의 의무도 어기지 않을 것이라고 약속하거나 그들이 말한 내용을 모두 비밀에 부쳐 익명으로 처리하겠다고 약속하는 것은 아동–중심적인 것처럼 들릴 수 있다. 그러나 만약 그것으로 인해 아동이 잠재적 학대나 피해를 겪는다면 그것은 법적 · 도덕적으로 수용될 수 없는 약속이다. 그리고 아동이 위험에 처하게 되면 경우에 따라서는 면담자가 비밀 준수 약속을 깨고 적절한 서비스 기관에 정보를 제공해야 할 책임을 질 수도 있다. 실제로, 극단적 입장을 취하는 것은 거의 도움을 주지 못한다.

그것은 다양한 아동의 여러 가지 경험으로 인해 동일한 상황이라도 그들에게 다양한 의미로 남게 될 것이기 때문이다. 인간의 상호작용은 확실히 예측될 수 없는 것이기 때문에 면담 조사는 항상 예상치 못한 상호작용이 일어나기 쉬운 경향을 갖고 있다. 예기치 못한 일을 예상하는 것은 여러분이 효과적으로 준비하는 데 오랫동안 큰 도움이 될 수 있다.

성찰과 성찰성

오늘날 모든 전문직의 실제자는 어느 정도의 성찰(reflection)과 성찰성(reflexivity)이 필요하다. 그리고 그 점은 조사연구의 실제자에게도 똑같이 적용된다. 듀이[Dewey](1933)는 성찰을 깊이 있는 차원의 사고라고 생각했다. 그는 우리의 교육이 그 차원만큼 부족하다고 생각했다. "비록 우리가 사고하는 법을 배우거나 누군가 우리에게 그것을 가르칠 수는 없지만, 우리는 잘 사고하는 법을 배워야 한다. 특히 우리는 성찰의 습관을 전반적으로 익혀야 한다".(1933: 140) 그는 성찰이 "어떤 믿음이나 추정된 형태의 지식에 관해서 그것을 뒷받침하는 근거에 비추어 능동적으로 그리고 지속적으로 주의 깊게 생각하고 그것이 초래하는 경향이 있는 결론을 숙고하는 것"(1933: 118)이라고 정의했다. 본[Vaughan]이 요약한 대로, 성찰은 "마음의 상태이자 일단의 활동"(1990: ix)이다. 성찰적 실제는 이론과 실제 사이의 간극을 이어 주는 데 도움이 되며, 불확실성을 관리하고 비판적 인식을 얻는 데 유용하다. 성찰 과정은 어떤 문제나 난제에 대한 가능한 해결책이나 대안적 설명을 확인하는 데 도움이 된다. 그 속에는 어떤 상황을 문제로 개념화한 후 여러 가설을 수립하고 그 상황을 검토하는 일(그동안 맥락에 따라서 좀 더 많은 정보가 필요해질 수 있는)이 포함된다. 그 가설은 정교하게 다듬어져 검증된 것들이다.

쇤[Schön](1983)은 이것을 좀 더 발전시켜 '활동 중의 성찰'에 관해서 논의했다. 그는 예상치 못한 것을 관리해야 한다는 차원에서 문제(problem)가 다른 관점으로부터 재구성되고 다시 가공돼 기존의 지식에 어울리는 것으로 수정된다고 주장했다. 그 속에는 그 문제와 해결책과 결말 속에 존재하는 함의와 구성 요소를 이해하는 일도 포함된다. 종종 성찰은 경험이 발생한 후 그것에 관해서 생각하는 것이라고 여겨진다. 또 그것은 무엇이 일어났고 무엇이 학습됐으며 어떻게 새로운 학습 내용과 '활동 중인 지식'이 통합되는지 숙고하는 일이라고 여겨진다. 활동 중인 성찰을 둘러싼 관심은 그 점에 집중되는 경향이 있다.

조사연구의 경우, 특히 면담이 연구 방법의 한 가지일 때는, 두 종류의 성찰이 모두 필요하다. 면담을 진행할 때 여러분은 그것이 잘 진행되는지 그렇지 않은지 경계할 필요가 있을 것이다. 사건이 지난 후 성찰하는 것은 어느 정도 유용한 학습 경험이 될 수 있지만, 자료수집의 질에는 도움이 되지 않을 가능성이 크다. 연구자로서 면담이 잘 진행되지 않는 것을 여러분이 일단 확인하고 나면, 활동 중의 성찰에 착수해서 문제가 무엇이고 어떻게 해결될 수 있는지 신속히 검토할 필요가 있을 것이다. 다른 모든 능력처럼, 여러분은 연습을 통해서 성찰 능력을 향상시킬 수 있다. 여러분은 성찰 과정을 통해 연구자로서 자신이 아는 것과 배울 필요가 있는 것을 식별할 수 있다.

성찰은 여러분이 다양한 주제에 관해서 자신의 고유한 입장을 이해하고 그것이 자신의 연구에 미칠 수 있는 잠재적 영향을 이해하는 데도 도움이 된다. 또 성찰을 통해서 여러분은 자신의 감정과 그것이 연구 과정에 미칠 수 있는 영향을 고려할 수 있을 것이다. 자료를 수집하고 분석할 때 자신의 고유한 감정 상태를 성찰을 통해서 깨닫는 것이 중요하다.

예를 들어... 여러분은 자신의 면담 능력에 관해서 성찰한 후 아동 면담을 시작하기 전에 그와 관련된 어떤 특수한 훈련이 유용할 것인지 판단할 수 있다.

우리는 여러분이 면담 현장에서 안전을 유지하는 것의 중요성에 관해 경고하면서 정서적 안전을 보호하기 위한 몇 가지 권고 사항을 제시했다. 자신의 느낌에 관해서 성찰하는 것은 여러분이 자신의 감정적 상태를 관리하는 데 도움이 될 수 있는데, 연구 일지를 작성하는 것이 그것을 수행하는 데 도움이 될 수 있다.

또 면담이 연구자에게 주는 효과를 살피는 것도 중요하고, 7장에 논의한 것처럼 필요한 만큼 보고 받을 기회를 갖는 것도 중요하다.

이 책 전체에서 우리는 여러분이 자신의 관점에 끊임없이 도전하기 위해 성찰적일 필요가 있다는 점을 강조했다. 또한, 그 관점이 어떻게 형성되는지 깨닫는 것을 끊임없이 보장하기 위해서도 성찰적일 필요가 있다는 것을 강조했다.

본문의 내용을 검토하고 성찰이 연구 과정 전반에 걸쳐 결정적 요소라는 점을 설명하는 일이 끝났기 때문에, 이제 우리는 여러분에게 다음의 과제활동을 해결해 볼 것을 요청한다. 우리는 그 과정에서 다양한 구성 요소가 모두 연결되고, 성찰이 차지하는 부분이 강조되기를 희망한다. 이제 [글상자 11-1]의 과제활동을 시작하라.

[글상자 11-1]

연구방법에 관한 과제활동

이 활동에서, 여러분은 주어진 연구 목표를 읽은 후 자료수집과 윤리적 검토가 포함된 연구 방법에 관해서 몇 가지 질문을 읽고 대답하게 된다.

연구목표: 13세 학동기 아동이 선호하는 성 보건교육(sexual health education) 장소를 조사하는 일

1. 여러분이 사용할 연구 방법의 종류와 그것을 사용하는 이유는 무엇인가?
2. 만약 연구 참여자와 면담하는 것을 선택한다면 어떤 종류의 면담 방식을 사용할 것인가?
3. 아동을 그런 연구 활동의 설계 과정에 어떻게 참여시킬 것인가?
4. 여러분의 표본집단을 어떻게 결정할 것인가?
5. 누가 그런 연구 활동의 감시자가 될 가능성이 큰가?
6. 무엇이 감시자의 고려 사항이 될 가능성이 큰가?
7. 무엇이 윤리위원회의 고려 사항이 될 가능성이 큰가?
9. 연구자 요인 가운데 무엇이 중요할 가능성이 큰가?
9. 그런 면담을 어떻게 시작하고 어떤 보조 도구를 사용할 것인가?

이 글에 주어진 해답은 포괄적인 것이 아니다. 그러나 여러분이 생각해야 할 문제와 비슷한 문제가 예시와 함께 설명된다. 여러분은 제기된 연구 문제를 뒷받침하고 정당화하면서 윤리위원회의 승인을 받을 수 있다는 전제하에 우리와 다른 결론에 도달할 수 있다.

1. 질적연구 방법이 가장 좋을 것이다. 왜냐하면 이것은 탐색적(exploratory) 연구 활동이기 때문이다.
2. 기억날지 모르겠지만, 면담 방식은 구조화된 것이나 반구조화된 것이나 비구조화된 것 가운데 한 가지가 될 수 있다. 이 연구 활동의 경우에는 반구조화된 면담방식이 가장 적절할 듯하다. 여러분은 문헌을 통해서 관련성이 있는 것이라고 받

진 문제에 관해서 질문할 수 있을 뿐만 아니라, 참가한 아동이 특별한 과제 없이 자신의 관점을 말할 기회를 제공할 수도 있다. 여러분은 면담이 면대면 방식이나 전화 방식이나 좀 더 발전된 컴퓨터 사용 방식일 수 있다는 점도 기억날 것이다. 연구 주제의 잠재적 민감성을 고려할 때, 양자가 서로를 볼 수 있는 대면면담이나 스카이프(원격 화상전화) 면담이 아동·청소년과 면담을 수행하는 데 가장 좋은 방식일 듯하다. 양자가 서로 볼 수 없는 상황이 아동을 당혹감으로부터 보호해 줄 것이라고 주장하는 것도 가능하다. 각각의 장단점을 조심스럽게 검토할 필요가 있을 것이다. 여러분이 목격하는 당혹감은 나중에 그런 교육을 제공하길 원하는 사람들에게 정보를 제공할 때 중요한 고려 요인이 될 수 있다. 어떤 유용한 내용이 교육될 수 있으려면, 잠재적 교사는 그 주제가 학생에게 좀 더 편안하게 느껴지도록 만들 방법을 사전에 숙고할 필요가 있다.

주어진 주제를 놓고 볼 때, 여러분은 집단 면담이나 포커스 그룹 면담(참여자가 또래의 반응을 훨씬 더 잘 파악할 수 있는)을 통해서 자료를 수집하는 것보다 개별 면담을 통해서 더 나은 자료를 수집할 수 있을 것이다.

다시 말해 주어진 주제를 고려할 때 여러분은 부모나 양육자가 면담 자리에 동석할 경우 정직한 자료를 얻지 못할 가능성이 있는지 살필 필요가 있을 것이다.

연구 참여자의 연령과 연구 주제를 놓고 볼 때, 만약 집단 면담을 수행한다면, 여러분은 대상 집단의 성별을 동성이나 양성 가운데 어느 것으로 정할지 고려할 수 있다.

3. 여러분은 참가 제의에 관한 의견뿐만 아니라 면담 일정에 관한 의견도 언급해 줄 것을 아동에게 요청하길 원할 수 있다. 아동이 조언자 집단의 일원이 될 수도 있다. 그러나 그 아동은 한 개인일 뿐이며 비록 그들의 견해가 타당한 것이더라도 그것은 '아동' 전체의 견해(매우 다양할 듯한)를 대표하는 것이 아니라는 점을 기억하라.

   또 여러분은 그 연구 주제가 아동과 관련성이 있는지 살피거나 그들에게 흥미로운 것인지 알기 위해서 간단한 설문조사를 수행하길 원할 수도 있다.

4. 그런 연구 활동을 위한 표본집단의 크기는 크지 않을 것이다. 예를 들어, 13세가 된 모든 학생에게 편지를 보내 달라고 학교 당국에 요청하는 대신, 한 학급을 무작위로 선택한 다음 그 가운데 부모의 허락과 함께 연구 참여에 동의한 학생의 이름을 각각의 메모지에 적어 모자 속에 넣고 필요한 수만큼 선택할 수 있다.
5. 누가 정보 통제자가 될지는 그 연구 활동이 수행될 장소에 따라서 결정될 것이다. 그리고 그 장소와 관계없이, 참여자가 13세의 아동이기 때문에 아동의 동의를 받기 전에 먼저 부모의 동의를 받는 것이 필요할 것이다.
   만약 그 연구 활동이 학교에서 수행된다면, 정보 통제자는 학교 당국과 교장(때로는 교육위원회나 이사회의 승인을 받아야 할 수 있는)이 될 것이다. 만약 그 연구 활동이 병원에서 수행된다면 여러분은 그 범위에 따라서 해당 의료 관리자나 임상의학자에게 연락할 필요가 있을 것이다.
6. 정보 통제자의 고려 사항은 시간 낭비나 과중한 부담 없이 그들이 적절한 수의 아동을 모집할 수 있는 방법에 관한 것일 가능성이 크다. 주어진 연구 주제는 어느 정도 염려를 불러일으킬 가능성이 크다. 학교 당국은 성가신 부모에 관해서 염려하거나 잠재적 추문에 노출되는 것을 염려할 수 있다. 부모는 아동이 성에 관해서 말하는 것을 격려하면 성적 방탕함이나 호기심이 강해질 수 있다고 생각해서 그것을 다루지 않는 것을 선호할 수 있다. 또 부모와 교직원들은 그들의 종교적 신념이나 문화가 혼전 성관계를 반대하기 때문에 이 연구 주제를 아동과 논의하는 것이 부적절하다는 이유로 반대할 수 있다. 면담 일정을 정보 통제자와 공유하는 것이 도움이 될 수 있다.
7. 윤리위원회도 부모의 반응에 관해서 염려하기 때문에, 만약 부모에게서 아무 응답이 없을 경우 그들이 동의한 것으로 간주하고 연구 활동을 허용하는 대신, 부모의 동의를 필수적인 것으로 요구할 가능성이 크다. 윤리위원회는 위험을 최소화하기 위해서 면담 일정과 함께 연구 활동에 관한 정보를 훨씬 더 조심스럽게 검토하는 것을 원할 것이다.
8. 연구 주제를 놓고 볼 때 아동학대의 지각된 위험 때문에, 낯선 남자 연구자는 미성

년 남녀의 감독자가 동석하지 않으면 그런 연구를 수행하기 어려우며, 그것이 자료의 질에 영향을 미칠 수 있다는 사실을 깨닫게 될 수 있다. 연구자로서 우리 자신의 성 보건교육 경험이 무의식적으로 그 주제에 관한 우리의 견해를 왜곡시킬 수 있기 때문에, 이 연구조사를 수행하기 전에 주의 깊은 성찰을 통해서 자료가 특정 관점에 따라 수집되거나 해석되지 않도록 보장할 필요가 있을 것이다.

연구자의 연령이 그 연구와 관련성을 가질 수 있다. 왜냐하면 아동은 성에 관한 말을 또래에게 꺼내는 게 좀 더 편할 수 있기 때문이다. 한편, 그들이 보기에 연구자가 매력적인 사람이라면 그것을 좀 더 불편하게 느낄 수 있다.

연구자로서 여러분은 면담에 참여한 어떤 아동이 성적으로 왕성할 수 있는 것을 알고 있을 필요가 있다. 그들이 모두 법적으로 성 행위 동의 연령에 도달하지 못한 점을 고려할 때 그것을 어떻게 다룰 것인지 알고 있을 필요가 있을 것이다. 또 어떤 아동은 성적 학대를 경험했을 수 있는데, 그들이 면담 도중 그 사실을 밝힐 기회가 있을 수 있다. 여러분은 그 가능성에 대비해서 미리 계획을 세울 필요가 있을 것이다. 그리고 그것이 예기치 못한 시점에 발생할 수 있다는 점도 알고 있어야 할 것이다.

9. 대개 13세의 아동이라면 여러분과 대화를 나눌 능력이 있을 것이지만, 어떤 아동은 그림 그리기와 같은 활동이 여전히 도움이 된다고 생각할 것이다(특히 주제가 잠재적으로 당혹스러운 것일 때). 연구 주제와 관련된 최근의 뉴스나 잡지 기사를 활용하는 것이 상황을 타개하는 한 가지의 방법이 될 수 있다. 때로는 단지 연구 주제가 당혹스러울 수 있다는 점을 솔직히 인정하는 게 도움이 된다.

요약

이 장에서는 이 책 전반에 걸쳐 제기되는 핵심 문제 가운데 일부를 함께 고찰했다. 우리는 질적연구의 면담 내용이 반복적이면서 에둘러 말하는 것인 점을 예를 들어 설명한

다음, 그 연구 과정이 끊임없는 성찰과 성찰성을 통해서 조심스럽게 판단이 내려질 수 있는 과정이라는 것을 설명했다. 또한 아동 면담조사를 떠받치는 핵심적 윤리 구조와 그런 연구 활동에 필요한 주의 깊은 고려 사항을 여러분과 함께 집중적으로 다뤘다.

추천 문헌

Dewey, J. (1993). *How We Think*. Boston: D.C. Heath & Co.

Schon, D. A. (1983). *The Reflective Practitioner: How Professionals think in Action*. London: Temple Smith.

비네트에 대한 답

[글상자 1-4]의 비네트에 대한 답- 아담

아담은 자신이 면담한 아동의 견해가 교육과정의 수립 계획에 영향을 미칠 수 있을 것이라는 희망 속에 그런 연구를 꽤 낙관적으로 보고 있다. 아담은 아동의 목소리를 담고 그들의 견해를 경청하려는 자신의 목표를 통해서 현대(contemporary)의 입장(여러 정보가 권리 중심의 구조로부터 나오는)을 취한다. 그는 아동에게서 정보를 얻어 그들의 관점에 기반을 둔 수업 계획을 수행할 능력을 발전시키는 것이 목표였다.

[글상자 3-4]의 비네트에 대한 답- 알리시아

알리시아가 결정을 내리기 전에 고려할 사항이 몇 가지 있다. 먼저, 그녀는 면담으로부터 얼마나 깊이 있는 자료를 구하려는지 확인할 필요가 있을 것이다. 만약 그녀가 핵심적 의견의 점검 목록만을 원한다면 구조화적 면담으로도 충분할 것이다. 그러나 만약 알리시아가 좀 더 풍부한 자료를 수집하고 10대의 자기 표현을 허용하길 원한다면 다른 면담 방식이 좀 더 적절할 것이다.

알리시아는 이 영역에서 얼마나 많은 내용이 이미 알려져 있는지 확인한 다음, 다른 연구자가 형사 정의(criminal justice)에 관한 10대 희생자의 관점을 조사했는지 확인하기 위해서 문헌을 참조할 필요가 있다. 만약 유용한 질적연구와 양적연구가 이미 존재한다면, 알리시아는 그것을 이용해서 반구조화적 면담 일정을 계획할 수 있다.

그러나 만약 그 주제에 관한 내용이 매우 적다면, 그녀는 비구조화적 면담 방식을 고려할 수 있다. 또 알리시아는 자신의 목표를 달성하기 위해서 면담을 얼마나 통제할 것인지에 관해서도 생각하길 원할 것이다. 반구조화적 면담이 어느 정도 참여자에 의해 주도되고 융통성이 있는 반면, 비구조화적 면담은 그보다 더 많은 재량권을 참여자에게 부여한다. 알리시아는 자신의 선택에 관한 합리적 근거를 조심스럽게 살필 필요가 있다.

끝으로, 알리시아는 저절로 진행되는 면담을 고려할 수 있다. 그녀는 10대가 형사 사법제도에 관해서 그들의 의견을 제공한 언론 매체의 면담을 찾아볼 수 있다(비록 그것이 존재하지 않거나 찾기가 어려울 수 있더라도). 알리시아는 사회복지사나 경찰관과 희생자 간의 자연스러운 면담을 기록한 후 그들의 의견이 자연스러운 것인지 살필 수 있다(그러나 만약 목표의 범위가 협소하거나 그 주제가 너무 특수해서 자연스러운 면담에서는 관찰되지 않을 수 있다면 이것은 위험한 전략이다.). 물론 면담 방식을 선택할 때 알리시아는 자신의 이론적 관점에 의한 영향을 받을 수 있다. 왜냐하면 몇몇 방법론과 인식론의 관점은, 그것의 현실관으로 인해서, 연구자가 만들어 내는 면담을 비평하기 때문이다. 그러나 연구용 질문은 연구자가 만들어 내는 면담을 도와주는 방식으로 작성되는데, 그것은 알리시아의 이론적 관점이 그 연구 방식과 일치하는 것을 의미한다.

[글상자 4-4]의 비네트에 대한 답- 맨짓

문제 1에 대해서 가능한 답

비록 맨짓이 인도 아동과 면담할 때 만나게 되는 난제는 많지만, 그 가운데 핵심적인 것 한 가지는 접근성일 것이다. 만약 맨짓이 대면면담을 선택한다면, 그녀는 인도로 여행을 떠나 자료수집 기간 동안 그곳에 머무를 필요가 있을 것이다. 그것은 많은 비용이 드는 것으로 밝혀질 수 있어서 만약 맨짓에게 필요한 자금이 없으면 실행하는 것이 어려울 수 있다. 컴퓨터 매개 면담도, 비록 그런 자금과 여행 시간을 쓸 필요는 없지만, 적절하지 않을 가능성이 크다. 왜냐하면 가난하게 살고 있는 아동은 컴퓨터에 접근할 가능성이 매우 희박할 뿐만 아니라 컴퓨터 구사력이 있을 가능성이 적고, 인터넷에 접근할 가능성도 적기 때문이다.

문제 2에 대해서 가능한 답

우리는 먼저 가난하게 사는 아동에게 컴퓨터 면담 방식을 적용하는 것이 적절한 것인지에 관해서 의문을 제기할 것이다. 영국이든 인도든 상관없이 그런 아동은 환경의 혜택을 누리지 못한다(비록 영국 아동은 학교교육을 통해서 컴퓨터 구사력을 어느 정도 갖추고 있고 학교에서 컴퓨터에 접근할 수 있지만), 그 경우 맨짓은 가정 대신 학교를 기반으로 면담을 수행할 필요가 있는데, 그것이 참여하는 아동을 불편하게 만들 수 있다. 물론 많은 '스마트' 전화에 인스턴트 메신저 기능과 사회관계망 기능과 문자 메시지 기능이 있기 때문에, 만약 자금이 충분하다면 맨짓은 감사의 표시로 면담용 휴대전화를 아동에게 무료로 제공할 수 있을 것이다. 그러나 어떤 휴대전화는 값이 비싸며, 윤리위원회는 그것을 면담 참여를 독려하는 일종의 강권 행위로 간주할 수 있다. 그 대안은 맨짓이 '값싼' 태블릿 장치를 아동에게 제공하는 것이겠지만, 그것도 비슷한 비용과 윤리적 함의를 초래한다.

여기서 추가될 문제는 연구 주제의 민감성이다. 빈곤의 구성 요소와 관련해서 여러 주장이 존재하는데, 영국과 인도는 그것이 약간 다를 수 있다. 아동은 자신이 빈곤하게 사는 사실을 이해하지 못할 수 있으며, 면담 도중에 스트레스를 받게 될 수 있다. 그래서 맨짓은, 컴퓨터 매개 면담 방식에서는 가능하지 않을 수 있는, 합리적 보호 수단이 필요할 것이다.

[글상자 6-2]의 비네트에 대한 답- 카롤리나

문제 1에 대해서 가능한 답

카롤리나가 모집하길 희망하는 집단의 연령을 고려할 때, 일부 청소년은 미술과 공예가 자신보다 약간 더 어린 나이에 배우는 것이라고 받아들일 수 있다. 비록 이들이 위기의 집단이고 정신 건강상의 문제나 정서적 문제를 가질 수 있는 집단이지만, 카롤리나가 그들을 위해서 참여적 방법을 사용하면 어려움이 찾아올 수 있다. 첫째, 카롤리나는 참여적 방법이 필요하다는 것을 당연하게 여겨서는 안 된다. 그들은 청소년이기 때문에 그 가운데 많은 이가 합리적인 의사소통 능력을 가지고 그녀와 대화할 수 있을 것이다. 둘째, 청소년에게 미술과 공예를 선택 사항으로 제시하는 것은 그들이 면담을 주도하는 것을 허용하는 한 방법일 수 있다. 또 그것은 만약 그들이 원한다면 참여적 과제에 참여하지 않는 것을 허용하는 한 방법일 수 있다. 미술과 공예를 이용하는 것은, 만약 그 청소년이 그런 방식을 좋아하고 기꺼이 참여할 의사를 보일 경우, 새로운 주제를 대화 속에 점진적으로 도입하면서 관심의 초점을 직접적인 면담으로부터 다른 곳으로 돌리는 방법이 될 수 있다. 이것은 교감을 형성하는 데 도움이 될 수 있다. 그 청소년은 자신의 그림이나 미술작품에 관해 이야기할 수 있는데, 그것은 나중에 나올 주제의 기반이 될 수 있다.

문제 2에 대해서 가능한 답

비록 카롤리나가 참여적 방법론을 쓸 필요가 없을 수도 있는 점을 우리가 지적했지만, 만약 면담이 잘 안 되기 시작하거나 그 청소년이 특별히 수줍게 혼자 있거나 조용히 지내는 것이 보호자(양부모, 보육원 관리자)를 통해서 확인됐다면, 그녀는 참여적 방법을 선택하길 원할 수 있다. 카롤리나가 그들을 면담에 가장 잘 참여시킬 방법을 알아내기 위해서는 그 청소년을 잘 아는 사람에게 많은 자문을 구하는 것이 도움이 될 것이다. 또 카롤리나는 각각의 청소년을 똑같이 대하지 않아야 하는 것을 기억할 필요가 있다. 다른 청소년에게는 다른 참여적 방법이 필요할 수 있다.

이야기하는 것을 꺼리는 사람이나 청소년에게 유용한 참여적 방법 한 가지는 '제3자' 기법(예: 유튜브나 다른 소셜 미디어의 동영상이나 삽화)을 사용하는 것이다. 그 청소년은 비슷한 경험을 가진 다른 누군가에 관해 이야기하면서 그 제3자와 자신을 연결시키고 이어서 자신에 관한 이야기를 시작할 수 있다. 예를 들어, 배우가 출연하는 짧은 동영상이 만들어질 수 있는데, 이름이 붙여진 그 연기자는 면담 대상자와 공명을 일으킬 수 있는 특정한 방식(그녀가 알기로는)으로 행동한다. 그 연기자는 주위의 다른 사람이 대화할 때 구석에 조용히 앉아 있거나 엉엉 울거나 화를 낼 수 있다. 동영상을 통한 특정 장면의 묘사가 면담 참여자의 경험에 관한 질문의 토대가 될 수 있다. 그리고 그것은 그 청소년에게 좀 더 안전한 것으로 느껴질 수 있다.

[글상자 8-1]의 비네트에 대한 답– 미아

그 장의 나머지 내용을 읽기도 전에, 미아가 단지 아동들에게 참여하는 것이 행복하냐고 질문하는 것 이상의 일을 수행할 필요가 있다는 것이 분명해지길 우리는 희망한다. 그녀가 모집하려고 계획하는 아동들은 사회경제적 상태 때문에 위기에 처해 있을 수 있다. 더욱이 그들의 연령은 16세 미만인데, 그것은 미아가 그들의 부모에게서도 동의를 구할 필요가 있을 것이라는 점을 의미한다. 나아가, 미아의 질문 가운데 일부는 아동에게 스트레스를 초래할 수 있는 영역이라고 간주되는 것과 관련이 있기 때문에, 그녀가 그것을 예방할 뿐만 아니라 만약 그런 상황이 발생하면 그것을 다룰 수도 있는 조치를 취하는 것이 필요할 것이다. 미아가 면담을 계획하는 아동은 모두 지리적으로 한 지역의 사람들이기 때문에 아동의 신분이 서로에게 또는 지역사회의 다른 사람에게 노출되지 않게 보호할 조치가 필요하다. 그들은 지역사회를 부정적으로 묘사하는 견해를 표현할 수 있는데, 그들의 견해를 역추적할 수 없게 만드는 것이 중요하다. 물론 여러분이 생각해야 할 다른 윤리적 고려 사항이 있는데, 이 장을 끝까지 읽으면 여러분이 그것의 관련성을 살피는 데 도움이 될 것이다.

[글상자 8-4]의 비네트에 대한 답- 피에르

보호 수단은 항상 어려운 문제다. 피에르는 그 청소년이 실제로 자신을 해친다는 근거를 거의 갖고 있지 않다. 만약 그가 너무 많은 정보를 다른 사람에게 제공한다면, 그는 연구 시작 당시 그 청소년에게 약속한 비밀 준수 의무를 위반하게 될 것이다. 그러나 피에르는 비밀 준수 의무의 한계를 간단히 설명해야 했다. 그리고 그 속에는 그 청소년이 누군가로부터 상처를 받거나 자신에게 상처를 주고 있는 것을 그가 발견할 경우 그가 그것을 밝혀야 할 수도 있다는 구절이 포함돼 있어야 했다. 여기서 피에르에게 정말로 어려운 부분은 그 청소년이 자해하는 것을 넌지시 비치지만 그것에 관해서 그다지 많은 내용을 밝히지 않았을 경우다. 자해는 청소년에 흔한 행동이며, 많은 청소년이 채택하는 부적응적 대처전략이다. 자해는 그 자체가 정신 건강상의 고려 사항이나 위험을 가리키는 것은 아니지만, 그것의 성격과 맥락은 고려해야 할 이유가 될 수 있다. 청소년이 자해를 중지하는 것을 그 청소년보다 성인이 더 많이 원하는 경우가 종종 있다. 면담이 스트레스의 관리에 관한 것이기 때문에, 자해가 한 가시의 주제로 등장할 것이라고 예상하는 것이 합리적일 수 있다. 그 청소년을 압박하지 않고 지지하기 위한 한 가지 방법은 마지막에 "자해를 언급했는데, 네가 그것에 관해 나와 더 이상 이야기하길 원치 않는 다는 것을 이해해. 그렇지만 네가 그렇게 하는 것을 원한다면, 양호 선생님이나 주치의 선생님에게 연락하는 것이 도움이 될 거다."라고 말해 주는 것이다. 이 말은 여러분이 그 청소년의 이야기를 들었고 그들의 소망을 존중할 뿐만 아니라 잠재적 고려 사항도 다루고 있다는 점을 입증해 준다. 피에르는 심리학 학사과정에 있기 때문에 가장 적절한 그의 행동은 그 청소년의 실명을 밝히지 않고 자신의 감독자와 그 문제를 논의하는 것이다. 그러면 그 감독자는 학교의 지침을 확인한 후 그것에 관한 결정을 내리기 위해서 동료들에게 자문을 구할 수 있다.

[글상자 9-4]의 비네트에 대한 답– 카메론

카메론의 여성 면담 대상자 한 명이 점차 그에게 적대감을 가지고 면담에 집중하지 못한 것이 분명하다. 그녀는 팔짱을 끼거나 방 안을 걸어 다니는 것과 같은 비언어적 징후를 드러내고 있다. 카메론은 면담하기 전에 보호 감찰관 또는 사회복지사뿐만 아니라 그녀의 부모와도 대화해야 한다. 그것은 그가 알 필요가 있었던 중요한 내용이 있을 수 있기 때문이다(예: 그녀는 관찰된 신체 증상 가운데 일부를 초래하는 약물중독이 있거나 폭력 행위의 과거력이 있을 수 있다.). 나아가, 자신과 연구 참여자의 안전을 위해서 카메론은 기본적인 위험성 평가를 수행해야 한다. 뿐만 아니라 그는 면담 과정의 여기저기에서 휴식 시간을 제안해 그녀가 모든 것을 취소하거나 멈추거나 쉴 기회를 제공해야 한다. 카메론은 부모가 다른 방에 대기하는 가정이나 시설 환경과 같이 주변에 다른 성인이 존재하는 장소(이 역시 항상 가능한 것은 아니지만 권할 만한)를 선택해야 한다. 어쨌든, 카메론은 면담을 끝내고 기록을 중지하고 만약 그녀가 원할 경우 이후의 추적관찰 날짜를 정하기 시작해야 한다.

◆ 참고문헌 ◆

Adams, C. and van Manen, M. (2008) 'Phenomenology', in L. Given (ed.), *The SAGE Encyclopedia of Qualitative Research Methods,* Volume 2. Thousand Oaks, CA: Sage, pp. 164-169.

Agee, J. (2009) 'Developing qualitative research questions: A reflective process' *International Journal of Qualitative Studies in Education,* 22 (4): 431-447.

Alderson, P. (1992) 'In the genes or in the stars? Children's competence to consent', *Journal of Medical Ethics*, 18: 119-124.

Alderson, P. (2004) 'Ethics', in S. Fraser, V. Lewis, S. Ding, M. Kellett and C. Robinson (eds), *Doing Research with Children and Young People.* London: Sage.

Alderson, P. (2005) 'Designing ethical research with children', in A. Farrell (ed.), *Doing Research with Children and Young People.* Thousand Oaks, CA: Sage. pp. 97-112.

Alderson, P. (2007) 'Governance and ethics in health research': in M. Saks and J. Allsop (eds), *Researching Health: Qualitative, Quantitative and Mixed Methods.* London: Sage, pp. 283-300.

Aldridge, J. (2007) 'Picture this: The use of participatory photographic research methods with people with learning disabilities', *Disability and Society,* 22 (1): 1-17.

American Medical Association (1999) 'Enhancing the "cultural competence" of Physicians', Council on Medical Education Report 5-A-98, *in Cultural Competence Compendium.*

Chicago: American Medical Association.

Andrews, R. (2003) *Research Questions*. London: Continuum Books.

Åstedt-Kurki, P., Paavilainen, E. and Lehti, K. (2001) 'Methodological issues in interviewing families in family nursing research', *Journal of Advanced Nursing*, 35(2): 288-293.

Australia Government (2015) Australian Child Protection Legislation. Available at: https://aifs.gov.au/cfca/publications/australian-child-protection-legislation (accessed 19 December 2015).

Bakhtin, M. (1981) 'Discourse in the novel', in M. Holquist (ed.), *The Dialogic Imagination: Four Essays by Bakhtin, M.* (C. Emerson and M. Holquist, trans.). Austin: University of Texas Press.

Barratt, M. (2012) 'The efficacy of interviewing young drug users through online chat', *Drug and Alcohol Review*, 31: 566-572.

Barter, C. and Renold, E. (2000) '"I wanna tell you a story", Exploring the application of vignettes in qualitative research with children and young people', *International Journal of Social Research Methodology*, 3(4): 307-323.

Bass, E. and Davis, L. (2002) *The Courage to Heal: A Guide for Women Survivors of Child Sexual Abuse*. London: Vermilion.

Bauer, M. (1996) *The Narrative Interview: Comments on a Technique for Qualitative Data Collection*, Papers in Social Research Methods (Qualitative Series No 1). London: London School of Economics and Political Science.

Benjamin, H. and MacKinlay, D. (2010) 'Communicating challenges: Overcoming disability', in S. Redsell and A. Hastings (eds), *Listening to Children and Young People in Healthcare Consultations*. Oxon: Radcliffe Publishing Ltd. pp. 151-168.

Berger, R. and Paul, M. (2011) 'Using e-mail for family research', *Journal of Technology in Human Sciences*, 29: 197-211.

Bertrand, C. and Bourdeau, L. (2010) 'Research interviews by Skype: A new data collection method', in J. Esteves (ed.), *Proceedings from the 9th European Conference on Research*

Methods. Spain: IE Business School. pp. 70-79.

Bevan, M. (2014) 'A method of phenomenological interviewing', *Qualitative Health Research*, 24(1): 136-144.

Bhavani, K.-K. (1988) 'Empowerment and social research: Some comments', *Text*, 8: 41-50.

Billig, M., Condor, S., Edwards, D., Gane, M" Middleton, D. and Radley, A. R. (1988) *Ideological Dilemmas*. London: Sage.

Blaxter, L., Hughes, C. and Tight, M. (2001) *How to Research* (2nd edn). Buckingham: Open University Press.

Bloor, M., Fincham, B. and Sampson, H. (2007) *Qualiti (NCRM) Commissioned Inquiry into the Risk to Well-being of Researchers in Qualitative Research*. Cardiff: School of Social Sciences. Available at: www.cf.ac.uk/socsi/qualiti/CIReport.pdf (accessed 19 December 2015).

Bone, C., O'Reilly, M., Karim, K. and Vostanis, P. (2015) '"They're not witches..." Young children and their parents' perceptions and experiences of Child and Adolescent Mental Health Services', *Child: Care, Health and Development*, 41(3): 450-458.

Bottorff, J. L. (1994) 'Using videotaped data recordings in qualitative research', in J.M. Morse (ed.), *Critical Issues in Qualitative Research Methods*. London: Sage. pp. 244-261.

Boyatzis, R. (1998) *Transforming Qualitative Information: Thematic Analysis and Code Development*. London: Sage.

Brannen, J. (1998) 'Research note: The study of sensitive topics', *Sociological Review*, 36: 552-563.

Braun, V. and Clarke, V. (2006) 'Using thematic analysis in psychology', *Qualitative Research in Psychology*, *3*(2): 77-101.

Brinkman, S. and Kvale, S. (2005) 'Confronting the ethics of qualitative research', *Journal of Constructivist Psychology*, 18: 157-181.

Brocki, J. and Wearden, A. (2006) 'A critical evaluation of the use of interpretative phenomenological analysis (IPA) in health psychology', *Psychology and Health*, 21: 87-

108.

Brooks, J., McClusky, S., Turley, E. and King, N. (2014) 'The utility of template analysis in qualitative psychology research', *Qualitative Research in Psychology,* 12(2): 202–222.

Bruce, B., Ungar, M. and Waschbusch, D. (2009) 'Perceptions of risk among children with and without attention deficit/hyperactivity disorder', *International Journal of Inquiry Control and Safety Promotion,* 16(4): 189–196.

Bryman, A. (2008) *Social Research Methods* (3rd edn). Oxford: Oxford University Press.

Bucknall, S. (2014) 'Doing qualitative research with children and young people', in A. Clark, R. Flewitt, M. Hammersley and M. Robb (eds), *Understanding Research with Children and Young People.* London: Sage. pp. 69–84.

Burgess, R. (1981) 'Keeping a research diary', Cambridge Journal of Education, 11(1): 75–83.

Burns, E. (2010) 'Developing email interview practices in qualitative research', *Sociological Research Online,* 15(4): Art 8 [online]. Available at: www.socresonline.org.uk/15/4/8.html (accessed 18 January 2016).

Burr, V. (2003) *Social Constructionism* (2nd edn). London: Routledge.

Bushin, N. (2007) 'Interviewing children in their homes: Putting ethical principles into practice and developing flexible techniques', *Children's Geographies,* 5(3): 235–251.

Caelli, K., Ray, L. and Mill, J. (2003) '"Clear as mud": Toward greater clarity in generic qualitative research', *International Journal of Qualitative Methods,* 2(2): Article 1 [Online]. Available at: http://www.ualberta.ca/iiqm/backissues/pdf/caellietal.pdf (accessed 31 May 2014).

Cameron, H. (2005) 'Asking the tough questions: A guide to ethical practices in interviewing young children', *Early Child Development and Care*, 175(6): 597–610.

Campbell, A. (2008) 'For their own good: Recruiting children for research' *Childhood*, 15(1): 30–49.

Carroll-Lind, J., Chapman, J.W., Gregory, J. and Maxwell, G. (2006) 'The key to the gatekeepers: Passive consent and other ethical issues surrounding the rights of children to speak on issues that concern them', *Child Abuse and Neglect*, 30(9): 979-989.

Cashmore, J. (2006) 'Ethical issues concerning consent in obtaining children's reports on their experience of violence', *Child Abuse and Neglect*, 30: 969-977.

Charmaz, K. (1995) 'Grounded theory', in J. A. Smith, R. Harre and I. van Langenhove (eds), *Rethinking Methods in Psychology*. London: Sage. pp. 27-49.

Charmaz, K. (2000) 'Grounded theory: Objectivist and constructivist methods' in N. Denzin and Y. Lincoln (eds), *Handbook of Qualitative Research* (2nd edn). Thousand Oaks, CA: Sage. pp. 509-535.

Charmaz, K. (2006) *Constructing Grounded Theory: A Practical Guide through Qualitative Analysis*. London: Sage.

Children Act (2004) Available at: http://www.legislation.gov.uk/ukpga/2004/31/contents (accessed 4 February 2016).

Christensen, P. (2004) 'Children's participation in ethnographic research: Issues of power and representation', *Children and Society*, 18: 165-176.

Christensen, P. and Prout, A. (2002) 'Working with ethical symmetry in social research with children', *Childhood*, 9(4): 477-497.

Clark, A. (2005) 'Listening to and involving young children: A review of research and practice', *Early Child Development and Care*, 175(6): 489-505.

Clark, A. (2011) 'Breaking methodological boundaries? Exploring visual, participatory methods with adults and young children', *European Early Childhood Education Research Journal*, 19(3): 321-330.

Coad, J. and Lewis, A. (2004) *Engaging Children and Young People in Research - Literature Review. London:* National Evaluation of the Children's Fund.

Coles, J. and Mudlay, N. (2010) 'Staying safe: Strategies for qualitative child abuse researchers', *Child Abuse Review*, 19: 56-69.

Coles, R. (1986) *The Political Life of Children*. Boston: Atlantic.

Cook, C. (2011) 'Email interviewing: Generating data with a vulnerable population', *Journal of*

Advanced Nursing, 68(6): 1330–1339.

Corbin, J. and Morse, J. (2003) The unstructured interactive interview: Issues of reciprocity and risks when dealing with sensitive topics', *Qualitative Inquiry*, 9(3): 335–354.

Coyne, I. (2010) 'Accessing children as research participants: Examining the role of gatekeepers', *Child: Care, Health and Development*, 36(4): 452–454.

Crossley, M. (2000) *Introducing Narrative Psychology: Self, Trauma and the Construction of Meaning*. Buckingham: Open University Press.

Dale, B. and Altschuler, J. (2006) 'Facing what can and cannot be said: Working with families, parents, and couples when a parent has a serious illness', in D. Crane and E. Marshall (eds), *Handbook of Families and Health*. Thousand Oaks, CA: Sage. pp. 423–437.

Daly, K. (2007) *Qualitative Methods for Family Studies and Human Development*. Thousand Oaks, CA: Sage.

Danby, S., Ewing, L. and Thorpe, K. (2011) The novice researcher: Interviewing young children: *Qualitative Inquiry*, 17(1): 74–84.

Dasen, P. (1994) 'Culture and cognitive development from a Piagetian perspective', in W. Lonner and R. Malpass (eds), *Psychology and Culture*. Boston: Allyn and Bacon.

Davidson, C. (2009) 'Transcription: Imperatives for research', *International Journal of Qualitative Research*, 8(2): 35–52.

Davis, J. (1998) '"Understanding the meanings of children": A reflexive process', *Children and Society*, 12(5): 325–336.

Deatrick, J. and Ledlie, S. (2000) 'Qualitative research interviews with children and their families', *Journal of Child and Family Nursing*, 3(2): 152–158.

Del Busso, L. (2007) 'Embodying feminist politics in the research interview: Material bodies and reflexivity', *Feminism and Psychology*, 17(3): 309–315.

Derrida, J. (1981) *Positions*. Chicago: University of Chicago Press.

DeVault, M. (1990) 'Talking and listening from women's standpoint: Feminist strategies for interviews and analysis', *Social Problems*, 37(1): 96–116.

Dewey, J. (1933) *How We Think.* Boston: D.C. Heath & Co.

DiCicco-Bloom, B. and Crabtree, B. (2006) 'The qualitative research interview', *Medical Education*, 40: 314-321.

Dogra, N. (2003) 'Cultural competence or cultural sensibility? A comparison of two ideal type models to teach cultural diversity to medical students', *International Journal of Medicine*, 5(4): 223-231.

Dogra, N. and Baldwin, L. (2009) 'Nursing assessment in CAMHS: in N. Dogra and S. Leighton (eds), *Nursing in Child and Adolescent Mental Health.* Maidenhead: McGraw Hill. pp: 55-68.

Dogra, N. and Leighton, S. (eds) (2009) *Nursing in Child and Adolescent Mental Health.* Maidenhead: McGraw-Hill.

Dogra, N., Vostanis, P., Abuateya, H. and Jewson, N. (2007) 'Children's mental health services and ethnic diversity: Gujarati families' perspectives of service provision for mental health problems', *Transcultural Psychiatry*, 44(2): 275-291.

Dogra, N., Parkin, A., Gale, F. and Frake, C. (2009) *A Multidisciplinary Handbook of Child and Adolescent Mental Health for Front-line Professionals* (2nd edn). London: Jessica Kingsley Publishers.

Dogra, N., Svirydzenka, N., Dugard, P., Singh, S.P. and Vostanis, P. (2013) 'The characteristics and rates of mental health problems among Indian and White adolescents in two English cities', *British Journal of Psychiatry,* 203: 44-50.

Donalek, J. (2009) 'The family research interview', *Nurse Researcher*, 16(3): 21-28.

Drew, P. (2015) 'Conversation analysis', in J. Smith (ed.), *Qualitative Psychology.* London: Sage. pp: 108-142.

Drew, S., Duncan, R. and Sawyer, S. (2010) 'Visual storytelling: A beneficial but challenging method for health research with young people', *Qualitative Health Research,* 20(12): 1677-1688.

Driessnack, M. (2006) 'Draw-and-tell conversations with children about fear', *Qualitative*

Health Research, 16: 1414-1435.

Due, C., Riggs, D. and Augoustinos, M. (2014) 'Research with children of migrant and refugee backgrounds: A review of child-centered research methods', *Child Indicators Research*, 7: 209-227.

Duncan, R., Drew, S., Hodgson, J. and Sawyer, S. (2009) 'Is my mum going to hear this? Methodological and ethical challenges in qualitative health research with young people', *Social Science and Medicine*, 69: 1691-1699.

Eder, D. and Fingerson, L. (2001) 'Interviewing children and adolescents' in J. Gubrium and J. Holstein (eds), *Handbook of Interview Research: Context and Method*. London: Sage. pp.181-201.

Edwards, D. and Potter, J. (1992) *Discursive Psychology*. London: Sage.

Eggenberger, S. and Nelms, T. (2007) 'Family interviews as a method for family research', *Journal of Advanced Nursing,* 58(3): 282-292.

Einarsdottir, J. (2007) 'Research with children: Methodological and ethical challenges', *European Early Childhood Education Research Journal,* 15: 1752-1807.

Emmel, N., Hughes, K., Greenhalgh, J. and Sales, A. (2007) 'Accessing socially excluded people-trust and the gatekeeper in the researcher-participant relationship', Sociological Research Online, 12(2). Available at: http://www.socresonline.org.Uk/12/2/emmel.html doi: 10.5153/sro.1512.

Etherington, K. (2001) 'Research with ex-clients: A celebration and extension of the therapeutic process', *British Journal of Guidance and Counselling,* 29(1): 5-19.

Evans, A., Elford, J. and Wiggins, D. (2008) 'Using the internet for qualitative research' in C. Willig and W. Stainton-Rogers (eds), *The SAGE Handbook of Qualitative Research in Psychology*. London: Sage. pp. 315-333.

Faulkner, A. (2004) *The Ethics of Survivor Research: Guidelines for the Ethical Conduct of Research Carried out by Mental Health Service Users and Survivors.* Bristol: Polity Press.

Fleitas, J. (1998) 'Spinning tales from the World Wide Web: Qualitative research in an electronic environments', *Qualitative Health Research,* 8(2): 283-292.

Flewitt, R. (2005) 'Conducting research with young children: Some ethical considerations', *Early Child Development and Care,* 175(6): 553-565.

Flewitt, R. (2014) 'Interviews', in A. Clark, R. Flewitt, M. Hammersley and M. Robb (eds), *Understanding Research with Children and Young People*. London: Sage. pp. 136-153.

Flynn, N. (2004) *Instant Messaging Rules: A Business Guide to Managing Policies, Security, and Legal Issues for Safe IM Communication.* Saranac Lake, NY: AMACOM.

Fontana, A. and Frey, J. H. (2003) 'The interview: From structured questions to negotiated text', in N. Denzin and Y. Lincoln (eds), *Collecting and Interpreting* 〔*Qualitative Materials* (2nd edn). London: Sage. pp. 61-106.

Fontes, T. and O'Mahony, M. (2008) 'In-depth interviewing by Instant Messenger', *Social Research Update,* 53 [Online]. Available at: www.soc.surrey.ac.uk/sru (accessed 12 January 2016).

Francis, J., Johnston, M., Robertson, C., Glidewell, L., Entwistle, V., Eccles, M. and Grimshaw, J. (2010) 'What is adequate sample size? Operationalising data saturation for theory-based interview studies', *Psychology and Health,* 25(10): 1229-1245.

Fraser, S., Lewis, V., Ding, S., Kellett, M. and Robinson, C. (eds) (2004) *Doing Research with Children and Young People.* London: Sage.

Fraser, S., Flewitt, R. and Hammersley, M. (2014) 'What is research with children and young people?', in A. Clark, R. Flewitt, M. Hammersley and M. Robb (eds), *Understanding Research with Children and Young People*. London: Sage. pp. 34-50.

Free Dictionary (2016) Available at: http://www.thefreedictionary.com (accessed 9 January 2016).

Freeman, M. and Mathison, S. (2009) *Researching Children's Experiences.* New York: The Guildford Press.

Gallacher, L.-A. and Gallagher, M. (2008) 'Methodological immaturity in childhood research? Thinking through "participatory methods"', *Childhood,* 15(4): 499-516.

Gallagher, M. (2008) '"Power is not an evil": Rethinking power in participatory methods', *Children's Geographies*, 6(2): 137-150.

Garaway, G. (1996) 'The case-study model: An organizational strategy for cross-cultural evaluation', *Evaluation*, 2(2): 201-211.

Gaskell, G. (2000) '*Individual and group interviewing*', in M. Bauer and G. Gaskell (eds), *Qualitative Researching with Text, Image and Sound.* London: Sage. pp. 38-56.

Geneva Declaration of the Rights of the Child (1924) UN Documents: Gathering a Body of Global Agreements. NGO Committee on Education of the Conference of NGOs from United Nations websites. Available at: http://www.un-documents.net/gdrcl924.htm (accessed 2 February 2016).

Giglio, M. (2012) 'Boston College's secret tapes could bring IRA exposure and retribution', *The Daily Beast.* Available at: http://www.thedailybeast.com/articles/2012/07/10/boston-college-s- secret-tapes-could-bring-ira-exposure-and-retribution.html (accessed 18 December 2015).

Giordano, J., O'Reilly, M., Taylor, H. and Dogra, N. (2007) 'Confidentiality and autonomy: The challenge(s) of offering research participants a choice of disclosing their identity', *Qualitative Health Research*, 17(2): 264-275.

Glaser, B. and Strauss, A. (1967) *The Discovery of Grounded Theory: Strategies for Qualitative Research.* New York: Aldine.

Government of Queensland (2015) *Child Protection Act.* Available at: https://www.legislation.qld.gov.au/legisltn/current/c/childprotecta99.pdf (accessed 8 December 2015).

Grant, J. and Luxford, Y. (2009) 'Video: A decolonising strategy for intercultural communication in child and family health within ethnographic research', *International Journal of Multiple Research Approaches*, 3: 218-232.

Green, J. and Thorogood, N. (2013) *Qualitative Methods for Health Research* (3rd edn). London: Sage.

Grover, S. (2004) 'Why won't they listen to us? On giving power and voice to children participating in social research', *Childhood*, 11(1): 81-93.

Gubrium, J. and Holstein, J. (2008) 'The constructionist mosaic', in J. Holstein and J. Gubrium (eds), *Handbook of Constructionist Research*. New York: Guildford. pp. 3-12.

Guest, G., Bruce, A. and Johnson, L. (2006) 'How many interviews are enough? An experiment with data saturation and variability', *Field Methods*, 18(1): 59-82.

Guillemin, M. and Gillam, L. (2006) *Telling Moments: Everyday Ethics in Health Care*. Victoria, Australia: IP Communications.

Gunter, B. (2002) 'Online versus offline research: Implications for evaluating digital media', *Aslib Proceedings*, 54(4): 229-239.

Hamilton, R. and Bowers, B. (2006) 'Internet recruitment and e-mail interviews in qualitative studies', *Qualitative Health Research*, 16(6): 821-835.

Hamo, M., Blum-Kulka, S. and Hacohen, G. (2004) 'From observation to transcription and back: Theory, practice, and interpretation in the analysis of children's naturally occurring discourse', *Research on Language and Social Interaction*, 37(1): 71-92.

Harden, J., Scott, S., Backett-Milburn, K. and Jackson, S. (2000) '"Can't talk won't talk?" Methodological issues in researching children', *Sociological Research Online*, 5(2). Available at: http://www.socresonline.org.Uk/5/2/harden.html (accessed 11 November 2015).

Harper, D. (2006) 'Discourse analysis', in M. Slade and S. Priebe (eds), *Choosing Methods in Mental Health Research: Mental Health Research from Theory to Practice*. Hove: Routledge. pp. 47-67.

Heath, H. and Cowley, S. (2004) 'Developing a grounded theory approach: A comparison of Glaser and Strauss', *International Journal of Nursing Studies*, 41(2): 141-150.

Heath, S., Charles, V., Crow, G. and Wiles, R. (2004) 'Informed consent, gatekeepers & go-betweens', paper presented at The Ethics and Social Relations of Research conference (Sixth International Conference on Social Science Methodology), Amsterdam.

Heath, S., Charles, V., Crow, G. and Wiles, R. (2007) 'Informed consent, gatekeepers and go-betweens: Negotiating consent in child and youth-oriented institutions', *British Educational Research Journal,* 33(3): 403-417.

Henderson, D. (2000) 'Play therapy' in C. Thompson and L. Rudolph (eds), *Counselling Children. Belmont,* CA: Wadsworth Brooks/Cole. pp. 373-399.

Heyl, B. (2001) 'Ethnographic interviewing', in P. Atkinson, A. Coffey, S. Delamont, J. Lofland and L. Lofland (eds), *Handbook of Ethnography.* London: Sage. pp. 369-383.

Hill, M. (1997) 'Participatory research with children', *Child and Family Social Work,* 2: 171-183.

Hiller, H. and DiLuzio, L. (2004) 'The interviewee and the research interview: Analysing a neglected dimension in research', *Canadian Review of Sociology,* 41: 1-26.

Hinchcliffe, V. and Gavin, H. (2009) 'Social and virtual networks: Evaluating synchronous online interviewing using instant messenger', *The Qualitative Report,* 14(2): 318-340.

Hinduja, S. and Patchin, J. (2008) 'Personal information of adolescents on the internet: A quantitative content analysis of MySpace', *Journal of Adolescence,* 31: 125-146.

Hollway, W. and Jefferson, T. (2008) The free association narrative interview method', in L. Given (ed.), *The SAGE Encyclopaedia of Qualitative Research Methods.* Sevenoaks, CA: Sage. pp. 296-315.

Holt, A. (2010) 'Using telephones for narrative interviewing: A research note', *Qualitative Research,* 10: 113-121.

Holt, L. (2004) 'The "voices" children: De-centring empowering research relations', *Children's Geographies,* 2(1): 13-27.

Horsman, C. (2008) 'The particular needs of children and adolescents-not just little adults', *The Foundation Years,* 5: 75-78.

Horstman, M., Aldiss, S., Richardson, A. and Gibson, F. (2008) 'Methodological issues when using the draw and write technique with children aged 6-12 years', *Qualitative Health Research,* 18(7): 1001-1011.

Hubbard, G., Backett-Milburn, K. and Kemmer, D. (2001) 'Working with emotion: Issues for the researcher in fieldwork and teamwork', *International Journal of Social Research Methodology,* 4(2): 119-137.

Hunt, N. and McHale, S. (2007) 'A practical guide to the e-mail interview', *Qualitative Health Research,* 17: 1415-1421.

Hussein, M., Hirst, S., Salyers, V. and Osuji, J. (2014) 'Using grounded theory as a method of inquiry: Advantages and disadvantages', *The Qualitative Report,* 19: 1-15.

Hutchby, I. (2005) '"Active listening": Formulation and the elicitation of feelings- talk in child counselling', *Research on Language and Social Interaction,* 38(3): 303-329.

Hutchby, I. and Wooffitt, R. (2008) *Conversation Analysis* (2nd edn). Cambridge: Polity Press.

Instone, S. (2002) 'Developmental strategies for interviewing children', *Journal of Paediatric Health Care,* 16: 304-305.

Irwin, L. and Johnson, J. (2005) 'Interviewing young children: Explicating our practices and dilemmas', *Qualitative Health Research,* 15: 821-831.

Ison, N. (2009) 'Having their say: Email interviews for research data collection with people who have verbal communication impairment', *International Journal of Social Research Methodology,* 12(2): 161-172.

Ivey, A. and Ivey, M. (2003) *Intentional Interviewing and Counselling: Facilitating Client Development in a Multicultural Society* (5th edn). Pacific Grove, CA: Thomson Brooks/Cole.

James, A., Jenks, C. and Prout, A. (1998) *Theorizing Children.* Cambridge, UK: Polity.

James, N. and Bushner, H. (2006) 'Credibility, authenticity, and voice: Dilemmas in online interviewing', *Qualitative Interviewing,* 6(2): 403-420.

Joffe, H. and Yardley, L. (2004) 'Content and thematic analysis', in D. Marks and L. Yardley (eds), *Research Methods for Clinical and Health Psychology.* London: Sage. pp. 56-68.

Johnson, A. (2002) 'So ...?: Pragmatic implications of so-prefaced questions in formal police interviews', in J. Cotterrill (ed.), Language in the Legal Process. Basingstoke: Palgrave MacMillan, pp. 91-111.

Johnson, B. and Macleod-Clark, J. (2003) 'Collecting sensitive data: The impact on researchers', *Qualitative Health Research*, 13(3): 421-434.

Jowett, A., Peel, E. and Shaw, R. (2011) 'Online interviewing in psychology: Reflections on the process', *Qualitative Research in Psychology*, 8: 354-369.

Keating, D. (1979) 'Adolescent thinking: in J. Adelson (ed.), H*andbook of Adolescent Psychology*. New York: Wiley. pp. 211-246.

Kellett, M. (2005) *Children as Active Researchers:* A New Research Paradigm for the 21st Century? UK: ESRC.

Kelly, A. (2009) 'In defence of anonymity: Rejoining the criticism', *British Educational Research Journal*, 35(3): 431-445.

King, N. (2004) 'Using templates in the thematic analysis of text', in C. Cassell and G. Symon (eds), *Essential Guide to Qualitative Methods in Organisational Research*. London: Sage. pp. 256-270.

King, N. (2012) 'Doing template analysis', in G. Symon and C. Cassell (eds), *Qualitative Organizational Research*. London: Sage. pp. 426-450.

Kinmond, K. (2012) 'Coming up with a research question', in C. Sullivan, S. Gibson and S. Riley (eds), *Doing your Qualitative Psychology Project*. London: Sage. pp. 23-36.

Kirk, S. (2007) 'Methodological and ethical issues in conducting qualitative research with children and young people: A literature review', *International Journal of Nursing Studies*, 44: 1250-1260.

Kiyimba, N. and O'Reilly, M. (in press; a) 'An exploration of the possibility for secondary traumatic stress amongst transcriptionists: *A grounded theory approach: Qualitative Research in Psychology*.

Kiyimba, N. and O'Reilly, M. (in press; b) 'The risk of secondary traumatic stress in the qualitative transcription process: A research note', Qualitative Research.

Komulainen, S. (2007) 'The ambiguity of the child's "voice" in social research', *Childhood*, 14(1): 11-28.

Koo, M. and Skinner, H. (2005) 'Challenges of internet recruitment: A case study with disappointing results', *Journal of Medical Internet Research*, 7(1): e6.

Kortesluoma, R., Hentinen, M. and Nikkonen, M. (2003) 'Conducting a qualitative child interview: Methodological considerations', Journal of Advanced Nursing, 42: 434-441.

Kvale, S. (2008) *Doing Interviews.* London: Sage.

Kvale, S. and Brinkman, S. (2009) *Interviewing: Learning the Craft of Qualitative Research Interviewing* (2nd edn). London: Sage.

Miller, T. and Boulton, M. (2007) 'Changing constructions of informed consent: Qualitative research and complex social worlds', Social Science and Medicine, 65: 2199-2211.

Morrow, V. and Richards, M. (1996) 'The ethics of social research with children: An overview', *Children & Society*, 10(2): 90-105.

Morse, J. M. (2007) 'Ethics in action: Ethical principles for doing qualitative health research', *Qualitative Health Research*, 17(8): 1003-1005.

Morse, J. and Field, P. (1995) *Qualitative Methods for Health Professionals* (2nd edn). California: Sage.

Munford, R. and Sanders, J. (2004) 'Recruiting diverse groups of young people to research: Agency and empowerment in the consent process', *Qualitative Social Work,* 3(4): 469-482.

National Voices (2015) *My Life, My Support, My Choice: Children and Young People Call for Coordinated Care and Support on their Terms.* Available at: http://www.nationalvoices.org.uk/my-life-my-support-my-choice (accessed 16 October 2015).

Niewenhuys, O. (2001) 'By the sweat of their brow? Street children, NGOs and children's rights in Addis Abab', *Africa,* 71(4): 539-557.

NSPCC (2015) *The Child Protection System across the UK.* Available at: https://www.nspcc.org.uk/preventing-abuse/child-protection-system/ (accessed 9 December 2015).

Ochs, E. (1979) 'Transcription as theory,' in E. Ochs and B. Schiefflin (eds), *Developmental Pragmatics*. New York: Academic Press, pp. 43-72.

Onwuegbuzie, A. and Leech, N. (2007) 'Sampling designs in qualitative research: Making the sampling process more public', *The Qualitative Report,* 12(2): 238-254.

Opdenakker, R. (2006) 'Advantages and disadvantages of four interview techniques in qualitative research', *Forum Qualitative Sozialforschung/Forum: Qualitative Social Research,* 7(4). [Online] Available at: www.qualitative-research.net/index.php/fqs/rt/printerfriendly/175/391 (accessed 17 November 2015).

O'Reilly, M. (2005) 'Active noising: The use of noises in talk, the case of onomatopoeia, abstract sounds and the functions they serve in therapy', *TEXT,* 25(6): 745-761.

O'Reilly, M. and Kiyimba, N. (2015) *Advanced Qualitative Research: A Guide to Contemporary Theoretical Debates*. London: Sage.

O'Reilly, M. and Parker, N. (2013) '"Unsatisfactory Saturation": A critical exploration of the notion of saturated sample sizes in qualitative research', *Qualitative Research*, 13(2): 190-197.

O'Reilly, M. and Parker, N. (2014a) *Doing Mental Health Research with Children and Adolescents: A Guide to Qualitative Methods*. London: Sage.

O'Reilly, M. and Parker, N. (2014b) '"She needs a smack in the gob": Negotiating what is appropriate talk in front of children in family therapy', *Journal of Family Therapy,* 36(3): 287-307.

O'Reilly, M., Parker, N. and Hutchby, I. (2011) 'Ongoing processes of managing consent: The empirical ethics of using video-recording in clinical practice and research', *Clinical Ethics,* 6: 179-185.

O'Reilly, M., Karim, K., Taylor, H. and Dogra, N. (2012) 'Parent and child views on anonymity: "I've got nothing to hide"', *International Journal of Social Research Methodology*, 15(3): 211-224.

O'Reilly, M., Ronzoni, P. and Dogra, N. (2013a) *Research with Children: Theory and Practice.* London: Sage.

O'Reilly, M., Vostanis, P., Taylor, H., Day, C., Street, C. and Wolpert, M. (2013b) 'Service user perspectives of multi-agency working: A qualitative study with parents and children with educational and mental health difficulties', *Child and Adolescent Mental Health,* 18(4): 202-209.

O'Reilly, M., Karim, K. and Lester, J. (2014) 'Separating "emotion" from "the sciencez": Exploring the perceived value of information for parents and families of children with ASD', *Clinical Child Psychology and Psychiatry*, DOI: 10.1177/1359104514530735.

Pantell, R., Stewart, T., Dias, J., Wells, P. and Ross, W. (1982) 'Physician communication with children and parents', *Pediatrics,* 70(3): 396-402.

Parker, N. and O'Reilly, M. (2012) '"Gossiping" as a social action in family therapy: The pseudo-absence and pseudo-presence of children', *Discourse Studies,* 14(4): 1-19.

Parker, N. and O'Reilly, M. (2013) '"We are alone in the house": A case study addressing researcher safety and risk', *Qualitative Research in Psychology*, 10(4): 341-354.

Paterson, B., Gregory, D. and Thorne, S. (1999) 'A protocol for researcher safety', *Qualitative Health Research,* 9(2): 259-269.

Patton, M. (1990) *Qualitative Evaluation and Research Methods* (2nd edn). California: Sage.

Paul, M. (2007) *'Rights: Archives of Disease in Childhood,* 92: 720-725.

Paulus, T., Lester, J. N. and Dempster, P. (2013) *Digital Tools for Qualitative Research.* London: Sage.

Piaget, J. (1950) *The Psychology of Intelligence.* London: Routledge and Kegan Paul.

Piercy, H. and Hargate, M. (2004) 'Social research on the under-16s: A consideration of the issues from a UK perspective', *Journal of Child Health Care,* 8(4): 253-263.

Potter, J. (1996) *Representing Reality: Discourse, Rhetoric, and Social Construction.* London: Sage.

Potter, J. (1997) 'Discourse analysis as a way of analysing naturally occurring talk', in D. Silverman (ed.), *Qualitative Research: Theory, Method and Practice.* London: Sage. pp. 144-160.

Potter, J. (2002) 'Two kinds of natural', *Discourse Studies*, 4(4): 539-542.

Potter, J. and Hepburn, A. (2005) 'Qualitative interviews in psychology: Problems and possibilities', *Qualitative Research in Psychology*, 2: 1-27.

Potter, J. and Wetherell, M. (1987) *Discourse and Social Psychology*. London: Sage.

Powell, C. (2011) *Safeguarding and Child Protection for Nurses, Midwives and Health Visitors: A Practical Guide*. Maidenhead: Open University Press.

Punch, S. (2002) 'Interviewing strategies with young people: The "secret box", stimulus material and task-based activities', *Children and Society*, 16: 45-56.

Punch, S. (2007) '"I felt they were ganging up on me": Interviewing siblings at home', *Children's Geographies*, 5(3): 219-234.

Rice, M., Bunker, K., Kang, D., Howell, C. and Weaver, M. (2007) 'Accessing and recruiting children for research in schools', *Western Journal of Nursing Research*, 29(4): 501-514.

Richmond, H. (2002) 'Learners' lives: A narrative analysis', *The Qualitative Report*, 7(3). Available at: www.nova.edu/ssss/QR/QR7-3/richmond.html (accessed 7 August 2015).

Riessman, C. K. (2008) *Narrative Methods for the Human Sciences*. Thousand Oaks, CA: Sage.

Robb, M. (2014) 'Disseminating research: Shaping the conversation', in A. Clark, R. Flewitt, M. Hammersley and M. Robb (eds), *Understanding Research with Children and Young People*. London: Sage. pp. 237-249.

Roberts, F. and Robinson, J. (2004) 'Interobserver agreement on first-stage conversation analytic transcription', *Health Communication Research*, 30(3): 376-410.

Roszkowski, M. and Bean, A. (1990) 'Believe it or not! Longer questionnaires have lower response rates', *Journal of Business and Psychology*, 4(4): 495-509.

Roulston, K. (2010) *Reflective Interviewing: A Guide to Theory and Practice*. London: Sage.

Rycroft-Malone, J., Harvey, G., Seers, K., Kitson, A., McCormack, B. and Titchen, A. (2004) 'An exploration of the factors that influence the implementation of evidence into practice', *Issues in Clinical Nursing*, 13: 913-924.

Sacks, H., Schegloff, E. and Jefferson, G. (1974) 'A simplest systematic for the organization of turn-taking for conversation', *Language*, 50: 696-735.

Sampson, H. (2004) 'Navigating the waves: The usefulness of a pilot in qualitative research', *Qualitative Research*, 4(3): 383-402.

Schegloff, E. (1987) 'Analyzing single episodes of interaction: An exercise in conversation analysis', *Social Psychology Quarterly*, 50(2): 101-114.

Schön, D. A. (1983) *The Reflective Practitioner: How Professionals Think in Action*. London: Temple Smith.

Shaw, C., Brady, L.-M. and Davey, C. (2011) *Guidelines for Research with Children and Young People*. London: NCB Research Centre.

Shaw, S. and Barrett, G. (2006) 'Research governance: Regulating risk and reducing harm?', *Journal of the Royal Society of Medicine*, 99: 14-19.

Shopes, L. (2013) 'Oral history', in N.K. Denzin and Y.S. Lincoln (eds), *Collecting and Interpreting Qualitative Materials*. Thousand Oaks, CA: Sage. pp. 119-150.

Shuy, R. (2001) 'In-person versus telephone interviewing', in J. Gubrium and J.A. Holstein (eds), *Handbook of Interview Research: Context and Method*. London: Sage. pp. 537-556.

Silverman, D. (2013) *Doing Qualitative Research* (4th edn). London: Sage.

Sinclair, J. and Coulthard, M. (1975) *Towards an Analysis of Discourse*. Oxford: Oxford University Press.

Sinclair, J. and Coulthard, M. (1992) 'Towards an analysis of discourse', in M. Coulthard (ed.), *Advances in Spoken Discourse Analysis*. London: Routledge. pp. 1-34.

Smith, J. (2004) 'Reflecting on the development of interpretative phenomenological analysis and its contribution to qualitative research in psychology', *Qualitative Research in Psychology*, 1(1): 39-54.

Smith, J., Flowers, P. and Larkin, M. (2009) *Interpretative Phenomenological Analysis: Theory, Method and Research*. London: Sage.

Smith, P. K., Cowie, H. and Blades, M. (2015) *Understanding Children's Development*. Chichester: John Wiley and Sons.

Social Research Association (2005) *Staying Safe: A Code of Practice for the Safety of Social Researchers*. Available at: www.the-sra.org.uk (accessed 18 October 2015).

Soderback, M., Coyne, I. and Harder, M. (2011) 'The importance of including both a child perspective and the child's perspective within health care settings to provide truly child-centred care', *Journal of Child Health Care*, 15(2): 99-106.

Sokolowski, R. (2000) Introduction to Phenomenology. New York: Cambridge University Press.

Solberg, A. (2014) 'Reflections on interviewing children living in difficult circumstances: Courage, caution and co-production', *International Journal of Social Research Methodology*, 17(3): 233-248.

Sparrman, A. (2005) 'Video recording as interaction: Participant observation of children's everyday life', *Qualitative Research in Psychology*, 2: 241-255.

Spradley, J. (1980) *Participant Observation*. New York: Holt, Rinehart and Winston.

Stafford, A., Laybourn, A., Hill, M. and Walker, M. (2003) '"Having a say": Children and young people talk about consultation', *Children and Society*, 17: 361-373.

Starks, H. and Trinidad, S. B. (2007) 'Choose your method: A comparison of phenomenology, discourse analysis, and grounded theory', *Qualitative Health Research*, 17(10): 1372-1380.

Sturges, J. and Hanrahan, K. (2004) 'Comparing telephone and face-to-face qualitative interviewing: A research note', *Qualitative Research*, 4(1): 107-118.

Tausig, J. and Freeman, E. (1988) 'The next best thing to being there: Conducting the clinical research interview by telephone', *American Journal of Orthopsychiatry*, 58(3): 418-427.

Te Riele, K. and Brooks, R. (2013) *Negotiating Ethical Challenges in Youth Research*. London: Routledge.

Teijlingen (van), E., Rennie, A.M., Hundley, V. and Graham, W. (2001) The importance of conducting and reporting pilot studies: The example of the Scottish births survey', *Journal of Advanced Nursing*, 34(3): 289-295.

Temple, B. and Young, A. (2004) 'Qualitative research and translation dilemmas', *Qualitative Research,* 4(2): 161-178.

Thomas, A. and Chess, S. (1977) *Temperament and Development.* New York: Brunner/Mazel.

Thomas, N. and O'Kane, C. (1998) 'The ethics of participatory research with children', *Children and Society,* 12: 336-348.

Thorne, S. (2000) 'Data analysis in qualitative research', *Evidence Based Nursing,* 3(3): 68-70.

Tishler, C. (2011) 'Pediatric drug-trial recruitment: Enticement without coercion', *Pediatrics*, 127(5): 949-954.

Trivedi, P. and Wykes, T. (2002) 'From passive subjects to equal partners: Qualitative review of user involvement in research', *British Journal of Psychiatry,* 181: 468-472.

Tuckett, A. (2004) 'Tart 1: Qualitative research sampling-the very real complexities', *Nurse Researcher*, 12(1): 47-61.

UNICEF (n.d) *Child-centred Development: The Basis for Sustainable Human Development.* New York: UNICEF. Available at: http://www.unicef.org/dprk/ccd.pdf (accessed 25 November 2015).

UNICEF (2015) *The United Nations Convention on the Rights of the Child* (1989). Available at: http://www.unicef.org.uk/UNICEFs-Work/UN-Convention/ (accessed 4 January 2016).

United Nations Convention on the Rights of the Child (UN) (1989) *Conventions on the Rights of the Child.* London: UNICEF. Available at: http://www.unicef.org.uk/Documents/PublicationpdfsZUNCRC_PRESS200910web.pdf (accessed 7 December 2015).

Uphold, C. and Strickland, O. (1993) 'Issues related to the unit of analysis in family nursing research', in G. Wegner and R. Alexander (eds), *Readings in Family Nursing.* Philadelphia: JB Lippincott. pp. 151-161.

Vaughan, J. (1990) 'Foreword: in R.T. Clift, W.R. Houston and M.C. Pugach (eds), *Encouraging Reflective Practice in Education: An Analysis of Issues and Programs.* New York: Teachers College Press.

Waller, T. and Bitou, A. (2011) 'Research with children: Three challenges for participatory research in early childhood', *European Early Childhood Education Research Journal,* 19(1): 5-20.

Westby, C. (1990) 'Ethnographic interviewing: Asking the right questions to the right people in the right ways', *Communication Disorders Quarterly*, 13(1): 101-111.

White, A., Bushin, N., Caperna-Mendez, F. and Laoire, C. (2010) Using visual methodologies to explore contemporary Irish childhood', *Qualitative Research,* 10: 143-158.

White, P. (2009) *Developing Research Questions: A Guide for Social Scientists.* Basingstoke, Hampshire: Palgrave MacMillan.

Wilkes, L., Cummings, J. and Haigh, C. (2014) 'Transcriptionist saturation: Knowing too much about sensitive health and social data', *Journal of Advanced Nursing,* DOI: 10.111/jan.l2510.

Willig, C. (2008) *Introducing Qualitative Research in Psychology* (2nd edn). Milton Keynes: Open University Press.

Willmott, A. (2010) 'Involving children: How to do it', in S. Redsell and A. Hastings (eds), *Listening to Children and Young People in Healthcare Consultations.* Oxon: Radcliffe Publishing Ltd. pp. 45-55.

Wilson, C. and Powell, M. (2001) *A Guide To Interviewing Children: Essential Skills for Counsellors' Police, Lawyers and Social Workers.* Sydney: Allen and Unwin.

Wimpenny, P. and Gass, J. (2000) 'Interviewing in phenomenology and grounded theory: Is there a difference?', *Methodological Issues in Nursing Research,* 31(6): 1485-1492.

Woodhead, M. and Faulkner, D. (2000) 'Subjects, objects or participants? Dilemmas of psychological research with children', in P. Christensen and A. James (eds), *Research with Children: Perspectives and Practices.* London: Falmer Press. pp. 9-35.

Wooffitt, R. (2005) *Conversation Analysis and Discourse Analysis: A Comparative and Critical Introduction*. London: Sage.

Wright, K. (2005) 'Researching internet-based populations: Advantages and disadvantages of online survey research, online questionnaire authoring software packages, and web survey services', *Journal of Computer-Mediated Communication*, 10(3): article 11. Available at: http//jcmc.indiana.edu/vol10/issue3/wright.html (accessed 18 December 2014).

Yuille, J., Hunter, R., Joffe, R. and Zaparnuik, J. (1993) 'Interviewing children in sexual abuse cases', in G. Goodman and B. Bottoms (eds), *Child Victims, Child Witnesses: Understanding and Improving Testimony*. New York: Guilford. pp. 95–115.

Zezima, K. (2011) *College Fights Subpoena of Interviews tied to IRA*. Available at: http://www.nytimes.com/2011/06/10/us/10irish.html (accessed 4 August 2015).

◆ 찾아보기 ◆

저자 소개

미셸 오렐리 박사(Dr. Michelle O'Reilly)는 레스터 대학교(University of Leicester)의 그린우드 아동건강 연구소의 선임 강사(미국의 조교수에 해당)로서 미디어, 의사소통 및 사회학과와 심리학과에서 일한다. 또 오렐리 박사는 레스터셔 파트너십 엔에이치에스 트러스트(Leicestershire Partnership NHS Trust)를 위해 일하는 임상 전문가들의 연구도 지원한다. 오렐리 박사는 아동 정신건강, 정신의학 연구, 가족치료, 질적 연구방법의 여러 분야에 폭넓은 관심을 갖고 있다. 특히 그녀는 자폐스펙트럼장애의 연구에 관심이 많으며, 최근 『자폐증 및 발달장애 학술지(Journal of Autism and Developmental Disorders)』의 특집 기사를 편집했다. 오렐리 박사는 최근 제시카 레스터(Jessica Lester)와 함께 『팰그레이브 아동 정신건강 핸드북(The Palgrave Handbook of Child Mental Health)』과 『팰그레이브 성인 정신건강 핸드북(The Palgrave Handbook of Adult Mental Health)』이라는 두 권의 안내서를 편집했다. 좀 더 자세한 내용은 다음 주소를 참고하라.
http://www2.le.ac.uk/departments/npb/people/michelleOReilly

니샤 도그라 교수(Professor Nisha Dogra)는 레스터 대학교 그린우드 아동건강 연구소의 아동·청소년 정신의학분과의 명예 자문의사이자 정신의학 교육 분야의 정교수다. 또 그녀는 아동·청소년 정신건강 분야의 석사과정을 책임지고 있다. 도그라 교수는 지역사회와 병원의 소아과 수련을 거쳐 정신의학과 수련을 받은 후 아동 정신의학 분야의 수련을 마쳤다. 현재 다학제 간 팀(Multi-Disciplinary Team: MDT)에 소속돼 일반 아동·청소년 정신과의사로 일하고 있다. 그녀는 지역사회와 전국 및 국제 규모의 학부와 대학원의 다양한 교수 과정과 훈련 과정을 개발하고 보급하는 데 관여했다. 그녀는 영연방 의료정책기금인 하크니스 펠로우십(Commonwealth Fund Policy for Health Care Harkness Fellowship)의 2005~2006년도 수여자로 선정돼 의료의 다양성에 관해서 연구했다. 도그라 박사는 2011년 『타임즈(Times)』가 선정한 고등교육 분야의 혁신적 교육자 2위에 오르기도 했다. 좀 더 자세한 내용은 다음 주소를 참고하라.
https://www2.le.ac.uk/departments/npb/people/nishaDogra

역자 소개

김동렬(Kim Dongryeul)

현재 대구교육대학교 과학교육과 교수로 재직 중이다. 10년간 중등학교 과학교사로 근무하였다. 교직 경험을 바탕으로 『차별화된 과학수업 전략』(도서출판 신정, 2016), 『과학교육연구방법의 시작에서 완성까지』(도서출판 신정, 2015), 『과학교육 교수·학습의 실제』(교육과학사, 2010)를 집필하였다. 역서로는 『알기 쉬운 혼합연구 방법』(학지사, 2017), 『과학을 가르치기 위한 창의적인 방법들』(창지사, 2015), 『초등교사를 위한 과학교육』(북스힐, 2014) 등을 출간하였다. 또한 다양한 연구방법을 적용한 과학교육연구 논문들을 발표하였으며, 미국 애리조나 대학교에서 연구학자로 지내면서 양적·질적·혼합 연구방법을 적용한 과학교육 연구에 참여하였다.

질적연구에서 아동 · 청소년 면담 조사방법
Interviewing Children and Young People for Research

2017년 10월 10일 1판 1쇄 인쇄
2017년 10월 20일 1판 1쇄 발행

지은이 • Michelle O'Reilly · Nisha Dogra
옮긴이 • 김동렬
펴낸이 • 김진환
펴낸곳 • (주)학지사
04031 서울특별시 마포구 양화로 15길 20 마인드월드빌딩
대표전화 • 02-330-5114 팩스 • 02-324-2345
등록번호 • 제313-2006-000265호

홈페이지 • http://www.hakjisa.co.kr
페이스북 • https://www.facebook.com/hakjisa

ISBN 978-89-997-1393-4 93370

정가 19,000원

이 도서의 국립중앙도서관 출판시도서목록(CIP)은 서지정보유통지원시스템 홈페이지(http://seoji.nl.go.kr)와 국가자료공동목록시스템(http://www.nl.go.kr/kolisnet)에서 이용하실 수 있습니다.
(CIP 제어번호: CIP2017024934)